石化产业高质量发展若干思考

傅向升 著

化学工业出版社

·北京·

内容简介

本书收录傅向升同志2016年至今在不同场景的讲话稿和出访交流的收获与体会共58篇，按照内容梳理成行业篇、专业篇、区域篇。

全书回顾了"十三五"期间石化全行业的成绩与挑战、喜悦与坎坷，并展望了"十四五"石化产业高质量发展的新征程。特别是作者出访国外众多跨国公司、化工园区的收获与体会，为读者带来发达国家和跨国公司战略转型、科技创新、管理理念、企业文化等的第一手体验和启示。

全书内容"有料""有用""有趣"，对于石化行业相关从业人员了解石化全行业"十三五"取得的进步和成绩、研究制订"十四五"行业发展规划，有很好的参考价值。

图书在版编目（CIP）数据

石化产业高质量发展若干思考/傅向升著.—北京：化学工业出版社，2020.12（2021.3重印）
ISBN 978-7-122-38222-1

Ⅰ.①石⋯ Ⅱ.①傅⋯ Ⅲ.①石油化学工业-工业发展-研究-中国 Ⅳ.①F426.22

中国版本图书馆CIP数据核字（2020）第259621号

责任编辑：仇志刚 傅聪智　　　　　　　　　　装帧设计：尹琳琳
责任校对：边 涛

出版发行：化学工业出版社（北京市东城区青年湖南街13号 邮政编码100011）
印　　装：中煤（北京）印务有限公司
710mm×1000mm 1/16 印张27¾ 字数256千字 2021年3月北京第1版第2次印刷

购书咨询：010-64518888　　　　　　　　　　售后服务：010-64518899
网　　址：http://www.cip.com.cn
凡购买本书，如有缺损质量问题，本社销售中心负责调换。

定　　价：188.00元　　　　　　　　　　　　　版权所有　违者必究

值得大力提倡的亲自动手作风

——写给傅向升同志《石化产业高质量发展若干思考》的序言

前不久,傅向升同志找我说他在国庆节长假期间,把2016年至今五年间在行业有关会议上的讲话稿整理了一下,准备出一本集子,并希望我能给这本集子写个序言,我爽快地答应了。

因为我和向升同志共事多年,他的学习精神、研究能力和办事认真的风格我都是很熟悉的,我也在不同场合听过他的报告和讲话,他的报告和讲话都是经过认真调查研究,认真深入思考,而且多数报告和讲话都是他亲自动手写出来的。因而,他的报告和讲话都有战略高度、有专业水准、有接地气的风格,不像有些人的讲话,空话连篇、言之无物,甚至走腔跑调。我认为,每一个人,特别是领导干部的讲话,都要有高度负责的精神,一定要为听众带来收获和启发,因为鲁迅先生有一句名言:"无端空耗别人的时间,无异于谋财害命"。群众欢迎的讲话和报告,至少要有三大特点:一是要有"料"。讲话一定要有内容,有观点,有理有据,特别是专业讲话一定要有专业水准,能给人以启发,给人以营养,给人以收获。二是要有"用",讲话一定要针对问题解剖矛盾,提出解决问题和矛盾的办法和途径,给听众带来茅塞顿开的感觉。我到企业调研,听到最经典的评价是,"我想听的,领导一句都没有讲,领导讲的,我一句也不想听"。这样的讲话还是少讲为好。三是要力争有"趣",

讲话一定要深入浅出，让人能听懂，听得进去，能够引起共鸣，即便是专业报告，也要尽量用大家听得懂的语言去讲，这样的讲话才会使人心灵碰撞，兴趣盎然，获得新知，具备"有料""有用"和"有趣"三大特点的讲话和报告，才应该是上乘的讲话和报告，这样的讲话和报告一定会受到听众的欢迎，这样的讲话和报告才能达到我们预想的工作效果。

我认真翻看了向升同志整理的这本集子，共收录了他在这五年间58篇讲稿，讲话内容涉及行业发展的许多方面，他又按照内容梳理出了三个篇章：一为行业篇，二为专业篇，三为区域篇。我认为，向升同志的讲话具备"有料""有用""有趣"的三个特点，这样的文稿既能给大家带来专业上的提升、工作上的帮助，又能给大家带来知识兴趣上的享受。我对向升同志集子即将出版表示祝贺的同时，还想特别强调的是，向升同志这种亲自动手的作风应该值得大力提倡。特别是在新形势下，领导干部这种亲自动手的作风被许多人遗弃、丢掉，甚至忘记了。这种亲自动手的作风，在新时代向伟大复兴目标奋进的新征程中，就显得更加珍贵，更需要大力提倡。在实践中，我也深刻感受到：动手可以促进动脑，动脑可以促进与时俱进。我认为，动手不仅仅是一种作风，更是一种精神状态。

毛泽东主席曾多次强调："领导干部动手写文章是基本功"。他认为，"写文章可以锻炼头脑的细致准确性。客观事物是独立存在的东西，全面认识它，写成文章是不容易的事情，经过多次反复，才能比较接近客观实际。写出来经过大家讨论一下，搞成比较谨慎的作风，把问题把思考写成定型的语言文字，可以提高准确性"。毛泽东是这样要求领导干部的，他自己也是这样身体力行的。毛泽东说："我写文章从来不叫别人代劳"，"秘书只能找材料，如果一切都由秘书去办，那么部长、局长就可以取消，让秘书去干"。正是由于毛泽东主席这种亲自动手的作风，才给我们党的历史、共和国的历史、中国社会主义建设的历史上留下了一篇篇宝贵的历史名篇和不朽的精神财富。

习近平总书记在 2020 年秋季中央党校中青年干部培训班开学典礼上，也对中青年干部语重心长地强调，要大力提高政治能力、调查研究能力、科学决策能力、改革攻坚能力、应急处置能力、群众工作能力和抓落实的七种能力，并特别要求中青年干部要"勇于直面问题，想干事、能干事、干成事，不断解决问题，破解难题。"这七种能力，事事处处都包含着亲自动手的能力。在中华民族伟大复兴的历史征程中，我们党亲自动手的优良传统和作风一定要大力提倡和不断发扬。我们相信，在新时代伟大征程中，亲自动手的作风不但不会在我们手中失传，而且一定会在我们这一代人手中发扬光大，代代传承！

李春生

2020 年 11 月 1 日

前言

当凛冽的北风随夜而至,世界经济正深受新冠肺炎疫情的冲击与影响,接近了年底。回首刚刚走过的这五年,可以说是自第二次世界大战结束以来全球经济面临挑战最为复杂的五年,是全球经济遭遇不确定性因素逐年增多的五年;也是全球化遭遇逆流,单边主义、贸易保护主义抬头,致使全球经济的复苏势头遭遇严重冲击、陷入下行压力不断加大的五年。霸权国家打着"本国优先"的旗号,无视国际规则随性而为,视退群为时髦,就像"大象闯进了瓷器店",致使第二次世界大战以来的国际秩序不再、区域稳定性不再,搅乱了世界和谐之主旋律,打乱了人们构建美好社会的预期。这样的大环境和大背景下,今年又突发了新冠肺炎疫情,更使世界经济雪上加霜,今年世界经济及各大经济体都遭遇大幅下滑,这是自各国有相关记录以来未曾有过的。

"十三五"即将收官,回首这五年,中国特色社会主义进入了新时代,我国经济发展也进入了新时代,我国经济已由高速增长阶段转向高质量发展阶段。前四年中国经济增速进入了"6时代",即使国际环境日益复杂、困难日益增多、挑战日益严峻,"十三五"的前四年一直保持在6%以上,而今年受新冠肺炎疫情的严重影响,预计中国经济增速在2%左右(是全球唯一正增长的主要经济体),中国防疫抗疫取得重大战略性成果,但经济遭遇了改革开放以来最严峻的挑战。

"石化产业正在迈向高质量发展的新阶段",做出这一基本判断,是基于"十三五"以来石化产业在淘汰落后产能、加快结构调整与优化、加大创新驱动和绿色发展、改善运营质量和效益等方面都取得了明显的进步,这一基本判断在2019年石化产业发展大会期间得到了相关部委领导、嘉宾与企业家们的认可。这一基本判断的提出把我的思绪急速推回了五年前,自《石油和化学工业"十三五"发展指南》明确"由石化大国向石化强国跨越"的奋斗目标,并实施创新驱动和绿色发展"两大发展战略"始,石化全行业及其广大企业即开启了高质量发展探索的新征程。

"十三五"期间,围绕石化产业高质量发展,应有关机构或媒体之邀,我曾以文章或时评的形式发表过系列思考。近一段时期以来,在出差或调研过程中遇到很多新老朋友,他们都希望或建议我把不同时期、不同场合登载的文章或谈过的观点进行梳理和汇编,以便大家在盘点"十三五"和研究"十四五"的过程中参阅,也为推进石化产业高质量发展提供进一步思考和启发。这就催生了我在今年国庆和中秋"双节"期间,静静地坐下来整理起伴随石化产业高质量发展所走过的五年历程。

我将本书归纳为三篇,即行业篇、专业篇和区域篇,行业篇以综合类为主,专业篇以专业时评为主,区域篇以出国报告和区域发展思考为主。本书的特点就是以当年、当时最新翔实的数据为分析依据,篇内基本以时间先后为序,通过行业篇,读者可以回顾石化全行业"十三五"走过来的历程,不仅可以回忆石化产业每一年取得的进步和成绩,更可以看到每一年遇到的挑战、存在的主要矛盾和制约短板,还可以重温每一年的总体思考和工作重点。专业篇以时评为主,直接分析矛盾与制约,简洁明了地提出发展的思考和建议。区域篇,有国内区域石化产业发展的思考,主要还是沙特、美国、日本、新加坡、韩国、加拿大、墨西哥等国家,以及埃克森美孚、杜邦、陶氏、三菱化学、LG、SK、霍尼韦尔、UOP、KBR、宝洁、库珀轮胎、亨斯曼、塞拉尼斯、SABIC、大金、美国西南研究院等跨国公司的情况，还有沙特朱拜尔工业城、新加坡裕廊岛等石化基地和园区的情况；不仅有我国企业和工程公司走出去的启示，还有上述国家和公司发展战略、产业结构的情况，以及这些国家和公司创新、人才、管理等带给我们的启发，更有这些国家和公司化学品监管、可持续发展以及热点问题思考等。这些文章和时评当时都被多家媒体刊出，为了真实反映当时的场景，这次编辑保持原汁原味地呈献给大家。回看这系列文章和思考，不仅当时是深刻的，而且对做好"十四五"以及在为石化强国奋斗的征途上，也许会成为一颗火花，或许不一定照亮什么，可以肯定的是对未来石化产业高质量发展必定带来新的启示，进一步启发更加深入的思考。

这本《石化产业高质量发展若干思考》能够得以出版，主要是得到了中国石油和化学工业联合会李寿生会长的首肯，"双节"过后，我把梳理的情况和想法首先向寿生会长汇报和请教，他的肯定，给了我"丑媳妇走出来见公婆"的信心。在正式下决心前，又专门听取了化学工业出版社周伟斌社长和本书责任编辑的意见。这些思考形成过程中也得到了我的同事们的大力帮助，在此一并表示最诚挚的感谢！

著 者

2020 年 11 月 20 日于北京

目录

行业篇

国际大背景下中国石化产业的竞争新格局	/ 003
正确认识新时代的新矛盾 用十九大精神统领石化强国建设	/ 010
开局考好于预期 再发力提升跨越	/ 015
盘点2017 展望2018	/ 027
试论石化产业高质量发展八大关系	/ 030
稳中求进又有新突破 高质量发展进入新阶段	/ 039
目前的形势与任务	/ 051
产融结合助推石化产业高质量发展	/ 064
石化工业的现状与未来发展趋势	/ 071
波澜壮阔又一年 稳中求进再出发	/ 082
稳中有进稳中有变 稳中求进高质量发展	/ 087
形势严峻压力加大 沉着冷静长期应对	/ 102

| 九问石化产业之现状与未来 | / 117 |

| 立足"十三五" 开创"十四五" | / 132 |

| 收官再布局 稳中再求进 持续推进石化产业高质量发展再创新局面 | / 146 |

| 我国石化产业纵横简论 | / 166 |

| 弘扬行业抗疫精神 为实现石化强国目标而努力奋斗 | / 176 |

| 迎挑战锐进取 育新机开新局 | / 186 |

| 应对危机育先机 借势变局开新局 | / 196 |

专业篇

| 对中国石化行业可持续发展的再思考 | / 211 |

| 石化企业如何借助电商平台促转型升级 | / 216 |

| 对染料工业创新发展的几点建议 | / 223 |

| 胶黏剂行业的机遇与挑战 | / 226 |

| 浅谈氯碱行业的现状与未来 | / 230 |

| 橡胶轮胎新材料的思考 | / 233 |

| 润滑油行业把握三大动向 | / 235 |

| 关于无机化工产业发展的思考 | / 237 |

化工新材料创新发展之思考	/ 241
石化产业绿色低碳潜力大	/ 247
谈谈聚氨酯材料与汽车工业	/ 250
关于现代煤化工发展的思考	/ 253
炭黑行业高质量发展之思考	/ 257
环氧乙烷及衍生化学品高质量发展之思考	/ 260
浅谈聚烯烃产业高质量发展	/ 263
再谈氯碱行业高质量发展	/ 267
关于氟硅行业发展的几点思考	/ 269
石化园区绿色发展之思考	/ 272
百年传承　创新时代	/ 282
现代煤化工之近与远	/ 285
浅谈国际产能合作的优势与升华	/ 295
再谈化工新材料产业创新与发展	/ 298
石化园区可持续发展再发力	/ 306
升级石化园区　培育产业集群	/ 318
精细化工"十四五"发展之思考与建议	/ 324
浅谈氢能承担能源转型之重载	/ 331
禁塑禁什么？限塑到何时？	/ 335

区域篇

海湾石化业的快速发展将带来什么？　　　　/ 349

大到强创新为要　可持续责任为先　　　　/ 358

于竞争中合作　在沟通中共赢　　　　/ 363

在中日石化产经大会上的致辞　　　　/ 368

收获与思考　创新与做强　　　　/ 370

美墨短暂行　感触启示多　　　　/ 382

新美归来新收获　共同分享新启发　　　　/ 390

玲珑新跨越　轮胎里程碑　　　　/ 402

在"中美经贸关系现状与前景"国际研讨会上的发言　　　　/ 409

"山东化工转型升级进行时"之"十三五"由大转强之选择　　　　/ 412

长三角石化产业一体化发展之思考　　　　/ 419

石化产业现状、挑战与发展展望　　　　/ 424

行业篇

国际大背景下中国石化产业的竞争新格局*

今天应邀出席"企业家沙龙"非常高兴,借这个机会,我主要谈三点思考,实际就是"大格局、小格局和怎么办"。

先谈一个大格局,即国际石化产业的新动向

4月份,我带队出席国际化工协会联合会(ICCA)会议、访问美国石化与炼油者协会(AFPM),6月份在北京参加了"第五届亚洲炼油和石化科技大会",在与这些国际组织、发达国家石化专业组织以及参加会议的国内外石化行业院士、专家们的交流过程中,我发现大家都对国际石化产业的当前和未来有着某些共识:石化产业正处于世界能源结构发生转折、国际油价大幅下跌、石油需求增速放缓、炼油产业竞争加剧的复杂时期,全球石化行业的发展呈现出一系列新的动向和新的特点。我认为这些新动向和新特点应当引起同仁们的关注。

一是我们应当关注"三大比重"。在全球石油供需宽松和石油需求中心向新兴经济体转移的背景下,石化产业的布局调整呈现出加速的态势。近年来全球新增炼油能力绝大部分位于亚洲和中东。2015年全球炼油能力达到44.74亿吨,比上一年略增1.72%;亚太地区炼油能力最大,为13.17亿吨,比上年增长2600万吨,占世界总能力的29.4%(中国是7.97

---

* 这是2016年10月12日,傅向升同志在沧州渤海园区企业家沙龙讲话的主要内容。

亿吨，占亚太总能力的 60.5%）；北美地区为第二，10.82 亿吨，比上年增长 300 万吨，占世界总能力的 24.2%；西欧地区炼油能力 6.75 亿吨，比上年增长 900 万吨，占世界总能力的 15.1%。这三大比重总和为世界总能力的 68.7%。

二是我们应当关注"三大增长极"，即亚太、中东、美国。近年来全球石化产业的发展呈现出明显的地域性差异，亚太和中东地区由于自身市场的需求，带动了石化产业的迅猛发展；而美国得益于页岩气原料的价廉易得，石化产能也得到了快速的增长。亚太地区主要是中国和印度市场的需求强劲；中东地区主要是沙特、科威特、阿曼等国家改变以往依靠出口原油和天然气的经济政策（如沙特"愿景 2030"），大量投资用于混合裂解以及乙烯衍生物的下游产业，又加上伊朗自西方制裁解冻以来也制定了雄心勃勃的石化产业发展规划；美国则伴随着页岩气革命，大量廉价的天然气推动了石化项目的投资热潮。这三大增长极的增长热点也各有侧重，中国投资的重点是基础有机原料（PX、乙二醇等）、聚烯烃及合成材料、专用化学品等；印度主要是乙烯、聚丙烯、PET、PTA 以及化肥等；中东的沙特重点发展混合裂解，并在朱拜尔建设 MMA、PMMA 以及在沙特北部地区建设大型磷酸盐、硫酸、合成氨装置等；科威特主要针对清洁燃料发展乙烷裂解及其衍生物装置；阿曼主要投资在塑料、PTA、聚乙烯、合成氨等；伊朗因为石化产业基础差，制定了聚乙烯、乙二醇、合成氨、尿素以及甲醇等庞大的发展规划。美国近年进入了有史以来石化产业扩张最快的阶段，乙烷裂解和乙烯衍生产品产能激增，甚至甲醇、合成氨和尿素的新增产能也出现了大幅增加。

三是我们应当关注"三大新突破"，即烯烃原料轻质化、原油直接制烯烃和煤油共炼技术。烯烃原料轻质化是当前的发展重点，即乙烷裂解制乙烯、丙烷裂解制丙烯和正在研发的甲烷制烯烃、合成气制烯烃等。2015 年全球 1.4 亿吨乙烯产量中，石脑油为原料的占 44.3%、乙烷为原料的占 35.5%、其他原料占 20.2%；乙烷裂解制乙烯的原料成本美国约 200 美元 / 吨、沙特约 150 美元 / 吨；石脑油乙烯的生产成本约 1200 美元 / 吨，而乙烷乙烯约 500 美元 / 吨；建设同等规模的生产装置，烷烃裂解制烯烃的投资也是最低的：约是煤制烯烃的60%、石脑油裂解的74%。乙烷裂解制乙烯国内还没有生产装置，但丙烷脱氢制丙烯国内到去年底已投产12套，总产能716.3万吨/年。原油直接制烯烃是第二个新突破，埃克森美孚已在新加坡新建并试运行了100万吨/年原油直接制烯烃装置；沙特阿美与萨比克也宣布将合资建设原油直接制化学品综合厂，这两家的技术和工艺不同，但所得乙烯与传统的石脑油裂解工艺相比，成本都降低100～200美元/吨。第三个新突破是煤油共炼技术，是针对世界石油资源呈现重质化、劣质化趋势加剧，为实现重劣质油的高效转化、煤炭资源的清洁利用提出来的。煤油共炼技术改变了单一煤直接液化、重质油悬浮床加氢裂化的加工模式，充分利用煤、油在加氢裂化反应中的协同效应，通过加氢裂化反应，产生轻质油品，实现煤与重油的高效转化。延长石油经45万吨/年工业示范装置运行证明，煤油共炼技术原料转化率高、生产效率高、产品质量高、生产成本低的优势明显。

小格局，即中国石化产业的竞争新格局

上面谈了国际石化产业呈现出新特点和新动向，现在我们再来看看中国石化产业又呈现出什么样的竞争新格局呢？关键还是我们如何把握这些新动向，如何推进这种新的竞争格局，在迈向石化强国的征途上如何转化为新的竞争优势。

首先来看中国石化行业当前的格局。一是从产值与销售收入看，中国石油和化学工业去年主营收入13.14万亿元，其中化学工业8.84万亿元，中国已连续六年位列世界第二的石化大国、世界第一的化工大国。二是从企业规模看，世界500强排行榜上中国石化企业有6家。三是从产品产量看，原油加工量5.22亿吨，世界第二；乙烯产量1715万吨，世界第二；甲醇产量4720万吨，世界第一；化肥总产量（折纯）7129万吨，世界第一；

烧碱产量3028万吨，世界第一；聚氯乙烯产量1609万吨，世界第一；农药产量374万吨，世界第一；染料产量92.2万吨，占世界总产量的2/3，世界第一；涂料产量1717万吨，世界第一；轮胎产量5.87亿条，占世界总产量的1/3，世界第一。但整个产业大而不强，尤其是受到产能严重过剩、产业集中度不高、创新能力不强、资源环境制约趋紧、安全形势不容乐观等因素的制约。"十三五"中国石化行业提出了由石化大国向强国跨越的总目标，在迈向石化强国的过程中，还面临着哪些矛盾和挑战呢？

其次来看当前石化行业存在的"三大矛盾"。即大与强的矛盾、结构性过剩的矛盾、新旧动能的矛盾。一是大与强的矛盾。石化和化工大国的地位毋庸置疑，但整体上与发达国家比、企业与跨国公司比，核心竞争力、运营质量与效率的差距明显。2016年全球化工50强榜单，美国14家（上一年度11家）、德国6家（上一年度5家，+科思创）、日本7家（上一年度8家），数量上占54%；中国大陆只有中石化1家。再来看全球轮胎75强排行榜，我国轮胎产量自2005年超过美国（中国为2.5亿条/美国为2.28亿条）以来连续10年列世界第一，一直是轮胎生产大国、消费和出口大国，我国进入全球轮胎75强的企业数量最多（29家）。国内最大的是中策橡胶，销售收入41.2亿美元，列第10位；国内第二的是三角轮胎，销售收入28.7亿美元，列第15位；29家企业销售收入总和是245亿美元（占15.6%），正好与世界第二的米其林接近（销售收入排名前三的普利司通260亿美元、米其林246亿美元、固特异163亿美元，这三家的销售收入占全球的37.2%）。在运营效率方面，以中石油和埃克森美孚为例，2015年利润率分别是3.8%和8.5%；资产收益率是2.6%和9.3%；人均利润是1万美元和38.9万美元。全球轮胎75强中，诺基亚的轮胎净利润率最高，为18.8%，我国轮胎行业平均为7.4%；销售利润率我国轮胎行业平均为4%～5%，而国外先进企业达到10%～15%。二是结构性过剩的矛盾。即基础化工产品、通用化工产品等低端产品供给过剩，化工新材料、专用化学品等高端产品供给不足。如工程塑料中的聚碳酸酯（PC），去年消费量166万吨，而产量只有44万吨，自给率只有27%；去年进口产品逆差最大的是合成树脂，达到363亿美元；有机化学品进口逆差为87亿美元；

另外，钛白粉、染料、涂料，甚至聚氯乙烯、轿车轮胎这些产能严重过剩的产品都是既有进口又有出口，出口的都是普通产品，但进口的都是高端产品。三是新旧动能的矛盾。去年石化行业主营业务收入下降6.1%，利润下降18.3%。今年上半年主营业务收入下降1.5%，低于全国规模以上工业企业增长3.1%的水平；利润总额下降6.5%，远低于全国规模以上工业企业增长6.2%的水平；全行业主营收入利润率是4.63%，低于全国规模以上工业企业5.68%的指标。全球化工50强同样受大宗商品价格低迷、国际贸易疲软以及原油价格低位震荡等因素的影响，2015年的销售收入下降了10.8%，而销售利润率却提高了15.1%，达到13.5%。由此可见，中国石化行业依靠投资拉动和要素投入的增长模式还没有根本转变，依靠创新驱动的新动能尚未形成，正是新旧动能转换这对矛盾的影响，导致增长速度换挡和发展方式的转变都难以见效。

第三来看当前石化行业存在的"三大制约"。即资源制约、技术制约、环境制约。一是资源制约。去年中国原油净进口量达到3.4亿吨，是世界第二大原油进口国，对外依存度已超过60.6%（对外依存度2009年首次突破国际公认的50%警戒线，为51.29%；2011年为55.2%，首次超越美国的对外依存度53.5%）；天然气净进口590亿立方米，对外依存度达32.7%；天然橡胶80%靠进口，钛精矿对外依存度达65%；无机盐方面钾肥对外依存度接近50%，铬铁矿达90%以上，锂、锆资源对外依存度大于80%、硼化工所需硼砂80%靠进口。二是技术制约。石化行业每年的专利和科研成果不少，但以企业为主体的创新体系尚未形成，创新力量分散，科研成果产业化程度较低，原始创新能力薄弱，一批关键技术久攻不下；科技投入的差距更明显。据统计去年全行业研发投入占销售收入约为1.0%，而全国是2.1%，跨国公司都在3%以上（赢创3%左右，三井化学6.95%，住友化学7.8%，拜尔公司去年高达9.1%）。工信部曾作过一个统计，我国工业企业的研发投入只相当于跨国公司平均值的1/4；去年我访问的萨比克利雅得研发中心，有200名科学家和工程师，年研发投入高达1.1亿美元。三是环境制约。7月份召开的石化绿色发展大会上，环保部的同志讲"2015年空气质量达二级标准的城市仅占21.6%"！石化行业能源消耗总量 5.5 亿吨标煤，居工业部门第二；排放污水 40.4 亿吨、废气 6 万亿立方米、工业固体废物 3.2 亿吨，均居工业部门前列；而人民群众对清新空气、干净饮水、食品安全、优美环境的要求越来越强烈，生态环境恶化及其对人民健康的影响已经成为我们的心头之患，成为突出的民生问题。

石化行业迈向石化强国的"三大举措"

中国石化工业的发展已跨上新的平台、站在新的起点上，面对矛盾和挑战，如何破解制约发展的因素、加快石化大国向强国的跨越呢？"去产能、创新驱动、绿色发展"这三大举措就成为我们的必然选择！

一是壮士断腕"去产能"。产能过剩已经成为制约石化行业发展的毒瘤，尤其是传统化学品行业成了产能过剩的重灾区。重点产品产能利用率低：原油加工利用率 65.5%（比上年下降 1.6%；全球平均 79.6%，美国 89%，欧洲 78.2%，亚太 78.9%）；尿素企业平均开工率 71.1%，烧碱产能利用率 78%，聚氯乙烯产能利用率 69%；甲醇产能利用率 63%；除草剂草甘膦产能利用率 42%（比上年又下降 16.9%）。去产能要严格按照国务院《关于石化行业调结构促转型增效益的指导意见》确定的总体要求，落实好 7 项重点任务和 3 项保障措施，落实好印发全行业的《石化产业调结构促转型增效益的实施方案》明确的 4 大领域、12 个行业的重点方向和目标，使得去产能、调结构、促转型取得明显进展。

二是创新驱动。创新驱动的关键是发展动力问题，如果创新搞不上去，发展动力就不可能实现转换，我们在全球竞争中就会处于下风，因此我们必须把创新驱动作为引领行业发展的第一动力。《石油和化学工业"十三五"科技发展规划纲要》和《"十三五"创新平台建设实施方案》均已发布，将集中力量在新能源、化工新材料、专用化学品、现代煤化工和节能环保五大领域加大创新力度，突破一批关键核心技术，研发一批高附加值产品、实施一批重大创新工程、组建一批公共创新平台。

三是绿色发展。绿色发展重在解决人与自然的和谐问题，这是当今科技革命和产业变革的方向，是最有前途的发展领域，可以形成很多新的经济增长点。7月初在北京召开了石化行业绿色发展大会，对《石油和化工行业绿色发展行动计划》征求了意见，倡议全行业走"以结构调整为主攻方向、以创新驱动为新动力、以绿色循环低碳为重要保障的资源节约型、环境友好型、本质安全型的新型工业化道路"，并提出了全行业减排和各行业绿色发展的具体要求和内容，确立了挥发性有机污染物的去除目标和电石法聚氯乙烯汞污染治理路线图。

"十三五"时期是中国石化行业的关键时期，我们这一代企业家肩负着带领中国石化产业由大到强的历史使命，今天在座的企业家带领我们的企业做强做优了，中国石化产业迈向强国的征途上步伐就是坚强有力的！让我们携起手来，伴随着第四次工业革命的变革过程，不仅加大技术创新、管理创新的力度，更要加大理念创新、商业模式创新的力度，加快石化产业的结构调整和转型升级，加大"走出去"和国际产能合作的步伐，共同打造石化产业国际竞争的新格局、开创石化产业转型升级的新局面。

正确认识新时代的新矛盾
用十九大精神统领石化强国建设*

十九大是我们党一次具有划时代和里程碑意义的历史性盛会。习近平总书记的报告,回顾了十八大以来党和国家改革发展和社会主义现代化建设取得的历史性成就,指出中国特色社会主义进入了新时代,并同时强调这是我国发展新的历史方位;新修订的《党章》,确立习近平新时代中国特色社会主义思想为党的指导思想,实现了我们党指导思想的与时俱进,这也是我们党在理论创新方面的又一重要历史贡献。总之,十九大具有历史性划时代的意义,十九大报告是我们党迈进新时代、开启新征程、续写新篇章的政治宣言和行动纲领。石油和化学工业应当把学习贯彻十九大精神与石化行业、企业的实际密切结合,既要深刻领会十九大的精神,又要按照十九大新的战略部署推进石化强国建设稳步向前。

深刻认识中国特色社会主义新时代的新矛盾

习近平总书记的报告指出,中国特色社会主义进入了新时代,我国社会的主要矛盾已经转化为人民日益增长的美好生活需要和不平衡不充分的发展之间的矛盾。同时强调:我们要在继续推动发展的基础上,着力解决好发展不平衡不充分的问题,大力提升发展的质量和效益,更好地满足

---

* 这是十九大召开之后,傅向升同志应《中国化工报》之约发表的时评。

人民在经济、政治、文化、社会、生态等方面日益增长的需要，更好地推动人的全面发展、社会全面进步。在学习培训过程中更加深刻地认识到，十九大对新时代社会主要矛盾的重大政治论断反映了我国社会发展的客观实际，符合中国社会当前和中长期的实际状况。"创新、协调、绿色、开放、共享"这"五大新发展理念"，正是解决发展不平衡不充分的当前社会主要矛盾的指导原则，"去产能、去库存、去杠杆、降成本、补短板"是解决发展不平衡不充分的当前社会主要矛盾的战略举措。我国社会经济发展确实还存在着许多不平衡不充分的问题，石化行业就是明显的例证。今年我国石化产业将再次书写新的历史纪录，前10个月主营收入同比增长16.5%、利润总额增长52.4%、进出口总额增长21.8%；前10个月的利润总额已大大超过去年全年，进出口总额已接近去年全年，这是近六年来的最高增速；同时全行业产业结构和转型升级也取得明显进展，合成材料、专用化学品和有机化学品这三大领域对今年全行业主营收入的增长贡献达到了80%，对全行业的利润贡献接近85%；创新驱动及其新旧动能转换、绿色发展以及责任关怀等方面也都效果明显。但是发展不平衡不充分的矛盾还十分突出，从产出看，像山东、江苏这样的东部省份，一个省石化行业的产出都在两三万亿以上，大约是西部区域产出的总和；从产业结构看更是如此，江苏、上海等这样的东部省市，产业结构和产品结构的高端化及其创新能力明显优于中西部地区，其盈利能力和石化行业的竞争力也明显高于中西部地区。石化行业发展不平衡不充分的另一个明证是：一端是大宗基础化学品的产能严重过剩，而另一端是化工新材料和专用化学品的严重短缺；去年石化全行业进出口总额4778亿美元，而贸易逆差高达1360亿美元，主要集中在化工新材料、有机化学品和专用化学品三大领域；去年进口合成树脂3182万吨，进口乙二醇757万吨，进口对二甲苯1236万吨；就是产量已列世界第二的聚乙烯，去年还进口了993.7万吨，以茂金属催化聚合及专用料品种等国内不能满足需求的为主；化工新材料中工程塑料约60%靠进口，高端膜材料约70%靠进口；结构性矛盾突出，不平衡不充分的矛盾突出。今年前10个月，石化行业进出口贸易逆差已高达1602亿美元，其中进口合成材料增长11.3%，有机化学品增长5%，聚乙烯增长 20.6%，合成橡胶快速增长 73.2%，结构性过剩、发展不平衡不充分的矛盾尚未根本改善。

石化强国是中华民族强国梦想的重要保障

习近平总书记十九大报告讲：从十九大到二十大，是"两个一百年"奋斗目标的历史交汇期。综合分析国际国内形势和我国的发展条件，实现现代化强国的梦想可以分两个阶段来安排，第一个阶段：从 2020 年到 2035 年，在全面建成小康社会的基础上，再奋斗 15 年，基本实现社会主义现代化。第二个阶段：从 2035 年到本世纪中叶，在基本实现现代化的基础上，再奋斗 15 年，把我国建设成为富强民主文明和谐美丽的社会主义现代化强国。这就再次吹响了实现中华民族伟大复兴中国梦的新号角！要实现中华民族伟大复兴的强国梦，需要全党全国各族人民的共同奋斗，更需要各行各业的共同奋斗；尤其像石化产业这样国民经济的基础产业和配套性产业，在实现强国梦想的过程中承担并发挥着重要的保障作用，美国、德国等发达国家的经验告诉我们：没有石化强国就不可能成为经济强国。因为石化产业不仅关系到人们日常生活的衣食住行，更关系到航天航空等重大工程和新能源等未来转型以及强军梦的实现。中国是人口大国，吃饭穿衣问题是党中央关心的头等大事，大家熟知的：化肥为粮食增产发挥着约 50% 的作用，农药在粮食及蔬果保产中也发挥着重要作用，化学纤维在保证穿上衣和穿好衣方面也发挥着重要保障作用。离开了化工新材料，轨道交通、复兴号都难以走向世界，汽车轻量化及新能源汽车、光伏及风力发电等新能源都难以实现；离开了化工新材料及其耐高温、耐低温等特种密封和保护材料，C919、大型运输机等航空梦难以实现，神舟载人的航天梦更遥不可及，海底深潜等海洋工程以及航母等强军梦想更是纸上谈兵。所以，中国要成为经济强国和制造业强国，就要首先成为石化强国；

要实现强军梦想,就要首先成为石化强国;要实现中华民族的伟大复兴,就首先要实现由石化大国向石化强国的跨越。

石化强国目标要立足新时代实现新跨越

石化工业是实现经济强国的重要基础产业,是实现强国梦想的重要保障。在贯彻十九大精神、落实十九大部署、实现"两个一百年"奋斗目标的过程中,石化产业未来发展必须立足新时代、实施新战略。中国石化产业已经连续七年列世界第二、化工产业列世界第一。今年前10个月实现了超出预期的运营效果,主营收入11.86万亿,同比增长16.5%;利润总额7301亿元,同比增长52.4%;进出口贸易总额4700亿美元,同比增长21.8%。从前10个月的运营情况看,石化行业经过近三年的调整和震荡,再次进入了一个平稳较快的发展新阶段。但我们只是石化大国,还不是石化强国。中国石化行业如何立足新时代、实现由大到强的新跨越呢?习近平总书记的十九大报告已指明方向:要贯彻新发展理念、建设现代化经济体系,坚持质量第一、效益优先,以供给侧结构性改革为主线,推动经济发展质量变革、效率变革、动力变革,着力加快建设实体经济、科技创新、现代金融、人力资源协同发展的产业体系,不断增强我国经济创新力和竞争力;要加快建设制造强国,加快发展先进制造业,支持传统产业优化升级,促进我国产业迈向全球价值链中高端;要加快建设创新型国家,瞄准世界科技前沿,实现前瞻性基础研究、引领性原创成果重大突破,突出关键共性技术、前沿引领技术、现代工程技术、颠覆性技术创新,以及加强国家创新体系建设、培养造就一大批具有国际水平的战略科技人才等。只要我们深刻领会了习近平总书记十九大报告对工业经济的这些部署和要求,石化行业、广大石化企业和企业家们紧密结合石化行业的具体情况、石化企业的实际情况,把握当今世界石化产业的发展趋势和特点,紧紧围绕石化领域供给侧结构性改革这条主线，按照中央经济工作会提出的"高质量发展"的新要求，在创新驱动上狠下功夫、在绿色发展上狠下功夫，持续加大行业结构调整、企业转型升级、淘汰落后产能的力度，持续加大循环经济、节能减排、两化融合的力度，不断开创对外开放和"一带一路"走出去的新局面，石化行业就一定能够在"十三五"迈出向强国跨越的坚实步伐，就一定能够按照十九大"两个阶段"战略部署的总要求，力争率先实现石化强国的目标，为实现中国特色社会主义现代化强国和中华民族伟大复兴的中国梦提供坚实的基础和坚强的支撑。

开局考好于预期　再发力提升跨越[*]

早春正月,我们举办一年一度的经济运行新闻发布会,我重点谈三点思考。

开局考好于预期

从刚才祝昉同志发布的 2016 年石化行业运行情况看,可以概括为一句话"开局考好于预期"！2016 年是"十三五"的开局之年,也是中国经济改革进入深水区、各种矛盾叠加、风险隐患集聚和世界经济面临的不确定性因素最多、经济领域挑战最艰巨的一年。因此在年初研究和预测全年任务目标时,我们非常慎重:一是 2015 年全行业主营收入下降 6.1%、利润下降 18.2%、进出口总额下降 22.1%；二是召开 2016 年上半年经济运行分析会时,根据上半年实际运行的情况和 7 月份的市场与产品价格走势,再次修订了全年的奋斗目标:主营业务收入同比增长 1.0%,利润同比下降 3.0%；其中化工行业主营业务收入增长 5.0%,利润增长 9.0%。今天来看:全年主营业务收入 13.28 万亿、同比增长 1.7%,利润总额 6444 亿、同比基本持平；其中化工行业主营业务收入 9.21 万亿、同比增长 5.3%,利润总额 5073 亿元、同比增长 11.7%。"十三五"开局之年交出的这份答卷:结果好于预期！更加宝贵的是扭转了连续 20 个月的负增长！

---

[*] 这是 2017 年 2 月 16 日,傅向升同志在 2016 年度石化行业经济运行新闻发布会上的报告。

这份好于预期的答卷,得益于各部门以及社会各界的大力支持和帮助,得益于石化战线各企业和广大石化人的努力拼搏!得益于石化行业全面贯彻十八届五中全会和中央经济工作会精神,认真研究制定并颁布《石油和化学工业"十三五"发展指南》,以供给侧结构性改革为主线,突出"五大新发展理念"和"三去一降一补"五大重点任务,加大实施创新驱动和绿色发展"两大发展战略",加大"4+1"工作力度即"加减乘除"四则操作与"一带一路"倡议,实现了全行业发展水平和运行质量的新跨越。

1. 做好"减法",通过去产能从根本上改善行业运营的质量

石化行业大宗基础产品产能过剩严重,"低端拥挤、高端短缺"的结构性过剩十分突出。联合会把去产能摆在各项工作的首位,坚持问题导向,以市场为引领,以企业为主体,按照国务院《关于石化产业调结构促转型增效益的指导意见》提出的指导思想和明确的七大主要任务,8月底又发布了《石化产业调结构促转型增效益的实施方案》,对四大领域、12个行业提出了具体的行动计划和任务目标。全行业积极行动起来,炼油行业淘汰200万吨/年以下装置84套,合计产能5795万吨/年。氮肥行业共退出合成氨企业40家,合计产能413万吨;尿素产能共退出333万吨。农药行业共退出企业25家,其中原药企业3家。氯碱行业在"十二五"烧碱企业退出13家、产能905万吨,聚氯乙烯企业退出14家、产能608万吨的基础上,2016年烧碱又退出产能49万吨,聚氯乙烯又退出产能32万吨。轮胎行业共退出产能1900万条,主动退出的企业有9家。

2. 做好"加法",通过结构优化加快补短板

结构调整是供给侧结构性改革的一条主线,也是石化产业提升竞争力的一条主线。无机酸碱、化肥、轮胎等大宗基础化学品过剩,化工新材料、电子化学品等高端产品严重缺乏,2016年石化行业贸易逆差1360.8亿美元,逆差最大的是合成树脂326.8亿美元,有机化学品105.9亿美元,合成纤维单体54.1亿美元,专用化学品24.1亿美元;合成树脂去年进口量超过3182.5万吨,其中聚乙烯就进口994万吨,高端聚烯烃(己烯共聚、辛烯共聚、茂金属聚烯烃等)占主体,国产高端聚烯烃的自给率不足

40%。由此可见，石化行业结构调整和优化的任务是多么艰巨、瞄准高端做"加法"是多么重要。2016年，石化联合会与各专业协会一起，认真研究编写并于4月初发布了《石油和化学工业"十三五"发展指南》及其27个专业发展规划，以及《中国化工新材料产业发展报告（2016）》、中国化工学会编写的《石油化工产品高端化发展报告》，这些都成为石化产业结构优化与转型升级的导向性文件和重要参考资料。中石油和中石化的炼油板块，面向市场新要求，增产优质清洁油品，紧跟市场需求的新变化，柴汽比进一步调低；石化板块面向差异化和高端化，优化发展化工新材料和精细化学品，齐鲁石化、大庆石化、上海石化、镇海炼化、燕山石化、扬子石化等企业加快发展茂金属催化聚烯烃、汽车专用料、电器专用料、燃气和地暖管料以及医用料等产品，合成树脂新产品和专用料比例进一步提升。农药行业在企业集中度进一步提升的同时，产品结构持续改善，杀虫剂比重进一步下降，杀菌剂和除草剂比重又有新提升，高效安全环境友好型农药新品种、新制剂的比重比往年又有大幅提升。很多企业如杭州电化、鲁北化工、海晶化工等产品结构调整也效果明显，杭州电化搬迁入园以后，建成了20万吨／年烧碱和10万吨／年聚氯乙烯装置，投产时由于聚氯乙烯市场价格急剧下跌，只开了烧碱装置，果断地转产氯化聚氯乙烯产品，新增双氧水、次氯酸钠、电子化学品等新产品；海晶化工是一家有着近70年生产历史的氯碱厂，由青岛市区搬迁到董家口工业园后，淘汰了原电石工艺路线，实现了乙烯氧氯化法清洁生产工艺；鲁北化工是一家传统的磷肥生产企业，最知名的创新成果是磷石膏综合利用制硫酸联产水泥的工业化，近几年在做好21万吨／年硫酸法钛白生产废酸综合利用的同时，还新建10万吨／年氯化法钛白装置，并相继开发了水性涂料、粉末涂料、家电漆以及塑料加工、色浆专用等12个钛白粉专用型号；冶金型氧化铝产品进一步开发高温α型、超细阻燃型、4A沸石型化学氧化铝新产品，企业效益大为改善。张家港华昌化工是一家氮肥企业，他们多年来"坚持化肥，走出化肥"，在做大做强化肥主业的基础上，新建了丙烷脱氢路线聚丙烯，进而生产丁辛醇，现正在规划建设加氢新材料基地。各地区、各省市也都把石化产业结构调整作为各地的重点工作，江苏、山东、河北、湖北等地都分别出台了贯彻国务院《指导意见》的"实施方案",并正在加大产业结构、产品结构以及组织结构、布局结构等全方位的调整优化。

3. 做好"乘法",通过创新驱动提升发展的关键要素

习近平总书记讲"创新是从根本上打开增长之锁的钥匙"。《石油和化学工业"十三五"发展指南》提出要实现由石化大国向强国的跨越,必须加大实施创新驱动战略。实施创新驱动发展战略,是应对发展环境变化、把握发展主动权、提高核心竞争力的必然选择,是加快转变发展方式、破解经济发展深层次矛盾和问题的必然选择,是更好引领我国经济发展新常态、保持我国经济持续健康发展的必然选择。2016年,我们编制并发布了《石油和化工行业"十三五"科技发展指南》,在组织好国家和行业科技创新项目的同时,共评出联合会2016年度科技奖190项;石化行业有52项成果获2016年度国家科技大奖,其中联合会推荐的"延长油区千万吨大油田持续上产稳产勘探开发关键技术"等4项科技成果获奖。还编印了《企业创新实践》一书,共汇编了24家企业技术创新的典型经验;策划编写了《跨国公司协同创新优秀案例集》,共总结提炼了赢创、巴斯夫、科思创等12家跨国公司在中国协同创新的典型做法和经验,这些国内外创新的典型案例和经验,对广大石化企业的创新有着很实用也很强的借鉴作用。按照《"十三五"石油和化工行业创新平台建设规划方案》确定的新能源、化工新材料、专用化学品、现代煤化工和节能环保五大重点领域打造一批高水平科技创新平台的部署,又新认定了23个研发创新平台,连同"十二五"已经建成的创新平台,在已有90家国家级创新平台和34家国家级技术创新示范企业的同时,使得行业认定的创新平台达到68家,技术创新示范企业133家,技术创新战略联盟14个,已形成石化产业核心竞争力的"乘数效应"和创新驱动战略的重要支撑。

管理创新和理念创新日益得到重视。广大石化企业在创新经营模式、管理理念、企业文化等方面,都涌现出一批特色突出、创新性和实用性强的管理创新成果,在第九届全国化工企业管理创新大会上,共有青岛软控、

宜宾天原、鲁西集团等企业的50项管理创新成果获奖并发布，其中一等奖9项。青岛软控原是一家橡胶机械专业化公司，也是一家创新起家的公司，现已发展为一家橡胶机械和轮胎为主业的大型上市公司，不仅拥有赛轮金宇，还与美国库珀轮胎合资生产高端轮胎，年前我刚刚参观了他们的创新中心，无论是研发用仪器设备、还是创新团队，都是国内一流的，现正在主攻橡胶用原材料的基础创新，再加上青岛软控开放性的管理理念和已拥有的企业文化精神，相信他们在创新的路上会走得更好更远。还有一批像烟台万华、广东金发、黑龙江鑫达、三聚环保等成长性很好的创新型公司在快速成长与发展着。

经营模式创新也捷报频传。在全球化浪潮冲击、技术变革加快，尤其是商业环境不确定性因素不断增加的时代，经营模式创新已经成为跨国公司核心竞争力的关键词，都把经营模式创新作为战略重点。这两年电子商务在石化行业到了快速发展，中石化、中石油、中国化工等一批特大型企业集团已经走在了电子商务的前列，塑料、涂料、染料等行业也都涌现了众多的第三方电商平台。电子商务可以不受时间和空间的限制，随时随地与世界各地的供应商和产品客户快速高效地及时联系、直接沟通，管理和运营的效率更高，信息共享和公平竞争的机会更多。实体企业利用两化融合加快智能制造也带来明显效果，九江石化、渤海化工、新疆天业等11家石化企业列入了工信部主抓的国家智能制造试点示范，涵盖了炼化、化肥、氯碱、轮胎以及化工新材料、智慧园区等方面。双星轮胎列入了第二批试点，产品制造的全流程实现智能化生产和绿色环保，使产品不良率下降了80%。最具代表性的是万力轮胎，投资14亿打造的世界级智能工厂去年11月份已投产，原来相同规模的轮胎企业需要2100多人，万力的智能工厂只需696人；原来生产一条轮胎需要48小时，万力工厂缩短到了30小时，每人每年的平均产值达到332万元，是传统工厂的3倍。

4. 做好"除法"，通过节能减排为绿色发展腾挪空间

绿色发展重在解决人与自然的和谐问题，这是当今时代科技革命和产业变革的方向，是最有前途的发展领域，可以形成很多新的经济增长点。

近年的生态环境恶化及其对人民健康的影响,已经成为我们的心头之患,成为突出的民生问题。石化工业是资源性行业,是以化石资源作为原料的,石化行业能源消耗总量 5.62 亿吨标煤,居工业部门第二。熟悉石化工业的同志们都知道,石化行业既是排放大户,废水、废气、固废的排放量均居工业部门前列,但同时化学工业尤其是化学技术,也是治理污染、实现废弃物资源化利用的根本方法。所以石化行业非常重视绿色发展和石化企业的可持续发展,《石油和化学工业"十三五"发展指南》将绿色发展作为石化产业未来的两大发展战略之一,2016 年 7 月初在北京召开了石化行业绿色发展大会,集全行业智慧研究制定了《石化行业绿色发展行动计划》,倡议全行业走"以绿色循环低碳为重要保障的资源节约型、环境友好型、本质安全型的新型工业化道路",并提出了全行业减排和各行业绿色发展的具体要求和内容,确立了挥发性有机污染物的去除目标和电石法聚氯乙烯汞污染治理路线图。绿色发展已成为全行业的共识,自去年 11 月份以来,寿生会长要求每个会领导带队,分 5 个调研组分赴各地石化企业深入调研,到今年 3 月底将分别提出废水、废气、固废治理及节能减排、安全提升五个"专项行动计划",以推动和指导全行业的绿色发展;绿色发展也已成为广大石化企业可持续发展的重要理念,很多企业都把循环经济和废弃物的资源化利用作为企业核心竞争力的重要元素,我们刚刚调研的灵谷化工,是一家化肥生产企业,做强做优大颗粒尿素的同时,已建成 11 万吨/年 CO_2 回收装置(另一套正在建设),硫回收做硫酸铵,气化炉炉渣做水泥、粉尘回收做高标号水泥添加剂,余热全部用于发电,企业实现了超低排放。

5. "一带一路",通过国际合作促进产能转移

石化行业的国际交流与合作是中国更全面、更深入、更多元对外开放格局的重要组成部分,也是习近平总书记在 G20 杭州峰会倡导的"推动世界经济走上强劲、可持续、平衡、包容增长之路"的重要内容。石化联合会与国际组织的交流与合作日益频繁与紧密,2016 年与国际化工协会联合会、世界塑料理事会、国际化学品制造商协会、美国化工理事会、欧洲化工理事会、欧洲塑料理事会、日本化工协会以及巴斯夫、杜邦、陶氏、萨

比克等跨国公司都有多次互访和频繁互动。尤其是贯彻国家"一带一路"倡议、加快国际产能合作方面正在取得实质性突破,《中国石油和化工行业国际产能合作战略研究报告》基本完稿,伊朗、沙特、阿曼、哈萨克斯坦4个沿线国家的石化产业投资报告都已完稿;中国石油和化工行业国际产能合作企业联盟已于2016年9月成立,主要是搭建政府与企业间的沟通平台,目标是要构建以境外投资、工程承包、技术合作、产品和装备出口以及相关服务为内容的石化行业国际产能合作平台和利益共同体,推动中国石化企业海外协同发展,现有70多家企业参加联盟,已成立的化肥和伊朗两个工作组已先期开展工作。

以上是2016年石化行业运行质量的提升和改善取得的成就,当然不尽如人意之处也不少,主要表现在:增长速度与"十三五"规划的年均目标有不小的差距;去产能的任务还很艰巨,尤其是基础化学品产能过剩的矛盾仍然突出;结构优化,尤其是高端化学品、专用化学品的短缺状况尚未根本改变;战略新兴产业的形成,尤其是新旧动能的转换尚需时日,等等。这些都需要全行业及广大石化企业和石化人持续发力,在创新中提升、在拼搏中进取。

新一年难中趋稳稳中求进

新的一年,石油和化工行业面临更加复杂多变的内外部环境,各种不确定因素很多,宏观环境、国际油价、产业政策的变化,都将对行业经济运行带来深刻影响。综合考虑,石化行业将是难中趋稳、稳中求进的一年,我们预测2017年将好于去年,全行业工业增加值同比增长7.5%左右,主营收入同比增长6%~8%,约14万亿;利润增长7%~9%,约6900亿;进出口扭转负增长态势。其中,化工行业增加值同比增长8.5%左右,主营业务收入增长8%左右,约9.95万亿;利润增长10%左右,约5600亿。

一是从国际环境来看：2017年，世界经济仍将处于缓慢复苏的进程中，全球经济低增长、低投资、低贸易增长、低通胀还将持续，世界经济的复杂性、不稳定性和不确定性都将进一步凸现，美国特朗普政府上台以来的一个月，其竞选过程中的反全球化和孤立主义政策主张以及财政宽松、放松金融管制等政策取向确实有待观察；德国、法国、荷兰这三个欧盟的主要国家都进入了大选年，又加上英国脱欧、意大利公投失败带来的后续效应，新的出乎意料的"黑天鹅事件"也许不可避免；新的贸易保护主义抬头，全球贸易难免持续低迷。国际货币基金组织预测新的一年世界经济的增速约3.4%，略高于2016年的3.1%；世贸组织预测，2017年全球贸易增长约1.8%，略高于去年的1.7%，但仍明显低于金融危机前水平，并且连续6年低于3%。

二是从与石化产业紧密相关的原油价格来看：2016年底OPEC会议最终达成减产协议，推动原油价格一直在50美元/桶以上震荡，最高时超过了58美元/桶，全年布伦特原油均价44美元/桶，2017年国际原油市场或将出现供需拐点，油价大概率将继续回升，预计全年布伦特油价将在50～65美元/桶间运行，均价将在55美元/桶左右。近期35家国际机构预测2017年布伦特原油均价57美元/桶，与我们的判断基本一致。

三是从国内环境来看：2017年党的十九大将召开，随着改革的不断深化，以及各项稳增长政策的逐步落实，国内经济增长的活力将继续有所增强，经济结构有望继续优化，实体经济投资也有望出现改善局面，人民币贬值将对出口带来一定促进作用；但目前国内经济总体仍处于新常态下经济增速换挡期，下行风险和压力依然较大，实体需求仍处于弱势企稳中，周期性底部特征预计短期难以改变。中央经济工作会议将"稳中求进"确定为今年经济工作的总基调，习近平总书记特别指出："稳中求进总基调是我们治国理政的重要原则，也是做好经济工作的方法论。"进一步重申："在稳的前提下要在关键领域有所进取，稳不是无所作为，不是不敢作为，而是要在把握好度的前提下奋发有为。"今年经济增长的预期目标定为6.5%，并强调"在实际工作中争取更好的结果"。

四是从石化行业自身来看：中央经济工作会议不仅为石化行业的发展

指明了方向,也为石化行业提供诸多政策利好。会议把着力振兴实体经济提到了应有的高度,并特别指出"我国经济是靠实体经济起家的,也要靠实体经济走向未来;千万不能把关系国家安全、关系国计民生、关系国际竞争力的实体经济搞虚了、搞少了",这将有助于作为基础原材料工业和国民经济支柱产业的石化工业持续健康发展。从政策层面来看,降成本方面要在减税降费、降低要素成本上加大工作力度,要降低各类交易成本特别是制度性交易成本,降低企业用能成本和物流成本,支持企业市场化、法治化债转股,加大股权融资力度,支持企业技术改造等,这将有助于企业效益的提升。我们多次帮企业呼吁的一些政策和诉求终于有了结果,从今年1月1日开始,已经开始执行包括成品油一般贸易恢复出口退税和部分化工品进出口关税新政策,成品油一般贸易恢复17%的出口退税;取消苯、尿素、磷铵、氯化铵等肥料及含氮磷两种元素的二元肥等产品的出口关税;氮磷钾三元复合肥、原油、粗苯等出口关税下调;煤制焦炭及半焦炭、氨和氨水、航空煤油、石脑油以及特种馏分的蜡油进口关税降至零。相关化工产品的进口商品最惠国暂定税率全部下调,部分化工品进出口税率大幅下调。这些政策都将对石化装置产能利用率的提升,对石化企业大力拓展海外市场以及进一步提升石化行业经济运行的质量和水平、提升国际竞争力带来积极的影响。

再发力提升跨越

2017年是执行"十三五"规划的关键之年,是调结构的阵痛之年,也是石化行业发展新旧动能转换的重要一年。我们要抢抓宏观经济的积极变化和世界石化工业复苏的先机,以新的思路和新的举措,以中央经济工作会议精神为统领,以绿色发展为重要抓手,以去产能为攻坚的堡垒,紧紧围绕结构调整优化这条主线,继续加大创新驱动和国际合作两大战略举措,努力提升行业和企业的核心竞争力,努力改善经济运行的质量和效益,力争石化行业率先走上筑底反弹的新通道。新的一年将在以下重中之重的工作上再次发力：

1. 再发力绿色发展，扎实推进五大行动计划

新的一年全行业要把贯彻"绿色发展"战略作为重要抓手和中心任务，按照《石油和化学工业"十三五"发展指南》和《石化行业绿色发展行动计划》确立的任务目标和部署，在已进行大量调研的基础上，尽快形成废水、废气、固废治理以及节能减排、安全提升五大"专项行动计划"，在广泛征求意见、认真讨论修改的基础上，于4月份产业发展大会上向石化行业和全社会发布，有当前现状、有任务目标、有具体措施，既推出一批典型企业，又推荐一批先进适用的技术，让绿色发展成为全行业共同的理念和行动，让石化行业绿色发展在企业可持续发展中率先闪光。同时，还要把"绿色园区，智慧园区"建设作为新一年石化园区发展工作的重中之重。

2. 再发力去产能，加快结构调整和转型升级

石化行业产能结构性过剩矛盾依然严重，去产能的工作只是开了个头，更艰巨的任务还在后头，尤其是在市场向好的时候，去产能面临的挑战就更加艰巨，我们必须要有决心、有恒心、持续发力。按照国务院《指导意见》和联合会《实施方案》的要求，在去年已取得良好开局的基础上，今年的去产能要进一步深化，不能简单地以规模为标准，要充分发挥和依靠市场和法制化措施，研究制定更加科学的标准，对达不到能耗标准、质量标准、排放标准的落后产能、工艺和设备，坚决淘汰；同时还要加强监管，严格控制过剩产能的盲目增加，力争去产能的"三年目标"取得突破性进展。另一方面，要加快战略性新兴产业的培育和形成，鼓励创新、支持创新，加大高端石化产品补短板的力度，力争化工新材料、专用化学品的进口替代率和自给率进一步提升。

3. 再发力创新驱动，充分发挥创新的强力支撑

按照科技《规划指南》和创新平台建设《实施方案》明确的任务，新的一年在组织实施好重大科技创新项目、科技奖励评审等工作的同时，重点围绕新能源、化工新材料、专用化学品、现代煤化工和节能环保新技术

五大领域抓好创新战略实施和创新平台建设,努力培育一批具有战略性、标志性和引领性的制高点技术,重点推广一批有产业化前景、对推动产业结构调整有重大影响的创新成果和技术,形成行业新的经济增长点。为了密切产学研用的沟通和联系,我们拟于今年开始,每年举办一次重点高校与重点企业的科技创新交流会,以畅通产学研用的对接渠道,提高科技创新的针对性和时效性,使石化行业的创新资源发挥更大和更高效的作用。继续组织好管理创新奖的申报和评审,配合工信部认真组织好第三批智能制造试点示范企业的推荐与示范。

4. 再发力"一带一路",提升行业走出去和对外开放水平

贸易保护主义升温是摆在石化行业面前的一个重大挑战,石化行业每年的贸易诉讼一直居各行业前列。石化行业要紧紧抓住"一带一路"战略机遇,全面提升对外开放水平,加强与国际石化组织的合作与交流,加强与国际跨国公司的交流与沟通,继续全力办好国际石化大会、亚洲炼油与科技大会、国际化工展等国际石化界知名度和认可度都很高的大型会议展览,充分利用好"中国石化行业国际产能合作战略联盟"这个平台,进一步加大国际产能合作的力度,在企业"走出去"与国际产能合作方面,逐步形成资源合作类企业群体、产能合作类企业群体、贸易合作类企业群体、生产服务类合作群体等不同类型的、具有自身特点的企业群体。这个月底将组织到马来西亚、印度尼西亚、新加坡等"一带一路"国家就石化、橡胶、化肥、氯碱等方面国际产能合作的深入交流;新的一年就国际产能合作,我们将对接政府部门、对接所在国使领馆,对接国际国内企业、金融机构、律师事务所等单位,帮助企业解决在"走出去"过程中遇到的各方面难题,还将编辑发行权威性的行业投资报告,强化人才与业务培训等。

5. 再发力基础能力建设,提升行业预警能力和经济运行质量

新的一年,我们将继续做好石化产业产能预警报告、石化产品国际贸易预警分析报告及核查与应诉、中国石化大宗产品年度报告以及石化行业经济运行数据快报和监测报告等行业基础性、综合性报告,及时组织并开好上半年经济运行分析会,为全行业经济运行提供及时性、权威性的第一

手数据资料。在油气数据平台试运行的基础上，加快建成化工行业大数据信息系统并尽快投入运行，在景气指数发布、行业分析预测水平上狠下功夫，进一步强化从事经济运行人员的业务水平与能力建设，完善行业统计监测体系和运行监测与信息系统，发挥数据平台对数据的分析、挖掘、分类汇总等功能，进一步强化与政府部门、会员单位和企业的联系，提高预测预警能力，进一步提升行业的运行质量和效益。

2017年，由于世界经济的不确定性在增加，石化行业将面临着新的挑战与困难，但也面临着难得的发展机遇。我们相信，石化行业是一个大庆精神和吉化精神永驻的行业，有着优良的传统和传承！通过广大企业和石化人的不懈拼搏与开拓创新，2017年一定会再创佳绩，实现新的跨越！

盘点 2017　展望 2018[*]

应《中国化工信息周刊》主编之邀，希望我盘点一下 2017，展望一下 2018，我想用三个词做一个简单概括：无奈、喜悦和展望。

无奈。直到应了主编之邀，我才突然意识到：2018 已经在向我们招手了！实际上，当一个人的年轮都写在脸上的时候，对"过年"已经没有了儿时的企盼与兴奋；而每遇"年终"，却添了些许无奈。

喜悦。即将过去的 2017 年，中国石化行业取得了超出预期的运营业绩，这也给我们增添了不少喜悦！前 10 个月，全行业实现主营收入 11.86 万亿元，同比增长 16.5%；实现利润总额 7301 亿元，同比增长 52.4%；进出口贸易总额 4700 亿美元，同比增长 21.8%。这组数据，是在连续两年下降的情况下，近六年来增长最快的；这组数据，在还差 2 个月的情况下，已接近或超过去年全年：主营收入距去年全年只差 1.43 万亿元，利润总额已超 857 亿元，进出口总额已接近去年全年的 4778 亿美元；这组数据，可以看出：中国石化行业经过近三年的调整和震荡，已经走出低谷、走上了中高速发展的新阶段；这组数据，也使我们年初预期 2017 年行业运行总基调时，在激烈争论中写下"2017 年力争使我国石化行业率先走上筑底反弹的新通道"成为了现实，更使那时既充满期待又有些忐忑的心情"落袋为安"。

2017 年石化行业发展超出预期的结果，得益于 2017 年是全球经济自金融危机以来增长最好的一年，今年全球经济预期增长 3%，尤其是美国、中国等主要经济体良好的内需和外需，中国对全球经济增长做出了近 1/3

---

[*] 这是 2017 年底，傅向升同志应《中国化工信息周刊》之约，为其写的 2018 年第一期寄语。

的贡献；发达经济体如德国、日本和新兴经济体如俄罗斯、巴西等也都在走出低迷、走上增长的台阶；经合组织对 43 个主要经济体的调查表明：全球经济呈现出近十年来的首次齐增长。得益于中国经济前三季度的"3 个 6.9%"，中国经济以供给侧结构性改革为主线，贯彻"五大新发展理念"，加大"三去一降一补"的力度，加大创新驱动和绿色发展的力度，加大战略新兴产业的培育、新旧动能转换和国家重点工程实施的力度，特别是中国特色社会主义新时代的新特点和新矛盾运动，这些都为石化产业提供了新的发展机遇。得益于石化行业调结构促转型增效益《指导意见》及其《实施方案》的具体行动，特别是全行业及其广大企业紧紧盯住大宗基础化学品产能严重过剩这一痼疾，把去产能放在首位，年初发布《重点石化产品产能预警报告》，及时推出石化工业绿色发展《六大专项行动计划》，年中专题分析全行业经济运行中的特点和问题，在新能源、化工新材料和专用化学品等五大领域开展创新及创新平台建设并取得一批重大科技成果，就责任关怀、可持续发展等议题与国际化工协会联合会、欧美日石化（化工）协会以及跨国公司密切合作并多次交流、共同推进，加大石化园区的规范与管理并大力推进智慧园区和绿色园区建设，这些都为石化行业快速走出低谷提供了重要措施保障。我们预测，2017 年中国石化全行业主营收入和效益都将创历史新高。

展望。2018 年将是全面向好的一年，全行业运营情况将稳步增长，全行业发展不平衡不充分的结构性矛盾将进一步缓解、进一步趋于协调。因为 2018 年，将是全面贯彻十九大精神第一年，是执行"十三五"规划的居中之年，是决胜全面建成小康社会的关键之年，是全球经济继续增长的一年、并且会好于今年，虽然有英国脱欧的负面影响，但是对欧洲的经济主体德国、法国影响不大，尤其是美国特朗普政府减税法案的实施，将会对美国经济增长起到助推作用，再加上 OPEC 与俄罗斯等国家原油减产协议的延长，明年的油价还会继续走高，这些都对明年的石化行业运营带来外部利好；中国经济也将是继续中高速增长的一年，继续保持 6.5% 以上的增长率应该是大概率事件。

在国际国内大背景之下，石化行业应当坚持以习近平新时代中国特色社会主义思想为指引，继续以供给侧结构性改革为主线，继续把去产能和结构调整放在首要位置，深入推进创新驱动和绿色发展两大战略的实施。深入开展国际交流与合作和国际产能合作，结合新型工业化示范基地试点，把建设国际一流石化基地和专业化特色园区放在更加突出的位置，深入推进智慧园区和绿色园区建设，进一步提升全行业经济运行的质量和效益，力争石化行业向着"十三五"的规划目标、向着石化强国迈出新的跨越，在决胜全面小康和实现"百年梦想"的征途上再创新的辉煌！

试论石化产业高质量发展八大关系

党的十九大做出中国特色社会主义进入新时代的重大政治判断,并指出新时代的主要矛盾"是人民日益增长的美好生活需要和不平衡不充分的发展之间的矛盾"。按照十九大精神和中央经济工作会的部署,中国经济发展也进入新时代,其基本特征就是中国经济已由高速增长阶段转向高质量发展阶段。同时指出:推动高质量发展,是当前和今后一个时期确定发展思路、制定经济政策、实施宏观调控的根本要求。这些重大思想创新、理论创新和战略部署,都对石化产业的高质量发展提出了新要求,也是当前石化产业高质量发展的必然遵循。站在新时代、站在石化大国的平台上,要实现石化大国向强国跨越的目标,高质量发展也成为石化产业的必然选择。如何通过高质量发展实现石化强国的目标呢?我认为须处理好八个方面的关系。

发展与创新的关系

发展与创新是目的与动力的关系,发展是创新的目的,创新是发展的动力之源。党的十九大指出"必须坚定不移把发展作为党执政兴国的第一要务","创新是引领发展的第一动力,是建设现代化经济体系的战略支撑"。过去的经验告诉我们:那种过度依靠投资拉动、拼规模、拼速度、不计资源、不计环境的发展是不可持续的,只有依靠创新驱动的发展,才是有质量的

---

* 这是 2018 年春节,傅向升同志在桂林休息期间所思考的内容,曾被多家报纸杂志刊发。

可持续发展。中国改革开放40年来,创造了年均增长10%的人类发展奇迹,在高速发展的过程中很多问题也暴露无遗,尤其是要付出巨大的环境代价。中国石化产业取得了显著的成就,尤其是新世纪以来多种基础化学品都不断实现超越,成为第一生产大国,化肥、烧碱、纯碱、甲醇及轮胎等都产能严重过剩。这种状况如果继续下去,继续沿着过去的发展理念和发展模式惯性向前,离石化强国的目标只能是越来越远,石化强国梦将长眠不醒。

因此,石化产业"十三五"规划提出要实现石化大国向强国的跨越,"十三五"期间要加大实施"创新驱动战略",这就为我们石化行业加快转变发展方式、依靠创新发展指明了路径,这也是与十九大提出高质量发展高度契合的。广大石化企业和石化人一定要牢固树立依靠创新发展的理念,把创新驱动战略摆在发展各战略举措之首,突出新能源、化工新材料、专用化学品、节能环保等重点领域,瞄准关键共性技术、前沿引领技术以及颠覆性技术和核心关键装备,强化创新平台建设和国际交流与合作,结合国家重大科技项目和重点工程,培育一批学科带头人,让创新成为石化产业高质量发展的重要支撑和可持续发展的动力源泉。

规模与效益的关系

规模与效益是数量与质量的关系,过度追求数量而忽视质量的发展,其结果就是效率低下、竞争力不强,其恶果就是资源浪费、环境恶化。我们首先要对规模和效益有正确的认识:规模与效益也是共生与辩证的,"没有数量就没有质量"辩证地告诉我们:规模与效益都不可偏废。正是因为改革开放40年和新世纪以来的快速发展,中国石化产业保持了8年、仅次于美国的世界第二石化大国的规模,正是因为具有了这样的规模,才为我们奠定了调结构的空间、促转型的平台和增效益的母本。过去全行业、各企业都把做大作为重要目标,在那时的发展阶段只有把蛋糕做大了就有了切分的资源,就有了做强做优的基础。

可今天当我们已经是化工第一大国,已经是多种基础化学品产能产量全球第一、甚至产能严重过剩的状况下,必须及时转变发展理念和发展方式,一定要把效益放在发展更加突出的位置。因为石化产业的效益还有很多的挖掘空间和提升潜力:一是2017年石化全行业效益明显提升的情况下,规模以上企业还有12.8%的亏损面;二是与发达国家和跨国公司相比也还有不小的差距,2017年石化全行业主营收入利润率达到6.14%,化工领域更是达到了6.65%,自身相比提升幅度很大,这是近5年来的新高,但是与发达国家和跨国公司相比差距明显。我们去年10月份访问日本时,获悉日本化工行业的经常利润率是8%;2017年全球化工50强榜单显示,其综合销售利润率大于13%。站在今天的平台和节点上,石化产业要实现高质量发展,必须把效益放在第一位,不断提升发展的质量,实现做强做优的目标。

经济与环境的关系

经济与环境是金山银山与绿水青山的关系,这是一对同等并重的关系,缺一不可。只有金山银山、没有绿水青山,人们的生活将难言质量;只有绿水青山、没有金山银山,将难以满足人民日益增长的美好生活需要。十九大将"防治污染"列为"三大攻坚战"之一,明确要求"既要创造更多物质财富和精神财富以满足人民日益增长的美好生活需要,也要提供更多优质生态产品以满足人民日益增长的优美生态环境需要"。由于石化产业目前还是主要以石油、天然气、煤炭为原料,全行业的耗能总量也较大,具有资源型和能源型的属性,决定了在绿色发展方面面临的挑战仍然艰巨。

我们在迈向高质量发展阶段的过程中,一定要以"布局合理化、产品高端化、资源节约化、生产清洁化"为目标,优化产业布局,调整产业结构,加强科技创新,完善行业绿色标准,建立绿色发展长效机制,推进全产业链绿色化,实现源头减排、过程控制、末端治理、综合利用全过程绿色发展理念的转变。广大石化企业要结合自身实际，在减量化、资源化、无害化上下功夫，抓好重点危险废物的治理，实现"三废"全面达标排放。广大石化人和石化领域的科技工作者还肩负着一项神圣的使命：用自己掌握的化学知识、化学过程和化学反应技术，通过化学的方法（化学处理、化学降解等方法），为解决工业污染和环境生态问题作出自己的贡献，为保障全社会的绿色可持续发展贡献自己的智慧。

存量与增量的关系

存量与增量是今天与明天的关系，存量是今天的现状，增量是明天的希望。我国石化产业与国民经济的状况基本相似，存量大都以传统产业为主，而增量的发展和培育大都以新兴产业为主攻方向。要实现石化大国向强国的跨越，应当存量与增量并重，不可能全部推倒重来，正如今天的发展是昨天的传承、未来的健康发展须立足于今天坚实的基础。我国石化产业的规模作为存量已经很大，产业齐全、产量巨大，为国民经济的发展和各行各业的配套做出了重要贡献，同时也为培育和发展新兴产业、实现增量快速增长奠定了坚实的基础。传统基础化学品为冶金、有色、建材等国民经济重要领域配套是必不可少的。

处理好存量与增量的关系，应把握"优化存量，做强增量"的原则，优化存量，首先要在应用新技术、新工艺、新设备改造提升传统石化产业上下功夫，应当以规模化、集约化为目标，以上下游一体化和循环化发展为路径，以升级改造和产业链延伸为手段，加快传统基础石化产业转变发展方式，充分发挥规模效应和资源的综合利用，做大做强传统基础化工的竞争力。实际上传统基础化工自身的升级潜力和产品结构调整也是与时俱进的，以最典型的无机盐产品为例，如碳酸钙过去主要用作建筑材料和塑料、涂料的添加剂，随着技术的进步也可以做成纳米级、食品级、电子级、医用级等高附加值产品；硝酸钠和硝酸钾随着新能源的发展，在西班牙和我国应用于光伏发电、风力发电等新能源领域的储能材料,已取得很好的效果。另一方面是推动企业遵循市场规律、按照自身主业和产业链优势,加大兼并重组的力度,改善企业规模小、分布散的状况,做大做强基础化工。做强增量,也就是石化产业新的增长点,一是突出化工新材料、专用化学品等国内市场短缺的产品;二是高度重视节能环保领域、生物化工领域以及新催化技术、新分离技术等新兴领域或能带来颠覆性技术革命的前沿领域;三是瞄准新能源、高端制造、航天航空及其高铁、大飞机、海洋工程、新能源汽车等未来战略新兴产业和国家重点工程,对石化新材料、新产品等新的市场需求。

五

低端与高端的关系

低端与高端是结构性矛盾的关系,低端主要体现在大宗基础化学品领域,属严重过剩;而高端主要体现在化工新材料、专用化学品领域,属严重短缺。"十三五"以来,石化全行业和各企业按照国务院《关于石化产业调结构促转型增效益的指导意见》和联合会细化的《石化产业调结构促转型增效益的实施方案》,重点在化肥、氯碱、纯碱、无机盐以及地炼、轮胎等12个产能严重过剩的领域,加大淘汰落后产能的力度,都取得了积极的进展和较好的效果,无效和低效产能退出较多,大宗基础石化产品的过剩状况有所改善,生产装置的产能利用率有所提升,结构性矛盾有所缓解。但尚未得到根本性改变,2017年我国石化产品进出口贸易总额5834亿美元,其中进口3904亿美元,贸易逆差1974亿美元,逆差大增45.1%。尤其是有机化学品、合成树脂、合成橡胶、专用化学品的进口量和进口额都出现同步大幅增长,化工新材料中的工程塑料、膜材料、特种纤维材料等,主要依靠进口满足国内市场需求的状况改观不大。

因此,高质量发展要求我们,低端的大宗基础石化产品应继续加大淘汰落后产能的力度,确保国务院要求石化产业结构调整三年行动计划目标的全面落实，同时还要市场规则和法制措施并举，严格执行环保、能耗、技术、安全等标准和准入门槛，加快落后产能的退出，严格控制新增低端产能。高端领域，应当学习和借鉴发达国家和跨国公司的经验，认真分析进口量大、贸易逆差大、对外依存度高的产品，查找主要制约因素和原因，针对专用化学品、功能化学品、膜材料、高性能纤维等高端领域，选取对标的目标企业，有针对性地加大创新力度、加快成果转化的速度，通过重点产品的重点培育和突破，加快高端的弯道超越。

大集团与小企业的关系

大集团与小企业是树干与树枝的关系，只有共发展、共成长才能繁花似锦，才能结出丰硕的果实。企业尤其是实体经济是创造财富的重要来源，企业强则国家经济强。美国是拥有世界 500 强企业数量最多的国家，则自二十世纪以来一直雄踞世界第一经济强国百年有余；德国、日本也是拥有世界 500 强企业数量前列的国家，其经济实力列第一梯队也近半个世纪。大家熟悉的石化行业也是如此，2017 年全球化工 50 强中，美欧占 30 席、日本占 8 席，也是绝对优势，再次证明企业强则经济强的论断。而大集团是国民经济的主体和骨干，不仅因为大集团经济分量重，而且抗风险能力强、创新能力和带动力也强。世界 500 强前 10 位中，美国占 4 席；全球化工 50 强前 10 位中，美国占 3 席，德国的巴斯夫连续 11 年雄踞榜首；我国的中石化、中石油两大集团销售收入之和超过 5 万亿元，相当于石化行业全部中小企业的收入总和。当然，中小企业也是国民经济的重要组成，缺少了大集团经济就失去了支柱，而缺少了小企业经济则缺失配套性、难言协调性。美国作为第一经济强国，其中小企业的经济产出超出半壁江山，而就业贡献高达 80% 以上；据最近考察德国归来的经济专家称，德国经济的强大及其精密制造水平之高，其中一个秘诀就是大集团与小企业形成科学的分工，通过多年形成的精细分工与紧密合作，而形成高度的产业集群，从而在共生、协作与相互依托中共成长、同发展。

我国石化产业的高质量发展一定要大集团和小企业并重，在充分发挥市场配置资源的大前提下，为大集团和小企业创造公平的市场规则和竞争环境，甚至在税收和创新政策方面还应当对中小企业予以鼓励。一是支持规模大、产业协同性强、与国民经济战略相关的特大型骨干企业健康可持续发展，培育几家具有国际竞争力的世界航母级企业。二是大力支持主业突出、创新能力强、国际竞争力强企业的持续创新与发展，培育一批专业特色明显、具有国际竞争力的旗舰类企业。三是支持精细化程度高、成长性好、主导产品居世界领先水平的企业，培育出一大批全球竞争力的专业化程度高、创新能力强的由隐形冠军到单项冠军企业。总之，就整个产业结构来说，形成大集团与中小企业都主业清晰、分工合理、相互协作的产业体系，为石化产业实现强国目标奠定坚实的企业群体和基础。

东部与西部的关系

东部与西部是互补的关系，从产业结构看：东部以石油化工为主，西部以现代煤化工为主；从石化市场看：东部占比大，西部占比小；从经济产出看：东部是大块头，西部是小兄弟，仅山东和江苏这石化第一和第二大省的主营收入就远超5万亿元，约占全国石化产业总产出的37%，几乎是西部全部省区石化产业主营收入的总和。如果从大坐标的视角来俯视我国的整个石化产业，东北虽然有大庆、吉化以及最老的化工基地大化，但现在东北石化产业的总量占比不大；西南虽然依靠天然气和磷矿的资源优势建立了以氮肥、磷肥为主的化工企业，近年又在成都和云南建立了两座千万吨级的炼油厂，但西南区域的石化产业总量也不大。所以中国石化产业的集聚坐标可以简单地用"两条线、两区域"来概括；"两条线"即沿海线和沿江线，"两区域"

即华北和西北。"沿海线"主要以"七大石化基地"为主线,"沿江线"主要以 200 多家石化园区为主线。"华北区域"主要以京津冀为主体,可以延伸至"2+26"个城市的覆盖区;"西北区域"相对集中在宁夏、陕西、内蒙古、新疆,主要是煤炭资源丰富的地区。华北及其"2+26"个城市的覆盖区,由于受环保政策的制约,将严格控制石化产业的产能扩和增;而"沿江线"的石化产业又主要集中在葛洲坝以东的区域,如此一来我国石化产业近期和未来高质量发展主要是处理好东部与西部的关系。

东部主要是本着合理布局、科学规划的原则,以七大石化基地和园区为主,沿海七大石化基地应以墨西哥湾、鹿特丹港、裕廊等国际先进水平的石化基地为目标,突出石化产业链,重点培育配套性强、产业集聚度高的世界级石化产业集群;沿江的园区应当以路德维希港、安特卫普为目标,突出化工新材料和专用化学品,重点打造国际先进水平的专业化园区。西部已经形成内蒙古鄂尔多斯、陕西榆林、宁夏宁东、新疆准东 4 个现代煤化工产业示范区,在升级示范积累经验的基础上,应选择环境承载能力强、资源优势突出、产业基础较好的区域,瞄准产品差异化,打造产业高端的现代化煤化工基地;当然,无论是煤制油品、还是烯烃,产品的品种和型号上首先要立足当地市场需求,更要突出其差异化和高端化,与东部石化基地的产品只能互补、不能同质。在东部石化产品链与西部现代煤化工产品链的互补中,各自发挥优势,实现我国石化产业的协调发展。

当下与未来的关系

当下与未来是石化大国与石化强国的关系,石化大国固然存在着许多短板,却是向石化强国跨越的基础和平台,如果离开了这个基础石化强国梦将遥不可及。可见当下和未来也是辩证的关系,没有当下就没有未来;不面向未来也将会迷失当下。党的十九大确立了到本世纪中叶建成社会主义现代化强国的奋斗目标，这就再次吹响了实现中华民族伟大复兴中国梦的新号角！中国石化产业作为国民经济的支柱产业和配套性产业，当下应该是牢牢把握高质量发展这一根本要求，坚持新发展理念，紧扣供给侧结构性改革这条主线，持续加大淘汰落后产能的力度，持续推进创新驱动和绿色发展两大战略，持续拓宽国际交流与合作的领域与视野，培育一批具有国际竞争力的大型企业集团和一大批主业突出、创新能力强、核心竞争力强的企业，推动石化产业尽快迈入高质量发展的新阶段。

对于未来，按照由石化大国向石化强国跨越的战略目标，我们可以设想石化强国的目标应当比现代化经济强国提前10～15年建成。因为美国、德国等发达国家的经验告诉我们：没有石化强国就不可能成为经济强国。石化产业不仅关系到人们衣食住行的日常生活，更关系到航天航空等重大工程、新能源等未来转型以及强军梦的实现。根据十九大现代化经济强国的战略安排，我们设想2035年中国石化产业迈进世界第一梯队、即实现石化强国的目标，正好与十九大战略安排的第一阶段目标契合，也符合经济体系建设和发展的规律。战略目标明确以后，规划未来很重要，首先利用今年"十三五"承上启下的关键一年，对"十三五"规划前两年的执行情况和任务目标进行评估；以此为基础规划好下一个15年，确定战略总目标和阶段目标，研究提出发展战略及战略措施，每五年对阶段目标作一次盘整、对总目标作一次修订；各企业也要找准对标企业，借鉴跨国公司的经验，明确"百年老店"的奋斗目标、发展思路和做强做优做大的措施与路径。通过广大石化企业和石化人的不懈努力，锲而不舍地、一步一个脚印地向着2035年实现石化强国的奋斗目标，推动石化产业的高质量发展，为实现社会主义现代化强国提供坚强保障和支撑！

以上粗浅地谈了八个方面之关系，有的相互矛盾，有的相互依存，也有的互为因果。这八大关系若能处理得好、相互协调，石化产业在高质量发展和实现石化强国目标的征途上将少走弯路；反之，发展不平衡不充分的矛盾将进一步加剧，石化强国的梦想将更加遥远。由于受本人知识水平所限，以上论述和观点难免存在偏颇之处，谨希望带给您点滴启发或思考，以求共勉。

稳中求进又有新突破　高质量发展进入新阶段*

新春伊始，我们在这里举行一年一度的石化行业经济运行发布会，主要是回顾刚刚过去的 2017 年石化全行业的运行情况，分析石化行业新一年面临的挑战和机遇，展望 2018 年石化行业高质量发展的新目标和新期待。大家对石化行业全年的运行情况已经有了具体地了解，下面我再概要地讲三点内容：

2017 年石化行业稳中求进又有新突破

2017 年初，在分析国内外宏观经济环境和诸多不确定因素以及石化行业经济运行面临的挑战与机遇的基础上，我们确立了全行业经济运行的基本思路，并提出：抢抓宏观经济的积极变化和世界石化工业复苏的先机，努力改善经济运行的质量和效益，力争石化行业率先走上筑底反弹的新通道。根据国家统计局最新发布的数据：2017 年全行业主营收入 13.78 万亿元，同比增长 15.7%；利润总额 8462 亿元，同比增长 51.9%；进出口总额 5834 亿美元，同比增长 22.1%。由此可见，石化行业经济运行在刚刚过去的 2017 年确实"率先走上了筑底反弹的新通道"！尤其是从增速来看，2017 年是在连续两年下降的情况下，近六年来增长最快的一年，石化行业经过近三年的调整和震荡，已经走出低谷、走上了中高速发展的新阶段。

---

* 这是 2018 年 2 月 6 日，傅向升同志在 2017 年度石化行业经济运行发布会上的讲话。

（一）2017年石化行业经济运行的亮点

一是增速创新高。2017年全行业主营收入同比增长15.7%，为6年来最快增速；利润同比增长51.9%，为7年来最快增速；进出口总额增长22.1%、出口增长12.9%，同样为近7年来最快增速。

二是结构在优化。化工行业中，合成材料、基础化学品和专用化学品收入和利润增速领先，对化工整体收入和利润增长的贡献率合计均超过八成；消费结构积极变化，天然气消费增速和占比同步提升，油品消费中，国五全面推广，新能源、清洁能源需求增长较快；主要化学品消费中，化肥持续下降，无机化学品保持平稳，合成材料增长相对较快。

三是效益在改善。主要是盈利能力的提升，2017年石化全行业主营收入利润率达6.14%，创4年来新高。其中，化工行业主营收入利润率同比大幅提高1.25个百分点，2012年以来首次超越6.0%（6.65%）。全行业资产利润率为6.5%，同比提高1.99个百分点，其中化学工业资产利润率为7.2%，提高1.7个百分点，2012年以来首次超7%。

四是能效在提升。2017年前三季度，石化全行业能耗总量同比增长1.3%，较上年同期回落0.3个百分点，为历史同期最低增幅。万元收入耗标煤同比下降12.8%，2013年以来首次下降。其中，油气开采业万元收入耗标煤降幅16.8%；炼油业降幅13.6%；化工行业降幅12.6%。主要产品的能耗也继续降低：烧碱生产综合能耗下降0.5%，纯碱下降3.0%，合成氨下降2.2%，乙烯降0.1%，油气生产和炼油的综合能耗均下降2.1%。

五是产销稳增长。2017年，全国原油天然气总产量3.24亿吨（油当量），同比增长0.8%，主要化学品总产量增长约2.7%。石油天然气表观消费量7.99亿吨（油当量），同比增长7.4%（增速创5年来新高），增速比上年加快3.1个百分点，主要化学品表观消费总量增幅约4.6%，比上年加快0.9个百分点。

（二）2017年各项重点工作取得新突破

1. 去产能又有新突破

2017年，全行业和广大企业在去产能上再发力，继续按照国务院

《关于石化产业调结构促转型增效益的指导意见》和石化联合会《石化产业调结构促转型增效益的实施方案》中提出的三年行动计划和任务目标，坚定不移推动落后产能退出。积极配合行业主管部门，探索研究淘汰落后产能的新途径和新机制，加强标准修订，完善标准体系，提高行业准入门槛。4月份，发布了《2017年度重点石化产品产能预警报告》，分析了25种重点石化产品产能变化及利用情况，为政府和企业决策提供重要依据。据联合会产业发展部和各专业协会统计，炼油到去年底累计淘汰落后装置119套，经核查确认已全部拆除，合计淘汰落后产能8980万吨/年；全年合成氨产能再减少165万吨，尿素又退出280万吨，另外还有2000多万吨产能处于停产状态；磷肥又退出7.5万吨，目前还有大约十几家企业100多万吨产能处于停产状态。电石转产、淘汰的产能达到350万吨，长期停产的产能还有900万吨；PVC再退出28万吨，烧碱再退出27万吨；涂料退出小企业约3000家。

2.结构调整又有新突破

近年来，不少传统石化领域企业通过技术改造、智能化升级，通过延伸产业链或往高端化差异化发展，开拓出新的市场，焕发出新的活力。2017年，炼化、化肥、农药、氯碱、纯碱、通用合成材料等传统产业转型升级的步伐进一步加快，在新工艺、新技术、智能工厂建设、新产品研发等方面取得良好效果，行业运行质量和效益出现近年来较大幅度的提升。化工新材料、专用化学品、现代煤化工等新兴产业的培育正在加快，编制了2017年度新材料产业重点产品目录指南、新材料产业重点企业目录和新材料产业集聚区发展指南，一大批新建、续建的大型、高端、差异化项目陆续投产。2017年，惠州大亚湾、湛江东海岛、珠海开发区、张家港、泰兴园区、茂名石化、浙江华峰、新和成、无锡确成硅化、连云港中复神鹰等都有一批对调整产业结构有重大带动作用的战略性高端项目正在建设或陆续投产。中石化、中石油、延长石油等也都高度重视产品结构调整，在清洁油品、茂金属聚烯烃、树脂专用料、专用化学品等领域高端化又有新进展。

3. 创新能力又有新突破

2017年新批准成立9家行业级创新平台，成立了103位专家组成的行业专家委员会。一批重大技术和重点领域的创新联盟应运而生，认定13家技术创新示范企业。组织编制和实施《2017年度联合会科技指导计划》；加强国家科技计划项目实施管理，向国家科技部推荐了"石油钻台机器人关键技术与装备研究"等6个国家重点研发计划项目；完成了153项行业重大科技成果鉴定，组织评审了175项重要科技成果受到表彰，在国家科技奖励大会上有46项石化科技成果获奖，占奖励总数的16.9%，其中联合会推荐的5项科技成果获奖。新设立"石化行业专利奖""石化行业国际科技合作奖""可持续发展青年创新奖"等。国家专利导航工程深入推进，完成"中国反侵权假冒年度报告"，全行业知识产权战略意识不断提升。

4. 绿色发展又有新突破

为推进《石化行业绿色发展行动计划》的贯彻实施，4月发布了"行业绿色发展六大专项行动计划"，配合发改委和工信部起草了《石化产业绿色发展指导意见》，成立了行业环境保护工程中心。成功举办"2017中国责任关怀促进大会"，开展石化园区责任关怀、储运安全、污染防治和工艺安全实施准则培训，制定了行业责任关怀工作路线图，并将发布行业责任关怀白皮书。召开绿色发展大会，发挥标杆企业示范引领作用，认定一批绿色工厂、绿色产品，明确行业绿色发展下一步工作重点和方向。行业能效"领跑者"发布，共涵盖17种化工产品、29个品种。参与《国家重点节能低碳技术推广目录（2016年本）》修订和国家发改委组织的目录更新工作，向国家发改委报送了4项重点节能技术和5项低碳技术。筹备成立安全生产管理标准化委员会，推进中小企业安全管理提升，完善企业的安全标准化建设，全行业绿色、可持续发展水平进一步提升。

5. 国际合作又有新突破

完成中财办委托的"一带一路"规划的研究课题，得到党和国家领导人的重要批示以及中财办和发改委、工信部、商务部的充分肯定。组织编制了《石化行业产业链布局规划》和《石化行业产业链布局目录》，提出石化行业重点领域及重点产品全球布局原则、目标和方向，为一带一路倡议实施和企业"走出去"打下坚实基础。与国际化工协会联合会（ICCA）以及欧、美、日、韩等发达国家的行业组织和跨国企业的合作、交流与对话进一步拓展，联合会已正式成为国际化工协会联合会（ICCA）会员。"走出去"战略联盟的伊朗工作组正式成立，与沙特、匈牙利、俄罗斯等"一带一路"沿线11个国家签订了战略合作备忘录，完成了伊朗、加拿大、巴基斯坦、阿曼等国别石化行业投资报告。中国国际石化大会、亚洲炼油和石化科技大会、三亚国际能源论坛等得到了国际石化组织、跨国公司和国内广大石化企业的赞誉，已经成为石化界的品牌和盛会。

6. 石化园区又有新突破

集约化、基地化发展是石化行业转方式的重要内容。近年来，国家和行业一直在大力推动石化产业的园区化、基地化和炼化一体化建设。2017年，联合会以"智慧园区"和"绿色园区"建设为重点，努力打造循环经济示范园区和"新型工业化示范基地"，在鲁西、嘉兴港两家化工新材料基地列入"智慧园区试点"的基础上，上海、扬州、南京、沧州、泰兴等园区的智慧化建设进展很快，去年宁波、大亚湾两家园区列入了国家"绿色园区试点"，宁波还同时启动了绿色石化园区标准体系的制定，正在加快园区标准化体系建设。《化工园区公共管廊管理规程》完成了意见征询和标准委专家评审工作，已上报国标委待批；启动了《化工园区综合评价导则》《智慧化工园区信息化平台建设指南》两项国标，《绿色石化园区评价通则》《危化品车辆停车场建设标准》和《化工园区应急事故池建设标准》三项团体标准等5个标准的制定工作。2017年，受工信部委托，联合会园区委牵头在宁波成立了"国家新型工业化产业示范基地（化工类）联盟"；组织沧州临港创建京津冀产业转型示范基地、唐山南堡创建海洋化工园区、淮北煤基化工新材料园区等。

2018 年行业运行面临的挑战与机遇

（一）2018 年面临的挑战

2017 年石化行业经济运行实现了高速增长，全行业各项重点工作都取得新的突破，亮点纷呈；但石化行业仍然存在着许多挑战和制约因素，比较突出的有：

一是资源制约日益严峻。2017 年，我国原油进口量达 4.2 亿吨，同比增长 10.2%；原油加工量 5.68 亿吨，原油对外依存度达到 68.4%，比上年度提高 3 个百分点。天然气进口达到 955.2 亿方，同比增长 27%；表观消费量 2394 亿方，对外依存度 38.4%，比上年提高 3.8 个百分点，资源约束越来越严峻。

二是结构性矛盾仍然突出。一方面传统产能过剩尚未根本改变，去产能任务仍较艰巨，特别是随着近两年价格的回升，一些过剩投资冲动重新抬头，炼油行业近年来在成品油供需矛盾加大、装置开工水平低位情况下，一批项目仍在新建或扩能，去年氯碱、聚氯乙烯新增产能也比较猛。另一方面高端产品和专用化学品依然短缺，战略新兴产业发展仍显滞后。2017 年，全行业贸易逆差 1974 亿美元，同比大增 45.1%。主要表现在：有机化学品逆差 146.8 亿美元，同比增长 38.6%，进口总量 6222.7 万吨，再创历史新纪录，同比增长 6.3%；合成树脂逆差 354.5 亿美元，同比增长 8.5%，其中聚乙烯逆差 138.5 亿美元，同比增长 22.9%，进口量 1179 万吨，同比增长 18.6%；合成橡胶逆差 96 亿美元，同比增长 93.4%，进口量 584 万吨，增幅达 74.1%；乙二醇逆差 74.8 亿美元，同比增长 52.6%，进口量 875 万吨，同比增长 15.5%；专用化学品逆差 32 亿美元，同比增长 33.7%；PX 逆差 120 亿美元，同比增长 25.5%，进口量 1443.8 万吨，同比增长 16.8%。

三是投资连续下降。2017 年是连续第三年下降，全行业固定资产投资总额2万亿元,下降2.8%。其中,化工行业降幅达5.2%,较上年扩大2.5个百分点,连续第二年下降。投资的持续下滑,恐对行业的发展后劲产生影响,尤其是分析近几年的投资与创新的关系看,投资的升降与专利数量的升降属同向相关关系,忧虑进一步加重。

另外,研发投入偏低、新旧动能转换慢、效益水平有待进一步提升以及贸易摩擦加剧等,这些因素也都制约着行业的高质量发展。

(二)2018年石化行业新的机遇

2018年石化行业的发展机遇和经济运行的有利因素也很多,我们有更多的理由对新的一年实现新的跨越、攀上新的台阶,更加充满信心和期待。

从国内因素看,党的十九大胜利召开,做出中国特色社会主义进入新时代的重大政治判断,确立了习近平新时代中国特色社会主义思想为我们党长期坚持的指导思想,描绘了决胜全面建成小康社会、夺取新时代中国特色社会主义伟大胜利的宏伟蓝图,这对中国经济高质量发展、对石化产业高质量发展指明了方向,这是最大的发展环境和利好。2017年的国内经济,实现了2009年以来首次增速回升,增长6.9%,工业经济的运行质量也好于预期,实现了2010年来的首次加速。同时,供给侧结构性改革效果显现,新旧动能的转换在加快,经济增长的质量和效益在改善。中央经济工作会议已明确新一年的各项政策措施,尤其是坚持新发展理念、加大支持实体经济的力度,加快构建现代化经济体系,并预期新一年经济增长的目标为6.5%。还有一个不容忽视的因素就是环保政策,"蓝天保卫战""污染防治攻坚战"将是持续发力的过程,不管是近期还是远期,都将对石化产业的经济运行产生重大而深远的影响。

从国际因素看,2017年,全球经济呈现出所有地区"高度同步的"增长,不仅美国、欧元区和日本这些发达经济体稳步增长,而且重要新兴经济体的状况也在改善。新的一年虽然存在着英国脱欧、地缘政治冲突、贸易保护主义抬头等不确定因素,但总体是乐观的。近期,包括联合国、国际货币基金组织(IMF)、世界银行、经济合作与发展组织(OECD)等机构以及摩根士丹利、瑞银集团和美银美林等大型投行纷纷对2018年世界经济做出乐观预计，如IMF预计：2018年全球四分之三的经济体增速都将加快，成为全球经济近10年来最大范围的增长，全球经济增速为3.7%，比2017年提高0.1个百分点。摩根士丹利甚至做出了更为乐观的预测。

从国际油价预测，2017年，布伦特油价全年平均54.74美元/桶，比上年均价增长24.4%。2018年，欧佩克与俄罗斯的减产协议全年有效，当然地缘政治风险、减产国与非欧佩克国家，尤其是美国的增产以及特朗普政府的经济政策和美元走势，这些因素都将继续角力，将对国际油价产生影响。综合来看，预计2018年世界石油需求将温和增长，同比提高150万桶/日，尤其是中国经济对石油需求的增长；供给方面，预计2018年供给增幅在100万～150万桶/日。综合分析2018年国际油价运行将继续在震荡中上行，布伦特全年均价将在60美元/桶上下。

通过以上分析，我们有理由对2018年的宏观经济环境和全球石化行业的发展充满信心，对中国石化行业新的一年在高质量发展的征途上再创佳绩充满信心。我们预测2018年石化行业经济运行的总目标：全行业主营收入增长10%左右，超过15万亿；利润总额增长约5%，接近9000亿元；进出口总额增长约10%，超过6300亿美元。

高质量发展进入新阶段

2018年是全面贯彻落实党的十九大精神的开局之年，是实施"十三五"规划承上启下的关键一年。党的十九大指出，中国特色社会主义进入了新时代，中国经济发展也进入了新时代，基本特征就是中国经济已由高速增长阶段转向高质量发展阶段。中央经济工作会议提出，推动高质量发展，是当前和今后一个时期确定发展思路、制定经济政策、实施宏观调控的根本要求。石化行业2018年经济运行的总体思路是：深刻领会习近平新时代中国特色社会主义思想的内涵和精髓,深刻领会新时代主要矛盾的新特点与新变化,牢牢把握高质量发展这一根本要求,坚持稳中求进的总基调,坚持新发展理念,紧扣供给侧结构性改革这条主线,持续加大淘汰落后产能的力度,持续推进创新驱动和绿色发展两大战略,持续拓宽国际交流与合作的领域与视野,加快石化行业发展质量变革、效率变革、动力变革,促进经济运行向高质量发展迈进,引领石化大国向强国的转变。

根据上述总体思路,面向高质量发展的新阶段,为实现行业运行的全年目标任务,应重点突出以下工作:

1. 淘汰落后产能是高质量发展的重要措施

经过两年的持续发力,淘汰落后产能和优化产业结构取得了明显的成效,但是大宗石化产品过剩、高端石化产品短缺的矛盾仍然十分突出,结构性过剩的问题还没有从根本上得到解决。2018年是国务院要求石化行业实施结构调整三年行动计划的关键一年,也是最后一年,我们必须面向行业高质量发展的新要求,全面落实国务院《关于石化产业调结构促转型增效益的指导意见》,认真对照去产能的要求和各项目标,要认真进行盘点,再利用这一年的时间,力争全面完成国务院确定的石化行业尤其是产能严重过剩的12个领域去产能的任务目标。同时,市场化和法制化措施齐发力,通过严格执行环保、能耗、技术、质量和安全等标准和准入门槛,不仅加大落后产能的退出力度,而且严格控制新增低端产能,确保去产能三年任务目标的圆满完成。

2. 加大技术创新是高质量发展的关键支撑

创新是引领发展的第一动力,更是石化行业高质量发展的关键支撑,我们要紧紧抓住全球新一轮科技革命的历史性机遇,在新能源、化工新材料、专用化学品、节能环保、现代煤化工等五大领域,建设一批高水平的创新平台,突破一批制约行业发展的重大关键技术,攻克一批关键共性技术。特别是针对突出的资源能源和环境问题,突破和推广一批清洁生产技术、节能低碳技术、废水处理技术和综合利用及末端治理技术。在组织实施"联合会科技指导计划"、科技成果评奖、创新示范企业等工作的同时,继续办好重点高校科技创新交流对接会，开展"专家下基层、成果进企业"活动，培育和筹建1～2个国家技术创新中心，继续组织开展"重点实验室""工程实验室""工程研究中心""产业技术创新中心"的认定和评估工作。引导创新资源合理配置与集聚，使创新成为石化行业高质量发展的关键因素和重要支撑。

3. 推进绿色发展是高质量发展的必然要求

十九大把打好污染防治攻坚战列为"三大攻坚战"之一。石化行业推进绿色发展虽然取得了明显成效，但由于产业资源型和能源型的属性，决定了在绿色发展方面面临的挑战仍然艰巨。我们在迈向高质量发展阶段的过程中，必须坚持节约优先、保护优先的方针，形成节约资源和保护环境的产业结构和生产方式。新的一年，石化行业一定要深入贯彻和实施《促进石化产业绿色发展指导意见》和《石化产业绿色发展行动计划》及其"六大专项行动计划"，以"布局合理化、产品高端化、资源节约化、生产清洁化"为目标，优化产业布局，调整产业结构，加强科技创新，完善行业绿色标准，建立绿色发展长效机制，推进从产品设计、生产工艺、产品分销以及回收处置利用的全产业链绿色化，实现源头减排、过程控制、末端治理、综合利用全过程绿色发展理念的转变。联合会将与各专业协会一起，在加快研制发布一批重点领域的绿色产品、绿色工厂以及绿色园区的评价标准，推动绿色制造领域的标准制修订工作的基础上，大力推广一批绿色产品，创建一批绿色工厂，认定一批环境工程中心，培育一批绿色园区，树立一批行业绿色发展的标杆。各专业协会要坚持问题导向，深入开展技术调研，制定有效解决突出环境问题的重点技术支撑目录，为本行业和企业绿色发展提供技术支撑，也为企业的绿色发展多争取政策支持。石化企业要结合自身实际，在减量化、资源化、无害化上下功夫，抓好重点危险废物的治理，力争实现"三废"全面达标排放。通过共同努力，推动石化产业绿色可持续发展。

4. 打造产业集群是高质量发展的重要载体

打造产业集群是党的十九大提出建立现代化经济体系的战略目标，园区和产业集聚区是打造产业集群的重要基础和承载。现有502家石化园区已经发展成为石化产业重要的组成部分,在土地集约化、循环经济和资源综合利用、产业链协同以及加快发展方式转变等方面都发挥了重要作用。石化产业集群的构建应主要立足于现有石化园区,石化园区在新的一年应本着合理布局、科学规划、规范管理的原则,找准定位、突出重点,把建设智慧园区和绿色园区放在突出位置,以新型工业化示范基地为抓手,充分发挥好新型工业化示范基地联盟的平台作用,借鉴江苏、浙江先期整顿石化园区的经验和山东正在开展的石化园区评价认定和整顿工作,引导好企业搬迁入园和现有石化园区的管理整顿。沿海应以《石化产业布局方案》确立的七大石化基地为主,选择上海、大亚湾、宁波等规模大、配套强、产业集聚度高的大型石化园区,培育世界级石化产业集群;沿江应以化工新材料和专用化学品为主,选择如泰兴精细化工、常熟氟化工等化工园区,打造国内先进水平的专业化园区;西北地区在宁夏、陕西、内蒙古、新疆选择环境承载能力强、资源优势突出、产业基础较好的区域,瞄准产品差异化,打造产业高端的现代化煤化工基地;大庆、齐鲁、南京、兰州等石化产业起步早、基础好、产品品牌优势明显的老石化基地,应以升级改造和产业链延伸为主,打造产品高端、竞争力强的特色石化基地。

5. 深化国际合作是高质量发展的有效途径

深入落实"一带一路"倡议,积极实施"走出去"战略,进一步拓展与国际化工协会联合会(ICCA)、世界塑料理事会(WPC)、国际化学品制造商协会(AICM)等国际组织以及欧洲、美国、日本、德国等国家石化协会的联系,就责任关怀、可持续发展、碳减排等全球共同关注的话题进行交流与合作。今年将启动"一带一路"行业行动方案和市场调研,继续做好沿线国家产能合作及国别投资报告,重点调研"一带一路"沿线国家石化产业的基本情况及区位优势、资源条件、市场容量、物流运输、环保要求以及政策法律环境等因素,提出国际产能合作的重点国家和重点项目,引导产业链上下游企业协同走出去,推进国际产能合作园区建设,形成规模效应和集群优势,增强协同发展的能力。在继续组织开好中外跨国公司高层对话会、国际石化大会和亚洲炼油与科技大会的同时,充分发挥石化行业国际产能合作企业联盟的平台作用,统筹考虑全球市场,大力推进国际产能合作,优化全球资源配置和产能布局,在东南亚、中东、中亚与俄罗斯、中东欧等地区建设产业基地,选择产业基础较好、具备条件的地区建设专业化园区,构建国内外协调配套、具有竞争力的全球产业链,提升石化行业对外合作的质量和水平。

6.预测预警能力是高质量发展的基本要求

做好石化行业运营数据的收集、分析,并做出预判,为行业健康运行做出预测预警是行业经济运行基础性的工作,也是对经济运行工作基本的要求。在油气数据平台和化工大数据平台投入运行的基础上,充分发挥这"两大数据平台"的功能,完善行业统计监测体系,及时发布行业景气指数,提供市场信息、预警信息,引导全行业持续改善运营质量和效益。对于预测预警能力的提升,一是数据收集是基础,选择重点企业、重点产品做好运营数据的统计与分析;二是主体企业是骨干,选择特大型和大型骨干企业作为主体,及时发现行业运行中的亮点、困难和问题,尤其是对困难和挑战要及时分析,提出预判建议;三是标杆企业是重点,一类是中石油、中石化这样的世界级航母型企业,一类是万华化学、新和成、华峰集团等创新力强、成长性好、国际竞争力强的旗舰类企业,另一类可以考虑确成硅化、康德新集团等创新力强、精细化程度高的隐形冠军型企业。这些工作做好了,行业经济运行就有了基础、有了主体骨干支撑、有了大类细分,就为行业高质量发展提供了厚重的底气。当然,还有运营分析人员把握大势的能力、分析预判的能力和前瞻性与敏锐性。

2017年行业经济运行克服了种种不确定性因素的影响,交出了一份增速好于预期、亮点纷呈的答卷,这是各企业和广大石化人撸起袖子干出来的!2018年石化行业既面临着严峻的挑战,也有难得的机遇,既有十九大的部署,也有强国梦的引领,只要我们共同努力,向着石化强国的目标奋力前行,中国石化行业高质量发展的明天一定会更加灿烂!

目前的形势与任务*

石化行业去年实现6年来最高增速。今年上半年可以说是风云变幻,从地缘政治关系看,叙利亚内战继续呈现胶着状态,俄罗斯因间谍中毒事件被西方集团再次孤立,英国脱欧继续在争吵;朝鲜核危机突现曙光,不仅与韩国尽释前嫌,而且与美国实现了65年来的首次握手;而伊朗核协议突然被废,石油危机再次笼罩波斯湾。从经济关系看,美国政府在全球掀起了贸易战,欧盟不再盟、北美不再美,尤其与中国贸易战的全面升级,成为全球经济增长面临的最大威胁。中国经济上半年增长6.8%、继续12个季度在6.7%以上。现在,我就石化全行业上半年经济运行情况及其全年面临的形势和任务报告如下:

石化行业上半年经济运行的基本情况

上半年,石化全行业全面贯彻落实十九大精神,石化企业和广大干部职工直面挑战,克服许多不确定因素,锐意进取,确保了全行业经济运行总体稳中向好的态势,主营收入增势良好,质量效益持续改善,结构调整和转型升级取得积极进展,高质量发展正在稳步推进。

(1)**全行业基本数据**。增加值稳步增加:截至6月末,石化全行业规模以上企业27641家,累计增加值同比增长4.7%,同比提高1.2个百分点。

---

* 这是2018年8月2日,傅向升同志在大庆召开的2018上半年石化行业经济运行分析会上的报告。

主营收入稳步增长：全行业实现主营收入 6.43 万亿元，同比增长 13.2%，增速比前 5 个月加快 0.6 个百分点，占全国规模工业主营收入的 12.4%，比去年同期提高 0.3 个百分点。

利润总额增幅较大：全行业实现利润总额 4861.0 亿元，同比增长 46.6%，比前 5 个月加快 5.0 个百分点，占全国规模工业利润总额的 14.3%，比去年同期提高 2.4 个百分点。

（2）三大板块情况。增加值：炼油板块增幅最大，是 7.3%；增幅最小的是油气板块 2.5%，化工板块增长 3.7%。

主营收入：化工板块占比最高，为 3.92 万亿元，同比增长 10.3%，占全行业 61.0%；炼油板块 1.90 万亿元，增幅 19.2%，占全行业 29.6%；油气板块 4635.0 亿元，增速 15.7%，占全行业 7.2%。

利润总额：油气板块增幅最大，实现利润 877.4 亿元，同比增长 325.5%，占全行业利润总额的 18.0%；炼油板块 1148.3 亿元，同比增长 28.6，占全行业利润总额的 23.6%；化工板块占比最高，为 57.0%，利润总额 2769.4 亿元，同比增长 28.0%。

（3）主要产品产销有增有减。上半年全国原油天然气总产量 1.64 亿吨（油当量），同比增长 0.7%；主要化学品总量同比增长约 1.8%。其中，原油产量继续下降，产量完成 9409.2 万吨，同比下降 2.0%；天然气产量 775.0 亿立方米，同比增长 4.6%，继续保持稳定增长；原油加工量 3.0 亿吨，同比增长 8.9%，增速比去年同期提高 5.9 个百分点；成品油（汽煤柴油合计）产量 1.83 亿吨，同比增长 4.9%，增速同比提高 2.1 个百分点。主要化工产品产量有增有减、总体平稳，具体产品看硫酸、氮肥、磷肥等基础产品产量下降，氮肥下降幅度最大（7.5%）；合成材料、精甲醇等有机化学品的产量都增加。

消费量：上半年我国原油和天然气表观消费总量 4.38 亿吨（油当量），同比增长 6.9%。其中，原油表观消费量 3.17 亿吨，同比增长 3.8%；天然气表观消费量 1345.6 亿立方米，增幅 16.1%，油气需求均保持较快增长势头。

石化全行业上半年经济运行的主要特点

上半年石化全行业的经济运行呈现出良好的增长态势,主要产品产销也呈现出两旺,出口交货值大幅增加,油气和化工板块的百元主营收入成本都出现了下降,三大板块的应收账款都出现增长:油气增长17.8%、炼油28.6%、化工增长12.4%。从财务费用和管理费用看,油气和炼油的财务费用分别下降1.9%和6.0%,化工增长4.8%。归纳起来主要谈三个特点:

(1)盈利能力继续增强。利润增长超出收入增速,收入利润率提高,盈利能力进一步提升。上半年全行业主营收入利润率达到7.56%,同比提高1.72个百分点。其中,油气开采业、炼油和化工板块分别为18.93%、6.03%和7.06%,同比分别提高13.78、0.44和0.98个百分点。化工板块当中,对效益增长贡献较大的是有机化学品32.1%、合成材料30.0%、专用化学品13.2%,三者相加贡献了75.3%。

(2)企业数量大幅减少。截至6月底,全行业规模以上企业27641家,与去年底的29307家相比,减少1666家。其中油气板块减少4家,炼油板块减少123家,化工板块减少1565家。这种情况是近年来少有的。

(3)盈亏分化继续并存。上半年运行总体呈现稳中向好的态势,尤其是规模以上企业的效益情况更为突出,但深入分析发现还有部分企业亏损,前6个月全行业18.7%的规模以上企业亏损。从三大板块看:油气板块亏损面38.1%,亏损企业的亏损额146.3亿元;炼油板块的亏损面23.5%,亏损企业的亏损额46.3亿元;化工板块也有17.8%的企业亏损,亏损企业的亏损额330.5亿元。这说明全行业进一步强化管理、降本增效还有较大的潜力。

三

石化行业经济运行面临的挑战

上半年石化行业经济运行总体向好的态势在继续,尤其是效益增长超出了年初的预期,深入分析在发现与往年不同特点的同时,也看到了全行业高质量发展面临的挑战:

(1) **产能过剩状况尚未根本改变**。经过两年的持续发力,化解过剩产能、尤其是淘汰落后产能工作取得了明显的成效,据联合会产业部最新发布的《重点石化产品产能预警报告》,重点监测的28种产品去年的平均产能利用率72.2%,比上一年提升3.1个百分点。但是大宗石化产品过剩、高端石化产品短缺的矛盾仍然十分突出。如:炼油装置的产能利用率71%,虽然比2015年提升5.5个点,与世界平均水平还有十几个点的差距;尿素的产能连续三年下降,但去年产能利用率也只有72.4%,甲醇去年产能利用率73.6%,聚氯乙烯74.4%,醋酸73.7%,聚甲醛只有53.2%。大家关注的进口量很大的产品PX产能利用率只有71.6%。热点的现代煤化工方面,只有煤制烯烃产能利用率87.4%,其他产品都很低:煤制气64.1%、煤制乙二醇59.1%,而煤制油只有40%。可见,化解产能过剩是何等的艰巨!当前还要特别关注新增产能的问题,自去年开始产品价格高位运行,一些行业、企业新建和扩建新产能的冲动又有抬头,从专业协会座谈会了解到,硫酸正在改扩建的产能1200万吨/年、双氧水100万吨/年、纯碱260万吨/年、烧碱44万吨/年、电石300万吨/年。这些都是产能严重过剩的12个领域,希望同志们不仅不能冲动,还应在去产能、尤其是淘汰落后产能方面持续发力。

(2) **结构性矛盾依然突出**。我国石化产业"低端产品拥挤,高端产品缺乏"的结构性矛盾仍然突出,成品油、基础化学品过剩,化工新材料、专用化学品缺乏的状况改善不明显。去年石化全行业贸易逆差高达1974亿美元,进口有机化学品6223万吨,再创历史新高,逆差146.8亿美元,同比增长38.6%;合成树脂进口3196万吨,仅聚乙烯和聚丙烯的合计逆差高达 173 亿美元；其中聚乙烯进口 1179 万吨，同比增长 18.6%，对外依存度 44%；聚乙烯中低密度聚乙烯进口 237 万吨，同比增长 15.7%，对外依存度 43.3%；高密度聚乙烯进口 639 万吨，同比增长 21.2%，对外依存度 59.1%；线性低密度聚乙烯进口 303 万吨，同比增长 15.8%，对外依存度 34.5%。聚氯乙烯还进口 100 万吨，同比增长 15.6%。而工程塑料、电子化学品、高性能纤维、高端膜材料的差距更大，如聚碳酸酯去年表观消费量 173.3 万吨，其中进口 138.5 万吨，自给率仅 36.7%。

（3）资源制约日益严峻。自 1993 年中国成为原油净进口国以来，原油进口量不断增加，2017 年已超过美国成为全球第一大原油进口国。今年上半年中国原油产量 9409.2 万吨，同比再下降 2.0%；而原油加工量 3.0 亿吨，同比增长 8.9%，增速比去年同期提高 5.9 个百分点；原油表观消费量 3.17 亿吨，同比增长 3.8%，对外依存度 70.3%；天然气产量 775.0 亿立方米，同比增长 4.6%；而天然气表观消费量 1345.6 亿立方米，增幅 16.1%，对外依存度 42.4%。对外依存度均高于去年的 68.4% 和 38.4%。

（4）环境要求越来越严。石化产业是国民经济的重要支柱产业，也属资源性和能源型产业。据环保部门的统计，近几年石化行业废水排放量超 40 亿吨，约占全国工业排放总量的 20%，废气排放量约 6 万亿立方米，均列工业领域第一，仅 VOCs 排放约占工业源排放总量的 40%；固废排放 3.7 亿吨，工业领域第二。在上一轮环保督察过程中，很多石化生产企业受到停产、限产影响，很多石化企业的技改投资、设备投资以及运输成本等都不断增加，成本压力不断加大。今年环保税开征，从 3 月份开始，围绕污染防治攻坚战和蓝天保卫战，又启动了新一轮中央环保督察，计划再用 3 年左右时间，完成环保督察全覆盖。为推动经济高质量发展，环保督察是必要的，对管理不规范、排放不达标企业采取断然措施也是必要的，但是对企业采取简单的"一刀切"或不分青红皂白地"切一刀"的做法，是万万不可取的。

四

石化行业经济运行面临的不确定性

在去年全球经济出现自金融危机以来的高度同步增长的基础上,世界银行、国际货币基金组织等知名机构都对今年的世界经济增长充满信心,都纷纷预测将好于去年。我们3月下旬在休斯敦参加国际石化大会时,很多跨国公司高管也对今年世界石化产业的持续增长表示乐观。可是随着美国政府的单边主义、贸易保护主义不断升级,尤其是今年以来的贸易霸凌主义,给世界经济增长平添了许多不确定性,甚至使持续看好的今明两年全球经济增长陷入了悲观境地。前几天国际货币基金组织的报告称"全球经济今年春季时的前景比较光明,但现在已变得暗淡了许多",并调低了主要经济体今年的增长预期。

(1) 中美贸易战的影响。中美贸易战是美国逆全球化和单边主义引起的。自3月22日特朗普签署对中国输美产品征收关税总统备忘录以后,几经磋商谈判未果。6月15日美国声明,对自中国进口的1102种产品总额500亿美元商品征收25%的关税;其中约340亿美元商品自7月6日已经开始加征。中国政府被迫采取反制措施,决定对原产于美国的659项约500亿美元进口商品加征25%关税,其中对农产品、汽车、水产品等545项商品自7月6日开始加征;对化工品、医疗设备、能源产品等114项商品,加征时间另行公告。7月10日晚,美国政府公布新的加税清单,拟对2000亿美元中国产品加征10%关税,并在8月20至23日举行听证会,将于8月30日公共评论期结束后采取进一步决定。遏制中国发展的图谋昭然若揭。中美贸易战固然有难以跨越的"修昔底德陷阱"在作怪,更有美国国内中期选举政治因素的作用和新一届政府反复无常及其周围鹰派团队的鼓噪;关键是中国超预期的发展令美国徒生恐惧,刚刚迈入21世纪时,国内一般认为到2020年,中国的GDP总量将达到4万亿美元,人均约3000美元;可是中国2010年就超越日本成为第二大经济体,并且年均增速一直在6.5%以上,据世界银行的最新数据:2017年美国经济总量19.39万亿美元，中国12.237万亿美元，中国净增超过1万亿美元，而美国净增8000亿美元。中国的超预期发展和美国的增长乏力，令美国的鹰派精英们忧虑加重，他们自己也进行了测算：上世纪50年代和60年代，利用二战以后的大好时机，美国平均经济增速为4.2%，20世纪的最后30年有里根和克林顿政府的经济繁荣期，年均增速约3.3%；而新世纪以来的17年，美国经济增速大幅下滑到年均1.8%，除去金融危机的两年，2010—2016属繁荣期，年均2.2%，2017年是2.3%。又加上美国经济结构的空心化，与中国工业结构完整的体系相比，更增加了他们的恐惧感。贸易战对中国石化产业近期影响不明显、直接影响不大。首先贸易战没有赢家，只能是两败俱伤，当年奥巴马政府对华轮胎加征三年关税，2011年美国消费者为此多付出11亿美元。今天的中美贸易战对中国经济发展肯定有影响，但分析来看对石化产业的直接影响不大。首先，美国最担心的是中国的高端制造，所以500亿美元的清单主要针对的是"中国制造2025"及其受益产品，如航空航天、信息和通信技术、机器人技术、工业机械、新材料和汽车等行业。二是中美石化贸易额不大，2017年476亿美元，占石化进出口总额的8.1%，其中自美国进口225亿美元，向美国出口251亿美元；美国拟加税的340亿美元清单中的3个石化产品，2017年出口美国只有180万美元，只占出口总额的10.8%；加上160亿美元清单中涉及石化产品共95个税号，2017年出口美国总额18.2亿美元，只占石化出口美国总额251亿美元的7.2%。中国反制美国的340亿美元清单中没有石化产品，160亿美元清单中有108个石化产品，而二氯乙烷、丙烯腈、聚碳酸酯、聚酰胺、有机硅以及低密度聚乙烯等产品，是我们正在和拟反倾销的产品，所以直接影响不大。贸易战对中国石化产业间接影响和中远期影响不容忽视。例如液化丙烷、液化天然气以及能源产品还是有影响的，例如家具、机械、通信、轻工、纺织等产品被加税，会间接影响石化涂料、颜料、合成材料等配套产品。中远期影响来看，近两年中国原油天然气等产品从美国进口虽然占比不高，但增速很快，如原油2015年从美国进口6万多吨，2016年增加了近7倍，2017年同比又大增近15倍，美国已成为我国第14大原油来源国，已超过马来西亚、南苏丹、利比亚、哈萨克斯坦等国；液化天然气也一样，2015年从美国进口也是只有6万多吨，2016年增加了2倍，2017年同比又增加近7倍，美国现已成为我国第6大液化天然气来源国。据美国自己的统计，2017年中国是美国第2大原油出口地，占比20%；是美国第2大液化石油气出口地，占比12%；是美国第3大液化天然气出口地，占比15%。所以，从长远来看我国原油对外依存度今年上半年已高于70%，天然气对外依存度已高于42%，现在国内已建成十几套丙烷脱氢装置，去年液化丙烷进口总量1337万吨，其中从美国进口占1/4；当前国内拟上的乙烷裂解装置也有二十多套，而乙烷进口将来主要依靠美国。我国公布的反制产品清单中就有液化丙烷等产品，由此可见，间接影响和中远期影响一定会有，并且对有的企业还不会小。

（2）油价不确定性的影响。今年上半年布伦特原油均价70.2美元/桶，同比增长了33.1%。上半年油价也在不断波动，布伦特油价最高时超过80美元/桶，最低时62美元/桶，个别时候与煤炭等大宗商品一样也出现了剧烈波动，5月末一周内原油期货日最高收盘价与最低收盘价跌幅近9%，此后一直震荡下行，至6月中旬累计跌幅逾12%，月底受美国废弃伊朗核协议影响，油价又快速拉升，单日涨幅逾5%，很快又突破了74美元/桶，创下3年多来的新高。受此影响，基础化学品、合成材料等产品价格也出现了大幅震荡，加剧了市场波动。下半年受美国单边主义要求所有国家停止进口伊朗原油的影响，油价波动将会加剧，即使沙特等国承诺增产以补市，再加上委内瑞拉减产的因素，油价的不确定性有增无减，中石油、中石化、中海油等集团都担心这是下半年油价最大的不确定性。我们预测下半年布伦特均价将在75美元/桶上下。

（3）企业停产限产的影响。一方面是企业数量减少的影响，实体企业是经济强国的主要支撑，是创造财富的主体，党的十九大和中央经济工作会议都对发展实体经济予以高度重视并提出明确要求。但是，实体企业面临的发展环境并不乐观，根据国家统计局对规模以上企业的统计，今年上半年石化全行业规模以上企业减少1666家，其中化工板块减少1565家，规模以下企业很难也尚未作过统计，由于各种因素的叠加会不会减少幅度更大？这些更加剧了我们对石化产业健康可持续发展的担忧。另一方面是企业停产与限产的影响，对于工艺技术落后、消耗高、污染重、排放不达标的企业，依法关停并转是无可争议的。但是，每遇重大活动、每遇安全环保检查，有的地区、有的园区"一刀切"地采取停产、限产的措施是不可取的，也是不科学的，更有甚者园区内一家企业发生安全或环保事故，园区内所有企业都要停产。石化装置的生产与加工工业不同，要求连续稳定是最基本的条件，反复地开停车不仅安全隐患陡增，而且给企业造成的损失巨大。企业对这方面的诉求很强烈，可是始终没有得到很好的解决；今年以来很多企业（包括在华跨国公司）又遇到了新的问题，原来产业链上游配套中间体或原材料的中小企业停产，上游配套原料要么市场上无货可寻、要么价格猛涨，给企业的正常生产经营造成严重影响。中石油、中海油等集团谈到不规范设立保护区对油气采区影响较大，专业协会座谈会了解到磷肥、无机盐、纯碱等，上游矿山整治对这些行业也带来影响。

石化产业发展的新趋势

全球石化产业正在经历着深刻的变革，尤其是自去年全球石化产业的发展势头强劲。中国石化产业上半年增长良好，下半年虽然受到地缘政治和贸易保护主义影响，但全球经济复苏的惯性仍在，国内供给侧结构性改革成效不断显现，发展新旧动能转换加快，对中国经济保持 6.5% 以上和石化行业全年保持 10% 以上的增长都是充满信心的。当然，在分析制约因素和面临挑战的同时，我们还应当把握石化产业未来发展的新趋势。

（1）炼油行业正经历着新一轮景气周期。美国得益于页岩气革命，使美国原油产量超过沙特成为世界第一生产大国，并且给美国的石化产业注入新的生机，去年已是连续 4 年都有新炼油装置建成投产。去年全球炼油总能力超过 1 亿桶 / 天，其中亚太地区占 36%，并且亚太和中东成为炼油能力增长最快的地区，贡献了全球 90% 以上的新增炼油能力。

（2）烯烃产能快速增长和原料轻质化是最新趋势。2010—2015年期间全球乙烯产能年均新增300万吨产能，而其后连续三年增速明显加快，将高达700万吨/年；而烯烃新增产能当中，丙烯多以丙烷脱氢工艺，乙烯主要是乙烷裂解路线，传统的石脑油裂解制烯烃的占比正逐年下降，全球石脑油乙烯的占比已由2000年的61%下降到2017年的43.8%。

（3）中国成为石化产业增长最快的国家。中国的石化产业，去年又有中石油云南1300万吨/年和中海油惠州二期1000万吨/年投产，现原油一次加工总能力8亿吨/年左右，去年加工原油5.68亿吨，产能利用率71%；今年四季度将有大连恒力2000万吨/年和浙江石化一期2000万吨/年建成投产，石化装置的集中度和炼化一体化水平将进一步提升；2017年亚太地区新增炼油能力78万桶/年，占全球新增炼能的82%，其中中国新增66万桶/年，占亚太地区新增的85%。据最新预测，"十三五"末中国的炼油总规模将达到9亿吨/年。随着经济增速放缓、人口峰值和汽车保有量峰值的到来、燃油效率的提升以及新能源的替代，中国的成品油市场也将饱和，"十三五"期间柴油消费已现平台期，汽油消费将在"十四五"期间达到峰值，煤油消费将还有10年的增长期；到"十三五"末高端化工新材料、特种纤维、高端膜材料等受关键技术的制约仍将是短板，乙烯当量消费还会有一定的缺口，但PX若目前规划的项目顺利实施的话将供大于需。

（4）全球石化产业的大格局正在形成。全球大坐标看：近几年呈现出"343"的分化与大格局态势，第一个"3"是"三热"，即亚太、中东、美国，这是炼化产业发展最快的三大区域；"4"是指"四冷"，即欧洲、非洲、南美及苏联地区，这4大区域的炼化产能一直处在停滞与萎缩状态；另一个"3"暂且定义为"三强"，即美国、欧洲、中国，当然中国离石化强国还有较大的差距。这三强区域不仅世界500强中石化公司较多，而且并购重组频频发生、大动作不断，初现未来世界石化产业"三足鼎立"的大格局，美国是杜邦陶氏的先合并再拆分，合并后再按专业细分分拆为新材料（新陶氏）、生命科学（Coteva）、专用化学品（新杜邦）3家专业性公司，主业更突出，核心竞争力更强；欧洲是BP、壳牌、朗盛、赢创等强手如林，拜耳又并购孟山都，将再诞生一家农药和种子领域全球第一的公司；中国在最新世界 500 强榜单中有中石化、中石油、中国中化、中海油、中国化工、延长集团等石化企业上榜，国资委提出下半年重点重组的 5 个领域就有化工，照目前的形势看中国即将诞生一家具有国际竞争力的化工公司。

当然，近几年石化领域的新技术、新工艺和新设备，如原油直接制烯烃、甲烷直接制烯烃，以及在炼油能力过剩状态下，适宜于现有炼化装置转型升级、多产烯烃少产油品的新工艺和新催化剂等，都需要我们去关注和把握。

下半年提升运营质量的重点任务

上半年石化行业经济运行总体做到了稳中向好，下半年由于受美国单边主义和贸易保护主义影响，不确定因素在增加，下行的压力在增大，但也同样面临着新的机遇。

（1）**准确领会高质量发展的根本要求**。党的十九大确立中国特色社会主义进入了新时代，中国经济发展正在迈向高质量发展的新阶段，我们已经明确"十三五"的目标是石化大国向石化强国的跨越，这也是中国石化产业迈向高质量发展新阶段的重要标志。推动石化产业高质量发展一定要准确把握党中央的要求和精神，中央和习近平总书记对石化产业的高质量发展高度重视和十分关心，上半年相继两次视察石化企业，4 月份在湖北兴发、6 月份在烟台万华，都对石化产业的高质量发展和自主创新与环境保护作了重要讲话。这说明党中央和习近平总书记对石化行业的重视和关怀，也说明石化产业在国民经济中的地位和影响的重要性，今年上半年石化行业的主营收入和利润在工业领域的占比都有提升，因此我们一定要把高质量发展作为石化产业经济运行的首要任务和制定产业政策、扩大交流合作的根本要求。一方面是发展模式上，要改变过去以追求规模、投资拉动、资源消耗型的传统发展模式，转变到以创新驱动、绿色发展和质量效益的轨道上来。另一方面是处理好发展与环保的关系，当前很多地区不能正确处理发展与环保的关系，这是片面的，时间久了会走入误区，甚至有的地区把发展与环保置于对立的关系，更是极其错误的。我们应准确领会习近平总书记第二次视察长江经济带时的重要讲话：共抓大保护，不搞大开发，不搞大开发不是不要开发，而是不搞破坏性开发，要走生态优先、绿色发展之路。生态环境保护和经济发展不是矛盾对立的关系，而是辩证统一的关系；要坚持在发展中保护，在保护中发展，不能把生态环境保护和经济发展割裂开来，更不能对立起来。

（2）**重点突出发展不平衡的主要矛盾**。石化行业高质量发展过程中，不平衡不充分矛盾的表现还比较多，涉及的因素很多、内容也是多方面的，我们一定要突出主要矛盾。下半年行业经济运行应当重点做好，淘汰落后产能方面，按照国务院《关于石化产业调结构促转型增效益的指导意见》，坚持问题导向，确保三年行动计划任务目标的完成。实施创新驱动战略方面，科技创新、管理创新、商业模式创新并重，科技创新重点突出新能源、新材料、专用化学品、现代煤化工等五大领域，加大创新平台建设和知识产权保护力度；管理创新重点突出现代企业管理方法的应用与创新、强化成本管理、加大降本增效的力度；商业模式创新重点突出新业态、智能工厂、电子商务等的创新和应用。绿色发展方面，按照关于《促进石化产业绿色发展指导意见》和"六大专项行动计划"，坚持"布局合理化、产品高端化、资源节约化、生产清洁化"，推进产业布局优化和产业结构调整，进一步完善行业绿色标准，建立绿色发展长效机制，实现源头减排、过程控制、末端治理、综合利用全过程绿色发展理念的转变。园区管理与发展方面，以"规划科学、布局合理、产业协同、管理高效"为目标，以智慧园区和绿色园区建设为重点，更多地成为新型工业化示范基地、循环经济示范园区，以大型石化基地为基础提高集群化水平、加快集群化发展，重点培育国际一流水平的石化园区。国际交流与合作方面，重点突出以培育全球竞争力的国际一流公司为目标，不仅在做强主业和核心竞争力以及在管理理念、可持续发展、责任关怀等方面要对标，而且不断增强国际化经营能力。各企业重点围绕创新驱动战略和绿色发展战略的实施，在做强企业核心竞争力上狠下功夫，在结构调整和转型升级上狠下功夫，在挖潜改造和成本管理、降本增效上狠下功夫。

（3）齐心协力共创高质量发展新局面。上半年石化行业经济运行总体向好，增速良好；下半年由于中美贸易战的影响，不确定因素增加，下行风险增加，石化全行业和广大企业要紧扣高质量发展的主题，围绕供给侧结构性改革这条主线，加大转型升级的力度、加大提质增效的力度。石化联合会将在深入调研的基础上，全力以赴协助政府相关部门做好政策研究和制定，全力以赴为石化行业和会员单位服好务，为广大石化企业服好务，及时反映行业经济运行中出现的新问题和新矛盾，及时发现各会员单位、广大石化企业和石化园区在改革发展、结构调整、创新驱动和绿色发展、改善运营质量等方面的典型和经验，为大家树立标杆、提供有益的借鉴，及时反映各会员单位、广大石化企业和石化园区在这些方面遇到的困难和挑战，力求协助推进各级管理更科学、各项规定更接地气、各种标准更符合实际；在提高运行质量方面，还将借助于新的数据平台的投用，既要提高经济运行的综合能力，也要不断提高分析能力，既要提高发现问题的能力，也要提高解决问题以及运行过程中的预判与前瞻能力。通过大家的齐心协力和共同努力，共同营造改善运行质量的市场与政策环境，共同创造石化行业高质量发展的新局面。

石化行业上半年继续了总体向好的态势，而下半年的不确定性因素和下行风险都将加大。综合分析国际国内经济发展的大环境，我们认为挑战与机遇同在，只要我们认清形势并准确地领会和判断，只要我们实施创新驱动和绿色发展的战略决心不动摇，坚持新的发展理念，不畏艰难，埋头苦干，下半年一定会再创石化行业高质量发展的新成就，一定会书写石化大国向石化强国跨越的新篇章！谢谢大家！

产融结合助推石化产业高质量发展*

按照会议的安排,就"产融结合助推石化产业高质量发展"谈几点思考。

金融是推动产业发展的强劲动力

习近平总书记讲"金融是实体经济的血脉",这是对金融推动产业发展强劲作用的最高定位。提到金融,很多在产业界工作的朋友第一反应是银行,银行确实在产业发展过程中,通过贷款推动产业发展发挥了重要作用;很多在金融界工作的朋友不仅想到罗斯柴尔德、摩根,以及当今的巴菲特、索罗斯等一长串名字,还会想到摩根财团、洛克菲勒财团、三菱财团、现代财团等一批大财团,摩根财团和洛克菲勒财团为美国建立现代工业体系、成为经济第一强国起到了至关重要的作用,没有摩根财团就没有二十世纪初的钢铁帝国和快速向美国全国延伸的铁路网,没有洛克菲勒财团就没有二十世纪初的石油石化帝国;同样地三菱财团、现代财团为日本和韩国在二战后迅速建立起现代工业体系并成为工业强国也都发挥了重要作用。提到金融,在座的很多金融界的朋友可能会想到华尔街、想到华尔街那尊铜牛,进而想到华尔街的那棵梧桐树,纽约证券交易所为美国南北战争以后工业的迅速现代化起到了强劲的推动作用,尤其是纳斯达克系统为美国成为创新强国、科技强国,保持其经济强国和军事强国地位都发挥

---

* 这是2018年8月31日,傅向升同志在安达召开的首届石油和化工产业金融创新联盟年会上的讲话。

了重要作用。总之，从发达国家的实践和经验看，现代世界经济中，金融的地位极其重要，金融对产业发展有着强劲的推动和助力作用。世界经济发展到今天，人们已经认识到：金融业是否发达是一个国家经济发展水平的一个重要标志，金融业的不断发展可以为现代经济体系的建立和发展创造重要的条件和支持。

产业是保障金融繁荣的坚实基础

产业与金融业的结合能够实现快速发展和做大做强的目标，金融业与产业的结合能够保证其稳定的收益与回报。金融属服务业，可以帮助企业增值，但金融本身只创造价值，不直接创造财富；产业尤其是实体企业是财富的创造者，只有产品不断增多、财富不断增加，价值才有坚实的基础。否则，离开了物质基础的支撑，价值只是纸面上的，就是人们常说的泡沫，一旦市场波动、甚至是人们的预期波动，就会造成泡沫的破灭。远的经济危机不说，亚洲金融危机的余波尚未完全退去，2008年由美国华尔街引起的金融危机，又将全球经济带入了萎缩和停滞。因此，产融结合是现代经济健康可持续发展的有效方式，也是发达国家工业现代化过程的成功实践和有益经验。大家熟悉的摩根财团创建于1871年，已有147年历史，是自金融起家、与产业紧密结合的典范，1900年前后缔造了钢铁帝国、成就了铁路大王，随着工业化和新兴技术的不断进步，上世纪60年代又主攻电子计算机、高速复印机等当时的尖端制造产品，并成为当时全世界电子计算机最大的生产企业；随着经济和产业的发展以及技术的进步，摩根财团相继掌控通用电气、通用汽车等公司和一批军工企业。洛克菲勒财团也一样，产业以全球最大的石化公司埃克森美孚公司为核心，金融以大通曼哈顿银行为主，直接或间接控制冶金、化学、汽车、航空、食品及一批军工企业。三菱、三井、住友以及现代、SK等财团与产业密切结合的情况就更熟悉了。这些案例和成功实践都证明产业是创造财富的主体、是金融业的坚实基础和金融业长期持续稳定的重要支撑；金融业的稳定收益和长期回报，必须以产业的健康可持续发展为保障。

中国产融结合的差距与挑战

中国的产融结合与发达国家相比存在不少差距，自身健康发展还有很多挑战。一是理念上的差距。长期的计划经济体制，金融业和产业有着明确的分工，尤其是规定银行不能搞投资，所以以前产融结合多采用银企战略合作的方式或是综合授信的方式；上世纪90年代国有企业脱困的过程中，为了降低企业负债、剥离不良贷款，成立了一批资产公司，以债转股的形式被动地成为产融结合。二是时间上的差距。中国上海和深圳两家证券交易所都成立于1990年，与伦敦证券交易所的成立时间1773年相差217年、与纽约证券交易所成立的1792年相差198年，这种时间上的差距也证明我们的资本市场和产融结合确实正处在初级阶段。我国证券制度的建立和监管，虽然总结了发达国家尤其是伦敦和纽约走过来的一些教训和经验，但实际运行和操作过程中还是存在着很多新的问题和挑战。三是运营中的差距。当前的现状是金融业货币投放量大，而产业界融资难融资贵的问题长时间没有很好地解决，尤其是金融资本脱实向虚的现象严重，甚至有些资金在金融体系内空转；近几年开始呼吁"脱虚向实"，产融结合的探索也比较多，成立了不少产业基金，但效果都不明显，一个原因是金融界和产业界的信息不对称，尚未形成同生共长的命运共同体，另一个原因是产业基金的操作过多地注重短期收益，忽视长期稳定的回报，造成很多产业基金的运营和操作都与设立时的初衷相去甚远。

石化产业是产融结合的重要领域

石化产业是国民经济的重要基础产业和支柱产业,不仅关系到人们衣食住行的日常生活,更关系到航天航空等重大工程、新能源等未来转型以及强军梦的实现。化肥为粮食增产发挥着约50%的作用,农药在粮食及蔬果保产中做出了重要贡献,化学纤维在保证穿上衣和穿好衣方面起到了重要保障作用,化工新材料和特种化学品更是中国成为制造强国的重要配套材料。美国、德国、日本等发达国家的经验告诉我们:要实现强国梦想,经济强国是基础、石化强国很关键。美国就是典型的代表:既是世界第一石化强国、科技强国,也是世界第一经济强国、军事强国。中国自2010年以来,一直是世界第二石化大国、第一化工大国,实现由石化大国向强国的跨越,既是石化全行业的奋斗目标,也应作为国家战略推进。

一是石化产业正迎来新的景气周期。从全球石化产业的发展来看,自美国页岩气革命以来,全球石化产业又进入了快速发展的新阶段,美国已是连续四年都有新的炼油装置投产,全球石化产业正处于新的景气周期,尤其是亚太地区成为全球石化产业新的增长极和消费市场增长最快的地区。当前亚太的炼油能力占全球总的炼能超过36%,而去年亚太新增炼油能力占全球新增炼能的82%,其中中国新增炼能占亚太地区新增的85%;中印石化产品的市场消费增长贡献了全球的2/3。去年中国市场消费原油6亿吨,天然气2394亿立方米,合成树脂1.1亿吨,其中聚烯烃表观消费量5373万吨,进口量1654万吨;合成橡胶消费量1132.7万吨,进口量584万吨,增幅达74.1%,另外几个进口量大的产品,PX进口量1443.8万吨,乙二醇进口量875万吨。可见中国石化产品的市场需求是巨大的、增长是强劲的。

二是要辩证地看中国石化产能过剩的问题。谈到石化产业很多人就会想到产能过剩的问题,难免对石化产业未来的发展产生些许担忧,在此特别跟各位分享:我国石化产业的产能过剩与钢铁、煤炭行业有着本质的不同，是结构性过剩。从大的行业看，炼油产能是过剩的，到去年底我国总的炼能8亿吨/年，去年原油加工量5.71亿吨，产能利用率72.2%，属产能过剩；但是从产品结构看，柴油、汽油过剩，航空煤油缺口较大；从化工产品看，化肥、烧碱、纯碱、轮胎等大宗基础化学品产能过剩，有机化学品、专用化学品等缺口较大，尤其是化工新材料、功能化学品等缺口更大；所以去年进口有机化学品6223万吨、花费555.5亿美元，进口合成树脂3196万吨、花费470亿美元，仅聚乙烯材料就进口1179万吨、花费142亿美元；实际上化肥产品中，氮肥、磷肥产能过剩，而钾肥国内自给率只有50%，去年进口钾肥实物量776.7万吨，今年上半年又进口445万吨，同比增长13.6%。

三是应辩证地看环保从严给石化产业带来的挑战。近几年的污染防治攻坚战和蓝天保卫战以及环保督察过程中，很多石化生产企业受到停产、限产影响，很多石化企业的成本压力不断加大。从积极意义上看，为推动经济高质量发展，环保督察是必要的，尤其是对管理不规范、排放不达标企业采取断然措施更是必要的；正是依法关停了一批工艺技术落后、消耗高、污染重、排放不达标的企业，才赢得了管理规范、生产效率高、产品品质好、诚信经营的企业应有的公平竞争的市场环境，所以去年石化产业规模以上企业实现主营收入和利润大幅增长的基础上，今年上半年主营收入又增长13.2%、利润大增46.6%；主营收入利润率去年创4年来新高，今年上半年又创7年新高，达7.56%。所以说，环保从严对石化产业的高质量发展既是挑战，也是机遇。

四是中国高端制造为石化产业提供了新的发展机遇。中国正在实施的高端制造战略是制造大国向制造强国转变的重要举措，又加上战略新兴产业的发展都对石化行业、尤其是化工新材料和专用化学品提出了更高的要求和新的机遇。为推进中国制造强国战略而实施的一系列重点工程，如轨道交通和高铁、C919和大型运输机、神舟探月及空间站建设、深海平台及勘探和航母等海洋工程、核电和光伏及风力发电等新能源、汽车轻量化及新能源汽车等，都为化工新材料、专用化学品、高端膜材料和特种纤维材料提供了广阔的新的市场需求，如汽车轻量化所需的聚烯烃、聚氨酯及其改性材料和密封、粘接新品种，光伏发电装备和海水淡化用高端膜材料，C919 和正在研发的 C929 大型客机用碳纤维复合材料等等。这些都是技术含量很高、与战略新兴产业密切相关、未来石化产业发展的重点领域，更是国内外产融结合的重点方向。

当然，石化产业既是资源型产业，也是技术密集型产业，化工技术的水平是一个国家整体技术水平的重要体现。石化产业的创新与进步始终是发达国家和跨国公司瞄准的重点和主攻的领域，近几年石化领域的新技术和高性能产品层出不穷，烯烃原料的轻质化、原油或甲烷直接制烯烃、茂金属聚烯烃及其弹性体、生物可降解材料、新型催化剂以及贯彻"一带一路"倡议的走出去战略等，都是全球石化领域不断创新、金融界高度关注和产融结合的重点。

石化产业金融联盟的几点建议

这次成立的"石油和化工产业金融创新联盟"其宗旨和设想都很好，《章程》的内容很规范也很具体，组织机构中其负责人和成员都是由金融机构和上市公司、骨干企业董事长担任，力量很强大；会前编发的《促进"产业＋金融"行动计划》考虑的 10 项倡议很全面。鉴于近几年的情况，在此想谈几点个人建议，供大家参考：一是目标要集中。这是一项开创性的工作，也具有一定的探索性，在《行动计划》中提出了 10 大行动内容，是否一开始就全面铺开呢？我认为应突出重点、目标集中，不宜贪大求全。目标集中了，尤其是在起步阶段做一个项目、一个企业或一项内容，就成功一个、取得实实在在的效果，对金融界的朋友们和石化企业，都会进一步增强信心，同时也积累经验，为该联盟和石化产融结合基金的未来运行奠定坚实而良好的基础。二是学习中提升。既然是一项开创性的工作，学习借鉴成熟的经验和不成功的教训都很重要，产融结合国内有成功的案例，如国投公司进入钾肥产业就很成功,从罗布泊硫酸钾项目开始,现已形成160万吨/年硫酸钾产能,长期以来获得了稳定和良好的回报,现在又成为约旦钾肥公司的第一大股东。而国内产融结合没有达到预期目标的情况居多,很多项目都是满怀期望地开始,带着失望而去。对于发达国家,前面讲到很多财团几十年、甚至上百年有着很多成功的案例,也积累了很多成功的经验,但是近几年有种现象值得我们深思:现在很多跨国公司都被大财团所控制,很多国际并购重组都被大财团及其基金所操控,一旦企业正常的生产经营不能为财团及其基金带来丰厚的回报,财团及其基金就会发起或加速企业间的并购重组,最典型的就是陶氏与杜邦的重组与拆分;近年国内并购的一些欧洲的企业也大多是从基金公司手里买的。之所以说深思,是因为发达国家有着成熟的运营体制和机制,企业的并购重组不会给企业造成大的波动;在中国就不一样了,每次企业间的重组与调整都会造成企业长时间的波动和不稳定,企业间的产业链协同3年可以见效的话,而管理理念、企业文化等没有5年是难以融合的。所以,今天成立的产业金融联盟及其基金的未来运营,一定要在不断学习和不断总结中得以不断提升。三是要同生共长。过去很多产融结合的项目不能实现预想目标的原因是多方面的,有信息不对称的原因,也有追求短期效益的原因,更有金融和企业间互不信任的原因。为了规避过去的这些教训,"石油和化工产业金融创新联盟"的重要性和作用就尤其重要,这个联盟一定要成为"真实、透明、共享"的平台,为双方提供的所有信息和数据都是真实可靠的,在双方共同遵守保密义务的前提下都是公开透明的,产融双方要避免短期收益、快速回报,要着眼中长期和未来的稳定发展与收益,形成利益共同体,实现同生共长。

以上思考和分享的内容不尽全面、也不一定成熟,仅供同志们工作中参考。希望"石油和化工产业金融创新联盟"在金融界和石化产业界架起一座紧密融合的桥梁,为石化产业的高质量发展探索有益的经验!做出更大的贡献!

石化工业的现状与未来发展趋势*

山东是生我养我的家乡，山东省更是全国第一石化大省，所以，我也很愿意与各位领导、企业家和朋友们分享石化行业的现状和未来发展的趋势，期盼为山东石化产业在推进结构调整和转型升级工作中提供一点启发。借此机会，我想跟各位分享三点内容：

石化产业的现状

（1）**总体简况**。改革开放 40 年来，我国石化行业的发展取得了举世瞩目的成就，自 2010 年以来已连续 8 年列世界第二石化大国、世界第一化工大国，创造了世界石化工业发展历史上的奇迹。去年石化全行业主营收入 13.8 万亿元，占全国规模以上工业总额的 11.8%；实现利润 8462 亿元，占全国规模以上工业利润总额的 11.3%；进出口总额 5834 亿美元，占全国进出口贸易总额的 14.2%。20 多种产品的产能产量居世界前列，去年原油加工量 5.7 亿吨，化肥产量（折纯）6065 万吨，乙烯产量 1821 万吨，烧碱产量 3365 万吨，纯碱产量 2727 万吨，合成材料总产量 1.5 亿吨，轮胎的产量 9.3 亿条。

（2）**今年的运行继续向好**。今年前 8 个月，石化全行业经济运行继续呈现总体稳中向好的态势，全行业实现主营收入 8.54 万亿元，同比增

---

* 这是 2018 年 10 月 21 日，傅向升同志在烟台，刘家义书记主持召开的山东省石化产业转型升级专题会上报告的主要内容。

长 14.5%，在全国规模以上工业总额的占比进一步提升到 12.4%；实现利润总额 6363 亿元，同比增长 46.2%，在全国规模以上工业总额的占比进一步提升到 14.4%。前 8 个月主要石化产品产销量继续增长、在国民经济中的作用进一步提升外，行业的效益大幅改善，主营收入利润率达到 7.45%，创 7 年来新高。

（3）石化产业面临的挑战。一是资源制约更加严峻，二是油价不确定性的影响，三是环保形势对企业限产停产的影响。当然，美国的单边主义和贸易霸凌主义给全球经济增长都造成影响，尤其是与中国贸易战的不断升级，虽然对石化行业的近期和直接影响尚未显现，但是间接影响和中远期影响不可忽视。

全球石化产业新趋势与中国石化产业的高质量发展

（1）全球石化产业新趋势。全球石化产业正在经历着深刻的变革，尤其是自去年全球石化产业的发展势头强劲，我们应当把握这些新的趋势：

一是全球炼油行业正经历着新一轮景气周期。美国得益于页岩气革命，使美国原油产量超过沙特成为世界第一生产大国，并且给美国的石化产业注入新的生机，去年已是连续 4 年都有新炼油装置建成投产。去年全球炼油总能力超过 1 亿桶 / 天，其中亚太地区占 36%，并且亚太和中东成为炼油能力增长最快的地区，贡献了全球 90% 以上的新增炼油能力。

二是烯烃产能快速增长和原料轻质化。2010—2015 年期间全球乙烯产能年均新增 300 万吨产能，而其后连续三年增速明显加快，将高达 700 万吨 / 年；而烯烃新增产能当中，丙烯多以丙烷脱氢工艺，乙烯主要是乙烷裂解路线，传统的石脑油裂解制烯烃的占比正逐年下降，全球石脑油乙烯的占比已由 2000 年的 61% 下降到 2017 年的 43.8%。

三是中国成为石化产业增长最快的国家。我国的石化产业，去年中石油云南1300万吨/年和中海油惠州二期1000万吨/年投产，今年底大连恒力2000万吨/年和浙江石化一期2000万吨/年将建成投产。2017年亚太地区新增炼油能力78万桶/年，占全球新增炼能的82%，其中中国新增66万桶/年，占亚太地区新增的85%。据最新预测，"十三五"末中国的炼油总规模将达到9亿吨/年，中国的成品油市场将饱和，柴油消费已现平台期，汽油消费将在"十四五"期间达到峰值，煤油消费将还有10年的增长期；到"十三五"末高端化工新材料、特种纤维、高端膜材料等受关键技术的制约仍将是短板，乙烯当量消费还会有一定的缺口，但PX若目前规划的项目顺利实施的话将供大于需。

四是全球石化产业的大格局正在形成。近几年全球石化产业呈现出"343"的分化与大格局态势，第一个"3"是"三热"，即亚太、中东、美国，这是炼化产业发展最快的三大区域；"4"是指"四冷"，即欧洲、非洲、南美及苏联地区，这4大区域的炼化产能一直处在停滞与萎缩状态；另一个"3"暂且定义为"三强"，即美国、欧洲、中国，当然中国离石化强国还有较大的差距。这三强区域不仅世界500强中石化公司较多，而且并购重组频频出手、大动作不断，初现未来世界石化产业"三足鼎立"的大格局，美国是杜邦陶氏的先合并再拆分，合并后再按专业细分分拆为新材料（新陶氏）、专用化学品（新杜邦）、生命科学（Coteva）3家专业性公司，主业更突出，核心竞争力更强；欧洲是BP、壳牌、朗盛、赢创等强手如林，拜耳又并购孟山都，将再诞生一家农药和种子领域全球第一的公司；中国在最新世界500强榜单中有中石化、中石油、中国中化、中海油、中国化工、延长集团等石化企业上榜，国资委已明确化工是5个重点重组的领域之一，如此一来中国即将诞生一家具有国际竞争力的专业化工公司。

当然，近几年石化领域的新技术、新工艺和新设备，如原油直接制化学品、甲烷直接制烯烃，以及在炼油能力过剩状态下，适宜于现有炼化装置转型升级、多产烯烃少产油品的新工艺和新催化剂等，都需要我们去关注和把握。

（2）中国石化产业高质量发展的思路。面对全球石化产业新的发展趋势，我国石化产业由石化大国向石化强国跨越的过程中，推进高质量发展的思路和重点：

一是加大转型升级的力度。与美国、德国、日本世界石化第一梯队的国家相比，我国石化产业的整体技术水平约有15年左右的差距，产业结构主要集中在大宗基础化学品，化工新材料、专用化学品、高端膜材料等高端化工制造业和战略性新兴产业占比不高。近十几年来，我们不断加大技术创新能力建设，不断加大石化行业产业结构、产品结构和组织结构调整的力度，在高端化工产品技术上也取得了一些突破，但产业结构和产品结构"低端拥挤，高端缺乏"的状况尚未根本改变，而且很多基础化工品的产能过剩问题十分突出。因此，全行业产业结构的转型升级必须提速和加快，按照国务院《石化产业调结构促转型增效益的指导意见》和新时代高质量发展的新要求，加大行业转型升级的力度，加快行业新旧动能转换的速度，不断提升行业的竞争力，实现行业的高质量可持续发展。

二是实施创新驱动战略。创新是引领发展的第一动力，是建设现代化经济体系的战略支撑。过度依靠投资拉动、拼规模、拼速度、不计资源、不计环境的发展是不可持续的，只有依靠创新驱动的发展，才是有质量的可持续发展。"十三五"规划提出要实现石化大国向强国的跨越，并将创新驱动确立为"两大发展战略"之一，突出新能源、化工新材料、专用化学品、节能环保等重点领域，瞄准关键共性技术、前沿引领技术以及颠覆性技术和核心关键装备，强化创新平台建设和国际交流与合作，结合国家重大科技项目和重点工程，培育一批学科带头人，让创新成为石化产业高质量发展的重要支撑和可持续发展的动力之源。

三是强化绿色发展理念。绿色发展是"五大新发展理念"之一，也是石化产业"两大发展战略"之一。十九大要求："既要创造更多物质财富和精神财富以满足人民日益增长的美好生活需要，也要提供更多优质生态产品以满足人民日益增长的优美生态环境需要。"我们配合发改委和工信部发布了《促进石化产业绿色发展指导意见》，相继制定了《石化产业绿色发展行动计划》及其废水治理、废气治理、固废处理处置、节能低碳、安全管理提升和化工园区绿色发展等"六大专项行动方案",石化行业的绿色发展正在以"布局合理化、产品高端化、资源节约化、生产清洁化"为目标,优化产业布局,调整产业结构,加强科技创新,完善行业绿色标准,建立绿色发展长效机制;正在推进全产业链绿色化,实现源头减排、过程控制、末端治理、综合利用全过程绿色发展理念的转变。

四是加大产业集群和国际一流企业的培育力度。当前,石化全行业规模以上企业近3万家,全国有石化园区601家,与美、欧等发达国家和地区比,无论是企业、还是园区,无论是数量、还是规模,都是处于布局散、规模小的状态。要实现由石化大国向石化强国的跨越,应做到产业园区化、炼化一体化、装置大型化、生产清洁化、产品高端化。一方面是培育一批国际一流企业,支持中石油、中石化、中海油这样的特大型企业集团,瞄准埃克森美孚、BP、壳牌等国际跨国公司,不仅在做强主业和核心竞争力上下功夫,而且强化管理理念、可持续发展等方面对标,不断增强国际化经营能力,形成上下游协同的产业集群,打造具有全球竞争力的世界级一流企业;支持万华化学、新合成等主业突出、创新能力强、核心竞争力强的企业,以巴斯夫、杜邦、赢创、帝斯曼等跨国公司为目标,打造具有国际竞争力的专业化公司。另一方面是培育一批具有全球竞争力的产业集群,这是发达国家经济发展的成功实践,依托现有石化园区,按照"科学规划,布局合理,产业协同,管理高效"的原则,现有沿海七大石化基地应以墨西哥湾、鹿特丹港、裕廊岛等国际先进水平的石化基地为目标,突出石化产业链,重点培育配套性强、产业集聚度高的世界级石化产业集群;沿江和沿海的化工园区应当以路德维希港、安特卫普为目标,突出化工新材料和专用化学品,重点打造国际先进水平的专业化园区和高端产业集群。当然,在积极推进内蒙古鄂尔多斯、陕西榆林、宁夏宁东、新疆准东4个西部现代煤化工产业示范区集群化发展的同时,还要高度重视齐鲁、大庆、南京、兰州等老石化基地的升级改造,打造产品高端、竞争力强的特色石化产业集群。总之,通过石化产业的集群化发展,实现石化与化工的产业链协同,实现东部与西部的优势互补,加快石化产业的高端化发展。

山东石化产业转型升级的思考

山东省是石化大省,石化产业主营收入3.18万亿元,占全国石化行业的近1/4,山东石化产业收入及其多种石化产品的产能和产量连续多年稳居国内第一。山东石化产业在我国石化行业中占有重要分量,在山东省地域经济中也发挥着重要的作用,山东省委省政府对石化产业的高度重视,把石化产业作为山东省的支柱产业发展,不仅是从战略上看到了石化产业是高端制造、航空航天、国防军工的重要支撑,也是看到了山东省工业结构中机械制造、电子电器、轨道交通等的发展离不开化工新材料和专用化学品提供配套;山东省委省政府对石化产业的定位也是与中央和国务院在我国工业经济和高端制造业中对石化产业的定位和高度重视是一致的,习近平总书记最近两年相继到青海盐湖、神华煤制油、大庆石化、湖北兴发、烟台万华视察,最近又刚刚视察了辽阳石化,这些都是党中央和习近平总书记对石化产业发展的重视和关怀;最近李克强总理在国务院常务会议上特别强调:石化产业是国民经济的重要支柱产业,针对目前高端石化产业发展滞后、部分产品过多依赖进口等突出问题,要加强统筹规划、科学论证、合理布局,推动石化产业加快转型升级、增强国内保障能力。山东省委省政府对石化产业的高度重视及相继出台的促进山东石化产业发展的方案和政策措施,也是透过美国、德国、日本等发达国家的发展实践和经验,看到了没有石化强国,就不可能成为经济强国、科技强国和军事强国,也从江苏、上海、广东等经济强省中,看到了石化强省是经济强省的重要支撑和保障。对山东省石化产业的发展谈三点思考,供大家参考:

(1)谈谈山东的石化产业。山东省一直是我国石化工业的重要省份和最早的石化基地,我国第一批引进的大石化、大化肥就有齐鲁石化,化工部时期重点建设的"三大碱厂"就有潍坊纯碱厂,今天山东在聚氨酯领域有国际领先、创新能力强,可以与跨国公司巴斯夫、科思创、亨斯迈全球竞技的万华化学等世界一流企业,在民营企业500百强中,有东明石化、万达控股、利华益、京博等一批石化企业上榜，山东石化产业为全国石化工业的发展作出了重要贡献。山东作为国内第一石化大省，但还不是石化强省，产业结构以基础化工产品为主，化肥、烧碱、轮胎、地炼等规模都是国内第一，化工新材料和精细化学品是产品结构的短板。所以，山东省石化产业的发展，一是优化存量是基础，做强增量是关键。山东石化产业基础雄厚、产业集群初具规模，同时具有独特的沿海港口优势，无论在产业高端发展还是市场纵深拓展方面，都具有得天独厚的条件。在强调高端发展的时候，也不能忽视已形成的基础优势，一方面基础化工产品是国民经济不可或缺的，纯碱、烧碱是最早的传统化工产品，若离开了纯碱、烧碱，玻璃等建筑材料、造纸等轻工等很多工业领域就难以发展、甚至无法生存，另一方面基础化工产品是高端化发展的基础，硝酸钠、硝酸钾等是传统的无机化工产品，随着技术的进步已经成为新能源领域的重要储能材料，在西班牙和我国都已取得很好应用。离开了已有的产业基础，只谈高端化是不现实的，那样的高端化也是缺少底气的。因此，优化存量是做强增量的基础和前提，在现有企业群体和产业规模的基础上，按照优化存量的原则，应用新技术、新工艺、新设备在改造提升现有产业上下功夫，以规模化、集约化为目标，以上下游一体化和循环化发展为路径，实现存量的优化、加快现有产业的转型升级。做强增量很关键，就是通过做强增量，加快产业的结构调整和转型升级，把创新摆在突出位置，围绕石化产业"十三五"提出的化工新材料、专用化学品、新能源、节能环保等五大创新重点领域，瞄准国家高端制造、航空航天等重大工程和大飞机、航母等重点项目，突出山东的优势，大力培育战略新兴产业、做强增量，实现差异化和高端化发展，为山东省新旧动能转换做出石化产业的应有贡献。二是辩证地处理好发展与环保的关系。石化产业作为资源型和能源型产业，废水、废气、固废的产生量确实比较大，化学工业生产过程中因高温高压、易燃易爆的特殊性，也确实存在安全风险。但是，生产过程中只要做到了本质安全，其安全风险是可控的；废水、废气、固废只要处理处置得当，不仅不会造成环境事故，而且还可以变废为宝，现在很多企业的循环经济和资源综合利用，都做到了这一点。巴斯夫路德维希港基地坐落在莱茵河边、大金厂区的院墙外就是密布的居民楼,这些都是发达国家上百年或几十年走过来的现实案例;今年3月份我带队到休斯敦参加国际石化大会,并顺访了美国和墨西哥8家公司和政府部门,墨西哥湾是美国石化产业最集中的地区,我们在新奥尔良、休斯敦、墨西哥城等墨西哥湾地区停留8天时间,各城市和政府都没有对石化装置采取限产或停产,每天都是蓝天白云,事实证明:我们不能把石化与空气污染画等号。按照"防止污染攻坚战和蓝天保卫战"的要求,很多省市进一步规范石化企业的管理、强化监督,对一些管理不规范、消耗高、污染重的企业采取必要的措施是对的,但是千万不能简单地"一刀切"。山东省的做法值得肯定,正在开展的《化工产业安全生产转型升级专项行动》和化工园区的认定工作,制定标准、有序推进的做法正在取得良好的成效。按照十九大"发展是我们党执政兴国的第一要务"的要求,我们要辩证地处理好发展与环保的关系,应当准确领会习近平总书记在武汉重要讲话的精神:共抓大保护,不搞大开发,不搞大开发不是不要开发,而是不搞破坏性开发,要走生态优先、绿色发展之路。生态环境保护和经济发展不是矛盾对立的关系,而是辩证统一的关系;要坚持在发展中保护,在保护中发展,不能把生态环境保护和经济发展割裂开来,更不能对立起来。

(2)谈谈山东的石化园区。根据最新统计,全国共有石化园区601家,如果打开中国地图,从大的坐标系来看,石化园区的分布可以简单地概括为"两条线、两区域":"两条线"即沿海线和沿江线,"两区域"即华北和西北。"沿海线"涉及8个省市主要以"七大石化基地"为主线,"沿江线"涉及11个省市主要以230多家石化园区为主线。"华北区域"主要以京津冀为主体,可以延伸至"2+26"个城市的覆盖区;"西北区域"相对集中在宁夏、陕西、内蒙古、新疆,主要是煤炭资源丰富的地区;这一大的坐标区域内涵盖了601家园区的90%以上。在这601家中,山东省石化园区数量第一80家(江苏第二55家、湖北第三46家),数量上超过德国。但是山东在今年评出的"石化园区30强"中有4家(江苏7家、浙江5家),在利润前5名、利润率前5名、单位面积产出和效益前5名等榜单中都没有山东的石化园区,而上海化工区在利润总额、利润率、单位面积利润及绿色发展榜单中均列榜首,去年上海化工区的销售利润率达到20%,今年上半年23%。山东化工园区的未来发展,在做好规划先导的前提下,应突出创新发展,以创建智慧园区和绿色园区为抓手,做好产业链上下游协同、资源综合利用和循环发展,打造国内先进水平的石化园区和新型工业化示范基地。按照国务院新修订的《石化产业规划布局方案》"通过不断优化布局和整合提升,逐步形成若干世界一流石化产业基地"的目标,我们提出石化园区的中期目标是,通过15到20年的努力和建设,力争形成10个超千亿的世界级石化基地、10个具有国际竞争力的专业化工园区、20个绿色石化园区、20个智慧化工园区。建议山东省石化园区的发展:一是开放与对标,以开放的视野、开放的政策,像大亚湾引入埃克森美孚、湛江基地引入巴斯夫一样,吸引跨国公司到石化园区落户发展;各园区还要走出山东,走进上海化工区、南京江北新区、大榭岛等国内先进园区,在规划布局、产业发展、产业链协同、创新及其激励政策以及管理理念、管理方式等方面,全方位对标。如果可能的话,建议到发达国家、以欧洲为主进行专项交流,考察德国路德维希基地的产业集群、赫斯特的园区管理,沙特朱拜勒工业城的规划先导,以及比利时的安特卫普、荷兰的鹿特丹、新加坡的裕廊岛等,借鉴成功的做法和有益的经验,这可能是一条捷径。二是集群与协同,集群化发展方面重点依托烟台、潍坊、东营港、滨州以及董家口、日照等区位优势明显、已认定的规范园区,通过产业链规划、做好循环经济,把各园区建设成为具有自身特色、专业化优势明显的产业集群。协同化发展更为重要,如果把前面谈到的"沿海线"展现为"三大湾区",即渤海湾区、杭州湾区、大亚湾区,山东处于渤海湾区的南岸,既有渤海湾区内大连、唐山两大石化基地,又有天津、黄骅两大石化园区相邻。因此,首先要做好省内园区和基地,尤其是烟台、潍坊、东营、滨州四地的产业链协同与差异化;还要立足齐鲁大地、辐射华东、放眼南北,北与沧州黄骅港、天津南港、唐山曹妃甸、大连长兴岛这些渤海湾区的基地,南与江苏连云港、沪宁杭州湾以及福建古雷、广东大亚湾等国家规划布局的七大石化基地和石化园区的协同与差异化发展。

(3)谈谈山东炼油行业的转型与升级。"十三五"以来,我国炼油行业一边在淘汰落后产能，一边在扩建或新建大型炼化一体化装置；即到去年底共淘汰落后装置119套，总计产能近9000万吨；中石化通过技术改造重点提升南京、上海、镇海、茂湛"四大基地"的同时，中石油云南炼化、中海油和壳牌大亚湾二期于去年相继投产，另外就是对地炼放开的原油进出口权和使用权，已核准的指标超过1亿吨／年。据石化联合会油气专委会最新统计，全国共有187家炼油企业，总加工能力8.23亿吨／年，按照去年原油加工量5.7亿吨计，产能利用率只有69%，与世界平均水平相差14个点，与美国的产能水平差20个点，属产能严重过剩行业。山东的炼油在全国具有举足轻重的分量，山东炼油企业共有56家，数量上占全国的30%；原油一次加工能力约2亿吨／年，占全国总加工能力的近1/4，扣除中央企业的7600万吨／年，山东省地方炼油的加工能力也超过1.2亿吨／年，也占了全国总加工能力的15%。又加上今年以来，由于原油价格高位运行，以及税收征管等各种因素，地炼遇到了比较严峻的挑战。因此，山东炼油行业的发展，一是要"少油多化"，即延伸产业链、多产高端化学品，少产成品油。随着经济增速放缓、人口峰值和汽车保有量峰值的到来以及燃油效率的提升、新能源的替代，柴油消费已现峰顶，汽油峰值的出现也不会太远，今年前8个月成品油消费只增长1.9%，煤油增幅13.6%，汽油同比增长3.8%，而柴油是同比下降1.9%。而高端化学品、尤其是化工新材料和专用化学品的缺口很大，并成为我国高端制造业的制约瓶颈，去年进口有机化学品6223万吨，进口合成树脂3196万吨，聚乙烯就进口了1179万吨，工程塑料聚碳酸酯进口138.5万吨。所以，地炼企业的可持续发展一定要通过延伸产业链少产成品油，重点瞄准化工新材料和专用化学品，实现产品的差异化和高端化，这方面利华益、滨化、京博、鑫岳等企业，既尝到了甜头，也积累了经验。二是重组整合势在必行。山东现有炼油企业规模小、布局散的问题突出，现有187家炼油厂中，年加工能力200万吨以下的还有62家；数量占1/3，而加工能力只占5%；其中11家在山东（778万吨），山东地炼加工能力最大的是东明石化750万吨／年；全国年加工能力1000万吨以上的有22家，加工能力约3.2亿吨／年，占全国总加工能力的38.6%；新建扩建的增量不容忽视，今年底和明年初将投产大连恒力 2000 万吨／年、浙江石化一期 2000 万吨／年，预计 2020 年前新建和扩建新增炼油能力还有 1 亿吨／年，过剩状况将进一步加剧，竞争将更加激烈，地炼企业必须增强危机感！高兴的是山东省委省政府与企业家们已经高瞻远瞩、提前布局，于前年成立了"石油采购联盟"、去年成立了山东炼化能源有限公司，不能再踌躇不前，应该充分利用好这个平台，在已经开展集中采购进口原油的基础上，通过重组整合、股权交换等形式推动深层次的合作，优化整合在原料、物流、资金、产品等方面的配置，提高地炼企业的核心竞争力和行业话语权。

以上分享的内容仅供大家参考。回到家乡话讲得很直白，是因为充满乡情，不对的地方敬请各位批评指正。最后，祝愿家乡的石化产业在转型升级中实现高质量发展，为全省新旧动能转换做出新的贡献！为我国石化产业实现强国梦想做出新的贡献！

波澜壮阔又一年　稳中求进再出发*

时间如梭，2019已经在向我们招手！《中国化工信息周刊》编辑部的同志希望我与朋友们一起，回顾一下中国石化行业即将走过的2018，也共同展望一下正在向我们招手的2019。当我收到编辑部邀请的时候，一翻台历：2018所剩只有几天了。当思考编辑部所出题目的时候，也把我的思绪急剧拉回了2018年的年初，我们即将走过的2018年，全球经济环境与往年有着很大的不同。

2018是全球经济频现波澜的一年

今年伊始，基于2017年全球经济出现自金融危机以来的高度同步增长，世界银行、国际货币基金组织等知名机构都对今年的世界经济增长充满信心，很多跨国公司高管也都对今年世界石化产业的持续增长表示乐观。可是个别政府到处挥舞贸易霸凌主义的大棒，与各大经济体的贸易摩擦不断，致使单边主义和贸易保护主义不断升级，尤其是自3月22日特朗普签署对中国输美产品征收关税总统备忘录以后，全球经济环境频现波澜，全球经济运行的不确定性开始不断增加。到7月下旬，国际货币基金组织报告称"全球经济今年春季时的前景比较光明，但现在已变得暗淡了许多"，世界银行、经合组织等机构都对今年全球经济增长

---

* 这是2018年底，傅向升同志应《中国化工信息周刊》之约，为2019年第一期写的寄语。

的预期陷入悲观。接近年底，10月份国际货币基金组织更新的《世界经济展望》称"全球经济正在失去动力"，其主要原因就是"全面贸易战使全球经济增长放缓"，再次调低了2018年和2019年的全球经济增长预测值，由7月份的3.9%下调为3.7%；11月下旬，世贸组织、摩根大通、穆迪、德国经济智库、IHSMarkit等知名机构都对今明两年的全球经济增长表示了悲观，特别都提到美国和中国这两大经济体，因贸易摩擦的不断升级其经济增长都会受损，同时都调低了两国2019年经济增速的预测值。

不确定因素中确定性成就几成定局

全球经济平均增长率虽然不及预期，但将高于2017年的3.2%已成定局。据OECD11月底的分析，G20国家占全球经济总量的90%以上，除巴西、土耳其、阿根廷、印度尼西亚下降，俄罗斯持平外，其他15国都是正增长。中国经济实现年初确立的6.5%的目标将成事实，前三季度同比增长6.7%，继续呈现总体平稳、稳中有进，经济结构不断优化，新旧动能接续转换，高质量发展扎实推进的总体态势。

中国石化产业前11个月实现主营业务收入11.7万亿元，同比增长14.6%，利润总额8508亿元，同比增长35.9%；全国油气总产量3.02亿吨油气当量，增长1.8%；主要化学品总产量增长约2.5%。石化全行业继续呈现稳中向好总体态势的同时，产能过剩状况在改善，结构性矛盾正在逐步解决，创新能力持续增强，绿色可持续发展水平在提高，国际交流与合作不断拓展和深化。尤其是今年的效益状况大幅改善，前11个月全行业主营收入利润率7.27%，创近7年来新高。

2019 年全球经济下行压力凸显

从当前的形势看，2019 年全球经济下行压力不断加大，下行风险越来越明显。全球最担心的还是贸易保护主义的不断升级，OECD 的报告称"美中贸易战将严重影响全球经济增长"，随着美国中期选举的结束，美国贸易保护主义和单边主义的做法能不能缓和成为人们关注的焦点，就当前情况看"3 月 1 日是一个关键节点"。中美元首在布宜诺斯艾利斯就中美贸易摩擦达成共识：停止加征新的关税，对于现在仍然加征的关税，双方将朝着取消的方向，加紧谈判，达成协议。这是对持续了大半年的中美贸易战将"暂时停火"的最好消息，也是全球高度关注的焦点和对全球经济的利好。但是，从美国政府善变和出尔反尔的惯常做法，恐怕谈判的任务相当艰巨，如果没有诚信、继续漫天要价的话，不排除还会出现新的波折；12 月 6 日的华为孟晚舟事件，再次暴露出中美贸易战走向"停火"确实存在不确定性。

另一不确定性因素是国际原油价格。进入 2018 年国际原油价格一路走高，可是 11 月份出现断崖式下跌，布伦特油价 11 月 23 日的低点，比 10 月 3 日的高点跌去了 31%；布伦特原油均价由 10 月份的 82.71 美元／桶跌至 11 月份的 70.15 美元／桶，急挫 12.5 美元／桶；WTI 和布伦特油价都创出 10 年来最大月度跌幅。影响国际原油价格的主要因素是供求关系，但国际政治因素、大国博弈、局部动荡都会对原油价格产生影响，美国单方面废弃伊朗核协议、卡塔尔宣布将退出 OPEC 组织、伊朗再次声称要封锁霍尔木兹海峡，这些都将对国际原油价格造成直接影响。

欧元区不确定性因素有增无减。欧元区 11 月制造业 PMI 初值创 30 个月新低、德国创 32 个月新低、法国创 26 个月低点，又加上意大利和欧盟的预算分歧、英国脱欧原定的表决日期推迟到 1 月份，这更增加了无协议脱欧的风险，这些都是明年欧元区经济走势的不利因素和不确定性。国际货币基金组织、世界银行、OECD 等机构都预测美国、欧元区、中国、日本等主要经济体 2019 年乃至 2020 两年的经济增速都将低于 2018 年，有的新兴经济体国家受美国持续加息的影响，通胀将加剧、经济将停滞。美国有关机构最近作的调查，超半数的人认为 2020 年全球经济将转入衰退。

中国经济面临的下行压力也在加大。自 2018 年四季度以来，主要工业品价格出现下跌，工业利润和进出口增速都放缓，很多机构都在预测：如果中美贸易战不能"停火"、继续升级的话，2019 年中国经济的增速将进一步放缓。

新一年中国经济稳中求进的总态势不会变

2019 年，我们应当辩证地看待国际环境和国内条件的变化，中国经济面临下行压力的同时，有利因素也不少。最重要的是有习近平新时代中国特色社会主义思想的指导，最大的利好是改革开放四十年后再出发，又是新中国诞生 70 周年，最关键的是供给侧结构性改革后续红利的释放；2019 年中国经济政策都将全力围绕"稳增长"展开，在连续"去杠杆"取得阶段性成果的基础上，以实体经济为重点定向性相对宽松的货币政策，配以相对积极的财政政策；特别是"民营企业座谈会"以后，各部门支持民营企业的政策纷纷出台，民营企业的经济环境、市场环境和政治环境都将明显好转，民营经济的活力和发展潜力将集中释放，这些都将保证中国经济 2019 年实现 6.3% 以上的稳中求进目标。我们应当坚信：中国仍将是未来 10 年全球经济增长贡献最大的国家。法国外贸银行的报告称：2017 年中国对全球经济增长的贡献，相当于美国、欧元区和日本的总和；2015—2025 年间，中国将为全球增长贡献 9.4 万亿美元，占全球经济增量的 21%，远高于美国的 10%。

2019 年的中国石化行业仍将是全球石化产业的主要增长极。恒力石化在长兴岛的 2000 万吨 / 年炼化一体化装置日前投料、一季度将全线贯通；浙江石化（舟山）一期 2000 万吨/年炼化一体化装置将于上半年投产；还有正在建设的中石化古雷、刚刚开工的中石油揭阳和盛虹石化连云港 3 套千万吨/年级炼化一体化装置，以及埃克森美孚惠州、中海壳牌三期、巴斯夫湛江和巴斯夫杨巴二期等几个新材料项目，都将为全球石化产业的增长起到强力带动作用。2019 年中国石化行业的指导思想是习近平新时代中国特色社会主义思想，根本要求是石化产业的高质量发展，工作主线是继续深化供给侧结构性改革，工作重点是坚持稳中求进的总基调，坚持"五大新发展理念"，继续加大创新驱动和绿色发展"两大发展战略"，持续提升经济运行的质量和效益，不断拓展国际交流与合作的广度和深度，加大现代石化产业集群的培育力度，为形成一批具有国际竞争力的世界一流石化企业和大型石化基地奠定坚实的基础，为实现石化行业"十三五"奋斗目标和由大到强的跨越创造新的业绩。

极具挑战性的 2018 年，我们处变不惊、沉着应对，实现了年初确立的预期目标。2019 年，面对下行风险不断增加，只要我们辩证地看待国际环境、准确地把握历史方位，瞄准中华民族伟大复兴和建设石化强国的目标不放松、不摇摆，成绩面前不自满、困难面前不气馁，在创新驱动、冷静思考、务实进取中做好我们自己的事情，年终再回首时一定是收获的一年！微笑迈向高质量发展的新征程！

稳中有进稳中有变　稳中求进高质量发展*

今天，我们又迎来了一年一度的行业经济运行新闻发布会。

我们刚刚走过的 2018 年是全球经济频现波澜的一年，今年伊始，基于 2017 年全球经济出现自金融危机以来的高度同步增长，世界银行、国际货币基金组织等知名机构，都对 2018 年的世界经济增长充满信心。可是因为强权政府到处挥舞贸易霸凌主义的大棒，与各大经济体的贸易摩擦不断，致使单边主义和贸易保护主义不断升级，全球经济环境频现波澜。我们刚刚走过的 2018 年是全球经济不确定性因素最多的一年，自 3 月下旬开始，全球经济的不确定性不断增加，悲观论调日益加重，到 7 月下旬国际货币基金组织报告称"全球经济今年春季时的前景比较光明，但现在已变得暗淡了许多"；到 10 月份国际货币基金组织更新的《世界经济展望》称：全面贸易战使全球经济增长放缓，全球经济正在失去动力；接近年底世界银行、世贸组织、经合组织、摩根大通等知名机构，对今明两年的全球经济增长更加悲观，特别提到中美两国因贸易摩擦的不断升级其经济增长都会受损，进而影响全球经济增速进一步下滑。我们刚刚走过的 2018 年更是全球经济波澜不惊的一年，虽然波澜不断、下行压力步步紧逼，但是各主要经济体波澜不惊、冷静应对，取得了虽然不及预期、但总体平稳的积极结果；据 OECD 的分析，G20 国家占全球经济总量的 90% 以上，除巴西、土耳其、阿根廷、印度尼西亚下降，俄罗斯持平外，其他 15 国都是正增长；尤其是中国经济超过 6.6% 的预期目标，继续呈现总体平稳、稳中有进，经济结构不断优化，新旧动能接续转换，高质量发展扎实推进

---

* 这是 2019 年 1 月 29 日，傅向升同志在 2018 年度经济运行新闻发布会上的讲话。

的总体态势。

简要回顾了全球经济刚刚走过的、可以说是险象环生的2018年。现在,我想就石化行业经济运行和高质量发展的总体情况,跟各位做个分享。

2018年石化行业高质量发展稳中有进、稳中有变

2018年是全面贯彻落实党的十九大精神的开局之年,石化全行业深刻领会新时代主要矛盾的新特点与新变化,牢牢把握高质量发展的根本要求,坚持新发展理念,紧扣供给侧结构性改革的主线,持续加大淘汰落后产能的力度,持续推进创新驱动和绿色发展两大战略,持续拓展国际交流与合作的领域与视野,努力推动经济运行向高质量发展迈进,全年实现主营收入12.4万亿元,同比增长13.6%,利润总额8394亿元,同比增长32.1%。国家统计局数据表明:石化行业全年运行也呈现出"稳中有进、稳中有变",具体表现为:

(1)**稳中有进,稳中有变**。根据国家统计局数据,石化全行业在2017年度主营收入和利润总额大幅增长的基础上,2018年又实现了主营收入和利润总额双增长,总态势实现了稳中有进,但是稳中有变愈加凸显。

一是"两减三增"凸显。"两减"即主营收入绝对值减少、规模以上企业数减少,主营收入绝对值比上年度减少1.3万亿元,规上企业数减少1494家;"三增"即主营收入利润率增高、投资恢复增长、进出口总额增幅较大,主营收入利润率约6.77%、高于上年度的6.14%,说明全行业运营质量和效益在逐步改善;化工业投资同比增长6%,这是连续2年下降后首次恢复正增长,进出口总额增长29.3%,其中进口增长32.9%、出口增长22%,这是中美经贸摩擦严峻的情况下实现的。

二是"有增有减"凸现。即油气板块的利润大增、化工板块的收入大减,油气板块实现利润总额1598亿元,是上年度330亿元的4.8倍;化工板块实现主营收入7.27万亿元,比上年度的9.1万亿元,锐减1.8万亿元,

这是化工板块历史上没有的。

三是石化产业的支柱作用凸现。石化产业作为国民经济的支柱产业，不仅为农业丰产丰收发挥着重要作用，为汽车高铁、信息能源、航空航天、国防军工等高端制造业和战略新兴产业提供重要保障，为国民经济的稳增长也作出重要贡献，2018 年占工业经济总量的比例再次提升，主营收入由上年度的 11.8% 提升到 12.1%、利润总额由上年度的 11.3% 提升到 12.7%，石化产业的地位和重要性更加凸现。

（2）稳中有变，变中有忧。2018 年石化全行业实现了主营收入和利润总额"双增长"，总体态势继续稳中向好，但是深入和细化分析，全行业健康可持续发展方面也存在一些令人担忧的地方。

一是下行压力持续增加。2018 年不论是全球经济还是石化行业，不论是国际环境还是国内条件，都与往年有着很大的不同，是下行压力持续增加的一年，年初时普遍乐观，二季度陷入悲观，三季度下行显现，四季度下行加快。一个表现是全年增长不及上年，主营收入全年增长 13.6%、不及上年度的 15.7%，利润增长 32.1%、与上年度的 51.9% 差距更大。下行压力持续加大的另一个表现是：从 7 月份以后效益增速逐月放缓，7 月同比增长 50.36%、8 月 46.24%、9 月 45.19%、10 月 41.76%、11 月 35.92%、12 月份 32.1%。

二是市场竞争日趋激烈。受近两年石化产品价格连续走高的影响（2017 年油气价格总水平涨幅 8%、化工品涨幅 3.5%，2018 年油气再涨 26.3%、化工品同比再涨 6.8%），石化产能不断增加，例如炼化一体化装置，继 2017 年中石油云南石化（1300 万吨／年）和中海油惠州二期（1000 万吨／年）投产以后，大连恒力一期（2000 万吨／年）于 2018 年 12 月 15 日投料，浙江石化一期（2000 万吨／年）将于上半年投产。这些新的炼化一体化装置陆续投产，其烯烃、芳烃对外依存度较高的产品，可部分满足国内市场；但是成品油市场国内已趋饱和，尤其是柴油全年表观消费量再次下降 3.3%；国内市场竞争将更趋激烈的另一个因素是，地炼已获 2019 年度原油指标 2 亿吨，地炼装置的产品结构主要是成品油。还有一些传统基础化工品扩产冲动也在萌动，像 PC 等一些新材料产品的在建和拟建规模更是惊人。

三是化工板块忧虑更甚。化工产品的价格波动较大，进入11月份价格下行更加明显，化工板块主营收入减少的情况下，规模以上企业数和效益变化更大，规模以上企业数减少1381家，利润总额比上年度减少1044亿元，利润增速由上年度的40.2%下降到16.3%，利润总额占全行业的比例由上年度的71.5%下降到60%。

（3）**稳中有变，变中有优**。2018年石化全行业高质量发展发生了许多变化，有一些忧虑，也有产业结构优化、新旧动能转换、绿色发展水平、运行质量改善等许多积极的变化。

一是结构性矛盾逐步缓解。2018年是贯彻落实国务院《促进石化产业调结构促转型增效益指导意见》的第三年，石化联合会研究发布《贯彻国务院指导意见实施方案》以后，石化全行业紧紧围绕供给侧结构性改革的主线，把解决结构性矛盾作为重中之重的工作，尤其是产能严重过剩的传统行业和大宗基础化学品行业，坚持改善供给与扩大需求相结合、立足当前与着眼长远相结合、调整存量与做强增量相结合，通过发展规划、理念引领，严格执行产业政策，加快落后产能退出，严控过剩产品新增产能，推动产业结构、产品结构、组织结构、布局结构不断优化，装置规模和集中度、产能利用率都得到逐步改善。例如炼油装置，三年共淘汰121套、合计产能9175万吨，化肥（合成氨净减少205万吨、氮肥465万吨、磷肥20万吨）、尿素净减少实物量1133万吨，农药原药净减少折纯量12万吨，硫酸净减少200万吨，电石净减少400万吨，有些产品也有增加，如纯碱净增102万吨、烧碱净增314万吨、聚氯乙烯净增78万吨，总体看生产技术水平进一步提升、物耗能耗继续降低，装置规模和集中度都明显改善。

二是新旧动能接续转换。创新驱动是行业发展的第一动力，是石化产业高质量发展的关键要素。根据"十三五"石化行业科技发展指南和工信部《产业关键共性技术发展指南（2018年）》的部署和要求，按照《2018年度联合会科技指导计划》，强化国家重点研发计划项目的组织推荐与实施，确保国家科技攻关任务的完成，新认定了7个行业创新平台、20家技术创新示范企业，评选了234名石化行业优秀科技工作者，隆重表彰了

241 项优秀科技成果获技术发明奖和科技进步奖；自主创新方面专利奖申报数量创历史新高，并有 9 项专利获金奖、45 项专利获优秀奖；通过"校企交流对接会""专家下基层、成果进企业"以及"专利导航工程"等工作，石化行业关键技术、共性技术和核心技术与重大装备的创新能力和水平不断提高，石化产业高质量发展的新旧动能正在接续转换。

三是绿色发展日趋改善。实施绿色发展战略是推动行业高质量发展、解决生态环境问题的根本之策。2018 年石化全行业贯彻落实发改委和工信部《关于促进石化产业绿色发展指导意见》，深入推进《石化行业绿色发展行动计划》及其"六大专项行动方案"，专门研究制定了《2018 年推进绿色发展总体实施方案》，加快构建绿色制造体系，强化行业安全管理水平的提升，着力解决行业突出的环境问题，不断推进绿色标准化体系建设。完成《石油炼制行业绿色工厂评价导则》等 3 项绿色工厂评价标准、6 项团体标准，立项 50 项绿色工厂评价导则、绿色产品评价规范标准；培育绿色发展典型示范，认定绿色工厂 44 家、绿色产品 133 种、绿色园区 3 家，认定行业环境保护中心 9 家。继续开展行业能效领跑者活动，在已有的乙烯、合成氨基础上新增炼油、甲醇行业，覆盖炼油和化工行业超过 60% 产值产品。首次发布了责任关怀年度报告暨三年行动计划，全行业绿色发展的水平不断提高，石化行业责任关怀的国际影响力不断增强。

四是国际合作不断拓展。随着国家改革开放的大门越开越大，石化行业国际交流与合作的广度和深度也在不断拓展。2018 年，我们正式成为国际化工协会联合会的会员，积极开展与 ICCA、WPC、IFA、AICM 等国际组织以及美、欧、日、韩等发达国家的行业组织和跨国企业的合作、交流与对话，通过 ICCA 理事会、技术年会以及共同举办国际石化大会、循环经济论坛等形式，就全球共同关注的责任关怀、可持续发展、气候变化等议题，探索和交流并推进深入的合作，每年一度的中日化工产业大会取得圆满成功。围绕"一带一路"倡议，重点选取伊朗、巴基斯坦、加拿大、阿曼、匈牙利等 20 个国家，编写了石化行业国际产能合作研究报告，并与沙特、阿联酋、波兰、法国、德国、瑞士、俄罗斯等 20 个国家签订了双边战略合作协议；积极推动我国石化企业在境外投资、工程承包、技术合作、装备出口以及沟通交流、项目对接等国际合作的深化。

五是园区管理更加规范。石化园区在产业集聚、产业链协同、资源节约和绿色发展等方面发挥着越来越重要的作用。在统计的601家石化园区中省级以上园区376家，但是从产出规模看超千亿元的石化园区只有13家，而100亿元以下的园区有404家；现有园区"数量多，分布广，产业协同效应不够"等问题突出。2018年石化园区在发展与管理方面，坚持"科学规划，合理布局，产业协同，管理规范"的原则，突出规划引领，上海、南京、宁波、大亚湾、大榭岛、扬州以及长兴岛（西中岛）、湛江、连云港、东营港、古雷、宁东等一批园区在规划先行方面走在了前列；重点抓智慧园区和绿色园区试点以及新型工业化示范基地、循环化发展示范，又有17家园区列为智慧园区试点示范（创建）单位、3家园区被工信部评为绿色园区；受工信部委托、依托石化园区成立的新型工业化示范基地联盟正在有序推进；"中国石化园区30强""石化园区潜力10强"的品牌效应及其标杆和引领效应都不断增强，石化园区在产业发展中的地位和作用越来越突出。

六是骨干企业更加突出。年底召开的六大企业集团经济运行分析会上，了解到中石油、中石化、中海油、中化集团等六大集团，2018年主要产品产销和经济运行情况良好，原油和天然气产量几乎都占100%，原油加工量约占80%，主营收入占全行业约60%，利润总额占全行业约40%，近几年大型骨干企业集团通过打造具有全球竞争力的世界一流企业、不断推进供给侧结构性改革，其主导产业愈加突出，核心竞争力不断增强，在行业发展中的"稳定器"和"压舱石"作用愈益明显；烟台万华、浙江新和成、鲁西集团、华鲁恒升、金正大、华峰、福华、确成等一批创新能力强的企业，行业引领作用和主导产品的全球竞争力愈益增强；荣盛、恒力、盛虹等一批市场竞争力强劲的企业，正带着全新的机制和多年市场打拼积累的丰富经验，阔步挺进石化领域，并将为中国石化产业的规模效应、产业链延伸以及整体竞争力提升作出重要的贡献。

2018年，面对复杂严峻的国际环境和不确定性因素明显增多的不利局面，石化全行业贯彻习近平新时代中国特色社会主义思想和党的十九大精神，攻坚克难，砥砺奋进，经过广大石化企业、企业家和科技工作者、全体石化人的共同奋斗，全行业经济运行在不平凡的一年，取得了不平凡的业绩，成绩来之不易！受李寿生会长委托，我代表石化联合会向石化战线的广大干部职工致以崇高的敬意！向关心支持石化行业高质量发展的各有关部委、社会各界朋友表示衷心的感谢！

新的一年石化产业高质量发展挑战与机遇并存

2019 年是新中国成立 70 周年，是全面建成小康社会、实现第一个百年奋斗目标的关键之年。2019 年，不论是国家层面，还是石化行业都将经历很多大事，也会遇到不少难事，对石化行业来说应当是挑战与机遇并存的一年。

（1）三个挑战。从 2018 年石化行业经济运行的情况看，新的一年石化行业还将面临不少挑战。

一是安全生产。因为化工产品种类多、工艺复杂以及生产过程中高温高压、易燃易爆的特点，石化企业和生产过程的安全还面临着很严峻的挑战。广大石化企业按照《石化产业安全管理提升专项行动计划》的要求和部署，高度重视安全管理，不断增强员工安全生产的理念，不断强化安全培训和安全文化培育，在本质安全上取得了明显的进展。但是安全形势的严峻性不容忽视，据统计，2018 年上半年总体安全状况良好，可是下半年事故频发，全年涉及化工的安全事故有 60 多起，伤亡约 300 人，其中较大和重大事故 16 起，造成 103 死、63 伤，其中泉州碳九泄漏、张家口盛华"11·28"爆炸事故，社会负面影响大、伤亡惨重，引起社会的高度关注。

二是环保从严。随着"蓝天保卫战"和"防止污染攻坚战"的持续发力，一批环保新政策和新标准公布实施，石化企业的运营成本不断增加，又加上一些地区或部门在监督执纪过程中不论企业是否达标简单地"一刀切"，还有的地区在贯彻政策和标准时层层加码，也有的地区或部门片面地强调环境保护、不能辩证地把握环境保护与经济发展的关系，将环境保护与经济发展对立起来，这些都对石化企业的正常生产经营造成了影响。中央经济工作会特别强调"要坚守阵地、巩固成果，不能放宽放松，更不能走回头路"，环保新政只能越来越严格、越来越规范，这必然对一些石化企业带来挑战。

三是对外依存度。我国是世界第二石化大国、第一化工大国，而我国的资源禀赋却是缺油少气，原油和天然气大量依赖进口，2018 年我国连续第二年成为全球最大原油进口国，进口量 4.62 亿吨，同比增加 10.1%，对外依存度 70.8%，均创历史新高；天然气进口量 1257 亿立方米，同比 31.9%，对外依存度 43.2%；如此高的对外依存度是我国石化产业高质量发展过程中面临的严峻挑战。

（2）三个不确定性。由于受强权国家的影响，2018 年可以说是最为变化无常、捉摸不定的一年，过去的一年世界经历了太多的争吵、动荡和对峙。2019 年又会如何呢？美国民主党控制众议院以后其政策会不会有变化？美俄、美伊关系会不会缓和？朝鲜半岛和平之旅会走到怎样的深度？英国脱欧将带来怎样的冲击和影响？当新年钟声敲响的时候，全球最为忧虑 2019 年的世界将更不稳定、更不确定；石化行业也面临许多不确定性：

一是中美经贸摩擦。中美经贸摩擦表面上看是经贸问题，实际上是美国对我国的全方位打压和遏制，2018 年 3 月下旬签署总统备忘录以来，中美贸易摩擦进入了全面升级版，自 7 月 6 日随着第一轮、第二轮清单的落地，涉及我国输美产品 2500 亿美元，我国反制美国产品 1100 亿美元，已历时大半年时间，对石化产业的直接影响不大，大半年的情况看显现也不明显，但是间接影响和中远期影响不容忽视。自中美元首阿根廷达成共识以来，离"90 天"的时限越来越近，初步结果还比较乐观，但是谈判的任务相当艰巨，又加上美国政府善变和出尔反尔的惯常做法，如果缺少诚意、继续漫天要价，不排除还会出现新的波折，我们应当充分认识中美经贸摩擦的长期性、艰巨性与复杂性，应当做好打持久战的思想准备和工作准备。就是最终达成了协议，美国遏制中国崛起的图谋也不会完全解除，中美经贸摩擦的走向不仅直接影响中美两大经济体，而且已成为全球经济增长最为关切的不确定因素。

二是全球下行压力。自 2018 年 11 月份以来，全球经济面临的下行压力持续加大。据世界银行最新预测，美国今年的增速 2.5%，低于 2018 年的 2.9%；欧元区 1.6%，低于 2018 年的 1.9%，更低于 2017 年的 2.4%；日本增速约 0.9%；英国脱欧在议会表决中未获通过，若"无协议脱欧"将会产生更加严重的影响，新兴经济体因受美国持续加息的影响，货币贬值、通胀加剧、经济滑坡。尤其是受保护主义和单边主义影响，国际货币基金组织警告称"全面贸易战使全球经济增长放缓"，经合组织的报告称"美中贸易战将严重影响全球经济增长"。国际货币基金组织将今年全球经济增长预期从原来的 3.9% 下调为 3.7%，世界银行更加悲观，下调为 2.9%；世贸组织将今年全球贸易的增长预期由原来的 4.0% 下调为 3.7%；世界银行的最新预测放缓至 3.6%，低于 2018 年的 3.8%，更低于 2017 年的 5.4%。从美国有关机构做的调查看，很多人都认为美国经济正处在周期上行的顶部，已现拐点的苗头，甚至有些人认为美国不排除今明两年内发生经济衰退的可能，超过半数的人认为明年全球经济将转入衰退。由此可见，发展的环境越来越复杂，不确定性和下行风险越来越多。

三是国际原油价格。进入 2018 年国际原油价格基本取上行走势，可是四季度开始就一直在挑战人们敏感的神经，11 月份更是出现断崖式下跌，布伦特油价 11 月 23 日的低点，比 10 月 3 日的高点跌去了 31%；布伦特全年均价 71 美元/桶，11 月份 WTI 和布伦特油价都创出 10 年来最大月度跌幅。今年伊始布伦特油价基本在 58 美元/桶上下波动，影响国际原油价格的主要因素是供求关系，但国际政治因素、大国博弈、局部动荡都会对原油价格产生影响，OPEC 达成减产协议至上半年，我们希望 2019 年国际原油价格取前低后高走势，布伦特原油全年均价在 65～70 美元/桶，与 2018 年基本持平。但是，美国单方面针对伊朗核协议的豁免期将过、卡塔尔宣布将退出 OPEC 组织、伊朗几次声称要封锁霍尔木兹海峡，这些都致使国际原油价格的不确定性有增无减。

（3）新的机遇。 习近平总书记在中央经济工作会议上分析了国际形势和国内环境变化后指出：我国发展仍处于重要战略机遇期，从长期看我国经济发展的基本面是好的，支撑高质量发展的条件不会改变。我们要深刻认识战略机遇期的新内涵，保持战略定力和变危为机的信心，牢牢把握我国经济发展新阶段的新特征，全力推进石化行业的高质量发展。

一是中国经济长期向好的基本面不会变。中央经济工作会议指出，中国经济发展在世界面临百年未有之大变局面前，带给我们的战略机遇具有新的内涵，概括起来主要是：加快经济结构优化升级带来的新机遇，提升科技创新能力带来的新机遇，深化改革开放带来的新机遇，加快绿色发展带来的新机遇，参与全球经济治理体系变革带来的新机遇，同时明确经济增长在6%～6.5%的合理区间，单位生产总值能耗降低3%左右，这"五个新机遇"同样是石化行业高质量发展的新机遇、新内涵和新要求。

二是宏观政策将带给石化产业新的发展机遇。中央经济工作会议确立的政策取向是，坚持深化市场化改革，着力激发微观主体的活力，继续实施积极的财政政策和稳健的货币政策，尤其是将推动制造业高质量发展列为"七项重点任务"之首，将更大规模地减税降费、降低企业负担，相信积极的财政政策和偏宽松的货币政策都会以实体经济和中小企业为重点，以定向积极和定向宽松为目标，特别是民营企业座谈会以后，很多政策效果会在2019年显现，民营经济的活力和发展潜力将集中释放，这些必将为石化产业的高质量发展注入新的活力。

三是石化产业结构优化升级的潜力巨大。石化产业"低端产能过剩，高端供给不足"的结构性矛盾尚未根本扭转，高端聚烯烃、专用树脂、特种工程塑料、高端膜材料等化工新材料，功能材料、医用化工材料、高端电子化学品等专用化学品以及一些石化过程用的催化剂、特种助剂（添加剂）等特种化学品，国内市场长期处于供给不足的状态，有的甚至严重依赖进口，这些都是石化产业转型升级和结构性优化的现实市场需求，也是石化产业未来高质量发展的机遇所在。党中央国务院对石化产业的高质量发展十分重视，习近平总书记近几年相继视察了青海盐湖、宁夏煤制油、大庆石化、湖北兴发、烟台万华、辽阳石化等，李克强总理在国务院常务会议上特别强调：石化产业是国民经济的重要支柱产业，针对目前高端石化产业发展滞后、部分产品过多依赖进口等突出问题，要加强统筹规划、科学论证、合理布局，推动石化产业加快转型升级、增强国内保障能力。巴斯夫、埃克森美孚等一流跨国公司持续加大在中国的投资力度，就更加说明中国石化市场将主导全球石化市场半壁江山的重要性和未来发展机遇。

石化产业高质量发展稳中求进创新跨越

2019年是新中国成立70周年，是全面建成小康社会关键之年，石化产业作为国民经济的基础配套产业和重要支柱产业，不仅关系国计民生，更关系到制造强国目标的实现，抓住主要矛盾，突出重点工作，扎实推进石化产业的高质量发展至关重要。因此，我们研究提出2019年石化全行业高质量发展总的思路和要求：指导思想是习近平新时代中国特色社会主义思想，根本要求是石化产业的高质量发展，工作主线是继续深化供给侧结构性改革，工作重点是全面贯彻落实党的十九大和中央经济工作会议精神，坚持稳中求进的总基调，坚持"五大新发展理念"，继续加大创新驱动和绿色发展"两大发展战略"，持续提升经济运行的质量和效益，不断拓展国际交流与合作的广度和深度，加大现代石化产业集群的培育力度，为形成一批具有国际竞争力的世界一流石化企业和大型石化基地奠定坚实的基础，为实现石化行业"十三五"奋斗目标和由大到强的跨越创造新的业绩。

（1）2019年石化行业高质量发展须"稳字当头"。在国际国内经济形势更加严峻、经济下行压力不断加大的情况下，保持经济的稳定增长、实现全年稳中求进的总目标具有特别重要的意义。石化全行业一定要深刻认识稳是主基调、稳就是大局的战略思维，把稳增长摆在全年工作更加突出的位置，结合石化行业和各石化企业的实际情况，把中央经济工作会议

"六个稳"的要求落到实处,在去年11月份下行压力日趋明显的背景下,又到了信心比黄金贵的时刻,新年伊始稳预期应当更为重要,只要稳住了预期、扭转了悲观氛围,市场就会呈现上行态势、步入良性循环,石化全行业和各企业确定全年任务目标、强化管理、风险防控等各项措施,都要紧紧围绕稳增长展开。实现全年稳增长的关键是开好局起好步,全行业和各企业都要突出重点、周密安排,确保实现一季度开门红,为全年实现稳增长力争高开稳走、奠定坚实的基础。

(2)2019年石化产业高质量发展须以"八字方针"为统领。这次中央经济工作会议提出了"巩固、增强、提升、畅通"的八字方针,在新中国经济工作的历史上,这是党中央第三次提出"八字方针",前两次分别是在1960年和1979年,深刻分析新中国的历史和经济发展史,每当中国经济发展的关键时刻,党中央都会及时明确新的方针,由于历史的背景不同、面临的突出矛盾不同,这次新的八字方针主要是为深化供给侧结构性改革、推动高质量发展确立的总要求。新的一年及近一个时期,石化全行业和各企业在推进高质量发展的过程中必须以此为统领,"巩固"去产能和近两年结构优化、运行质量不断改善的成果,"增强"微观主体的活力和新旧动能转换及企业家的积极性、创造性,"提升"石化产业集群化发展程度和行业创新能力、绿色发展、国际合作水平,"畅通"经济循环、产业政策的落地实施和企业的合理诉求以及石化与社会的互动,推动石化产业的高质量发展。

(3)2019年石化产业高质量发展须突出重点。新的一年,石化产业高质量发展任务重、挑战多、要求高,我们一定要聚焦主要矛盾,突出重点任务。

一是更加突出安全生产。近一段时期,石化行业的安全形势十分严峻,特别是去年下半年的几起重大或较大事故,给人民群众生命财产安全造成重大损失,给行业生产运营及社会形象都造成极大影响。新的一年全行业和各企业都要把安全生产放在首位,牢固树立安全理念和安全第一的思想,以防范和遏制重特大事故为重点,严守安全底线,强化过程控制、安全风险管控和应急管理与处置能力,结合正在开展的"石油和化工行业安全环保提升专项行动",规范现场管理,进一步提升全行业的本质安全水平,落实主体责任,并建立健全长效机制,坚决杜绝重特大事故的发生,确保石化行业生产、生活和职工的安全。

二是更加突出创新驱动。加大创新驱动战略实施力度,加强创新体系建设,全面提升石化行业的创新能力和效率。新的一年,一定要密切跟踪国际科技领域的新进展和产业发展的新变化,以"引领行业科研方向、支撑行业经济发展、提升行业创新能力"为目标,加强以企业为主体的创新体系建设,集中力量攻克一批"卡脖子"技术、补短板技术、颠覆性技术,建设一批高质量、高水平的行业公共创新平台,强化创新人才和创新团队的培育和成长,打造科技奖励的"精品工程"、进一步巩固和提升石化科技奖励的权威性、代表性和影响力,进一步加大重点单位、重大技术、关键装备的对接与交流和技术咨询与转移,通过产业技术创新联盟、开放式创新平台等建设,引领和推动石化产业高质量发展实现新的突破。同时,面向新能源、高端制造和国家重点工程,突出化工新材料和特种化学品,加大石化领域战略新兴产业的培育力度。

三是更加突出绿色发展。生态环境是人类生存和发展的根基,保护生态环境关系亿万人民的福祉,关系中华民族的永续发展。绿色发展已成为新时代中国特色社会主义经济发展的重要内涵,在全球石化产业结构深度调整的大背景下,绿色发展已成为科技革命和产业结构优化升级的主要方向,是推进供给侧结构性改革和高质量发展的重要手段。新的一年按照《促进石化产业绿色发展指导意见》和《石化行业绿色发展行动计划》的部署和要求,认真研究制定《2019年石化行业推进绿色发展的总体实施方案》,继续深化绿色制造体系建设,加大培育绿色发展典型示范的力度,积极推进绿色工厂、绿色产品、绿色园区的评审与标准体系建设,贯彻《石化绿色工艺名录》,加快实施清洁生产改造,引导行业和企业积极采用先进绿色的工艺技术,改造现有传统生产装置和工艺,实现绿色发展的源头控制和过程化,并加快行业重点关注的废盐、废酸、VOCs治理等重点难点和突出环境问题的解决。

四是更加突出质量效益。高质量发展就要求我们质量第一、效益优先,近两年石化全行业经济运行的效益水平持续改善，2017 年的主营收入利润率 6.14% 是 4 年来新高，2018 年再次提升到 6.77%，是近 7 年来新高，但是与美、欧、日等发达国家和地区的石化行业相比还有较大的差距，尤其是石化企业与跨国公司相比差距更大。以企业为主体树立过紧日子的思想，全力降本增效，强化内部管理，苦练内功、深入挖潜，严控"两金"占用，大力压缩非生产性支出，持续拓展增效空间。全行业和各企业还要进一步加快转型升级，大力实施新一轮重大技术改造升级工程，积极采用新技术、新工艺、新设备，大力提升现有生产技术和装备水平，推动生产过程和产品品质提升，推动现有生产过程的物耗能耗降低，通过技术进步加快提质增效。行业和企业战略管理要强化对形势的研判预判，通过《油气景气指数》和期货市场，密切关注大宗商品价格变化，通过化工大数据平台和《化工景气指数》，密切关注重要经济指标的走势变化，并强化对国家宏观政策的前期研究及其影响分析，以前瞻性和精准性做好对经济运行趋势的研判和预判，及时制定科学的对策和经营策略，应对不确定因素对经济运行的影响，防止经济运行过程中发生剧烈波动。

五是更加突出国际合作。近两年受强权国家的影响，单边主义、保护主义抬头，全球经济一体化深入推进的过程中出现了一些逆流，但是经济全球化的趋势不会逆转。我国将进一步拓展开放的领域、优化开放的布局、创新开放的体制。石化行业在新的一年将不断拓展国际化视野，统筹国际合作资源，围绕"一带一路"倡议强化国际产能合作的政策研究、产业布局研究，以及中美经贸摩擦对石化产业的影响研究，充分发挥石化行业国际产能合作企业联盟和外资工作委员会的平台作用，为国内企业走出去和跨国公司走进来提供法规、政策和专业服务。与 ICCA、WPC、IFA、联合国环境规划署等国际组织以及 AICM、美、欧、日、韩的行业组织深入合作，办好中国国际石化大会、亚洲炼油和石化科技大会，积极参加 ICCA 理事会、世界塑料大会、全球石化大会、国际能源论坛等，就全球共同关注的化学品监管、应对气候变化、责任关怀、可持续发展、全球塑料垃圾治理等议题，进行深入的研讨和合作，共同推进全球石化领域治理体系的变革，不断提升我国石化行业高质量发展的水平和国际影响力。

六是更加突出国际一流。要实现石化强国的目标，必须首先培育一批具有全球竞争力的世界一流企业和石化基地。各石化企业尤其是骨干企业，以建设世界一流企业为目标，选取具有全球竞争力的跨国公司、强化与世界一流企业对标，突出自己的主业和优势，在做强核心竞争力上狠下功夫，在制定发展战略、构建指标体系等方面，努力向世界一流企业特别是竞争对手学习，全面提升企业的现代化管理水平和核心竞争能力，特别是大力提升企业的国际化经营和管理能力，向着具有全球竞争力的世界一流企业迈进，力争经过15年左右的努力，形成5家左右具有全球竞争力的世界一流公司、10家创新能力强具有全球竞争力的单项冠军企业。现有石化园区特别是已具备世界级规模和产业链协同水平的大型石化基地，要根据国务院新修订的《石化产业规划布局方案》的部署，以世界一流大型石化基地为目标，按照"科学规划，合理布局，产业协同，管理规范"的要求，以智慧园区和绿色园区为重要抓手，继续深入推进新兴工业化产业示范基地和循环化改造示范基地试点，积极争取世界级化工园区与世界级化工产业集群的试点示范，推动产业集聚高效发展，加快向世界一流石化产业基地的目标迈进。力争通过15年左右的努力，形成10个超千亿的世界一流水平的石化产业基地、10个具有全球竞争力的专业化工园区，培育20个绿色石化园区、20个智慧化工园区，为石化产业迈向全球价值链高端奠定坚实的集群基础。

极具挑战性的2018年，我们处变不惊、沉着应对，实现了年初确立的预期目标。2019年，面对不确定性因素增多、下行风险加大的压力，只要我们辩证地看待国际环境、准确地把握历史方位，瞄准中华民族伟大复兴和建设石化强国的目标不放松、不摇摆，成绩面前不自满、困难面前不气馁，在创新驱动、冷静思考、务实进取中做好我们自己的事情，石化产业高质量发展就会不断取得新跨越！石化强国的目标就一定会实现，也一定能够实现！

形势严峻压力加大　沉着冷静长期应对[*]

全球与中国经济刚刚走过了上半年，今年上半年世界经济面临的风险和不确定性明显上升，单边主义和保护主义带来的严重危害令人担忧。鉴于今年经济环境的复杂性、上半年经济运行中的诸多挑战以及下半年经济环境的预判，我报告的题目是"形势严峻压力加大，沉着冷静长期应对"。

上半年石化行业运行的基本情况

全球经济下行的压力去年11月份已开始显现，今年初我们在研究全年石化行业经济运行工作的目标、思路和措施时，已经预感到今年的经济环境与往年相比将更加复杂，不确定性因素将更多。因此，我们在深入学习和深刻领会中央经济工作会议精神的基础上，明确了今年石化全行业运行的总体思路，并提出须以"稳字当头"和"八字方针"为统领，经过上半年全行业的共同努力，总体看，虽然面临下行压力加大、市场震荡加剧，但全行业实现营业收入6.1万亿元，同比增长2.2%；利润总额3596亿元，下降18.3%；进出口总额3587亿美元，增长1%。具体的情况是：

1. 油气板块

上半年石油和天然气开采业营业收入5300亿元，同比增长9.3%；利润1046.6亿元，同比增长19.6%；原油产量9539万吨，同比增长0.8%，

---

[*] 这是2019年7月31日，傅向升同志在烟台召开的2019年上半年石化行业经济形势分析会上的报告。

这是两年连续下降以来实现的正增长；天然气产量864.1亿立方米，同比增长10.3%。

2. 炼油板块

上半年炼油业营业收入1.91万亿元，同比增长2.2%；利润412.8亿元，同比下降62.4%；原油加工量3.17亿吨，同比增长5.8%；成品油产量1.76亿吨，同比下降1.8%，其中汽油产量7036万吨，同比增长2.9%，煤油产量2510万吨，同比增长7.0%，柴油产量8080.6万吨，同比下降7.8%。

3. 化工板块

上半年化学工业营业收入3.5万亿元，同比增长0.8%；利润2085.4亿元，同比下降13.1%。其中，营业收入保持增长的农药、合成材料、化学矿采选、涂（颜）料和专用化学品，分别增长8%、3.8%、0.3%、0.8%和0.4%，而基础化学品下降0.7%，橡胶制品下降0.3%、肥料下降1.5%。利润保持增长的农药、涂（颜）料制造和橡胶制品，增速分别为17.6%、1.2%和6%。基础化学品利润降幅最大，为26.9%；合成材料和专用化学品分别下降11.8%和6.7%，肥料和化学矿采选降幅分别为13.3%和3.4%。

4. 主要产品生产情况

上半年全国原油天然气总产量1.73亿吨（油当量），同比增长4.8%；主要化学品总产量同比增长约3.9%。合成氨产量2427.8万吨，同比增长1.9%；化肥总产量（折纯）2964.7万吨，同比增长2.9%，其中氮肥折百1880.5万吨，同比增长4.9%（尿素折百1271.5万吨，同比增长5.9%），磷肥折百710.9万吨，同比下降5%，钾肥折百352.7万吨，同比增长11.4%；硫酸产量4226.3万吨，同比增长3.6%；烧碱折百产量1744.8万吨，同比增长0.2%；乙烯产量1014.8万吨，同比增长9.8%；精甲醇产量2439.2万吨，同比增长2.8%；涂料产量964.5万吨，同比增长4.8%；聚乙烯树脂产量756.1万吨，同比增长10.7%；聚丙烯产量1107万吨，同比增长9.2%；聚氯乙烯产量1003.6万吨，同比增长4.9%；合成橡胶产量290.4万吨，同比增长4.3%；合成纤维单体产量2616.2

万吨,同比增长4.5%;轮胎外胎产量4亿条,同比下降1.0%,其中子午胎外胎2.98亿条,同比增长1.9%。

5. 主要产品消费情况

上半年原油天然气表观消费总量4.75亿吨(油当量),同比增长8.0%;主要化学品表观消费总量增幅4.0%。其中,原油表观消费量3.4亿吨,同比增长6.8%;天然气表观消费量1503.3亿立方米,同比增长11%;成品油表观消费量1.52亿吨,同比下降3.5%,其中柴油6952万吨,同比下降10.5%,汽油6372.8万吨,同比增长4.5%,煤油1850.7万吨,同比下降0.2%。

6. 进出口贸易情况

上半年进出口总额3587亿美元,同比增长1%,其中进口额2465亿美元,同比增长1.3%;出口额1122亿美元,同比增长0.5%,进出口总额、进口额和出口额都是正增长,但是5月份进出口总额出现两年来首次下降,当月下降4.4%、去年同期是增长34.6%,其中出口下降5.6%、进口下降3.9%,6月份进出口继续同比下降,总额当月下降3.9%,其中出口额下降1.9%、进口额下降4.9%。5月份进出口变化较大的产品有:橡胶制品出口量和出口额同增长,分别为8.7%和8.3%,化肥也是同比增长,分别为32.5%和24.2%,成品油出现同比下降,分别为26.7%和9.3%。6月份橡胶制品出口量和出口额继续保持增长,分别为增长8.9%和2.6%,化肥出口量和出口额同比下降,分别为下降20.9%和26.2%,成品油出口增速回升,出口量和出口额同比分别增长13.2%和2%。

上半年石化运行中的问题及下半年的主要挑战

上半年运行最突出的问题是效益下降。全行业上半年利润总额同比下降18.3%,最严峻的是炼油板块下降62.4%、化工下降13.1%,油气增长 19.6%。冷静下来分析也有欣慰之处：一是效益降幅在收窄。2 月底同比下降 37.4%、3 月底 21.9%（收窄 15.5 个百分点）、6 月底 18.3%。二是上半年企业状况趋稳。2017 年底全行业规模以上企业 29307 家，比 2016 年底减少 317 家，2018 年底规模以上企业 27813 家，比上年底又减少 1494 家，到今年 2 月底 25929 家（其中化工 23063 家）、再减少 1884 家（其中化工减少 1758 家），但是到 3 月底 25930 家（化工 23063 家）、4 月底 25957 家（化工 23088 家）、5 月底 25982 家（化工 23103 家）、6 月底 26012 家（化工 23126 家）。三是全行业亏损面和亏损额的增幅都在收窄。一季度亏损面为 25.5%，上半年收窄至 21.7%；一季度亏损额的同比增幅为 13.7%，上半年收窄至 6.4%。

走过了上半年，当展望下半年时，我们预感到今年下半年面临的挑战还很艰巨：

1. 下行压力步步加大

国际经济环境受保护主义和单边主义影响，国际货币基金组织警告称"全面贸易战使全球经济增长放缓"，经合组织的报告称"美中贸易战将严重影响全球经济增长"。7 月 23 日，国际货币基金组织发布最新《世界经济展望报告》，再次下调今明年全球经济增长的预期分别为 3.2% 和 3.5%，均比 4 月份的预测下调了 0.1 个百分点、比年初的预期下调了 0.3 个百分点。主要是因为中美贸易摩擦、美国技术制裁对全球供应链的冲击、英国脱欧等不确定性因素，地缘政治紧张导致能源价格不确定性上升等。

石化行业上半年是化工产品价格涨少跌多、总体呈现跌势。6 月份在监测的 39 种主要无机化工产品中，市场均价同比上涨有 19 种，比上月减少 2 种，环比上涨有 20 种，减少 3 种；在监测的 84 种主要有机化学原料中，同比下跌有 62 种，同比上涨有 22 种，环比下跌 54 种，环比上涨 30 种；合成材料市场也是总体震荡下行。巴斯夫、科思创等跨国公司也都下调了上半年的经济指标。

2. 不确定性因素有增无减

自金融危机以来，似乎每年研究经济工作都会谈到不确定性因素增多，似乎过了不确定性因素增多的一年,经济就会步入确定性因素掌控的环境下运行,可每年走过来不确定因素都比上年多。2019年来临之际,虽然预测全球经济环境将是更加复杂多变、不确定性因素增多的一年,但是人们还是在希望与期待中迎接2019年钟声的,因为中美两国都在按照阿根廷达成的共识,积极协商沟通,都在向着签署协议的目标努力,双方不时传递的信息一切顺利。就在人们满怀希望签署协议的时刻,美国政府再次出尔反尔,就在中方代表团前往华盛顿磋商的前夜,单方面宣布对中国2500亿美元输美产品的关税由10%升高到25%,全世界再次对美国政府的反复无常大跌眼镜;同时,美国继去年单方面退出伊朗核协议以后,今年4月份又宣布自5月2日起全面封锁伊朗石油和货物出口,致使霍尔木兹海峡的紧张关系升级;欧盟内英国主张"硬脱欧"的约翰逊刚刚被选为新首相,一系列新的挑战也刚刚开始,法国"黄背心运动"还在持续发酵、德国难民政策造成的分裂等,以及"金特会"河内不欢而散、美俄关系、美委对抗等,都使得2019年的不确定性因素有增无减。

3. 油价波动影响因素增多

去年布伦特原油均价71美元/桶,年初我们预测今年的布伦特原油均价与上年度持平,可是5月份以来油价出现下跌,布伦特原油均价曾一度跌破60美元/桶,创5个月来新低,6月份布伦特现货价格只有63.37美元/桶,同比下跌15.3%。从当前的情况看,OPEC组织已经将减产协议再次延长到明年一季度末,俄罗斯等非OPEC国家也支持减产协议,由此可见原油价格不会大幅度下跌,但是原油价格受供求关系的影响越来越不明显,而受政治因素、地区动荡以及金融炒家影响却越来越明显,特朗普凌晨的一个推特就可以反映在第二天开市的股市或原油期货上,当前的美伊关系、霍尔木兹海峡互扣油轮以及美俄关系、委内瑞拉的动荡等,都对原油价格的波动增添了不确定性。

4. 对外依存度持续攀升

我国去年是连续第二年石油进口世界第一大国、第一年超过日本成为天然气世界第一进口大国,去年全年石油进口4.62亿吨,对外依存度高达70.8%,天然气进口1257亿立方米,对外依存度达到43.2%。今年上半年原油加工量3.17亿吨，同比增长5.8%，原油的表观消费量3.4亿吨，同比增长6.8%，其中原油进口2.45亿吨，同比增长8.8%，对外依存度再次提升到71.9%；天然气的表观消费量1503.3亿立方米，增幅11%，其中进口653.9亿立方米，同比增长11.7%，对外依存度42.5%。另一方面，我国化工新材料、专用化学品、高端膜材料、特种纤维材料等对外依存度也很高，例如聚乙烯51.4%、聚碳酸酯64%、聚甲醛53.7%，PX和乙二醇都接近59%，氯碱用离子膜、医用膜材料、高端纤维材料等对外依存度更高。

5. **安全环保挑战严峻**

一是安全形势不容乐观，去年以来化工企业重特大事故较多，尤其是"11·28"张家口、"3·21"响水两起爆炸事故，生命和财产损失严重、社会影响恶劣，不仅教训惨痛，而且对石化产业造成的负面影响极其深远；10天前又发生了"7·19"义马爆炸事故，死15人重伤16人，也是损失惨重。二是第二轮环保督察已经展开，每到一处石化企业和石化园区都是督察的重点，虽然国务院和相关部门三令五申纠正简单粗暴"一刀切"，李克强总理今年两会报告特别强调给予企业合理过渡期，让企业积极整改达标，但在实际过程中贯彻"边督察边整改"的要求，发现问题首先就是停车整改，因为对石化装置来说有的问题不可能一边生产一边整改，如此一来对安全环保历史欠账较多、隐患较多的企业造成一定影响是不可避免的。关键是有些企业停产给产业链造成沉重打击，自去年以来很多农药、染料、医药等企业都出现了上游原材料缺货、甚至断货的情况，石化产业的健康可持续发展受到影响。甚至很多跨国公司都在深入分析在华企业供应链的挑战与应对问题，与跨国公司座谈与交流，他们都会十分关切"我们所在的化工园区是否会被关停？某某园区何时复产？"他们最担心的就是由于当地政府不能科学监管而"一刀切"，使原有的产业链供货和配套中断，严重影响企业的正常生产经营。一段时期以来很多决策部门都在担心受中美贸易战影响产业链转移问题，在与国内外企业交流过程中发现：有的国内企业因产品市场主要出口美国，受中美贸易战影响而考虑原产地向外转移问题，在华跨国公司不是受中美贸易战影响，而是担心随意关停石化园区、随意关停化工企业，给他们造成的直接损失或供应链中断，跨国公司讲"这样的风险在裕廊岛是不可能发生、也是根本不存在的！"尤其是近两年来，关停石化园区、关停化工企业的声音此起彼伏，甚至有个别地方政府错误地视关停化工企业的数量为政绩，给跨国公司带来的担忧更甚！中美贸易战的外部压力不可怕，而简单粗暴的"自我致残"式的监管导致的产业链转移才真可怕！

下半年石化行业高质量运行的重点任务

上半年，在国际国内经济形势更加严峻、经济下行压力不断加大的情况下，我们以习近平新时代中国特色社会主义思想为指导，按照石化产业高质量发展这一根本要求，继续深化供给侧结构性改革，坚持"五大新发展理念"，加大实施创新驱动和绿色发展"两大发展战略"，不断拓展国际交流与合作的广度和深度，在科技创新、转型升级以及石化园区管理与建设、现代产业集群培育等方面，又取得一批重要成果和明显的进步。下半年大环境会不会改变？从当前的国际国内情况看，不论是严峻复杂的国际环境，还是不断加大的下行压力都不会短期内结束，都要做好长期应对的准备。

1. 准确把握石化产业正迈入高质量发展新阶段这一基本判断

党的十九大指出：我国经济已由高速增长阶段转向高质量发展阶段，正处在转变发展方式、优化经济结构、转换增长动力的攻关期。在今年4月召开的"2019石化产业发展大会"上，李寿生会长在主旨报告中指出"中国石化产业正在迈入高质量发展的新阶段"，这一基本判断的提出是基于过去三年，石化全行业按照国务院《关于石化产业调结构促转型增效益的指导意见》，在淘汰落后产能、加快转型升级、推进产业结构产品结构和组织结构调整以及创新驱动、绿色发展水平等方面取得明显进步的基础上作出的；这一基本判断的提出得到了与会专家和部委领导的认可，大家认为 2019 年是中国石化产业转型发展跨入崭新阶段的重要转折，是行业高质量发展的转折年。石化全行业和广大石化企业应准确把握这一基本判断的意义、内涵和要求，深入分析我们的行业、各自的企业是不是正在迈入高质量发展的新阶段？是走在这个阶段的前列还是落在这个阶段的后面？若走在前列我们所处的行业或企业下一步高质量发展所面临的挑战、需要解决的突出问题以及高质量发展的目标是什么？若落在后面我们的差距有多大、短板在哪里、能不能实现弯道超车？通过准确地把握、深刻地领会和深入的分析，找准主要问题、提出主要矛盾，确立奋斗目标、制定发展战略，重点探索技术创新、产业结构、发展绿色化、资源配置国际化和质量效益领先等高质量发展新路径，扎实推进行业和企业向着高质量发展的目标迈进。

2. 把效益和质量置于一切工作的首位

效益是行业运行的核心指标，是高质量发展的重要体现。上半年运行中最突出的问题是效益下降，全行业亏损面 21.7%，比上年同期扩大 3 个百分点。去年石化全行业主营收入利润率创了 7 年来新高，达到 6.77%；而今年上半年营业收入利润率 5.93%，同比下降 1.48 个百分点，炼油板块营业收入利润率 2.16%，同比下降 3.7 个百分点，化工板块营业收入利润率 5.95%，同比下降 0.95 个百分点。与发达国家和跨国公司比差距更大，我认真研究了 8 天前最新发布的世界 500 强榜单，中国上榜数量 129 家，第一次数量上超过美国的 121 家，成绩是显著的，可是差距也很大，今年的 500 强企业的平均利润是 43 亿美元，而中国上榜企业是 35 亿美元；与美国相比差距更大，不包括银行企业大陆上榜公司平均利润是 19.2 亿美元，而美国是 52.8 亿美元，是我们的 2.75 倍。今年上榜的石油化工公司的净利润率情况是：沙特阿美 31.2%、萨比克 12.7%、利安德巴塞尔 12%、壳牌 5.9%、BP3.1%、埃克森美孚 7.2%、道达尔 7.4%、雪佛龙 8.9%、埃尼石油 5.4%、巴斯夫 7%、杜邦 4.47%、拜耳 4.3%、三菱化学 4.3%、LG 化学 5.2%、普利司通 8%、米其林 7.6%，中国上榜的石油石化企业净利润率最高的是台塑石化 7.8%、中海油 6.8%，其他中国上榜的石化企业净利润率都低于 1.5%，当然我们的企业比跨国公司承担的社会责任要更多；今年世界 500 强还同时发布了 50 家最赚钱的公司美国最多（22 家）、31 家亏损公司中国最多（12 家）、50 家员工最多的公司中国最多（22 家）。从专业协会座谈会了解到：今年上半年氮肥行业销售利润率约 3.9%、磷复肥行业约 3.2%、氯碱行业 3.7%、涂料行业 6.6%、农药行业 9.6%，炼油和化工板块的亏损面和亏损额都出现双扩大，所以下半年全行业和各企业一定要把运营效益和质量摆在一切工作的首位，加大挖潜和降本增效力度，降低管理成本和财务成本，提高资金运营效率，尤其是亏损企业一定要全力减亏止亏扭亏，各企业要在深入分析的基础上，采取有力措施止住内部出血点，共同提升和改善全行业的运营效益和质量。

3. 产能过剩要做长期应对的准备

有人说"市场经济就是过剩经济"，这话不无道理。纵观发达经济体可以看出，成熟的市场经济其过剩量有一个合理区间，也就是有一个"度"，若用装置开工率或产能利用率为标志则在 80%～85% 为佳，合理的产能过剩也为淘汰落后、充分发挥市场的调节作用奠定了基础、创造了条件。但是产能严重过剩，市场竞争就会加剧，产品的收益率和投资回报率都将下降；若市场经济体系不成熟或不完备，还会加剧不公平竞争甚至恶性竞争，不仅投资难以实现预期目标，而且还可能造成难以挽回的资产损失。资本主义的初级阶段，由于资本家攫取巨额剩余价值的贪婪性和无序投资，产能过剩是经常出现的，每当过剩状况进一步恶化、严重过剩到市场难以承受的程度时，往往是通过一次大危机实现再平衡。所以，产能严重过剩是经济界努力避免发生的，二战以来随着发达经济体市场体系的完备与成熟，虽然发生过因金融危机而波及的经济危机，而因产能严重过剩造成的经济大危机基本上没有重演过。

中国经济自改革开放以来取得了举世瞩目的成就，2008 年为应对全球金融危机集中投 4 万亿，加快了很多大宗工业基础产品的急剧过剩，石化产业也是一样，自 2010 年以来一直列世界第二位，化工行业一直是世界第一位，多年来纯碱、烧碱、氮肥、磷肥、电石、农药、染料、聚氯乙烯、轮胎等 20 多种化工产品的产能产量世界第一。所以，自 2016

年开始石化行业与钢铁、煤炭等行业一样,被国务院确定为重点去产能的领域之一,经过三年的工作取得明显效果。但是,石化行业"低端产品过剩,高端产品短缺"的状况尚未根本扭转,在这样的状况下,石化行业新建和扩建新装置和增扩新产能的激情始终不减。以炼油行业为例,去年底我国炼油总规模超过 8 亿吨/年,加工原油 6.04 亿吨,装置的平均产能利用率约 73%,与世界平均水平还有 10 个点的差距,与美国这两年的开工率相差更大,约 18 个点。"十三五"以来又规划建设多套大型炼化一体化装置,今年将有 2 套 2000 万吨/年投产,已经开工和拟开工的、规模 1600 万吨/年或 2000 万吨/年不等的炼化装置还不少于 5 套。烯烃、芳烃的产能也随之快速增长,大家熟悉的 PX 今年将新增产能 896 万吨/年,总产能将达到 2275 万吨/年;目前在建的项目 11 个,拟建的项目还有 6 个,合计产能 3140 万吨/年;预计 2025 年 PX 总产能将达到 4400 万吨/年,产销将处于饱和状态。

今年上半年的调研中发现,不仅仅是炼油行业,煤化工行业也是如火如荼。据石化联合会煤化工专委会统计,去年煤制油的产能利用率 64.8%,煤制气的产能利用率 59%,煤(甲醇)制烯烃的产能利用率 83.3%,煤(合成气)制乙二醇的产能利用率 55.6%。以乙二醇为例,今明两年还将新增约 20 个煤制乙二醇的项目,若再加上石油化工新投产的乙二醇项目,2019—2021 三年将再增产能 1497 万吨/年,年均增幅 46.7%,呈现出明显的过热状况;其他产品如煤制油、煤制烯烃等现代煤化工项目,也是热情高涨。7 月 19 日专业协会座谈会上了解到,硫酸的新增产能也很可观,去年新增 861 万吨/年,今年将再增 868 万吨/年,从目前掌握的情况看,2020 年还将新增 458 万吨/年、2021 年将新增 475 万吨/年,即在建和拟建的新增产能超过 2000 万吨/年;烧碱和聚氯乙烯今年上半年都分别新增 30 万吨/年,所以化解产能过剩还在路上,要做长期的应对准备。

4.中美贸易摩擦升级要有长期的思想准备

中美贸易摩擦自去年 3 月 22 日特朗普签署《总统备忘录》开始,近一年半的时间里不断升级,一时间中美贸易战占据了世界各大媒体的主要版面，中美贸易战成为全球关注的焦点，一时间中美贸易战也使全球经济复苏的势头陷入了下行通道，一边是世界银行、国际货币基金组织等接连下调全球及主要经济体的增长预期，一边是全球都在高度关注也在急切期盼着中美贸易战熄火停战。我们深入分析了中美贸易战对石化行业的影响，中国作为世界第一的原油和天然气进口国，美国作为石油和天然气出口增量最快的国家，本来在石油天然气领域有着很强的互补性；中国又是制造业大国，对石化产品有着巨大的市场需求，美国居全球石化产业链的中高端，中国居全球石化产业链的中低端，在化工新材料、高端聚烯烃、高端膜材料、电子化学品等领域有着很多合作的机会，可是中美贸易战不断升级，已经对原油天然气以及部分石化产品造成一定的影响。贸易战开打以来的一年多时间里其直接影响并不明显，但是间接影响和长期影响、甚至对全球经济的危害不容忽视，因为贸易战没有赢家，中美两大经济体和贸易大国会首当其冲受到影响，进而危及世界经济持续增长、金融稳定和市场信心。

　　对于中美贸易战，我们不希望打，希望尽快达成互利共赢、双方都能接受的协议，但是我们必须：一是要有长期思想准备。因为美国遏制中国崛起的战略部署不会短期内结束，更因为美国视中国为战略竞争对手或敌手在共和民主两党已形成空前共识，我参加了在香港举办的"中美经贸关系现状与前景国际研讨会"，几乎每一位美方参会代表都谈到，明年的大选不管特朗普是否连任，也不管哪个党派入主白宫，中美贸易战都不会马上停止。二是冷静应对，踏踏实实做好我们自己的事情。我们具体分析看到：中美两国石化产品的贸易额去年只有546亿美元，仅占中国石化行业贸易总额的7.35%，总量不大、占比不高、直接影响有限，同时也看到中国从美国进口前三位的石化产品是石油、液化天然气、液化丙烷，我们向美国出口前三位的是橡塑、鞋料、充气轮胎等，从美国进口的产品我们都可以从其他国家或地区找到替代或新的供应商，所以我们不必惊慌失措，只要我们冷静分析、找准短板、突出优势、沉着应对，就能把中美贸易战造成的影响减到最低程度，就能在中美贸易战中立于不败之地。三是我们从不惧怕外来压力。新中国在一穷二白的基础上诞生，第二年10月麦克阿瑟指挥着所谓"联合国军"直指鸭绿江,在这前所未有的挑战面前,毛主席领导中华民族没有屈服,用三年时间打出了国威、屹立于世界;新中国成立10周年之际,中苏友好突然变故、赫鲁晓夫撤走专家,新中国再一次遇到了前所未有的挑战,可是谁也没有阻挡住"两弹一星"的步伐,原子弹氢弹相继试爆成功,"东方红1号"响彻星空;我国的航天事业也是在发达国家严格保密严格封锁的状态下,发展成为继美俄之后的世界前三强水平;新中国成立40周年之际,中国共产党执政历史上再次遇到了前所未有的新挑战,以美国老布什政府为首的西方国家发起了对中国的制裁,是小平同志以坚定的意志和睿智的判断,使中国共产党人和中国特色社会主义道路屹立于世界之林并焕发出勃勃生机!今天,在新中国成立70周年之际,我们再次遇到了前所未有的挑战,这次的挑战与过去的几次相比,就我们的国力和发展水平来说可以用微不足道或者忽略不计来形容。

如果辩证地来看,这次的挑战也不完全是坏事。近些年,有些人在中国显著的成就面前,似乎有些飘飘然了,在GDP已达到美国2/3、超过世界总量15%的成绩面前,似乎完全忘记我们人均水平不足美国的1/6,似乎只看到再有20年我们GDP总量就可以追上美国,却完全看不到要赶上美国的人均水平还需上百年,一时间似乎中国什么都是第一了、什么都了不起了。是这次美国单方面挑起贸易战,是特朗普政府充分暴露出的强国霸凌主义,突然给我们送来了一剂清醒剂,原来我们那么强大的电子制造业就因为一个小小的芯片给拿住了!这才使一些人从大国、强国的睡梦中突然惊醒过来,也对"核心技术、关键技术是买不来、等不来、讨不来的"有了更加清醒的认识。在今天的挑战面前,只要准确判断和定位我们的历史阶段和历史方位,只要我们坚定信心,不气馁、也不自傲,不惊慌失措、也不盲目乐观,发扬优良传统,团结一心、共同进取,没有过不去的坎儿,如果通过中美贸易战实现了创新强国目标的话,中美贸易战真的还不一定是坏事,明天再回头看就可能变成了好事。

5. 做强核心竞争力是关键

做强核心竞争力是改善和提升运营效益和石化行业高质量发展的关

键,也是应对当前所面临挑战的必然选择。

一是创新是核心竞争力的关键要素。我们既要看到创新取得的显著成绩和进步,更要看到我们在创新方面的差距,这些差距不仅体现在创新投入上,还体现在创新的机制与体制方面,更明显的差距是体现在重要行业、关键领域的核心技术、关键技术和重大装备的创新能力与水平上,我们新建的很多炼化一体化装置的工艺技术和催化剂都来自法国、美国等发达国家,很多新建的烯烃聚合技术都是采用美国、欧洲公司的,最典型的一个代表是近几年建设投产了十几套丙烷脱氢制丙烯装置,大多采用的是 UOP 的技术,另一部分采用的是鲁姆斯技术;异氰酸酯技术、聚碳酸酯技术、MMA 技术、氯化法钛白技术以及新型煤气化技术等这些自上世纪八十年代就组织科技攻关的项目,近年来相继被万华化学、鲁西集团、华谊集团、龙蟒集团和宜宾天原以及华东理工、阳煤集团、清华大学、航天科技等单位攻克和掌握,但是也有像茂金属聚烯烃这样的技术,虽然经过 20 多年技术攻关,至今也没有形成自己的产业化技术,发达国家和跨国公司目前是绝对不转让的,中国巨大的市场需求一直靠进口满足;全行业都在关注的碳纤维也是一样,新建的装置其氧化炉和碳化炉,要么是美国制造,要么是德国制造。所以,我们一定要持续加大创新驱动战略的实施力度,在加快推进公共创新平台建设、强化创新人才培育、改革创新机制的同时,还要论证和瞄准一批卡脖子技术、核心技术和重大关键技术,组织力量协同攻关,使创新真正成为石化产业高质量发展的新动能。

二是把握世界创新和科技革命的新动向。在加大产业化技术攻关的同时,我们还要高度关注石化领域创新的新趋势,例如原油直接制化学品的技术,埃克森美孚在裕廊岛有一套 100 万吨 / 年的全球唯一的工业化装置已经试运行了 5 年,最近已经决定携该技术在惠州大亚湾建设一期 120 万吨 / 年装置;沙特阿美和萨比克、清华大学合作也已研发成功这一技术。还应关注甲烷制烯烃和合成气制烯烃技术,美国 Saluria 公司、大连化物所、上海高研院等单位都已取得阶段性研发成果,还有生物基塑料的研发及产业化技术等。

三是不断深化产业结构和产品结构调整。对企业来说,做强核心竞争力的现实选择就是推进结构调整、加快转型升级。调整产业结构方面，鲁西集团"坚持化肥，走出化肥"的转型经验值得借鉴；产品结构调整方面，中石化、中石油不断调整油品和化工品的产出比例、不断调整成品油的柴汽比、不断开发高端聚烯烃产品和专用料的做法都取得了好的结果，延长集团通过煤油气共炼技术优化原料结构、提高原料利用率、促进产品结构合理化的做法也走出了自己的路。新建石化装置在炼化一体化的基础上，一定突出市场需求为导向，产业链设计要少油多化，成品油产出也要尽量低的柴汽比，化工产品也要立足当地需求、瞄准国内市场、面向国际供需，做好产品结构的高端化与差异化，做强企业的核心竞争力。

6. 世界一流是高质量发展的重要目标

世界一流的企业、世界一流的创新能力、世界一流的管理水平和世界一流的国际化经营能力，这是石化产业高质量发展的重要组成部分和标志，在这些要素当中世界一流企业是基础。中央国务院和相关部委正在研究"培育具有全球竞争力的世界一流企业的指导意见"和实施方案。如何实现世界一流的目标，首先是深入开展国际交流与合作，加大与国际化工协会联合会、美欧日韩等发达国家和地区行业组织的合作与交流，尤其是就共同关注的责任关怀、可持续发展、协同创新、危化品监管、消除环境与海洋污染等议题进行深入的交流和更加广泛的合作，通过国际交流与合作学习借鉴发达国家的先进理念和经验，就全球共同关注的问题尽快与国际接轨。其次是企业要认真开展与跨国公司的对标，企业根据自己的主业和发展规划，选取国际先进水平和核心竞争力强的跨国公司作为自己的对标目标，就核心业务竞争力、管理团队及管理方式与水平、创新团队及创新模式与能力、发展战略与运营效率等方面进行全方位对标，找准短板和差距，明确思路和目标，首先追赶对标目标，然后是同台竞技，实现国际一流的阶段性目标。我国石化产业的规模已经具备向世界一流迈进的坚实基础，我国石化行业已经拥有像中石油、中石化、万华化学、浙江新和成等一批主业突出、创新能力强、在国际市场有着较强竞争力的企业群体。打造世界一流应在现有企业群体的基础上，按照中央和国务院培育具有全球竞争力的国际一流企业的部署，力争经过15年左右的努力，形成5家左右具有全球竞争力的世界一流公司，10家创新能力强、具有全球竞争力的单项冠军企业。同时，还要立足石化园区的基础，加大现代石化产业集群的培育力度，按照国务院《石化产业规划布局方案》的部署，沿海七大石化基地和一批规划科学、布局合理、管理规范、产业链协同效果好的化工园区，应积极争取世界级化工园区与世界级化工产业集群的试点示范，力争通过15年左右的努力，形成10个超千亿的世界一流水平的石化产业基地、10个具有全球竞争力的专业化工园区，培育20个绿色石化园区、20个智慧化工园区，为世界一流和石化强国的跨越奠定坚实的基础。

经济环境严峻复杂、下行压力步步加大的上半年已经过去，现在看下半年的不确定性因素有增无减，新的情况和新的问题还会出现。但是，我们从不惧怕外部压力，每当外部压力加大中华民族的内聚力就会更强，只要我们做好长期应对的充分思想准备，沉着冷静、坚定信心，挑战面前不惊慌、困难面前不气馁，勤奋务实、不断创新，中华民族伟大复兴和石化强国的目标就会离我们越来越近！谢谢大家！

九问石化产业之现状与未来*

在百年未有之大变局面前，全球石化产业正在经历着深刻的调整与变革，可是国内"谈化色变"的现象在蔓延，这对石化产业是不科学的，也是不客观、不公正的，我国石化产业何去何从？就以"九问"的方式向各位老领导汇报今天石化产业发展的现状和未来目标，这不仅是我在问，也是我们石化行业很多企业和企业家以及了解石化产业的人在问，也许是我们很多老领导在问，实际上这里面既有无奈与叹息，也有未来发展之目标与畅想，也是希望与大家共同思考：

一问：中国石化行业在世界上处于怎样的地位？回答是第二第一，大而不强。从产值看我国自 2010 年以来一直是世界第二石化大国，从产量看很多产品产能产量都位居世界前列，去年我国石油产量 1.89 亿吨、天然气产量 1610 亿立方米，都列世界第 7 位；炼油能力超过 8 亿吨/年，去年原油加工量超过 6 亿吨，炼油能力和加工量都居世界第二位；乙烯产能 2550 万吨/年、产量 2372 万吨，聚乙烯产能 1844 万吨/年、产量 1583.5 万吨，都是世界第二位；丙烯产能 3620 万吨/年、产量 3005 万吨，聚丙烯产能 2450 万吨/年、产量 2200 万吨，都是世界第一位。此外 PX 产能 1379 万吨/年、产量 1109 万吨，乙二醇产能 1063 万吨/年、产量 679 万吨，都是世界第一位，全行业大家熟悉的纯碱、烧碱、氮肥、磷肥、农药、染料、电石、聚氯乙烯、轮胎等 20 多种主要产品的产能产量都是世界第一位。中国石化产业的规模占世界总量的比例 40%，对世界石化产业的贡献 40%，很多跨国公司在中国的销售额都已经超过了在本国的

---

* 这是 2019 年 6 月 28 日，傅向升同志在石化联合会大讲堂报告的主要内容，同年 8 月 6 日向化工系统离退休老干部报告时稍作修改。

销售额，巴斯夫、埃克森美孚、杜邦、陶氏等跨国公司都预测，中国石化产业的贡献会越来越大，2030年中国的贡献将进一步提高到50%。所以，现在全球石化界都特别重视中国石化行业的发展，现在中国石化联合会已经是国际化工协会联合会的正式会员，不仅每年的理事会都希望石化联合会参加，而且很多全球石化产业发展过程中共同关注的问题，也特别看重中国的声音和思路，例如责任关怀、可持续发展、化学品监管、塑料污染等，ICCA、世界塑料理事会、国际化学品制造商协会以及美国化学理事会、欧洲化工协会、日本韩国石化协会等，每年都有很多合作和交流，每年中日石化产业对话会都办的效果很好。当然，我们现在是石化大国、还不是强国，与美国、德国、日本等这些石化强国都有不小的差距。最突出的表现是高端石化产品依赖进口的问题，即"低端产品过剩，高端产品短缺"的结构性矛盾还十分突出，去年我国石化行业的贸易逆差高达2833亿美元，同比大增42.5%，进口的产品主要是化工新材料、专用化学品、功能化学品、高端膜材料等高端产品。

二问：化工安全是否可控？答案是肯定的！那为什么总有安全事故？因为管理不到位、责任不落实、监督不科学。无论是张家口盛华化工的氯乙烯气柜泄漏造成的爆炸，还是响水园区天嘉宜特大事故，都暴露出严重的管理缺失、责任缺失，都给人民生命财产造成了严重损失，更给石化产业造成了难以挽回的形象损失。但是发达国家和跨国公司的实践和经验告诉我们：化工生产过程中只要管理上做到严格管理、规范管理和科学管理，责任上做到各层级人员责任明确、并且人人尽职尽责，监督上做到依法监督、专业执法，化工生产过程就能做到本质安全，其安全风险就是可控的。巴斯夫路德维希港基地坐落在莱茵河边、杜邦200多年来一直坐落在威明顿河边、大金厂区的院墙外就是密布的居民楼，这些都是发达国家上百年或几十年走过来的现实案例。

今天的可防可控不是一句空话，首先安全事故也是有规律可循的。德国人曾针对飞行安全作过统计与分析，每一起严重事故的背后，一般是29次轻微事故、300次未遂事故、1000次事故隐患；一家英国机构针对化学反应类型的事故也作过统计分析，前三位的是：聚合反应类占比约47%、硝化反应类占比11%、磺化反应类占比10%。所以只要从细微处入手、不放过任何的安全隐患,并且做到人人重视,再进一步提升专业化管理水平,并针对自己企业的物料特性、生产过程、反应类型强化专业化管理、做好应急预案,安全真的可以做到可防可控。今天技术的进步也为我们提供了可防可控的科学保障,上个月我到上虞园区调研,在龙盛研究院我看到了两台设备正在做的反应热测量实验和内热测量实验。反应量热仪是专业测试各种化合物反应热的仪器,主要用于化学工艺安全性与危险性评估,通过这些实验结果就可以有效地防止和控制因突然断电、误操作等特殊情况造成冷却系统突然中断、反应放热急剧增加而爆炸,从而降低因反应热安全性导致的各类重大安全事故。内热测量试验主要针对物料大量堆积自生热而导致火灾或爆炸事故的发生,通过试验可以掌握堆积物料自聚生热的环境条件、时间和生热量,就可以有效防控堆积物料事故的发生。

三问:"一刀切"能不能改变?回答是期待尽快好转。今天我们已经是世界第二大经济体,国内生产总值超过90万亿元人民币,人均已接近1万美元,属于中等收入水平国家,很快就将迈过中等收入陷阱的阶段。在这样的平台上,为了人们日益美好的生活质量的需要,在雾霾天气很严重的情况下打响防止污染攻坚战、组织蓝天保卫战是对的;在这样的平台上,我们必须摒弃先污染后治理的老路,改变过多依赖增加物质消耗、过多依赖规模粗放扩张的发展模式,把发展的基点放到创新上来是对的;在这样的平台上,国家颁布实施一批环保新政策和新标准,坚决治理"散乱污"企业,把生态文明建设纳入制度化、法制化轨道是对的。问题是有的地区在贯彻政策和标准时层层加码、有的部门在监督执纪过程中不论企业是否达标而简单地"一刀切",遇有重大活动,不论企业大小、不论排放是否达标,都要求一律限产或停产,这都对企业的正常生产运营造成了影响,不仅增加了企业的运营成本,对石化企业来说更人为增加了不安全因素。甚至出现了遇有事故发生,当地政府不是首先分析事故原因、总结事故教训,而是急匆匆地向社会宣布关停企业、关停园区。在监督执纪过程中也出现了一些笑谈,一个检查组来了提出了一系列整改建议,不几天另一个检查组来了又提出了不少整改建议,但有些是相互矛盾的,让企业哭笑不得、无所适从；有的跨国公司在某省的企业，遇到了县市环保互检，检查组要求一个车间必须封闭管理，企业讲这个车间生产过程中有氢气产生，安全要求须保证敞开通风，对方回答他是环保检查有气体发生就要封闭，至于安全不是他这次检查的内容，企业无语！

高兴的是，自去年下半年环保部门正式提出纠正环境执法"一刀切"现象以后，有的园区和企业在委托第三方通过专业人员、科学检测生产装置停车与开车时的数据对比，真诚与监管部门沟通，遇有重大活动和极端天气不再简单地采取所有企业停产或限产的措施；我们也看到今年两会李克强总理政府工作报告中讲，改革创新环境治理方式，对企业既依法依规监管，又重视合理诉求，加强帮扶指导，对需要达标整改的给予合理过渡期，避免处置措施粗暴、一关了之。可以预见的是：政策监管"一刀切"的问题已经得到重视，并将逐步解决。

四问：离开化工行不行？答案肯定是不行！因为大家都知道化工产品不仅与人们的日常生活息息相关，而且是汽车、高铁、电子信息、航空航天以及制造强国和国防强国的重要配套材料，大家都熟悉的就是离开了化工汽车轻量化和新能源汽车将不可能实现，离开了化工新材料梦幻 787、A380 都只能是梦幻。除了宇宙探秘、海洋深潜以及新能源等战略新兴产业离不开化工外，人类的生命健康也离不开化工，今天人类平均寿命远高于过去，就有化学合成药品的重要贡献，今天正在快速进步的定向诊断、细胞修复、靶向治疗以及人造器官等更是离不开化工。今天人们靓丽的生活和环境，离不开染料、涂料、颜料的贡献，人们体面的生活就是化纤的贡献，很多年长的人恐怕都对布票记忆犹新，因为没有那么多棉花棉布供应，1954 年 9 月开始起用布票、实行棉布定量供应，1956 年国内水灾造成棉花减产，1957 年 4 月国务院决定布票按面额对折使用，9 月北京市宣布"城市居民、大中学生，全年布票由 36 尺下调为 24 尺"，当时 1 件衬衫需要 7.5 尺、1 身棉衣需要 16 尺，可见棉布和布票的紧张程度。是化学合成纤维改变了这一切，我国 1959 年就从民主德国引进了第一个化纤厂，当时建在保定，可是因为三年困难和"文革"动乱，未能正常生产，到 70 年代初制造出"的确良"面料主要供军队用，1971 年毛主席看到身边人买到的"的确良"衣服，就向周总理提出加快发展化纤解决穿衣问题，然后在周总理的主持下1973年花费43亿美元，从西方引进了石化行业第一批化肥、化纤的大型生产设备，辽阳化纤、上海石化就是那时引进的，由于"文革"的干扰直到1982年才全部投产，大量的涤纶、腈纶等合成纤维纺织品陆续上市才基本解决了中国人的穿衣问题，1984年中国政府宣布取消布票，中国人也才逐步脱去了补丁衣服。"的确良"就是我们常说的涤纶，也叫聚酯纤维，是以石油为原料、杜邦公司最早合成的，商品名是"Dacron"；20世纪50年代在国际上开始流行，传到中国以后因为耐穿、时尚和易洗易干就称为"的确良"，现在我国的产量4000多万吨/年，占世界产量超过一半，目前全球合成纤维的产量已超过天然纤维。当年"的确良"还有许多脍炙人口的故事，50、60年代中国人的衣服基本男女同款，颜色只有灰、蓝、黑，而的确良可以呈现各种颜色，带给人们时尚靓丽的风景线，就成了女士们的新宠，那个时代正在谈恋爱的男士若送给女朋友一条的确良裙子，绝不亚于现在的限量版LV包，女孩会经常在邻居面前摆弄，以显示男朋友对她的关心。当年为买的确良面料有过这样的场景：1968年6月16日，上海石门二路红缨服装店有一批的确良衬衫，蜂拥而至的顾客把商店橱窗玻璃挤碎了，还造成了1死6伤的惨剧，为买一件的确良衬衫不幸被挤死的是一位40几岁的女教师，可见化工与我们生活的密切相关和重要性。现在再来看看化工解决人们吃饭问题上的贡献，据测算，化肥对农业的增产贡献约30%；农药的效果更明显，在美国使用杀线虫剂可使大豆增产91%，在菲律宾使用除草剂可使水稻增产50%，巴基斯坦使用杀虫剂可使甘蔗增产30%；我国是农业大国，农药在农作物病虫草害的防控作用达70%～80%，若不使用农药可造成粮食损失2200多亿斤、油料370多万吨、棉花200多万吨、果蔬上亿吨，折合5000亿元以上。

五问：石化产业如何发展？回答是少油多化、高端发展。我国现有炼油能力超过8亿吨/年，共有炼油企业216家，其中千万吨级以上炼厂23家，炼能约占38%，500万～1000万吨炼厂48家，炼能也占38%，500万吨/年以下规模的炼厂还有145家，我国去年原油加工量6.04亿吨，炼油装置的产能利用率74%左右，与世界平均83%的水平有差距，炼油平均规模405万吨/年，与世界754万吨/年的水平也有差距，炼油单套能力100万吨/年以下的还有42套，总的炼油加工能力2685万吨/年。同时，我国炼油行业新建装置集中投产市场竞争将加剧，2017年中石油云南1300万吨/年和中海油惠州二期1000万吨/年相继投产；今年5月17日大连恒力2000万吨/年全面投产，浙江石化一期2000万吨/年5月20日也已投料；江苏连云港盛虹1600万吨/年、广东揭阳中石油基地都于年前开工，宁波中石化镇海二期、福建古雷炼化一体化装置以及南京、上海、茂名和湛江基地，都在施工过程中，埃克森美孚大亚湾新项目、巴斯夫湛江新材料项目及其扬巴二期等新项目都在紧锣密鼓的筹备过程中。

例如对二甲苯（PX），有多套装置将于近期投产，今年将新增产能896万吨/年，总产能将达到2275万吨/年；目前在建的项目11个，产能2080万吨/年，拟建的项目还有6个，产能1060万吨/年，现在看到2025年PX总产能将达到4400万吨/年，产销也将处于饱和状态。乙二醇，由于大型炼化一体化装置的相继投产，今明两年将新增产能600万吨/年，2020年总产能将达到1662万吨/年，表观消费量约1710万吨，基本平衡；若现有规划的项目都能建成，2025年总产能将达到2200万吨/年，届时表观消费量也就2230万吨。另一方面，我国化工新材料、专用化学品、高端膜材料、特种纤维材料等对外依存度也很高，例如聚乙烯51.4%、聚碳酸酯64%、聚甲醛53.7%，PX和乙二醇都接近59%，氯碱用离子膜、医用膜材料、高端纤维材料等对外依存度更高。

鉴于此，石化行业的未来发展重点一是继续推进产品结构的"少油多化"，因为成品油过剩的状况日益严重，今年上半年前4个月国内市场成品油表观消费量下降3.9%，汽油增长4.3%、柴油下降10.9%、煤油下降1.6%；油品结构上也要继续降低柴汽比，今年前4个月的消费柴汽比是1.09，而生产柴汽比是1.15；去年全年分别是1.24和1.25。二是石化产品的高端化和差异化，针对国内市场对外依存度大的产品，分析产能产量增加及其市场需求情况，尤其是受技术制约难以供给的产品要加大研发力度，以高端化、差异化和高性能化、专用化为目标，增强其市场竞争力。三是把握全球石化领域的新技术和新趋势，例如烯烃原料轻质化、原油直接制化学品、甲烷制烯烃等。烯烃原料轻质化主要得益于北美页岩气革命的成功，烯烃新增产能当中，丙烯多以丙烷脱氢工艺，乙烯主要是乙烷裂解路线，传统的石脑油裂解制烯烃的占比正逐年下降。目前乙烷裂解制乙烯全球总产能6000万吨/年，占乙烯总产能的36%，未来10年将提升到40%以上，从地域来看：中东乙烷为原料占比最高67%，北美占52%，亚太和西欧都在30%左右；国内已建成投产的丙烷脱氢制丙烯装置有12套，合计产能461万吨/年；我国已发布拟建的乙烷裂解项目有13个，乙烯合计产能1895万吨/年，其实申报的项目数量多达20多个。埃克森美孚的原油直接制化学品新工艺，去年以来我跟他们进行过3次交流，今年3月份我又带队到埃克森美孚新加坡公司进行了实地考察，裕廊岛的这套100万吨/年装置是全球唯一的一套工业化装置，已经运行了5年，其工艺特点是省去传统的炼油过程，将原油直接供给裂解炉，分别在裂解炉的对流段和辐射段间加一个闪蒸罐，因原料不同其化学品产出率50%~70%不等。4月份在中国组织论证，拟在大亚湾投资342亿人民币，建设120万吨/年乙烯装置，主要生产茂金属聚乙烯和高抗冲、均聚聚丙烯。前几天跟沙特阿美北京研发中心交流时，也了解到他们与清华大学也正在合作开发原油直接制化学品的技术，在我国成品油市场饱和、而高端石化产品短缺的产业结构来看，这项技术更具有先进性与竞争优势。

六问：现代煤化工如何发展？回答是总结经验、创新提升。现代煤化工是相对于传统煤化工而言，传统煤化工一般包括：以煤为原料的电石、乙炔化工产品链，以煤为原料的甲醇、碳一化学产品链，以及大家熟悉的煤气化合成氨、化肥产业链。现代煤化工是指以煤为原料采用先进技术和加工手段生产替代石化产品和清洁燃料的产业。现代煤化工大规模实现产业化全球只限于中国和南非，南非是因为严重缺乏原油，而煤炭资源丰富，又加上上世纪的国际禁运，无奈发展了自己的煤化工产业，而今天国际解除禁运以后，南非煤化工产品的重点不再是油品、而是主攻化学品，2003年初我带队访问萨索尔时就了解到，他们通过煤化工可以生产110多种化学品。我国是因为资源禀赋属多煤缺油少气，石油天然气的对外依存度又不断攀升，从深化能源革命出发和国家能源战略安全考虑，形成了今天世界领先的现代煤化工产业。目前有煤制油、煤制天然气、煤制烯烃、煤制乙二醇，近两年又进一步发展了煤制芳烃、煤制乙醇等。尤其是在"十三五"期间，按照《现代煤化工产业创新发展布局方案》布局的内蒙古鄂尔多斯、陕西榆林、宁夏宁东、新疆准东4个现代煤化工产业示范区的产业化和升级示范，现代煤化工技术取得突破性进展，煤制油、煤制烯烃、煤制芳烃等一些关键技术的水平已居世界领先地位，并积累了非常宝贵的工程化、产业化经验和实际运行数据，更为我国深化能源革命、强化能源安全战略以及煤化工与石油化工的互补与协同发展积累了经验。

据煤化工专委会统计，2018年现代煤化工产业规模：煤制油已投产9个项目，总产能921万吨／年；煤制气已投产4个项目，总产能保持51.05亿立方米／年；煤制烯烃已投产13个项目，总产能1302万吨／年（其中煤制烯烃产能872万吨／年）；煤制乙二醇已投产20个项目（其中去年新投产8个），总产能438万吨／年。

现代煤化工的发展面临的挑战，除了受国际原油价格、耗水量大、碳排放等因素影响外，我认为现代煤化工产业面临的最大挑战还在技术创新方面，主要是大型产业化成套技术的挑战。现代煤化工技术方面的进步是显著的，这也是发达国家和跨国公司十分重视我国现代煤化工发展所关注的焦点。技术创新不断取得进步，煤制油直接法和间接法都居国际领先水平，煤制乙二醇去年华鲁恒升的单套50万吨／年装置开车成功；高温费托合成技术在未来能源建成首套10万吨／年工业示范装置，并一次投料成功，今年4月份专家鉴定认为已达到国际领先水平；煤制烯烃技术在刘中民院士的带领下不断创新，已研发成功第三代技术，甲醇单耗、两烯收率以及能耗、水耗都大大降低；延长的煤油气共炼技术、陕煤化的低阶煤分质利用技术等都取得了很好的升级示范阶段性成果。但是，我们产业化的成龙配套方面还存在明显的差距，化工部时期为解决这类问题，曾组织研究院、设计院、企业和高校开展"一条龙"技术攻关，通常与工业性试验、产业化示范装置结合，主攻的就是技术与关键装备的成龙配套和系统的工程优化，今天站在现代煤化工的示范装置前，我们会发现虽然单项技术国际领先，但其关键设备及其技术的成龙配套性仍然是制约瓶颈。如煤制烯烃，这是现代煤化工项目中具有典型性、开车率最高、效益最好的一个代表，但就已建成的装置全流程来看：甲醇制烯烃工段都是采用大连化物所刘中民院士的MTO/DMTO技术，而其他工段就不同了：气化技术虽然有的采用国内多喷嘴水煤浆气化技术、加压粉煤气化技术等，也有的是采用美国GE气化技术，气体净化技术采用的是德国林德技术，甲醇合成工段采用的是英国戴维公司技术，烯烃分离采用的是美国ABB鲁姆斯和Univation公司的技术，聚丙烯有的是采用美国陶氏公司的技术或英力士的技术、高密度聚乙烯有的是采用英力士技术，线性低密度聚乙烯有的是采用美国Univation技术，这是矗立在我们面前的一座座现状。所以，现代煤化工的发展业内正在开展"要不要大发展？"的大讨论，在"十三五"即将结束、"十四五"规划即将展开之际，这种讨论很及时也很有必要，我认为在回答"要不要大发展"之前，首先应该看看"我们的升级示范是否取得了预期的目标？"这是一个很重要的基础性工作，也十分必要，近年来升级示范的经验和教训都是非常宝贵的！《现代煤化工产业创新发展布局方案》在布局四大示范基地时，就希望通过升级示范来提升系统集成水平和污染控制技术、验证生产稳定性和经济性、完善行业标准和市场体系。在今天的时点上，认真总结和思考升级示范4年的经验与教训，即规划布局现代煤化工产业示范区、加快推进关联产业融合发展、突破部分环节关键技术瓶颈、提升系统集成优化水平以及大力提升技术装备成套能力等结果如何？对严格项目建设要求、规范审批管理程序、推动资源合理配置、强化安全环保监管等保障措施执行得如何？尤其是示范装置的开工率、运行稳定性、经济竞争性如何？产业技术与核心装备示范的关键、产业融合发展的效果、"三废"排放情况及治理水平以及环境准入条件的要求，等等。这些都要放到国际石化大产业、大背景、大平台上重点总结，不仅认真总结成绩，更要认真查找差距，然后突出优势、聚焦短板，集中力量攻克一批制约现代煤化工产业发展的"卡脖子"技术、补短板技术，甚至是颠覆性技术。我们能不能设想"十四五"期间完全立足自主技术和关键装备，建设我国的现代煤化工产业化装置呢？改变过去世界公认的"世界领先水平"的现代煤化工产业、建成的一套套装置却是多个国家技术和关键设备的组合或者说是拼装的现状。我觉得我们已经具备这样的基础和条件！当然，我们还应当通过组建现代煤化工产业公共创新平台或技术创新联盟，强化创新人才和创新团队的培育与成长，通过创新引领煤化工产业高质量发展实现新的突破。

　　七问：石化园区向何处去？答案是产业协同、集群发展。据联合会园区委最新统计，到2018年底，全国共有石化园区676家，石化园区在产业集聚、产业链协同、资源节约和绿色发展等方面发挥着越来越重要的作用。如果打开中国地图，从大的坐标系来看，石化园区的分布可以简单地概括为"两条线、两区域"；"两条线"即沿海线和沿江线，"两区域"即华北和西北。"沿海线"涉及8个省市主要以"七大石化基地"为主线，"沿江线"涉及11个省市主要以230多家石化园区为主线。"华北区域"主要以京津冀为主体，可以延伸至"2+26"个城市的覆盖区；"西北区域"相对集中在宁夏、陕西、内蒙古、新疆，主要是煤炭资源丰富的地区；这一大的坐标区域内涵盖了676家园区的90%以上。与美、欧等发达国家比，无论是园区数量、还是规模，都是处于布局散、规模小的状态，产出规模超过500亿元以上的石化园区只有47家、约占7%，而100亿元以下的有405家、约占60%。依托现有园区培育一批具有全球竞争力的产业集群，这是发达国家经济发展的成功实践，按照"科学规划，布局合理，管理高效，产业协同，集群发展"的思路，目前各石化园区应在加大智慧园区试点示范和绿色园区建设力度、深入推进新兴工业化产业示范基地和循环化改造示范基地试点的前提下，现有沿海宁波、长兴岛（西中岛）、大亚湾等七大石化基地应以墨西哥湾、鹿特丹港、裕廊岛等国际先进水平的石化基地为目标，突出石化产业链，重点培育配套性强、产业集聚度高的世界级石化产业集群；沿江和沿海的上海、南京、常熟、临港、湛江等化工园区应当以路德维希港、安特卫普为目标，突出化工新材料和专用化学品，重点打造国际先进水平的专业化园区和高端产业集群。当然，在积极推进内蒙古鄂尔多斯、陕西榆林、宁夏宁东、新疆准东4个西部现代煤化工产业示范区集群化发展的同时，还要高度重视大庆、齐鲁、兰州等老石化基地的升级改造，打造产品高端、竞争力强的特色石化产业集群。总之，通过石化产业的集群化发展，实现石化与化工的产业链协同，实现东部与西部的优势互补，大型石化基地还应积极争取世界级化工园区与世界级化工产业集群的试点示范，力争通过15年左右的努力，形成10个超千亿的世界一流水平的石化产业基地、10个具有全球竞争力的专业化工园区，培育20个绿色石化园区、20个智慧化工园区。那时中国的渤海湾区将形成大连长兴岛、唐山曹妃甸、天津南港、沧州临港以及山东滨州、东营、潍坊和烟台构成的高端石化产业区，杭州湾区将形成宁波、舟山、大榭岛以及上海、嘉兴等大型石化基地和化工园区构成的石化产业集群，大亚湾区将形成惠州大亚湾、北接揭阳石化和古雷半岛、南联茂湛基地的石化产业集群，中国版墨西哥湾、东京湾石化产业集群的蓝图已经展现在我们的面前。

八问：石化强国目标如何实现？答案是创新引领、国际一流。《石化产业"十三五"发展规划》提出了由石化大国向石化强国跨越的目标，实际上我们离石化强国的目标还有不小的差距，有产业结构、组织布局方面的，有企业规模、产业集聚度方面的，也有国际化管理经营与运营效益方面的，最明显的差距还在创新能力上，无论是创新的理念、创新的方法，还是创新投入与创新人才等方面，都存在明显的差距。世界一流的企业、世界一流的创新能力、世界一流的管理水平和世界一流的国际化经营能力，这是世界一流的重要构成和基础。最关键的是创新和人才，最重要的就是培育一批具有全球竞争力的国际一流企业，纵观石化强国第一梯队的国家：美国有埃克森美孚、陶氏、杜邦等一批全球竞争力的跨国公司，德国有巴斯夫、拜耳、朗盛、赢创等一批强手如林、核心竞争力强的企业，日本有三菱化学、三井化学、旭化成、旭硝子等主业突出、创新能力强的化工公司。与发达国家和跨国公司比差距更大，我认真研究了今年最新发布的世界500强榜单，中国上榜数量129家，第一次数量上超过美国的121家，成绩是显著的，可是差距也很大，今年的500强企业的平均利润是43亿美元，而中国上榜企业是35亿美元；与美国相比差距更大，不包括银行企业大陆上榜公司平均利润是19.2亿美元，而美国是52.8亿美元，是2.75倍。今年上榜的石油化工公司的净利润率情况是：沙特阿美31.2%、萨比克12.7%、利安德巴塞尔12%、壳牌5.9%、BP3.1%、埃克森美孚7.2%、道达尔 7.4%、雪佛龙 8.9%、埃尼石油 5.4%、巴斯夫 7%、杜邦 4.47%、拜耳 4.3%、三菱化学 4.3%、LG 化学 5.2%、普利司通 8%、米其林 7.6%，中国上榜的石油石化企业净利润率最高的是台塑石化 7.8%、中海油 6.8%，中国上榜的其他石化企业净利润率都低于 1.5%，当然我们的企业比跨国公司承担的社会责任要更多；今年世界 500 强还同时发布了 50 家最赚钱的公司美国最多（22 家）、31 家亏损公司中国最多（12 家）、50 家员工最多的公司中国最多（22 家）。我国近几年石化企业有中石化、中石油、中国中化、中海油、中国化工、延长集团等一批大型企业集团。我国还有像烟台万华、浙江新和成、鲁西集团、华鲁恒升、浙江华峰、四川福华、确成硅业等一批创新能力强的企业，行业引领作用和主导产品的全球竞争力愈益增强；近两年恒力、荣盛、盛虹等一批市场竞争力强劲的企业，正带着全新的机制和多年市场打拼积累的丰富经验，阔步挺进石化领域，并将为中国石化产业的规模效应、产业链延伸以及整体竞争力提升作出重要的贡献。在现有企业群体的基础上，按照中央和国务院培育具有全球竞争力的国际一流企业的部署，力争经过 15 年左右的努力，形成 5 家左右具有全球竞争力的世界一流公司，10 家创新能力强、具有全球竞争力的单项冠军企业，构成石化强国的重要支撑和基础。

九问：中美贸易战影响几何？回答是影响有限、理性应对。很多地方都在谈：中美贸易必有一战！中美贸易战对中国未来政治经济发展都将产生深远影响，将成为中国实现强国梦想之路上的重大事件。美国凭借在世界贸易领域的主导地位，对中国发动世界上最大规模的贸易战争（虽然特朗普本人称"这不是战争"），其用心就是维护美国的霸主地位，迟滞也可以说是遏制中国的崛起进程，企图使中国长期停留在全球贸易链的中低端，像日本一样长期依附于美国。美国白宫前首席战略分析师班农前年曾经说：美国与中国之间的经济战争是重中之重，美国在经济上打败中国仅剩 5 年左右的"窗口期"，"如果我们输了，5 年以后、最多 10 年，就一点翻盘的机会也没有了"，可见美国意在打乱中国发展进程的企图暴露无遗。

纵观人类历史，古希腊历史学家 2000 多年前就有了"修昔底德陷阱"之说，自哥伦布发现新大陆的 500 多年来，新兴国家在发展的关键阶段受到守成大国的打压更成为普遍的历史现象，英国的崛起曾受到西班牙、荷兰的打压，美国的崛起受到英国的打压；大家最熟悉的是苏联和日本都受到美国的打压，苏联是美国作为敌对国最终导致了解体，而日本作为美国的盟友国，当上世纪80年代日本对美国大幅贸易顺差、经济大国雄心公开叫板美国的时候，美国通过"广场协议"让日本经历了"失去的20年"，导致日本的经济总量从当时相当于美国的60%左右，下降到目前的25%左右。今天的中国已连续9年居世界第二大经济体，去年经济总量13.6万亿美元，已是美国20.5万亿的66%，已经超越了美国认为60%的警戒线，所以美国单方面挑起贸易战，企图再用当年对付日本的手段，通过贸易战打乱中国的发展进程，其用心昭然若揭。在去年500亿美元输美商品加征25%关税、2000亿美元加征10%关税的情况下，在全球经济界都对达成共识充满希望的时刻，今年4月份美国政府又突然变卦，在我方谈判人员即将赴美的前夜单方宣布将2000美元商品关税提高到25%，这种单边主义和贸易霸凌主义的做法，再次让世界错愕，我国政府再次被迫采取反制措施。

我们深入分析了中美贸易战对石化行业的影响，中国作为世界第一的原油和天然气进口国，美国作为石油和天然气出口增量最快的国家，本来在石油天然气领域有着很强的互补性；中国又是制造业大国，对石化产品有着巨大的市场需求，美国居全球石化产业链的中高端，中国居全球石化产业链的中低端，在化工新材料、高端聚烯烃、高端膜材料、电子化学品等领域有着很多合作的机会，可是中美贸易战不断升级，已经对原油天然气以及部分石化产品造成一定的影响。贸易战开打以来的一年多时间里其直接影响并不明显，但是间接影响和长期影响、甚至对全球经济的危害不容忽视，因为贸易战没有赢家，中美两大经济体和贸易大国会首当其冲受到影响，进而危及世界经济持续增长、金融稳定和市场信心。对于中美贸易战我们不希望打，希望尽快达成互利共赢、双方都能接受的协议，但是我们必须一是要有长期思想准备，因为美国遏制中国崛起的战略部署不会短期内结束，更因为美国视中国为战略竞争对手或敌手在共和民主两党已形成空前共识，我参加了在香港举办的"中美经贸关系现状与前景国际研讨会"，几乎每一位美方参会代表都谈到，明年的大选不管特朗普是否连任，也不管哪个党派入主白宫，中美贸易战都不会马上停止。二是我们冷静应对，踏踏实实做好我们自己的事情，我们具体分析看到：中美两国石化产品的贸易额去年只有546亿美元、仅占中国石化行业贸易总额的7.35%，总量不大、占比不高、直接影响有限，同时也看到中国从美国进口前三位的石化产品是石油、液化天然气、液化丙烷，我们向美国出口前三位的是橡塑、鞋料、充气轮胎等制品，从美国进口的产品我们都可以从其他国家或地区找到替代或新的供应商；所以我们不必惊慌失措，只要我们冷静分析、找准短板、突出优势、沉着应对，就能把中美贸易战造成的影响减到最低程度，就能在中美贸易战中立于不败之地。三是我们从不惧怕外来压力，新中国在一穷二白的基础上诞生，第二年10月麦克阿瑟指挥着所谓"联合国军"直指鸭绿江，在这前所未有的挑战面前，毛主席领导中华民族没有屈服，用三年时间打出了国威、屹立于世界；新中国成立10周年之际，中苏友好突然变故、赫鲁晓夫撤走专家，新中国再一次遇到了前所未有的挑战，可是谁也没有阻挡住"两弹一星"的步伐，原子弹氢弹相继试爆成功，"东方红1号"响彻星空；我国的航天事业也是在发达国家严格保密严格封锁的状态下，发展成为继美俄之后的世界前三强水平；新中国成立40周年之际，中国共产党执政历史上再次遇到了前所未有的新挑战，以美国老布什政府为首的西方国家发起了对中国的制裁，是小平同志以坚定的意志和睿智的判断，使中国共产党人和中国特色社会主义道路屹立于世界之林、并焕发出勃勃生机！今天，在新中国成立70周年之际，我们再次遇到了前所未有的挑战，这次的挑战与过去的几次相比，就我们的国力和发展水平来说可以用微不足道或者忽略不计来形容。如果辩证地来看这次的挑战也不完全是坏事，近些年，有些人在中国显著的成就面前，似乎有些飘飘然了，在GDP已达到美国2/3、超过世界总量15%的成绩面前，似乎完全忘记我们人均水平不足美国的1/6，似乎只看到再有20年我们GDP总量就可以追上美国，却完全看不到要赶上美国的人均水平还需上百年，一时间似乎中国什么都是第一了、什么都了不起了。是这次美国单方面挑起贸易战、是特朗普政府充分暴露出的强国霸凌主义，突然给我们送来了一剂清醒剂，原来我们那么强大的电子制造业就因为一个小小的芯片给拿住了！这才使一些人从大国、强国的睡梦中突然惊醒过来，也对"核心技术、关键技术是买不来、等不来、讨不来的"有了更加清醒的认识。在今天的挑战面前，只要准确判断和定位我们的历史阶段和历史方位，只要我们坚定信心，不气馁、也不自傲，不惊慌失措、也不盲目乐观，发扬优良传统，团结一心、共同进取，没有过不去的坎儿，如果通过中美贸易战实现了创新强国目标的话，中美贸易战真的还不一定是坏事，明天再回头看就可能变成了好事。

历史告诉我们：每一个大国崛起的过程中，在将强未强的特殊历史时期都会遇到一个 10 年左右的关键阶段，在这个特殊时期和关键阶段都会遇到各种非常严峻的挑战，中华民族实现强国梦想正走在这样一个特殊的历史时期，我们实现石化强国跨越也走在了这样一个关键阶段，只要我们不惧风浪、不断创新、理性思考、沉着应对，石化强国的目标就一定能够实现！任何力量都阻挡不了！

在这百年未有之大变局的时代大背景下，石化产业迎来了最好的发展时期，习近平总书记近年来接连视察湖北兴发、青海钾肥、大庆和辽阳石化等石化企业，去年在烟台对万华化学和石化产业的创新发展给予充分肯定，在宁东煤制油现场发出了"社会主义是干出来的"铿锵召唤。李克强总理去年在国务院常务会议上也专门讲：石化产业是国民经济的重要支柱产业，要加强统筹规划、科学论证、合理布局，推动石化产业加快转型升级、增强国内保障能力。这都充分证明了党中央国务院对石化产业的高度重视和殷切期望，在实现石化强国的道路上，不论遇到什么艰难险阻、甚至是狂风暴雨，只要我们坚定信心、不屈不挠，困难面前不气馁、成绩面前不自傲，一步一个脚印地踏实向前，我们就一定会到达石化强国的胜利彼岸！

立足"十三五" 开创"十四五"*

明年是"十三五"的收官之年,也是实现"第一个百年"目标的关键之年;同时明年又是一个承前启后之年,在"十三五"收官之时即开启"十四五"的帷幕。国民经济及社会和各行各业都已开始"十四五"的规划工作,石化行业也是一样,李寿生会长自9月份已经亲自带队开展前期调研,"十三五"的基础如何?有哪些经验值得总结?又积累了哪些矛盾?如何开创"十四五"的新局面呢?

我国石化产业"十三五"回顾

与以往的五年计划相比,就国际环境来说,"十三五"是自第二次世界大战结束以来,全球经济面临挑战最为复杂的五年,是全球经济遭遇不确定性因素最多的五年,是诡异事件发生率最高的五年。"十三五"期间单边主义和贸易保护主义抬头,全球化遭遇逆潮,霸权国家到处挥舞贸易保护主义大棒,致使全球经济的复苏势头调头向下,全球经济陷入下行压力持续加大的境况。在这样的大环境和大背景下,中国经济"十三五"期间总体保持了稳定增长的总态势,GDP总量2016年74.4万亿元,2017年82.7万亿元,2018年首次突破90万亿元,2019年接近100万亿元;年均增长率高于各大经济体,2016年同比增长6.7%,2017年6.9%,2018年

---

* 这是2019年11月,傅向升同志在2019年度外资委年会上报告的主要内容。

6.6%，2019 年 6.1%。我国石化行业"十三五"走过来，有成绩、有体会、也有挑战。

（一）我国石化行业"十三五"进步明显

"十三五"期间，石化全系统深入贯彻党中央和国务院的决策部署，按照"十三五"发展规划确立的奋斗目标和发展思路，加大创新驱动和绿色发展"两大战略"的实施力度，持续推进石化产业布局结构、产业结构、产品结构及组织结构的调整与优化，不断拓展和深化国际交流与合作的广度与深度，持续改进经济运行的质量与效益，经过全系统的共同努力，取得的成绩和进步是明显的。

（1）**总体发展保持基本稳定**。"十三五"以来，无论是石化行业总收入、利润总额，还是主要石化产品的生产与消费，都保持了基本稳定。一是全行业主营收入基本稳定：2016 年实现主营收入 13.28 万亿元，2017 年 13.78 万亿元，2018 年 12.4 万亿元，2019 年高于 12.3 万亿元。分板块看，油气板块逐年增长，2016 年 7855 亿元，2017 年 9201 亿元，2018 年 10140 亿元，2019 年 1.1 万亿元；炼油板块逐年增长，2016 年 2.88 万亿元，2017 年 3.42 万亿元，2018 年 3.88 万亿元，2019 年 4.02 万亿元；化工板块逐年递减，2016 年 9.2 万亿元，2017 年 9.1 万亿元，2018 年 7.3 万亿元，2019 年 6.9 万亿元；由此可见，化工板块遇到的挑战更为严峻。

二是行业效益起伏较大。2016 年实现利润总额 6444 亿元，2017 年 8462 亿元，2018 年 8394 亿元，2019 年 6684 亿元。分板块看，油气板块前低后高，2016 年 -543.6 亿元，2017 年 329.7 亿元，2018 年 1598 亿元，2019 年 1628.7 亿元；炼油板块前高后低，2016 年 1703.6 亿元，2017 年 1911.5 亿元，2018 年 1702 亿元，2019 年 947 亿元；化工板块前高后低，2016 年 5073 亿元，2017 年 6050.7 亿元，2018 年 5006.5 亿元，2019 年 3978 亿元；可见，油价对油气板块的效益影响直接相关。

三是主要产品产量稳步增长。乙烯产量 2016 年 1781 万吨，2017 年 1821.8 万吨，2018 年 1841 万吨，2019 年 2052 万吨；丙烯产量 2016 年 2542 万吨，2017 年 2800 万吨，2018 年 3005 万吨，2019 年 3288 万吨；

聚乙烯产量2016年1435.5万吨，2017年1472万吨，2018年1575.8万吨，2019年1744.9万吨；聚丙烯产量2016年1849.7万吨，2017年1900.5万吨，2018年2042万吨，2019年2348.5万吨；聚氯乙烯产量2016年1669万吨，2017年1790万吨，2018年1873.9万吨，2019年2010.7万吨；PX产量2016年946万吨，2017年971万吨，2018年1125万吨，2019年1470万吨；PC产量2016年63万吨，2017年79万吨，2018年97万吨，2019年100万吨。

四是主要产品消费量稳步增长。乙烯表观消费量2016年1946万吨（其中进口165.7万吨），2017年2036.9万吨（其中进口215.7万吨），2018年2098.5万吨（其中进口257.6万吨），2019年2302万吨（其中进口251万吨）；丙烯表观消费量2016年2832万吨（其中进口290.3万吨），2017年3109.7万吨（其中进口310万吨），2018年3869万吨（其中进口284.4万吨），2019年4230万吨（其中进口312.7万吨）；聚乙烯表观消费量2016年2400万吨（其中进口994万吨），2017年2627万吨（其中进口1179.4万吨），2018年2781.6万吨（其中进口1402.5万吨），2019年3383万吨（其中进口1666.6万吨）；聚丙烯表观消费量2016年2127.4万吨（其中进口301.7万吨），2017年2188.6万吨（其中进口317.8万吨），2018年2338.7万吨（其中进口328万吨），2019年2663万吨（其中进口349万吨）；合成树脂表观消费量2016年1.08亿吨（其中进口3182.5万吨），2017年1.09亿吨（其中进口3195.9万吨），2018年1.09亿吨（其中进口2995.5万吨），2019年1.23亿吨（其中进口3366.8万吨）；甲醇表观消费量2016年5190.5万吨（其中进口880万吨），2017年5330.6万吨（其中进口814.5万吨），2018年5467万吨（其中进口742.9万吨），2019年6008.8万吨（其中进口1089.6万吨）；PX表观消费量2016年2176.8万吨（其中进口1236万吨），2017年2410.8万吨（其中进口1443.8万吨），2018年2715万吨（其中进口1590万吨），2019年2963.7万吨（其中进口1493.8万吨）；PC表观消费量2016年165万吨（其中进口132万吨），2017年177万吨（其中进口139万吨），2018年184万吨（其中进口141.7万吨），2019年193.5

万吨（其中进口125万吨）。

（2）产业结构进一步优化。"十三五"以来，石化全行业认真贯彻落实国务院《关于促进石化产业调结构促转型增效益的指导意见》，全行业和广大企业把淘汰落后产能、促进转型升级、加快结构调整作为重中之重的工作，全行业有机化学品、合成材料以及化工新材料、精细化学品的增速明显高于无机和基础化工产品，炼油、氯碱、化肥、农药等行业的产品结构得到进一步优化。如炼油行业的产业布局、集中度以及产品结构进一步优化，2016年度淘汰落后产能5808万吨，年底原油一次加工能力8.04亿吨/年，加工原油量5.41亿吨，平均产能利用率67.2%；2017年度再淘汰落后产能2355万吨，加上惠州、云南2套新投产装置，年底原油一次加工能力与上年基本持平，加工原油量5.68亿吨，平均产能利用率71%；2018年度再淘汰落后产能1165万吨，年底原油一次加工能力8.13亿吨/年，加工原油量6.04亿吨，平均产能利用率74.2%；2019年炼油能力超8.5亿吨/年，加工6.52亿吨，产能利用率再次提升到约76%。炼油行业成品油的产量增速明显放缓，2019年同比仅增0.2%，鉴于柴油消费市场的不断萎缩，成品油的柴汽比也逐年下降，2019年的生产柴汽比1.18、消费柴汽比1.17；2016—2019年烯烃、芳烃等有机化学品和聚烯烃（聚乙烯增速2.6%～10.7%，聚丙烯增速5%～13.8%）及其专用料（合成树脂增速4.2%～9.3%）的增速明显加快；最明显的是工程塑料聚碳酸酯，增速高达22.8%～26.0%；PX的增速也达到2.6%～15.8%。

再如农化行业，化肥和农药行业都按照国务院"化肥、农药使用量零增长"的要求，淘汰落后产能和产品结构调整成为这两个行业"十三五"以来的主旋律。化肥总产量和表观消费量连年下降，2016年化肥（折纯）总产量7004.9万吨，消费总量6263.5万吨；2017年总产量6065万吨，消费总量5527万吨；2018年总产量5459.6万吨，消费总量4954万吨；2019年总产量5624.9万吨，消费总量5103.9万吨。其中尿素最为明显，2016年尿素（折纯）产量3083万吨，消费量2677.9万吨；2017年产量2629万吨，消费量2420万吨；2018年产量2343万吨，消费量2237.6万吨；2019年产量2502万吨，消费量2283万吨。去产能方面：2016年尿素产能退出433万吨，2017年再退出380万吨，2018年规模以上氮肥企业同比减少52家，合成氨产能退出454万吨，氮肥产量（折纯）同比下降1.6%。化学农药(折纯)的产量下降明显，消费量稍有波动，2016年产量377.8万吨，消费量140万吨；2017年产量294万吨，消费量163万吨；2018年产量208万吨，消费量149万吨。

其他行业如烧碱，2016年退出产能131万吨，2017年退出27万吨，2018年再退出10万吨；聚氯乙烯2016年退出产能111万吨，2017年再退出28万吨。

（3）创新能力进一步增强。创新驱动战略是石化产业"十三五"发展规划确立的"两大发展战略"之一，全行业研发投入占比仍然不高（小于1%），但做到了逐年升高（0.82%、0.9%、0.92%）。三年石化行业共获得国家科技奖励128项；四年联合会共评出技术发明奖174项，其中特等奖和一等奖44项；四年共评出科技进步奖718项，其中特等奖和一等奖115项；2017—2019三年共评出专利金奖24项、专利优秀奖121项。三年石化行业共获得国家级企业技术中心36家、国家技术创新示范企业24家、联合工程实验室和工程研究中心33家；石化联合会认定产业技术创新中心、工程技术中心、工程实验室和重点实验室共46家。三年石化行业共申请专利超过54万件，获得专利授权超过28.7万件。还有一批如页岩气勘探技术、第六代MDI技术、PC生产技术、大型先进煤气化技术、煤制油、煤制烯烃、煤制乙二醇等重大和关键技术取得工业化突破。

（4）绿色发展水平不断提升。绿色发展战略是石化产业"十三五"发展规划确立的另一项战略之一，2016年发改委和工信部联合发布《关于促进石化产业绿色发展指导意见》，2017年石化联合会研究发布了贯彻《指导意见》的《石化产业绿色发展行动计划》和"六大专项行动方案"，2017年以来石化联合会共评出绿色工厂125家、绿色产品258个、绿色石化园区9家、绿色工艺30项，其中52家工厂和86种产品被工信部认定为国家级绿色工厂和国家级绿色产品。石化全行业把绿色发展摆在石化产业健康可持续发展的突出位置，持续加大新型工业化示范基地建设力度、持续加大循环化改造和资源综合利用力度，不断利用绿色新工艺和节能减排新技术开展技术改造和转型升级，全行业的物耗、能耗、水耗以及废弃物排放量都持续下降，全行业绿色发展水平不断提升。持续开展重点产品的能效领跑者活动，现已扩大至 20 个产品、涉及 33 个工艺，其中原油、甲醇、电石、烧碱 4 个产品入选国家"能效领跑者"发布名录。2016—2018 年全行业万元收入耗标煤分别是 0.47 吨、0.53 吨、0.47 吨，2019 年前三季度 0.52 吨。

（5）国际交流与合作不断深化。伴随着中国改革开放的大门越开越大，中国石化行业国际交流与合作的深度和广度都在不断拓展，中国石化联合会已成为 ICCA 的正式会员，寿生会长每年应邀出席 ICCA 的理事会年会，与理事会成员建立了良好的工作关系和个人友谊；中国石化联合会每年与 ICCA、WPC、AICM、IFA、联合国环境规划署、美欧日韩等国家和地区的石油和化工协会都建立了良好的交流与互动关系，每年举办的国际石化大会、亚洲炼油和石化科技大会、国际化工展、石化园区工作年会、中外石化企业家 CEO 圆桌会等大型国际会议，其议题、规模、影响力和美誉度都不断提升，不仅成为跨国公司了解中国石化产业、相互交流信息的平台，也已成为企业与政府政策互动和沟通的平台。如中日石化产业对话会已成为中日石化产业界和企业家们每年期盼的重要会议，每次都开得卓有成效。中国石化行业与国际组织和跨国公司的交流与合作正在向深层次拓展，就全球共同关注的诸如碳排放、责任关怀、可持续发展、化学品监管、塑料垃圾污染等议题，正在探讨更深入的合作，现在每年与 AICM 共同发布责任关怀报告、可持续发展报告，与 BP 联合发布《世界能源报告》等已积累了经验。

（二）我国石化产业"十三五"体会

石化全行业在"十三五"期间面临着诸多挑战和不确定性因素，总体看取得了明显的成绩和进步，许多方面取得了新的突破，为世界石化产业的发展也做出了重要的贡献，认真思考下来，我认为有几点重要的体会：

（1）确立了一个正确的目标：即由石化大国向石化强国的跨越。鉴于中国石化产业已连续多年居世界第二位，20 多种大宗石化产品产能产量均居世界第一，而石化产业的创新能力和创新水平以及全行业整体技术水平与发达国家相比还存在明显的差距，以及产业集中度、高端新材料短缺、运行质量和效益差距明显、企业国际化经营与管理水平有待提升等，"十三五"发展规划确立了"由石化大国向石化强国跨越"的奋斗目标，这个目标起到了凝聚行业共识、引领创新发展的作用，引领全行业共同为石化产业做强做优而不断开拓创新。

（2）提出了一个基本判断：即石化产业正在迈入高质量发展的新阶段。 今年4月召开的"2019石化产业发展大会"上，基于过去三年石化全行业在淘汰落后产能、加快转型升级、推进产业结构产品结构和组织结构调整以及创新驱动、绿色发展水平等方面取得明显进步的基础上，李寿生会长提出"中国石化产业正在迈入高质量发展的新阶段"，这一基本判断的提出得到了与会专家和部委领导的认可，大家认为2019年是中国石化产业转型发展跨入崭新阶段的重要转折，是行业高质量发展的转折年。

（3）坚持两大发展战略不动摇：即创新驱动战略和绿色发展战略。 自"十三五"以来，石化全行业和广大石化企业、石化园区都把这两大发展战略置于一切工作的突出位置，紧紧围绕重大关键技术和卡脖子技术创新，并强化创新平台建设和协同创新，加大创新人才培养力度。在绿色发展方面，"十三五"面临的压力越来越大，一方面积极引导行业和企业重视绿色发展、推进绿色发展，另一方面积极呼吁企业的合理诉求，协助相关部门修订监管政策和不科学的做法。同时积极引导和疏解企业的郁闷和抱怨，正确对待监管过程中存在的简单粗暴方式，正确地处理好发展与保护的关系。

（4）坚持两个服务上水平：即为政府服务和为会员服务。 行业协会的重要职能是服务，"十三五"以来协助国务院研究制定了《关于石化产业调结构促转型增效益的指导意见》，配合发改委和工信部研究发布了《促进石化产业绿色发展指导意见》，配合科技部等相关部门组织国家级重大科技专项、新材料重大专项以及产业政策、绿色工艺、智慧园区、绿色工厂等重点工作。为会员和企业服务方面，年初和7月底都组织全行业经济运行分析、预判预测，定期召开兼职秘书长会议，与各大公司、各专业协会以及炼油、氯碱等行业建立起就产能预警、创新发展、产业政策以及园区管理等各方面的沟通机制；推动成品油出口关税、化肥农药制剂出口退税以及会员单位和企业创新进口设备关税、亨斯迈新型建筑阻燃材料、BP润滑油消费税、巴斯夫燃料油进口关税等的改革诉求和在中国发展遇到的瓶颈制约。在不断深化和重在落实中推动两个服务上水平。

（5）**坚持开放合作不断深化**。近两年全球政治、经济环境都发生了深刻的变化，尤其是贸易保护主义、单边主义抬头，以及打着"本国优先"的旗号致使民族主义势力升级，给全球经济一体化和国际化都带来了一股逆流，也把正处于普遍复苏的全球经济带入了下滑通道。但是世界各国以及爱好和平的人们对个别大国的单边主义、霸凌主义普遍持反对态度，尤其是中国再三重申：改革开放的大门不会关上，只会越开越大。中国石化联合会以及广大石化企业与ICCA、WPC、IFA等国际组织以及美欧日韩等国家和地区的行业组织合作力度越来越大、越来越深入，中国通过修改《外商投资法》《市场准入负面清单》等，对跨国公司开放政策的限制和制约越来越少，中国广大石化企业走出去的步伐不断加大，与"一带一路"沿线国家及亚太地区的合作与共赢正在不断取得新进展。

（三）我国石化产业"十三五"存在的严峻挑战

石化全行业"十三五"发展有成绩和进步，也有值得总结的经验和深刻的体会，当然也暴露出石化产业高质量发展所存在的严峻挑战：

（1）**原油对外依存度持续攀升**。中国的资源禀赋是"多煤少油缺气"，近年来原油消费主要靠进口。2017年中国成为世界第一大原油进口国，去年又成为世界第一大天然气进口国，"十三五"期间原油、天然气的进口量逐年增加，对外依存度逐年攀升。原油2016年进口量3.8亿吨，表观消费量5.78亿吨，对外依存度65.4%；2017年进口量4.2亿吨，消费量高于6.07亿吨，对外依存度68.4%；2018年进口量4.62亿吨，消费量6.48亿吨，对外依存度70.8%；2019年进口量5.06亿吨，消费量6.96亿吨，对外依存度72.6%。天然气2016年进口量752.4亿立方米，表观消费量2183亿立方米，对外依存度32.9%；2017年进口量955亿立方米，消费量2394亿立方米，对外依存度38.4%；2018年进口量1257亿立方米，消费量2833亿立方米，对外依存度43.2%；2019年进口量1348亿立方米，消费量3047.9亿立方米，对外依存度43%。

（2）有的关键技术难以攻克仍是最大瓶颈。"十三五"有不少关键技术取得突破，有的还是几十年组织技术攻关始终难以攻克的，如万华和鲁西实现工业化的聚碳酸酯技术、宜宾天原掌握了氯化法钛白技术、中复神鹰获得国家科技进步一等奖的碳纤维技术，等等。但是，也还有一些重大关键技术和设备始终难以突破，如茂金属聚烯烃技术、尼龙66的关键单体己二腈技术以及碳纤维生产线的氧化炉、碳化炉等关键设备；另一个表现就是：近几年炼化一体化装置、丙烷脱氢装置、新建聚烯烃装置等的集中建设，虽然国内有的技术已经鉴定，但新建装置大多都采用国外技术和工艺包，所以说重大关键技术和核心技术不掌握仍然是当前石化产业高质量发展的最大制约瓶颈。

（3）结构性矛盾仍然突出。"十三五"石化行业不断加大淘汰落后产能和结构调整的力度，但全行业"低端产品过剩，高端产品短缺"的结构性矛盾未能根本改观，贸易逆差连年增加，有的产品逆差一直在扩大。2016年全行业贸易逆差1360.8亿美元，同比下降16.1%；其中合成树脂326.8亿美元、同比下降9.9%，有机化学品105.8亿美元、同比增加21.5%，专用化学品24.1亿美元，同比增长24.2%。2017年全行业贸易逆差1974亿美元，同比增长45.1%；其中合成树脂354.5亿美元、同比增长8.5%，有机化学品146.8亿美元、同比增加38.6%，专用化学品32.2亿美元、同比增长33.7%。2018年全行业贸易逆差2833亿美元，同比增长42.5%；其中合成树脂377.9亿美元、同比增长6.6%，有机化学品140.4亿美元、同比下降4.4%，专用化学品33.9亿美元、同比增长5.2%。2019年全行业贸易逆差2683亿美元，同比下降4.6%，但总额仍然较大，其中合成树脂进口量增加12.4%、聚乙烯增长18.8%、聚丙烯增长6.4%、聚苯乙烯增长13.6%、聚碳酸酯增长12.8%，农药进口量增14%，化工新材料、电子化学品、高端膜材料、专用化学品等高端产品的结构性矛盾尤为突出。

（4）效益差距仍然很大。从今年最新发布的世界500强榜单可以看出明显的差距，先看看上榜的石油化工公司的净利润率：沙特阿美31.2%、萨比克12.7%、利安德巴塞尔12%、壳牌5.9%、BP3.1%、埃克森美孚7.2%、道达尔7.4%、雪佛龙8.9%、埃尼石油5.4%、巴斯夫7%、杜邦4.47%、拜耳4.3%、三菱化学4.3%、LG化学5.2%；中国上榜的石油石化企业净利润率最高的是台塑石化7.8%、中海油6.8%，上榜的其他石化企业净利润率都低于1.5%。再看看总体情况：今年世界500强企业的平均利润是43亿美元，而中国上榜企业是35亿美元；不包括银行企业大陆上榜公司平均利润是19.2亿美元，而美国是52.8亿美元，是中国的2.75倍；今年世界500强还同时发布了50家最赚钱的公司美国最多（22家）、31家亏损公司中国最多（12家）、50家员工最多的公司中国最多（22家），由此可见差距明显。今年前9个月全行业收入利润率5.85%，低于去年全年平均值6.77%，同比也下降1.46个点。

（5）谈化色变呈蔓延态势。石化产业既是国民经济的重要支柱产业，又属资源型和技术密集型行业，在生产过程中存在高温高压，原料和产品具有易燃易爆的特性；尤其是近几年受个别重特大安全生产事故和环保督察通报的影响，人们谈化色变的状况日益加剧；过去广大农村存在的农药化肥不科学使用和不当使用的问题，以及不当宣传等现象的存在，随着经济发展迈入高质量阶段和人们生活水平的不断改善，在食品安全方面也存在对化学工业和化工产品的不科学认知和不客观、不公正的认识。发展石化产业的政策环境、社会环境和舆论环境都遇到了比以往更加严峻的挑战。实际上发达国家如美国墨西哥湾，我们去过的人都知道：是美国也是全球石化装置和石化产能最集中的地区，该区域每年都举办多场国际会议，从不限产、更不停产，几乎每天都是阳光明媚、蓝天白云；我们看到的日本大金公司厂区围墙外就是居民楼，几十年来一直和谐相处、共存共荣；我们去过的巴斯夫路德维希港基地已有154年、杜邦威明顿生产区已有217年，都是一直矗立在莱茵河和威明顿河边，一直都是当地居民引以为傲的企业。所以说，石化企业只要做到科学管理、本质安全，只要牢固树立责任关怀和可持续发展的理念，石化产业为人们生活水平的不断提升、为经济的高质量发展和人类社会的不断进步，就会作出更大的贡献！

二

我国石化产业"十四五"展望

我们认为:"十四五"时期经济社会以及各行业发展面临的国际国内环境与以往相比将有很大和很多的不同,国际环境正在经历百年未有之大变局,中国特色社会主义已经进入新时代,中国经济正在迈向高质量发展的新阶段,在这样的时刻、我们即将迎来的"十四五"将面临着什么样的环境和形势呢?

(一)我国石化产业"十四五"面临的形势

一是下行压力不会很快结束。今年的下行压力持续加大大家已经深有体会,中国石化行业前三季度营业收入仅增长1.1%,而利润总额同比下降19.1%,炼油板块更加严峻下降59.4%;很多跨国公司三季度息税前收益也都出现了较大幅度的下滑,美国经济三季度的增速只有1.9%,远低于年初3%的预期,德国、英国、日本等主要经济体的增速也不理想。OECD上周预测:今年全球经济增长再下调0.1个点为2.9%,明年也下调为2.9%,全球上市公司利润已连续4个季度下降。从目前的情况看,明年的下行压力将会进一步加大,至少"十四五"的前两年不会有明显改善。

二是中美贸易战短期难熄火。自2018下半年以来,美国到处挥舞贸易保护主义大棒,WTO报告:G20贸易壁垒已处于历史最高水平;美国执意挑起对我国的贸易战,不断加大对我国输美商品加征关税规模,并从多个方面采取单边主义和霸凌手段"极限施压",给我国发展带来严重挑战,也给世界经济造成严重冲击。我们再三向世界申明我们的原则立场:不愿打、不怕打、必要时不得不打这场贸易战。近期第一阶段协议即将签署,但美国遏制中国发展的图谋不会很快结束,对全球经济的影响也不会很快结束,这一点我们要有长期应对的思想准备,扎扎实实做好我们自己的事情。

三是环境压力不会很快改变。打好"防止污染攻坚战"是党中央确定的"三大攻坚战"之一，这也是中国经济迈向高质量发展新阶段面临的严峻挑战之一，更是人们对日益美好生活向往重点的关切点之一。又加上近几年石化行业重特大安全生产事故和环境事件时有发生，给人民生命财产造成重大损失、给社会和舆论环境都造成严重负面影响，社会的关切、各级政府的严管不会在短期内松动。虽然党中央、国务院已经认识到监督执法简单粗暴"一刀切"的危害，完全改变还需要时间，所以我们一定要把绿色发展摆在突出位置，不断增强"安全生产大于天"和"绿水青山就是金山银山"的理念，不断完善安全管理制度，不断强化安全生产责任，不断提升绿色可持续发展的水平，推动石化全行业本质安全上水平。

　　四是不确定性因素难以把握。世界和平的大趋势不会改变，但是大国博弈、局部战争、地域政治冲突等风险始终存在，全球经济发展的不确定性难以把握，如果特朗普明年实现连任，这种状况在"十四五"期间可能有增无减。对石化产业的不确定性主要体现在世界原油市场的波动，从"十三五"以来的情况看，油价受供求关系的影响在减弱，而受政治因素和商家炒作的影响在增强，深夜一个推特就可以造成第二天开盘的油价波动较大，时时都在牵动着人们的神经。2016年布伦特原油均价43.4美元／桶，2017年54美元／桶，2018年71.3美元／桶；今年前9个月64.5美元／桶。"十三五"以来的最高点在2018年10月、达到82.7美元／桶，最低点在2016年2月、31.9美元／桶，最高点是最低点的2.6倍；2019年前9个月的最高点是4月71.3美元／桶，最低点是8月59.01美元／桶，高点是低点的1.2倍。

　　五是市场竞争将进一步加剧。近几年中国石化产业抓住新的发展机遇，大型炼化一体化装置呈现出集中建设、集中投产的景象，这是中国石化产业发展历史上没有过的，也是世界石化产业发展过程中少有的。"十四五"期间将是中国石化产能集中释放期，可以预见的是：长兴岛恒力二期、舟山浙江石化二期、连云港盛虹石化、揭阳中石油、烟台裕龙岛、曹妃甸旭阳科技、辽东湾华锦阿美以及古雷石化、泉惠石化、湛江石化、钦州石化和镇海炼化、大亚湾中海壳牌三期等拟建和扩建的产能将投产。预计"十四五"末：原油一次加工能力将超过9亿吨／年，乙烯总产能将超过 5000 万吨／年，丙烯总产能将达到 5600 万吨／年；聚乙烯产能将达到 3300 万吨／年，聚丙烯产能将超过 3500 万吨／年；PX 产能将达到 4400 万吨／年，乙二醇产能将达到 2200 万吨／年；聚碳酸酯产能将超过 520 万吨／年。由此可见，石化产品的市场供需关系将发生较大转变，成品油及其大宗基础化学品的市场竞争将进一步加剧。

（二）我国石化产业"十四五"基本设想

鉴于以上分析，我们正在启动的石化产业"十四五"发展规划，在编制过程中不仅要立足世界石化产业发展与市场的大趋势、大背景和大环境，也要处理好"承上启下"与"承前启后"两个关系。"承上启下"就是把党中央国务院高质量发展的根本要求、"五大新发展理念"等经济发展的战略定位和部署，贯彻落实到石化产业"十四五"发展规划的目标任务中去。"承前启后"就是把石化产业已经奠定的基础、形成的优势，进一步巩固和做强；同时还要分析多年来积累的突出矛盾和短板，以问题为导向，加大整合、调整和优化力度，提升石化产业的整体竞争力；"承前启后"的另一个重要内容是，按照十九大"三步走"的战略部署，展望和部署好中长期石化产业发展的愿景和重点任务，为 2035 年实现石化强国的目标勾画清晰的路线图。

做好"十四五"规划的原则：第一既要突出重点、又要兼顾一般，规划既要突出重点目标、重点任务、组织实施重点工程，又要围绕结构调整和产业链延伸，兼顾论证好项目、石化基地和园区；既要突出重点培育具有国际竞争力大型企业集团，又要兼顾主导产品竞争力强的单项冠军企业；既要突出重点培育战略新兴产业，又要兼顾传统产业的转型升级和做强做优。第二既要立足自身实际、又要对标国际一流，认真分析石化行业、广大石化企业的现状、已形成的优势，以及已积累的矛盾、存在的问题和短板，在此基础上对标国际一流，充分展现优势、加大补短板力度，增强创新能力、深化国际合作，做强骨干企业、培育现代石化产业集群，向着石化强国的目标迈进。第三既要规划好明天、又要扎实做好今天，规划好明天固然重要，但做好今天更重要，今天和明天的辩证关系是：没有今天就不可能走向明天，做不好今天就有可能走不到明天。所以，我们一定要按照规划确立的目标，落实好每一个项目、组织好每一项工程、一步一个脚印地做好规划确定的任务，推动"十四五"年年有进步、不断取得新跨越。

总之，"十四五"期间石化产业的发展应当做好"四个不动摇"和"三个加大力度"，即瞄准石化强国的目标不动摇，坚持高质量发展不动摇，坚持创新驱动不动摇，坚持绿色发展不动摇；持续加大运行效益改善力度，加大现代石化产业集群培育力度，进一步加大国际交流与合作力度。因时间关系不再展开，待《石化产业"十四五"及中长期发展规划》定稿之时再作详解。

中国石化产业迎来新的发展机遇期，习近平总书记近年来接连视察湖北兴发、辽阳石化、大庆油田、烟台万华等石化企业，对石化产业创新发展取得的成绩给予充分肯定，也对石化产业未来高质量发展提出了明确要求。李克强总理去年在国务院常务会议上特别强调：石化产业是国民经济的重要支柱产业，要加强统筹规划、科学论证、合理布局，推动石化产业加快转型升级、增强国内保障能力。这都充分证明了党中央、国务院对石化产业的高度重视和殷切期望。"十四五"将是中国石化产业实现强国跨越的关键期，我们一定要抓住机遇、乘势而上，加大协同创新，实现合作共赢！以上内容，只代表个人观点，仅供同志们工作参考。

收官再布局　稳中再求进
持续推进石化产业高质量发展再创新局面*

由于新冠肺炎疫情的原因，今年的经济运行新闻发布会采用视频方式。刚刚走过的 2019 年，是新中国成立 70 周年，也是国内外风险挑战明显上升的一年，石化行业和广大企业贯彻落实党中央国务院的决策部署，按照年初确立的"稳字当头"和"八字方针"为统领的总体部署，紧扣高质量发展的根本要求，坚持新的发展理念，取得了全行业运营平稳、稳中有进和稳中向好的不易成绩。下面我就全行业经济运行的新特点和新变化作一回顾，并就 2020 年石化行业面临挑战和工作重点作一探讨。

2019 年石化行业经济运行的新特点

据国家统计局统计，2019 年石化全行业实现营业收入 12.3 万亿，同比增长 1.3%，利润总额 6683.7 亿元，同比下降 14.9%，进出口总额 7222 亿美元，同比下降 2.8%。我们进一步深入分析后，可以把 2019 年度行业运行的新特点概括为：一个平稳、三增三降和四个多年未有。

（1）一个平稳。即营业收入平稳增长，全年实现营业收入 12.3 万亿，同比增长 1.3%，其中油气板块增长 2.4%、炼油板块增长 4.6%，营业收入均实现了平稳增长。

---

* 这是 2020 年 3 月 3 日，傅向升同志在 2019 年度石化行业经济运行新闻发布视频会上的讲话。

（2）三增三降。一是产销量增长，效益下降。先看看产量：据统计的油气总产量和主要石化产品产量都是增长，其中原油增长 0.8%，天然气增长 9.8%，原油加工量同比增长 7.6%，化肥增长 3.6%、其中氮肥增长 5.3%（尿素增长 7.5%），纯碱增长 7.6%，合成树脂增长 9.3%、其中聚乙烯增长 10.7%、聚丙烯增长 13.8%、聚氯乙烯增长 2.2%、聚苯乙烯增长 17.7%，合成纤维单体增长 10.4%。再看看消费情况：原油表观消费增长 7.3%，天然气增长 8.7%，化肥折纯同比增长 3.6%、其中氮肥增长 2.2%（尿素增长 2.7%），烧碱折纯增长 1.6%，纯碱增长 7.3%，合成树脂增长 10.3%、其中聚乙烯增长 14.5%、聚丙烯增长 12.8%、聚氯乙烯增长 2.2%、聚苯乙烯增长 18.5%，合成纤维单体增长 9.4%。全行业利润总额下降，全行业实现利润总额同比下降 14.9%，其中炼油板块下降幅度最大 42.1%、化工板块下降 13.9%；全行业收入利润率 5.45%，低于上年度的 6.77%；化工板块中利润下降幅度较大的有肥料制造业下降 38%、基础化学品 30.5%、合成材料下降 7%。

二是运营成本增加，产品价格下降。全行业营业成本同比增加 3.1%，其中油气板块的同比增加 4.76%、炼油板块同比增加 8.4%，除化工板块微降外，两大板块的成本加大。产品价格下降，主要产品的价格看，全年石化产品的市场价格呈现跌势，原油布伦特全年均价 64.26 美元 / 桶、较上年下跌 9.9%，在监测的 39 种无机化工产品中全年均价上涨的只有 16 种、占 41%，84 种有机化学品中全年均价上涨的只有 14 种、占 16.7%，其中很多产品的环比、同比都呈现双下跌。无机产品中硫酸 12 月份价格同比下跌 41.9%、年均价格下跌 22.6%，烧碱 12 月份价格同比下跌 31.6%、年均价格下跌 24.1%，硫黄 12 月份价格同比下跌 57.8%、年均价格下跌 28.3%。有机化学品中乙烯 12 月份价格同比下跌 19.1%、年均价格下跌 29.3%，丙烯 12 月份价格同比下跌 12.4%、年均价格下跌 15.6%，甲醇 12 月份价格同比下跌 11.3%、年均价格下跌 25.4%，乙二醇 12 月份价格同比下跌 18.7%、年均价格下跌 33.7%。合成树脂中高密度聚乙烯 12 月份价格同比下跌 21.6%、年均价格下跌 19.7%，聚丙烯 12 月份价格同比下跌 14.1%、年均价格下跌 9.4%，PA66 12 月份价格同比下跌 36.8%、年均价格下跌17.2%，聚甲醛12月份价格同比下跌15%、年均价格下跌16.6%，聚酯12月份价格同比下跌23.5%、年均价格下跌17.3%，己内酰胺12月份价格同比下跌21.2%、年均价格下跌21.2%，丙烯腈12月份价格同比下跌6%、年均价格下跌18.1%，PTA12月份价格同比下跌28.3%、年均价格下跌11.5%。这也是全行业效益大幅下降的主要因素。

三是外贸交易量增加，进出口额下降。先看看进口情况：全年进口原油5.06亿吨、同比增长9.5%，进口天然气1348亿立方米，同比增长7.3%，进口有机化学品6085万吨、同比增长3.1%，进口合成树脂3366.8万吨、同比增长12.4%，这些产品的进口量均创历史新高。再看看出口情况：成品油出口5537.6万吨、同比增长20.2%，出口量继续保持较快增长；化肥实物量2773.7万吨，同比增长11.7%；聚酯出口344.3万吨，同比增长8.4%。进出口额下降，受中美贸易摩擦不断升级和世界经济增速放缓的影响，我国对外贸易总量虽然实现了逆势增长，但是石化行业全年进出口总额却同比下降2.8%，其中出口2269.5亿美元、下降1.8%，进口4952.6亿美元、下降3.3%，贸易逆差2683亿美元、缩减4.6%。

（3）**四个多年未有**。一是原油产量4年来首现正增长，2019年原油产量1.91亿吨，同比增长0.8%，这是近4年来产量连续下降、对外依存度持续攀升的情况下首次实现的正增长。

二是营业收入增速1.3%是4年来新低，2019年我国GDP增速6.1%，横向比在主要经济体中增速最快，但纵向比是我国30年来的最低增速，世界经济去年增速也是10年来新低，我国石化行业营业收入增速只有1.3%，这是近4年来新低。

三是全行业利润总额同比下降14.9%，这是近4年来未有，其中炼油板块下降42.1%是近5年来未有，化工板块同比下降13.9%是10年来未有。

四是进出口总额下降2.8%，是近3年来未有，这与世界石化产品价格低位、全球贸易低迷和贸易保护政策都有关系。

2019年石化产业发展的新变化

2019年石化全行业贯彻党的十九大和历次全会精神，贯彻中央经济工作会"六个稳"的总体部署，稳字当头、以"八字方针"统领各项工作，取得了稳中向好的许多新进展和新变化。主要体现在：

（1）**结构调整持续取得新成效**。全行业继续贯彻国务院《关于石化产业调结构促转型增效益的指导意见》，紧紧围绕石化领域供给侧结构性改革，坚持问题导向和市场引领"双驱动"，全行业和广大石化企业持续发力产业结构、产品结构、布局结构的调整。石油化工领域，随着大连恒力长兴岛一期和浙江石化舟山一期2套2000万吨/年炼化一体化装置分别于5月份投产和年底投料，我国原油一次加工能力总规模已超8.5亿吨/年，其规模集中度、整体技术水平和产业链协同等方面再上新的台阶；另一方面烯烃和芳烃的供给能力进一步提升，化工新材料、合成材料及其专用料的配套能力进一步改善，成品油产品结构的柴汽比进一步降低、国六和低硫船用燃料油的供给能力大大提升。化工领域，继续加大合成氨、化肥、纯碱、烧碱、电石等传统基础化工产品淘汰落后产能的力度，一批规模小、能耗高、技术水平不高、排放不达标的装置关停并转，一些为电子信息、新能源及新能源汽车等战略新兴产业配套的高端无机化工产品、化学试剂等新产品投放市场，低VOCs排放的新型环保涂料、低毒高效低残留的农药新品种和新剂型、水溶肥、缓控释肥、中微量元素肥等新型肥料品种走俏市场，并且成为一些企业经营逆势增长和新的利润增长点，石化全行业的产业结构、产品结构和布局结构的调整工作又取得新的成效。同时，我们还配合发改委、工信部等相关部委就《产业结构调整指导目录》《重点新材料首批次应用示范目录》《石化行业产业政策评估》《石化行业高质量发展研究》《炼油行业能效水平评价与提升》等相关产业政策进行深入研究，组织编写并及时发布《重点石化产品产能预警报告（2019版）》《2019年现代煤化工产能预警报告》等，为推动石化领域产业政策的制修订、石化产业结构调整与优化和转型升级，都发挥了很好的智库和参谋作用。

（2）创新驱动不断取得新成果。科技创新是推动发展的重要动力，石化全行业和广大石化企业始终把创新驱动战略置于一切工作的首位，瞄准重大关键技术、核心技术和"卡脖子"技术及其关键设备，在协同攻关、创新平台建设、人才培养等方面不断取得新进步和新成果。紧紧围绕"十三五"确立的化工新材料、新能源、专用化学品、节能环保新技术、现代煤化工五大重点领域，组织实施《2019年度联合会科技指导计划》，推荐了7项国家重点研发计划项目，认定了2个行业工程研究中心、5个工程实验室和重点实验室。完成了《产业关键共性技术发展指南（2019年）》编制工作，并组织推荐了14项产业关键共性技术；成功组织并召开了"第三届重点高校和企业的创新交流对接会"；有53家技术创新优秀企业获得认定，其中新认定15家、通过复审38家。科技奖励成果丰硕，共受理485项科技奖申报，经专家网评和现场答辩，共有245项科技成果获技术发明奖和科技进步奖，还评出青年科技突出贡献奖15位、创新团队奖5个、赵永镐科技创新奖2人、国际科技合作奖2项，评出专利金奖8项、专利优秀奖42项。我们推荐的重大科技成果中有7项获国家奖，其中2项国家技术发明、5项国家科技进步；我们组织推荐的专利成果中有3项获"中国专利奖"，其中1项国家专利金奖、2项专利优秀奖。这一年我们还取得了"400万吨煤炭间接液化示范项目""浆态床费托合成新型铁基催化剂及应用技术"等近200项行业科技创新的重大成果，都顺利通过了现场考评和专家鉴定。

此外，石化全行业的管理创新和商业模式创新也不断取得新进展，2019年又有中策橡胶、云天化、宜宾天原等一批企业的105项成果获管理创新奖，其中一等奖33项。

（3）绿色发展水平迈上新台阶。绿色发展是石化产业高质量发展的必然选择，也是石化产业可持续发展的关键。一年来，石化全行业和广大石化企业自觉践行绿色与可持续发展理念，不断开创石化行业绿色发展的新局面。为贯彻落实发改委、工信部《关于促进石化产业绿色发展指导意见》和联合会印发的《石化产业绿色发展专项行动计划》的部署和要求，年初我们研究制定了《2019年推进绿色发展总体实施方案》，围绕绿色制造示范体系建设、安全环保管理提升、绿色工艺技术装备推广等八个方面提出了任务目标，明确了工作计划。一年来组织相关单位积极推进绿色发展标准体系建设，在重点做好绿色产品、绿色工厂等行标和团标的同时，全年共上报490项标准计划，其中新材料等重点领域的标准项目占92%以上；积极组织专家对《石化绿色工艺名录》《国家危险废物名录（征求意见稿）》《优先控制化学品名录（第二批）》《危险废物鉴别标准通则（征求意见稿）》《煤制烯烃绿色工厂评价导则》《煤化工含盐废水处理技术规范》等认真研究，及时反馈行业的意见和企业的合理诉求。又有9家企业列入国家级绿色工厂、12种产品列入国家级绿色产品，截至目前经联合会认定的绿色工厂有125家、绿色产品258种，绿色石化园区9家；其中52家工厂被工信部认定为国家级绿色工厂、86种产品被认定为国家级绿色产品。针对"11·28"张家口爆炸事故，新年伊始在氯碱、氮肥、纯碱、炼油和煤化工5大领域开展了安全环保提升专项行动，以专家现场诊断的方式，对相关企业安全理念、现场管理、应急处置、人员配备等方面提出建议和改进措施，为促进石化企业和行业安全管理水平提升起到了很好的指导和推动作用。按照国务院77号文的要求，配合工信部积极推动危化品企业搬迁改造工作；持续开展行业能效领跑者活动，现已扩大至20个产品、涉及33个工艺，并推荐原油加工、甲醇、电石、烧碱4个产品入选国家"能效领跑者"发布名录。以上对促进全行业能效水平提升、责任关怀、解决环境突出问题和石化产业绿色发展的整体水平，都具有强力的推动作用。

（4）国际交流与合作拓展新空间。国际经济一体化是不可逆转的大趋势，我国石化行业和广大石化企业不断提升国际化经营与管理能力和水平，不断深化国际交流与合作的深度，不断拓展国际交流与合作的新空间，积极开展与国际组织和发达国家化工行业组织的对话与交流。中国石化联合会已成为国际化工协会联合会（ICCA）的正式会员，通过参加每年在欧洲举办的ICCA理事会年会、在美国举办的世界石化大会等重要的国际会议，就共同关注的议题和理念展开充分的沟通和交流。我们每年组织的中外石化跨国企业高层对话会、中国国际石化大会、国际化工展及新创办的石化产业周、亚洲炼油和石化科技大会、石化园区发展论坛、现代煤化工国际会议以及每年到欧洲、南美、印度、东南亚和"一带一路"国家举办的农药、染料等专业展会和论坛，都已成为石化领域对外交流与国际合作的重要平台和知名品牌，不仅成为国际社会了解中国石化产业的重要窗口，也是中国石化企业开展国际交流与合作的重要渠道。每年举办的中日石化产业对话会成效明显，深受中日两国石化领域的企业和企业家们欢迎。中国石化联合会与ICCA、国际化学品制造商协会（AICM）、世界塑料理事会（WPC）、终止塑料废弃物联盟（AEPW）以及联合国环境规划署、携手可持续发展（TFS）等国际组织建立了顺畅而良好的沟通与合作机制，每年就共同关注的碳排放、责任关怀、可持续发展、化学品监管、塑料污染等议题，都会开展多轮对话与沟通，共同推进发展理念的宣贯和共性问题的解决。同时，充分发挥外资委和石化产业国际产能合作联盟的作用，配合发改委、商务部等开展石化行业国际产能合作的政策与课题研究，积极促进石化企业与"一带一路"沿线国家之间合作，在项目落地、园区共建、工程承包、互惠互利等方面都取得新的进展与成效。

（5）**重点企业的骨干作用日益明显**。按照党中央国务院关于培育具有全球竞争力的世界一流公司的部署，近年来广大石化企业在做强主业、做强核心竞争力的同时，突出创新和国际化经营能力的提升，强化与具有全球竞争力的跨国公司的对标，加快创建国际一流公司的步伐。近年来成长起中石油、中石化、中海油、中化等一批世界500强的特大型石化企业，成长起烟台万华、浙江新和成、华峰集团、鲁西集团等一批创新能力强、核心竞争力强的单项冠军企业，这都是我们实现石化大国向强国跨越的坚实基础和强力支撑。从节前我们召开的六大公司座谈会上看，重点企业的骨干作用日益显现，2019年世界石化产业和众多跨国公司都感受到了全球经济下行压力巨大，我国石化全行业的效益也是出现了大幅下滑，从六大公司的快报获悉，六大公司实现销售收入7.8万亿，占全行业的63.4%，实现利润总额4000亿，接近全行业利润总额的60%、原油和天然气国内产量的100%，原油加工量超过总加工量的75%，烯烃产量约占全国的70%。再次证明重点企业是培育和创建世界一流公司的骨干和基础，也是我国石化全行业平稳运行和高质量发展的重要支撑和保障。

（6）园区规范化管理又有新提升。石化产业的园区化、基地化、炼化一体化是发达国家的成功实践，也是我国石化产业高质量发展的趋势和必然途径，石化园区在产业集聚和产业链协同、土地集约利用、资源循环和能源互供、集中管理和公用工程共享等方面，都发挥着越来越重要的作用。据 2018 年底的统计，全国共有石化园区 676 家，其中产值 500 亿元以上的有 47 家、约占 7%，产值 100 亿元以下的有 405 家、约占 60%；可见，我国石化园区数量多、规模小、布局分散、产业集聚度不高的问题比较突出。因此，"十三五"以来我们加大国内外石化园区的交流与互动，组织国内园区和石化企业强化与国际一流的石化园区和炼化一体化基地参观学习，开展深入考察和交流。在石化园区管理与发展方面，按照工信部的要求继续推进智慧化工园区的试点示范，又有 6 家列入试点示范名单，另有 28 家被评为智慧化工园区创建单位；受发改委委托开展绿色石化园区创建工作，经专家考评有 6 家被评为绿色化工园区、另 6 家列为绿色化工园区创建名录，同时充分发挥新型工业化示范基地联盟的作用，定期交流新型工业化示范基地和石化园区循环化改造的经验与做法。为强化石化园区的规范管理，积极推动并组织开展《绿色石化园区评价通则》《化工园区综合评价导则》《智慧化工园区建设指南》以及《化工园区开发建设导则》等国标、行标或团体标准的制定工作，有的已颁布、有的已完成征求意见。完成了《世界级化工园区及化工产业集群》的课题研究，为了引领石化园区的管理提升和高质量发展，每年严格标准和程序开展的"中国化工园区 30 强""潜力 10 强"等，不仅在我国石化产业的发展中占有越来越重要地位、发挥越来越重要的作用，而且是我国众多石化园区的标杆和先进代表，已经成为石化园区管理与发展一张亮丽的名片，得到社会和跨国公司的公认和赞誉。上海、大亚湾、宁波、南京、大榭岛、泰兴、沧州临港等一批先进园区正在向世界一流的石化基地和化工园区迈进，长兴岛、古雷、湛江、钦州、裕龙岛等一批发展潜力强的石化园区正在快速成长，榆林、宁东、鄂尔多斯、准东等 4 个现代煤化工基地，也在试点与示范中探索与石化产业互补与差异化的发展之路。山东、江苏、浙江、湖北、辽宁等省市，积极开展对石化园区的认定与规范化管理整治提升，经过多方努力和共同发力，石化园区管理的规范化水平明显提升，为培育现代石化产业集群奠定了良好的基础。

2019年，在面临世界经济下行压力持续加大、不确定性因素不断增加、国际国内环境更加严峻复杂的情况下，石化全行业实现了稳中有进和稳中向好的总体态势，稳中有进是指结构调整、创新驱动、绿色发展、国际一流等方面又取得明显进步，稳中向好是说石化全行业高质量发展的关键要素又取得新突破和新进展。这些成绩的取得来之不易，这是石化全行业贯彻落实党中央国务院决策部署的结果，是广大石化企业和企业家们直面挑战、努力拼搏的结果，是全系统广大干部职工和科技工作者不断创新、埋头苦干的结果。在此，我代表石化联合会党委、代表李寿生会长，对石化企业和企业家们、对广大石化人和科技创新人员致以崇高的敬意！

2020年石化行业面临的挑战与机遇

基于去年的运行现状，我们分析：2020石化行业的健康可持续发展既面临着严峻的挑战，也有着难得的机遇。严峻复杂的挑战主要有：

（1）**下行压力持续加大的风险尚存。**2019年下行压力持续加大的状况恐怕大家都感受到了，春节前后我跟很多跨国公司交流了解到：大多数跨国公司去年效益大幅下滑。IMF在达沃斯论坛时发布报告：2019年世界经济增长仅2.9%，是十年来的低点；并对2020年和2021年世界经济增长的预测再次下调为3.3%和3.4%。美国商务部1月30日公布2019年美国经济增长2.3%，低于美国政府年初3%的预期，也低于上年度2.9%的增速。欧盟统计局1月31日公布：19个欧元区国家2019年经济仅增长1.2%，创2013年来最低增速，欧盟28个国家2019年最后一个季度经济增长只有0.1%。从多家国际知名机构的预测来看，2020年的下行压力不会有明显改观、有进一步加大的风险。

（2）**不确定性因素增减无常**。世界和平的大趋势不会改变，但是大国博弈、局部战争、地域政治冲突等风险始终存在，这次新冠肺炎的爆发及其影响就属于突发事件，1月21日达沃斯论坛开幕的当天没人提及新冠肺炎会肆虐全球，可见全球经济发展的不确定性增减无常。从全球坐标系看：北南向的俄印相对可期，不确定性主要呈现在东西向，而东向最大的不确定性是全球第一大经济体美国进入选举年，更因为特朗普的个性使然，如果实现了连任，增减无常的不确定性将会延续；西向的最大不确定性在波斯湾，如果美伊对抗继续升级、进而爆发战争的话，对全球经济都将造成严重冲击。对中国经济而言，东向最大的不确定性是中美贸易摩擦，虽然第一阶段协议已签署，但关键在执行、关键在特朗普的善变，不仅因为第二阶段的协议谈判更加艰难，而是因为如果第一阶段协议的签署只是选举的策略之一的话，不确定性将更加无常。习近平总书记在中央经济工作会上讲：美国对我国进行全方位遏制打压，是美国朝野的一种共识，在打压我国经济发展问题上不会收手、罢手，翻手为云覆手为雨，达成了也照样不确定。所以中美贸易摩擦不会短期内结束，我们必须充分认识中美战略博弈的长期性、复杂性和艰巨性，一定要有长期应对的准备。对中国经济西向的最大不确定性在英国脱欧，经过近4年的吵闹，虽然英国议会和欧盟议会都已通过英国1月31日脱欧的方案，但是过渡期是到12月31日，需要具体谈判的内容还将继续争吵，苏格兰是否再次公投以及北爱尔兰边界问题，也是悬而未决的事项，这必将影响英国和欧盟的经济增长，进而影响世界经济。

（3）**环境压力难以短期缓解**。打好"防止污染攻坚战"是党中央确定的"三打攻坚战"之一，这也是中国经济迈向高质量发展新阶段面临的严峻挑战之一，更是人们对日益美好生活向往重点的关切点之一。又加上近几年石化行业重特大安全生产事故和环境事件时有发生，给人民生命财产造成重大损失、给社会和舆论环境都造成严重负面影响，社会的关切、各级政府的严管不会在短期内松动。虽然中央国务院已经认识到监督执法简单粗暴"一刀切"的危害，完全改变还需要时间。习近平总书记在中央经济工作会上特别强调：今年底如期实现全面建成小康社会的目标，可是到时候环境污染严重、雾霾满天、饮水不安全、环境脏乱差,人民群众怎么能认可这样的小康社会?我们必须要有清醒的认识,不能以这样那样的理由放松这方面的工作,要坚持方向不变、力度不减。所以我们一定要把绿色发展摆在突出位置,不断增强"安全生产大于天"和"绿水青山就是金山银山"的理念,不断完善安全管理制度,不断强化安全生产责任,不断提升绿色可持续发展的水平,推动石化全行业本质安全上水平。

(4)对外依存度持续攀升。2018年中国进口原油和天然气双双成为世界第一大国,"十三五"期间原油、天然气的进口量逐年增加,对外依存度逐年攀升。原油2016年进口量3.8亿吨,对外依存度65.4%;2017年进口量4.2亿吨,对外依存度68.4%;2018年进口量4.62亿吨,对外依存度70.8%;2019年进口量5.06亿吨,对外依存度72.6%。天然气2016年进口量752.4亿立方米,对外依存度32.9%;2017年进口量955亿立方米,对外依存度38.4%;2018年进口量1257亿立方米,对外依存度43.2%;2019年进口量1348亿立方米,对外依存度43%。

(5)结构性过剩难以根本改变。"低端过剩,高端短缺"的结构性矛盾仍然十分突出,贸易逆差连年增加,2016年全行业贸易逆差1360.8亿美元,2017年增加到1974亿美元,2018年同比大增42.5%、逆差高达2833亿美元,2019年全行业贸易逆差2683亿美元,同比有所下降4.6%,但总额仍然较大,其中合成树脂进口量增加12.4%、聚乙烯增长18.8%、聚丙烯增长6.4%、聚苯乙烯增长13.6%、聚碳酸酯增长12.8%,农药进口量增14%,化工新材料、专用化学品等高端产品的进口量都有不同程度的增加。另一个需要我们高度关注的就是:近几年我国大型炼化一体化装置呈现出集中建设、集中投产的景象,这是中国石化产业发展历史上没有过的,也是世界石化产业发展过程中少有的。当前的炼油产能、芳烃产能呈现出供过于求的状况,而从已开工和拟开工的建设项目看,恒力二期、浙石化二期、盛虹石化、中石油揭阳以及古雷石化、湛江石化、钦州石化和中海壳牌三期等拟建和扩建的产能都在布局中,炼化一体化装置及其芳烃、烯烃产能的快速增长,市场竞争将更趋激烈。我们必须高度重视全球石化市场供需关系这种较大转变,我国成品油及其乙二醇、PX等大宗基础化学品的市场竞争将进一步加剧。

分析了面临的挑战和不确定性，新一年经济发展的新机遇也应当有个基本判断，就国际经济环境来看应当谨慎乐观，1月8日，世界银行发布了最新一期《全球经济展望》，预测2020年，全球经济随着贸易紧张关系的缓解和各国政策的实施，增速将比2019年的2.4%小幅回升到2.5%，尤其是新兴经济体和发展中国家其复苏可能会更为强劲，将由2019年的3.5%升至4.1%。IMF在1月下旬达沃斯论坛期间预计2020年全球经济增速为3.3%、高于去年的2.9%。

就国内经济来说长期向好不变，2019年的6.1%是经济总量万亿美元以上经济体中增速最快的，这两年的实际增量：2018年的增量相当于澳大利亚的经济总量，2019年的增量接近俄罗斯的经济总量。有机构测算过：即使增速5%，每年的新增量也是世界最大的，对全球经济增长的贡献约30%，所以说我国稳中向好、长期向好的基本趋势没有变。中央经济工作会议确定了今年经济增长6%左右的预期目标，符合客观实际、有利于引导社会预期，并提出继续实施积极的财政政策和稳健的货币政策、继续加大减税降费的力度，发力"三大产业"的高质量发展和中小企业的可持续发展、构建区域经济协同发展的新动力源，这些政策都将有利于我们转变发展理念、提高发展质量、优化产业结构，并提供强有力的推动和保障。

就我国石化产业的发展来看潜力巨大，我国不仅人口众多、市场需求和潜力大，而且是世界第一制造业大国，汽车工业、电子信息、家用电器以及新能源、航空航天等高端制造业和战略新兴产业发展更快，对石化产品有着现实的市场需求和巨大的潜力，从每年大量进口合成树脂、有机化学品、专用化学品及化工新型材料、高端膜材料、高端纤维材料等就是明证，从巴斯夫、埃克森美孚、沙特阿美、三菱化学等跨国公司纷纷布局中国也可见一斑。所以，我国石化产业的未来，在面临着挑战的同时，也有着难得的机遇，关键是要强化创新、要做好高质量发展，实现稳中向好的总目标是有底气的。

四

2020年石化产业再创新局面的思路和思考

2020年,既是全面建成小康社会的关键之年,也是实现第一个百年目标的关键之年;既是"十三五"的收官之年,也是"十四五"的布局之年。突出重点、抓住主要矛盾,圆满完成石化全行业高质量发展的各项任务,确保"十三五"任务目标的圆满收官,至关重要、意义重大!因此,我们提出2020年石化全行业高质量运行的总体思路是:以习近平新时代中国特色社会主义思想为指导,贯彻落实党的十九大及历次全会和中央经济工作会议精神,坚持稳中求进的总基调,坚持新发展理念,坚持供给侧结构性改革为主线,按照高质量发展的根本要求,抓住创新驱动和绿色发展两大发展战略不动摇,加大传统产业转型升级的力度,加大培育国际一流企业的力度,加大现代石化产业集群的培育力度,既要确保"十三五"收好官,又要瞄准石化强国跨越的奋斗目标布好局,不惧困难,勇于创新,确保石化全行业经济运行稳中向好再上新台阶,确保石化产业高质量发展实现新跨越。这就要求我们应当坚持问题导向、目标导向和结果导向,进一步提升石化产业高质量发展的水平,有六大问题需要我们高度关注,更值得我们认真研究、深入思考:

(1)**稳与进的问题**。稳是进的基础、进是稳的目标,稳与进是当前和今后一段时期,做好经济工作必须高度关注并认真研究的问题。"稳中求进"是十八大以来党中央确立的经济工作的总基调,这不仅是基于全球经济下行压力持续加大提出的,更是基于我国经济发展正在迈向高质量发展的新阶段提出的,过去两位数的高速增长时代已成为过去,过去的大进大出、高投入、高消耗、粗放型的发展模式已不适应新发展阶段的要求;再说经济总量已达100万亿规模,若继续追求两位数的高速增长是不现实的,也是不可持续、不符合经济发展规律的。但是,中国现在和未来很长时期仍将处于社会主义初级阶段,人均收入刚刚跨进1万美元门槛,尚属于中等发达水平,离人均1.36万美元的发达水平还有不小的差距、离美欧等发达国家和地区的水平差距更大，所以保持中高速增长是实现两个百年目标的总要求，也是人们对日益美好生活向往的基本要求，"稳"就成为一切工作的基础。我国当前社会的主要矛盾"发展不平衡不充分"的问题还十分突出，就经济领域的表现看：产业布局不尽合理、生产效率不高、资源能源浪费以及基础产品过剩、高端产品短缺的问题在国民经济的各行各业都是存在的，所以这几年中央经济工作会议连续强调"稳中求进"，如果只强调"稳"、不强调"进"，就只抓住了矛盾的一个面，而忽视了矛盾的另一个、也是矛盾的主要面。新的一年，我们一定按照"稳中求进"的总基调，稳字当先，在确保平稳的基础上，要求进、求好，这就要求石化全行业和广大石化企业在不断改善和提升行业运行质量和效益的前提下，在结构调整和优化上狠下功夫，在科技创新和管理创新上狠下功夫，在本质安全和绿色发展上狠下功夫，强化与国际先进水平的对标，努力争取石化产业高质量发展新的进步和新的提升。

（2）**收好官与布好局的问题**。今年是"十三五"的收官之年，也是"十四五"的布局之年，收好官与布好局就是今年各项工作的一条主线，而收好官是布好局的前提和基础。收好官就要求我们认真对照和回顾"十三五"规划的发展目标、重点任务是否完成，认真总结和梳理石化产业已经奠定的基础、形成的优势，也要系统分析多年来积累的突出问题、主要矛盾和短板，更要认真研究离石化强国的目标还存在哪些差距。这些收官的工作做扎实了，就为"十四五"发展布好局创造了良好条件和坚实的基础。"十四五"规划工作党中央国务院及各有关部委都很重视，发改委和工信部也都高度重视石化产业"十四五"发展规划的编制，寿生会长去年四季度开始就亲自带队展开"十四五"规划的前期调研，在5个调研组对25个省区市、64家石化园区、近200家企业调研的基础上，已开展了深入交流与研讨。编制石化产业"十四五"规划是今年全行业及各企业的一项重点工作，初步安排是6月底形成初稿，在广泛征求意见的基础上，于年内编制完成《石油和化学工业"十四五"发展规划》及科技创新、绿色发展、石油化工、化工新材料、现代煤化工、石化园区等专项规划，确立"十四五"石化产业高质量发展的奋斗目标、重点任务和思路措施，勾画中长期实现石化强国目标的路线图。各企业、各单位、各园区都要立足自身实际，认真做好自己的"十三五"收官与"十四五"及中长期的发展规划，明确具有全球竞争力的国际一流的努力方向和奋斗目标。

（3）旧产业与新业态的问题。也就是传统产业与战略新兴产业的问题，这是一个长期被忽视了的问题。由于过去的惯性思维，片面追求速度、过分强调增量，把更多的精力花在了大投入、大基地和新建上，忽视了对传统产业和老工业基地的升级改造。很多地方、很多人在很多场合大谈战略新兴产业、阔论新旧动能转换时，却忽视了传统产业是战略新兴产业的基础，忽视了发达国家、工业强国和经济强国都是在坚实而强大的传统产业基础上发展起来，离开了传统产业谈战略新兴产业就像雨后彩虹、只可能成为海市蜃楼。我国经过70年的发展有着坚实的工业基础和完整的工业体系，由于我们工业化的时间还不够长、工业化的阶段正在向中后期过渡，据工信部的统计我国工业经济中传统产业的占比约80%，传统产业仍然是目前我国工业经济和社会稳定的"基本盘"。石化产业也是如此，大宗基础化学品和传统石化产业仍然是我国石化产业结构的主体，新中国成立以来、尤其是改革开放初期大规模建设和形成的石化企业和石化基地，仍然是我国石化产业的重要组成部分、并且正在发挥着重要的作用。我们一定要辩证地认识：传统产业是战略新兴产业的基础，传统产业通过创新和技术改造可以转化和升级为新兴产业，很多传统产品通过技术创新可以成为战略新兴产业和高端制造业配套不可或缺的专用化学品，老的石化基地通过改造提升和转型升级，是经济发展过程中投入少、见效快的一条捷径，德国巴斯夫的路德维希港生产基地150多年的发展过程、美国杜邦公司威名顿生产基地近220年历史长河中，都是在不断改造提升和升级中一直立于世界先进化工基地之巅，这些都值得我们在后工业化和高质量发展过程中借鉴和学习。所以，这就启示我们在加大创新培育战略新兴产业的过程中，不能忽视传统产业的技术改造和转型升级，既要重视新基地和新项目的建设，更要重视老石化基地和原有基础好、主业突出、管理水平高的石化企业的改造与提升。同时，注重加大具有全球竞争力的世界一流企业和现代石化产业集群的培育力度，努力打造可持续发展能力强的企业群体和产业链集聚度高、协同性强的产业集群。

（4）风险防范与可持续发展的问题。风险防范是企业可持续发展的关键，可持续发展是经济发达国家和地区、尤其是跨国公司多年来一直尊崇的发展理念。防范和化解重大风险是中央确定的"三大攻坚战"之一，原来的理解主要是防范和化解金融风险，而去年的调研和很多企业发生的事件证明，石化企业的风险防范已上升为一项重要而关键的工作。改革开放以来，很多企业走上了快速发展时期；新世纪以来很多企业又开启了做大的阶段，兼并重组式的跑马圈地成为新世纪前十年企业做大做强的主要特征，当很多企业纷纷成为世界500强、中国企业500强的时候，做强做优成为各企业"十三五"以来的重点目标，在跑马圈地的过程中资金占用不断增加、负债率也持续攀升，要实现精耕细作、精细化管理恐怕需要时间，要实现高效运营、高质量发展恐怕需时更长，这类大型企业集团的风险防范有其自身的特点。对于广大石化企业一是严加防范安全风险和环境风险，这是石化企业及其产品的特点决定的，去年天嘉宜血淋淋的代价警醒我们，没有安全是无从谈可持续发展的，没有安全做保障，企业多年的心血有可能瞬间化为乌有，甚至殃及周边的企业、损害整个园区；环境风险也不可回避，近几年有的企业或园区在这方面也付出了巨大代价、有着深刻的教训，因此石化全行业和石化企业一定要做好本质安全、严防安全风险，高度重视环境生态保护、确保不发生环境风险。二是防范资金风险，有些企业借助金融和资本市场或发行企业债实现了快速发展和规模的扩张，有些贷款是企业间互保，企业间的互保一时看互有帮衬，但是一旦一家企业经营不善或发生资金危机或因银行收紧银根不再续贷，就会产生连锁反应、危及相关联的企业；有些企业发行的企业债因到期不能兑付而难以续发，不仅给企业带来资金和经营风险，对企业的信用和社会形象都造成负面影响，这些情况去年在有的地区和石化企业时有发生，尤其是一些地方企业和中小企业更为严重些。当前，经济的下行压力持续加大、经济环境日益严峻复杂、不确定性因素不断增加，企业的效益不断下滑，这就要求我们的企业和企业家们要高度防范资金风险，在稳字当先、稳健经营的前提下，高度重视企业的现金流，强化内部挖潜、强化成本管理、努力降低企业负债率。三是合规经营，这是一个目前我们尚未重视、而跨国公司已经高度重视、被列入企业可持续发展关键要素的风险防范的重点，跨国公司的高管层都设有专门负责合规经营的领导，确保企业的运营符合法律法规以及国际公约的要求，确保不发生法律法规和履行国际公约方面的风险。这几年有些企业甚至是上市公司在合规经营方面吃过一些苦头，教训值得总结、也是深刻的。因此，广大石化企业和企业家们一定要高度重视风险防范和企业的可持续发展，从身边的案例和经验教训中，不断强化风险意识，守住风险底线，既要防范"黑天鹅"、又要防范"灰犀牛"，确保企业生产经营和管理过程中不发生系统性风险，确保企业的可持续发展。

（5）过剩与竞争的问题。竞争是市场经济的特征，过剩是市场竞争的物质基础，也为竞争创造了必要的条件。但是，严重过剩是不可取的，是资本主义国家和发达经济体血淋淋的教训换来的，资本主义初期由于资本家的贪婪性其经济走的是"供需平衡－严重过剩－经济危机－再平衡"的循环之路，每一次危机达到再平衡都会造成大量物质与财富的浪费，也使人们的生活水平大幅度后退。所以说过剩应当有一个合理的度，通常工业装置的开工率一般在80%～85%；否则产能严重过剩，市场竞争将会加剧、甚至发生无序竞争或恶性竞争，不仅投资回报率难以达到预期，甚至会造成难以挽回的投资损失。纵观二战以来的经济发展史，发达经济体市场体系的完备与成熟，因金融危机引发的经济危机发生过，但是像上世纪三十年代因产能严重过剩造成的经济大危机基本没有重演过。今天我国石化行业产能过剩的担忧日益加重，不仅是担心氮肥、纯碱、烧碱、电石、轮胎等大宗基础产品的过剩，当前最忧虑的是炼油、芳烃、聚酯、甚至烯烃、有机硅、聚碳酸酯等过去短缺的化学品，近几年炼化一体化装置的集中建设、集中投产，我国的炼油能力已超过8.5亿吨/年，产能利用率约76%，与世界平均水平还有一定的差距，成品油年出口量高达5537.6万吨；据统计，乙烯2019年全球新增产能610万吨/年，其中中国增加213万吨／年，预计2020年仅中国将新增600万吨／年；聚乙烯2019年全球新增产能695万吨／年，2020年将再增834万吨／年；就市场需求看，乙烯、聚乙烯国内市场缺口还较大，但就全球来看2019年全球聚乙烯市场已陷入供应过剩的困境，2020年将面临更大的过剩压力。前几年国内大量进口的PX，2019年中国新增产能1075万吨／年，同比产能增加77.5%、产量增加40%，据预测2020年全球总产能6487万吨／年，而需求量不到5000万吨／年，可见全球市场已经饱和；预计今年再增180万吨／年、"十四五"末我国产能将达3800万吨／年、而需求量约3500万吨／年，届时国内产需也呈现供过于求，这种全球市场已现供过于求状况下的集中扩能现象，必须引起我们的高度重视。从今年开始，除国务院《石化产业规划布局方案》规划部署的国家重点基地和重大项目外，新建和扩建炼油项目以及新建PX和乙烯项目一律严控、不得违规审批，重点是深化供给侧结构性改革，把石化产业的创新和高质量发展放在更加突出的位置。

（6）**国内与国际的问题**。国内和国际已是一个不可分割、相互影响的有机体，因为全球经济的一体化已经深度融合，不仅是你中有我、我中有你，而且是相互配套、相互依存，已经形成全球供需循环的大体系。中国的地位和作用越来越突出，据《福布斯》测算中国经济对世界经济增量的贡献为1.36万亿美元、比美国0.7万亿美元几乎高出一倍，我国石化产业也是如此，据巴斯夫、美国化学理事会等跨国公司和行业组织测算，中国石化产业对世界石化产业增长的贡献接近40%，而且会越来越重要、2030年贡献占比将达50%。在这样的背景之下，任何产业的发展布局、战略定位和目标市场等都不能局限于国内，必须拓展并放宽我们的视野，不论是石油化工、还是现代煤化工，不论是有机化学品、还是化工新材料，研究发展战略、思路和目标时，一定要放眼和立足于世界石化产业的大平台、大背景和大体系，一是产能和规模都必须以世界市场的供需为背景来论证，不能仅仅看到国内市场缺口大就盲目决策、盲目投资，这一点石油输出国组织及时分析世界原油供需状况、稳定原油产量、稳定市场的做法值得借鉴；二是新上具体项目和产品的竞争力分析，也要立足世界大平台进行论证，同一种产品在不同的地域组织生产，由于其原料成本、劳动力市场等要素配置的不同，其竞争力就会差别很大，例如乙烯：因为北美和海湾地区轻烃资源的成本优势、尤其是美国大规模新建乙烷裂解装置，北美和海湾地区的乙烯就比其他地方传统的石脑油裂解工艺具有更强的竞争优势；丙烷脱氢制丙烯也是如此，近几年国内新上了十几套丙烷脱氢制丙烯的装置，前几年运行效果和企业效益都不错，可是去年开始一边是美国进口液化丙烷被迫加征反制性关税，另一边是沙特宣布将提高丙烷的出厂价格，从今年开始国内新建的丙烷脱氢装置将面临更大的成本压力。还有就是我国独有的现代煤化工产业，其创新水平和国家能源战略的意义毋庸多言，具体到产品的竞争力，由于其煤制油、制气、制烯烃、乙二醇等产品殊途同归到了石化产品的序列，当然差异化是其选择途径之一，但是产品的竞争力分析也必须放到石化产业的大平台和大体系中慎重论证。近几年这些石化产业的典型案例值得我们在收官"十三五"和布局"十四五"的过程中，认真总结、深入思考。

春节前夕突发新冠肺炎疫情，严重威胁人民的生命安全，广大石化企业和全系统干部职工积极行动起来，为打好疫情阻击战提供了大量的口罩材料、医用防护材料、防菌消毒产品以及药品生产原料、输液注射用品及材料、包装材料等急需产品，也为快速建成雷神山、火神山医院提供了大量的新型建筑材料，在人民生命受到严重威胁的时刻，再次显示了化学品的不可或缺和不可替代性，也再次证明了化学品和化工材料的极其重要性，更显示了广大石化企业和石化人不畏艰险、勇于担当的责任感和奉献精神；2月下旬以来，广大石化企业和全系统干部职工贯彻党中央国务院复产复工的部署和要求，在做好防疫、确保疫情不扩散的前提下，又投入到开足马力保春耕、保市场的行动中，当前广大石化企业和干部职工都在一边抗击疫情、一边稳定生产，都在生产一线和自己的岗位上为确保全年任务目标的完成而努力。新一年的开始，我们就遇到了人类历史上罕见的挑战，希望广大石化企业和干部职工面对严峻的形势和更加复杂的环境，把困难和挑战估计得更充分一些，同时也要坚信有党中央的坚强领导，只要我们团结一心、共克时艰，只要我们只争朝夕、不负韶华，不断创新、务实进取，就一定能够战胜一切困难，取得石化行业稳中求进的新业绩！就一定能够再创石化产业高质量发展的新局面！为实现石化强国的目标和中华民族伟大复兴做出新的贡献！谢谢大家！

我国石化产业纵横简论*

前一阶段有金融机构约我谈谈石化产业的现状与未来，当然他们更关心金融系统在石化产业的机遇所在？当前中国石化产品市场的供需状况？以及不同所有制、不同规模、不同产业链的竞争力所在？跟他们聊过以后，他们认为对石化产业的过去与将来、市场供需矛盾以及产业链和竞争力分析等都深受启发、很有帮助。应大家的建议，今天将部分内容加以编辑，也许对您了解石化产业、或对您的工作有所帮助，或者带给您些许思考。

我国石化工业简要纵论

新中国石化产业的发展可概括为三大阶段：第一阶段是新中国成立到改革开放，这一阶段主要是在一穷二白的基础上，如何满足农业、军工以及国民经济急需，而起步和快速建设时期，其标志就是从苏联援建我国三大化（兰化、太化、吉化）起步、到七十年代初集中引进大型石化和化肥装置，再加上我国自力更生和自主研发，用30年左右时间于七十年代末基本形成了我国石油和化学工业基本完整的基础体系。第二阶段是改革开放到上世纪末或本世纪初，这是我国石化产业的快速发展时期，引进外资与自主开发并重，其重要标志就是跨国公司纷纷进入中国，约20年时间使我国石化产业发展成为成龙配套的工业体系，并奠定了我国进入世界石

---

* 这是2020年5月15日，傅向升同志为金融机构报告的主要内容。

化大国序列的基础。第三阶段就是新世纪以来的 20 年，是我国石化产业规模迅速扩大、结构（布局、产业、组织结构等）逐步优化、实现大踏步跨越的时期，其重要标志就是 2010 年我国成为石化产业世界第二大国、成为化工产业世界第一大国，由此重点实施创新驱动战略、开启了石化产业高质量发展的新征程。2019 年石化产业营业收入 12.3 万亿元，占全国规模工业营业收入的 11.6%；实现利润总额 6683.7 亿元，占全国规模工业利润总额的 10.8%；石化产业无疑是国民经济的重要支柱产业，我国也是世界石化领域具有举足轻重影响力的石化大国。据欧洲化工理事会统计，2017 年中国化工产业销售额 1.29 万亿欧元、欧洲 5420 亿欧元、美国 4660 亿欧元，明显高于欧美的总和。我们作为石化大国的另一个表现是很多产品产能产量都位居世界前列，去年我国炼油能力 8.61 亿吨，原油加工量 6.52 亿吨，乙烯产量 2052 万吨、聚乙烯产量 1745 万吨，都是世界第二位；丙烯产量 3288 万吨、聚丙烯产量 2348.5 万吨、聚氯乙烯产量 2010.7 万吨、PX 产量 1470 万吨以及纯碱产量 2887.7 万吨、烧碱产量 3464.4 万吨、电石产量 2588 万吨、化肥产量 5625 万吨（其中尿素 2502 万吨）、农药产量 225.4 万吨、甲醇产量 4936 万吨、轮胎产量超过 8.4 亿条（其中子午胎超过 6 亿条），染料产量占世界总产量的 2/3，20 多种主要石化产品的产能产量都是世界第一位。中国石化产业的规模约占世界总量的 40%，很多跨国公司都预测中国石化产业的贡献会越来越大，2030 年中国的贡献将进一步提高到 50%。

石化工业产业链简况

石油和化学工业按照产品属性传统划分为无机化工和有机化工。通常情况下，我们一般以原料为主划分产业链，即通常说的煤化工、盐化工、石油化工、生物化工、磷化工。盐化工的主要代表是纯碱、烧碱、盐酸及其衍生产品；生物化工一般以粮食、生物质资源以及秸秆等废弃物为原料，经生物发酵技术获得一系列有机化学品；磷化工就是以磷矿石为资源主要生产磷酸、磷铵、磷酸盐等。100年前的世界化学工业以煤化工和盐化工为主，第二次世界大战以后石油化工在全球得到快速发展。

（1）石油化工。通常是以石油和天然气为原料生产油品、基础有机化学品、精细化学品、合成材料（合成树脂、合成纤维、合成橡胶）的产业链。我们每天接触到的以及我们可以想象到的任何产品都可以通过石油化工路线获得，所以石油化工是今天世界石化工业的主体，也是今天人类生活吃穿行必不可少，全球电子信息等制造业、航空航天等军事工业的依赖和保障。我国石油化工以大庆油田的发现为标志开启了快速发展时期，真正实现规模化快速发展并形成基本完整的石化工业体系是从七十年代初引进大型成套石化装置开始的，一直到本世纪初那段长期过程，其主要目标都是以大量增产成品油满足市场急需为主。自2010年起，我国石油化工真正走上了转型发展之路，其转型的思路或者说重点标志有两个，一是针对成品油市场的逐步饱和、向"少油多化"转型，二是针对柴油消费达到峰值汽油市场增速较快、由高柴汽比向低柴汽比转型，直到今天这两大趋势还在继续。当前，从炼化工业的企业性质看，分为央企、地炼、合资企业，以央企为主，其中中石化占炼油总产能的34.4%、中石油占22.9%，民营炼油能力占28.9%。截至前年回看过去，地炼和少数合资企业（大连西太平洋、福建联合石化）的终端产品主要以成品油为主，炼化一体化大型石化装置几乎全部在央企；"十三五"后期开始，随着国家宏观调控和产业政策以及外资准入，情况在快速变化，一是民营企业集中建设大型炼化一体化装置，这一方面以恒力、荣盛、盛虹等为代表；二是跨国公司纷纷布局中国，这一方面以巴斯夫在湛江、埃克森美孚在惠州分别独资100亿美元建设新材料基地，这两大基地分别于去年底和今年4月份开工，还有中海壳牌三期、沙特阿美与华锦在辽东湾、利安德巴塞尔与宝来石化在辽东湾、萨比克与福海创在古雷都在规划拟建炼化一体化装置。站在今天展望未来：再过5到10年中国的石化产业规模集中度、整体技术水平、石化产业布局结构和产业链结构及其全球竞争力都会有大幅度的提升。

（2）炼化一体化装置产业链构成。不同规模、不同产业链的炼化一体化装置竞争力比较，重点看新建装置，因为过去以央企为代表的炼化一体化装置的产业链大多都是：进厂原料原油，出厂产品汽煤柴等成品油、基本有机化学品、聚烯烃等合成材料。新建炼化一体化装置先看已全面投产的大连恒力一期：原油加工能力2000万吨/年，其主要产品年产出量：芳烃450万吨、乙烯150万吨、高压聚乙烯40万吨、乙二醇180万吨、苯乙烯72万吨、聚丙烯83万吨，还有MTBE82万吨、烷基化油30万吨并有联产醋酸50万吨、回收硫黄65万吨；采用全加氢工艺，除2套常压蒸馏装置外，另有煤油加氢、柴油加氢、重油加氢裂化装置，都是国际先进水平的工艺技术包，其化工产品的产出率高达50.3%。

再看去年底已投料的浙江石化舟山基地一期2000万吨/年情况：浙江石化舟山基地规划规模是4000万吨/年炼化一体化装置，分两期建设，第一期2000万吨/年去年底投料、今年4月底已达产，主要产品年产出量：芳烃520万吨、乙烯140万吨、聚乙烯75万吨、环氧乙烷和乙二醇80万吨、苯乙烯120万吨、聚丙烯90万吨；还有烷基化油45万吨、聚碳酸酯26万吨、丙烯腈26万吨、回收硫黄48万吨、MMA9万吨，这套一体化装置除常减压装置外，另有轻烃回收、延迟焦化以及渣油加氢脱硫、蜡油加氢裂化、柴油加氢裂化、重油加氢裂化、催化汽油加氢、石脑油加氢等装置。荣盛公告称：通过该基地的建设将有助于构建"原油－芳烃、烯烃－PTA、乙二醇－聚酯－化纤"一体化产业链，实现高质高效规模化生产，降低产品成本，提升竞争力。该装置化工品的产出率约55%。

再看一个地炼利华益集团的案例：利华益是以利津石化为核心的企业集团，兼有制药、化纤、纺织等，其核心企业石化公司很早就开始转型，在炼油装置的基础上充分利用油头向化工转化、延长化学品产业链，充分利用550万吨/年油头强化"炼化精细化工新材料一体化"发展模式，先后建设了300万吨/年重油加氢、260万吨/年重油催化、120万吨/年连续重整、100万吨/年加氢改质、52万吨/年MTBE、4万吨/年苯酐、20万吨/年乙二醇，利用聚合级丙烯进一步发展了70万吨/年苯酚丙酮、24万吨/年双酚A、13万吨/年工程塑料聚碳酸酯以及25万吨/年丁辛醇、

4万吨/年新戊二醇等产品，下一步还将重点实施100万吨/年轻烃裂解、20万吨/年环氧丙烷联产45万吨/年苯乙烯、40万吨/年高性能ABS、10万吨/年PMMA等产品和新材料，这种前瞻性的结构调整、技术升级和转型思路，使得企业的竞争力不断提升，去年集团实现收入910亿元、利润46.5亿元，其中化工部分实现收入799.2亿元、利润39.9亿元，也为地炼企业探索了转型升级之路提供了借鉴。

所以我们通常说：世界石化产业的发展实践证明，规模集中度越高，盈利能力越强，所以一般都是向大型化、园区化、一体化方向发展；就路径来看，也是当前我国石化产业和市场需求的现状告诉我们，产业链越长，盈利能力越强，因为上游是原材料、中段是成品油和基础化工品为主、增值增效集中在下游的烯烃深加工、芳烃深加工及其高端精细化学品、功能化学品、高端材料等产品，这是终端、是盈利点所在，所以很多跨国公司进入中国主要是针对中国市场、重点是发展这些终端和高端石化产品，大家熟悉的杜邦、陶氏、朗盛、索尔维、赢创、三菱、旭化成、阿科玛、帝斯曼等都是如此，最近的代表就是巴斯夫在湛江、埃克森美孚在惠州分别投资100亿美元建新材料基地，也是这样的布局方案。

（3）**特别提一下天然气化工**。这是与石油化工相伴而生的，在产品上也是互为补充的。当前世界最成熟也是经济竞争力最强的以天然气为原料的两大产品链：一是天然气为原料经合成气到合成氨成熟的化肥产业链，二是经合成气到甲醇及其下游的碳一化工产业链，最具代表性的属甲醇羰基化制甲酸（甲酸甲酯、DMF、碳酸二甲酯等）、醋酸（醋酸乙烯、醋酸酯、醋酸纤维素等），甲醇制甲醛进而生产工程塑料聚甲醛，这都是今天世界上大规模生产、技术成熟、经济性强的产业链。当前，正在研发、也是我们最期待成功的就是天然气制烯烃，现正在研发的两种工艺：一是天然气经合成气制烯烃，二是天然气直接制烯烃，都已取得实验室阶段性成果，这是未来一个重要的方向。

（4）**近年来一般必谈的现代煤化工**。现代煤化工是相对于传统煤化工而言，传统煤化工一般包括：以煤为原料的电石、乙炔化工产品链，以煤为原料的甲醇、碳一化学产品链，以及大家熟悉的煤气化合成氨、化肥产业链。现代煤化工是指以煤为原料采用先进技术和加工手段生产替代石化产品和清洁燃料的产业。我国是因为资源禀赋属多煤缺油少气，石油天然气的对外依存度又不断攀升，从深化能源革命出发和国家能源战略安全考虑，形成了今天世界领先的现代煤化工产业。开展升级示范的有煤制油、煤制天然气、煤制烯烃、煤制乙二醇，后来又开展了煤制芳烃、煤制乙醇等研发。尤其是在"十三五"期间，按照《现代煤化工产业创新发展布局方案》布局的内蒙古鄂尔多斯、陕西榆林、宁夏宁东、新疆准东4个现代煤化工产业示范区的产业化和升级示范，现代煤化工技术取得突破性进展，煤制油、煤制烯烃、煤制芳烃等一些关键技术的水平已居世界领先地位，并积累了非常宝贵的工程化、产业化经验和实际运行数据，为我国深化能源革命、强化能源安全战略以及煤化工与石油化工的互补与协同发展积累了经验。到2019年底已建成9套煤制油、4套煤制气、32套煤（甲醇）制烯烃、24套煤制乙二醇示范装置；形成煤制油总产能921万吨/年、产量745.6万吨，煤制气产能51亿立方米/年、产量43.2亿立方米，煤（甲醇）制烯烃产能1582万吨/年、配套聚烯烃产能1393万吨/年、产量1277.3万吨，煤制乙二醇产能488万吨/年、产量313.5万吨。

石化产业几个关注点简析

交谈过程中，多数人对石化产品市场供需状况、石化产业发展趋势、未来成长性等都予以比较高的关注度：

（1）**石化产品市场供需分析**。我国石化产品总体看是"一边过剩，一边短缺"，具体说就是"低端过剩，高端短缺"，细分看则是基础化学品过剩、功能化学品短缺，具体体现：化肥、纯碱、烧碱、硫酸、农药、涂料、橡胶制品等这些传统基础化学品过剩严重，例如化肥去年产量5625万吨，而国内表观消费量约5100万吨；钾肥43%的用量靠进口，过剩最严重的是氮肥和磷肥,去年氮肥产量折纯3577万吨,消费量只有3007万吨,磷肥产量1211.7万吨,而国内需要量只有765万吨,所以去年出口化肥折纯量1119.5万吨(占总产量的20%),其中氮肥出口601万吨、占产量的16.8%,磷肥出口470万吨、占产量的38.8%;农药去年产量225.4万吨、出口146.8万吨,出口占65%;成品油去年产量超过3.6亿吨,而国内表观消费量只有3.1亿吨,所以去年出口高达5537.6万吨,比上年度增加20.2%,这是基础化工产品过剩的状况。而化工新材料、专用化学品、高端膜材料、高端纤维材料有大量靠进口,每年都花费大量外汇,造成贸易逆差一直居高不下。去年进口量大的石化产品有有机化学品6085万吨、用汇551亿美元,合成树脂3366.8万吨、用汇481亿美元,其中聚乙烯进口1666.8万吨、同比增长18.8%、用汇171亿美元,聚丙烯进口349万吨、同比增长6.4%、用汇40亿美元,还有聚碳酸酯进口159.9万吨、同比增长12.8%、用汇38.7亿美元,乙丙橡胶进口192万吨、同比增长10.8%、用汇24亿美元,丁苯橡胶进口50万吨、丁二烯橡胶进口20万吨、丁基橡胶进口24.7万吨,还有乙二醇进口994.7万吨、用汇59.7亿美元。化工新材料2018年总的消费量3410万吨、总的自给率约65%,其中工程塑料消费548万吨、自给率56%,高性能纤维消费8万吨、自给率50%,高端膜材料消费60万吨、自给率67%(其中纳滤膜85%靠进口、电驱动膜85%靠进口、医用膜90%靠进口),电子化学品消费90万吨、自给率67%,关键是进口部分都是技术要求更高、性能更高端的产品。

(2)**石化产业最新的创新及关注点**。一是烯烃原料的轻质化,二是原油直接制化学品。烯烃原料轻质化主要得益于北美页岩气革命的成功,烯烃新增产能当中,丙烯多以丙烷脱氢工艺,乙烯主要是乙烷裂解路线,传统的石脑油裂解制烯烃的占比正逐年下降。目前乙烷裂解制乙烯已占全球总产能的36%,未来10年将提升到40%以上,从地域来看:中东乙烷为原料占比最高67%,北美占52%,亚太和西欧都在30%左右;国内已建成投产的丙烷脱氢制丙烯装置有12套,合计产能461万吨/年;我国申报拟建的乙烷裂解项目多达20多个,已开工建设的只有2个。埃克森美孚的原油直接制化学品新工艺,在新加坡裕廊岛的一套100万吨/年装置是全球唯一的一套工业化装置，已经运行了 6 年，因原料不同其化学品产出率 50%～70% 不等。去年 6 月份跟沙特阿美北京研发中心交流时，也了解到他们与清华大学也正在合作开发原油直接制化学品的技术，在我国成品油市场饱和、而高端石化产品短缺的产业结构来看，这项技术更具有先进性与竞争优势。

另一个关注的热点是生物基和生物降解材料，这是解决当前塑料污染问题和未来资源枯竭问题的重要途径，尤其是新的限塑政策的实施，这不仅是未来发展的重要趋势，也是当前全球关注的热点和进步很快的一个重要领域。我国最早产业化的生物法高分子材料是聚丙烯酰胺，经国家科技攻关、由上海农药所研发成功，在胜利油田、北京等地首先实现产业化，比原来的化学法有着更多的优点和竞争优势，在三次采油和水处理行业获得广泛应用。中科院长春应化所、过程所、化学所、上海有机所、成都有机所以及南京工业大学、北京化工大学、南开大学等单位，在生物化工的技术与工程方面都取得了很多成果，近几年我国及全球生物技术进步很快，生物可降解材料也取得明显进展，我调研过的海正生化的聚乳酸、凯赛科技的尼龙 56 都已实现产业化，在东源科技调研时了解到正在开发丁二酸丁二醇酯；带队访问三菱公司时看到了他们开发成功的生物法聚碳酸酯工程塑料，其光学性能优于双酚 A 型 PC，并已做成汽车全景天窗。美国、德国、日本、英国、荷兰、巴西等发达国家和生物资源丰富的地区，都高度重视并加快生物降解材料的研发、产业化和应用。杜邦公司研发的生物法 1,3-丙二醇，在田纳西州已建成生产装置，其产品进而生产 PTT 聚酯短纤维，已在服装、住宅地板、运动用品等方面应用，产量在不断扩大；杜邦公司研发的另一个生物材料是与 ADM 公司合作的呋喃二羧酸甲酯，是以果糖为原料，不仅比石化工艺易得，而且作为 PET 的替代品其阻隔性能更优。帝斯曼公司和法国一家公司共同开发生物基丁二酸，2014 年以来一直在运行。还有微生物发酵合成聚羟基脂肪酸酯以及生物可降解聚酰胺、聚氨酯、聚酯等产品都已取得较好效果并获得比较广泛的认可。

（3）未来最强劲的增长点在化工新材料。化工新材料通常指工程塑料、特种工程塑料、高性能纤维、功能性膜材料，有的把聚氨酯材料、氟硅材料、高端聚烯烃、电子化学品也包括在内。五大工程塑料：聚酰胺、聚甲醛、聚碳酸酯、聚对苯二甲酸丁二醇酯、聚苯醚。五大特种工程塑料：聚苯硫醚、聚酰亚胺、聚砜、聚醚砜、聚醚醚酮。随着技术的进步和不断创新，尤其是特种工程塑料的种类近几年得到拓展，品种和性能都不断增强。化工新材料因其质量更轻、性能更优异、功能性更强，尤其是技术要求和技术含量更高，化工新材料及其改性材料或复合材料一直是一个国家化工技术水平的重要体现，又加上具有传统化工材料以及金属材料都不具备的更优异的特性，已经成为世界各国高端制造业不可或缺的重要配套材料。汽车的轻量化、特别是新能源汽车和无人驾驶技术的发展，民用客机的大型化，譬如A380、梦幻787以及我们的C929等；电子信息、人类宇宙探索和太空行走、国防军工的隐形技术、航母潜艇等深海远洋，都离不开化工新材料为之配套。美欧日等发达国家和地区及全球化工50强的跨国公司都把化工新材料作为发展重点，很多知名跨国公司把化工新材料作为转型的首选。最典型的是陶氏杜邦的发展以及近年的合并与再拆分，去年4月1日拆分的新陶氏定位为新材料为主业；杜邦自成立以来的218年，在19世纪完成了由火药公司向化学品公司的转型，20世纪实现了由化学品公司向材料科学的转型，去年6月1日拆分的新杜邦定位是特种化学品，其主导产品也属于我们所称的新材料领域。三菱化学重点发展、摆在首位的是功能材料，包括高功能薄膜、工程塑料、碳纤维及其复合材料、锂离子电池材料等。三井化学的核心业务也是功能性材料，其茂金属聚合LLDPE和HDPE以及聚氨酯材料等都居世界领先水平，三井化学把未来研发的重点也放在新材料领域。跨国公司都把在中国的发展定位在新材料领域，还有旭化成、阿科玛、朗盛、索尔维等公司的重点也都是新材料。我国作为制造业大国，对化工新材料的市场需求大，而我国化工新材料产量和种类都难以满足我国高端制造业的实际需求，所以化工新材料一直是石化领域的发展重点。

（4）原油价格对经济及石化产业链的影响。原油价格是最捉摸不定的，今年3月初因为OPEC+继续减产协议谈判未果，石油战阴云密布，一夜之间原油价格断崖式下跌，3月6日油价创下20年来单日最大跌幅，后来一路下跌、低位时破20美元/桶，更令人咋舌的是4月20日纽约油价收盘时跌幅超过300%、出现了-37.63美元/桶的怪事。于是乎巴菲特在5月3日董事会上说：自己对油价的判断出现了错误。但基本规律是：油价总是波动的，一是原油已经不完全是一个大宗商品，更多体现的是金融属性，二是原油价格的波动受供求关系的影响在减弱，而受地域政治、局部战争、大国博弈等因素的影响在增强。多年的趋势来看原油价格的高低甚至成为经济的晴雨表，似乎原油价格高位运行的时候一般全球经济也处在景气周期的高位，而原油价格下行或处在低位时全球经济也呈现下行或低迷状态，所以原油价格成为经济界和经济人士预判经济趋势的一个重要因素。对石化产业来说，原油价格与下游化工产品以及合成材料有着正相关关系，基本规律是原油价格高位石化产品及合成材料价格也处高位、原油价格低位石化产品及合成材料价格也处低位，这只是基本规律、不是100%重合，因为传导性的滞后是正常现象。

以上内容是根据交流过程大家关注点较高的部分整理的，希望对您了解我国石化产业和您的工作有所帮助或启发。

弘扬行业抗疫精神
为实现石化强国目标而努力奋斗*

我们即将迎来中国共产党的99周岁生日,在抗击新冠疫情取得重大战略成果的重要时期,石化联合会党委决定召开"庆祝建党99周年,弘扬行业抗疫精神"视频大会,一起回顾我们党的奋斗历程与光辉历史,始终铭记嘱托、不忘初心、牢记使命,以习近平新时代中国特色社会主义思想为指引,不断增强"四个意识",坚定"四个自信",做到"两个维护",大力弘扬行业抗疫精神,全力打好石化行业高质量发展攻坚战,为早日实现石化强国的目标而努力奋斗。围绕大会主题,我今天主要讲三方面内容:

疫情防控取得重大战略成果关键是党中央的坚强领导

这次新冠肺炎疫情,是新中国成立以来我国遭遇的传播速度最快、感染范围最广、防控难度最大的重大突发公共卫生事件,在以习近平同志为核心的党中央坚强领导下,党中央将疫情防控作为头等大事,习近平总书记亲自指挥、亲自部署,坚持把人民生命安全和身体健康放在第一位,领导全党全军全国各族人民打好疫情防控的人民战争、总体战、阻击战,明确了坚决遏制疫情蔓延的势头、坚决打赢疫情防控阻击战的总目标,果断采取一系列重大防控和救治措施,用三个月左右的时间,不仅有效控制住

---

* 这是2020年6月29日,傅向升同志在"庆祝建党99周年 弘扬行业抗疫精神"视频大会上的讲话。

了本土新增病例，而且取得了武汉保卫战、湖北保卫战的决定性成果。紧接着党中央为保障人民群众的基本生活又及时做出部署，在做好防控疫情不扩散的前提下，统筹推进经济社会尽快恢复正常，不失时机地推进复工复产，着力帮助企业解决防疫物资、用工以及上下游配套等现实问题，并要求相关部门及时推出和实施阶段性援企稳岗、减免税费等财税政策，推动国民经济率先回升并逐步企稳。这次新冠疫情突发是前所未遇的危机，对我们来说也是一次大考，防疫抗疫能够在短时间内取得重大战略成果，充分证明了以习近平同志为核心的党中央具有驾驭复杂局面和应对困难与挑战的能力，再次展现了中国共产党领导全国人民的组织动员能力和贯彻执行能力，进一步增强了全党、全军和全国人民的凝聚力和自信心，也更加坚定了全国各族人民抗击疫情、战胜困难的信心和决心。历史和眼前的事实以及当下全球疫情的蔓延都告诉我们：在这样突发的传播速度快、感染范围广、防控难度大的重大疫情面前，在一个拥有14亿人口的发展中大国，如此短的时间内有效控制住疫情、保障了人民的基本生活、取得了重大战略成果，离开了中国共产党的领导是万万不可能的。

疫情防控取得重大战略成果离不开石化行业的重要贡献

石化产业是国民经济的重要支柱产业，不仅与人们的日常生活密切相关，而且为高端制造、航空航天以及战略新兴产业提供重要配套。这次新冠疫情突发以后，在人民生命安全受到严重威胁的关键时刻，广大石化企业、企业家和全系统干部职工积极行动起来，为打好疫情防疫战和阻击战提供了大量的石化材料和防菌消毒产品，再次显示了化学品和化工材料的不可或缺和极其重要性，现实与实际结果都告诉人们：离开了石化产品和化工材料，如果没有化学品作为医药产品和消杀产品的原料，如果没有广大石化企业和全系统干部职工的加班加点，在短时间内疫情得到及时有效的控制、人员得到及时有效的治疗都是不可能的。所以，经过这次疫情的人们、尤其是拼搏在疫情一线的广大医务工作者，都有一个共同的体会：疫情防控取得重大战略成果离不开石化行业的重要贡献。

1. 临危不惧，全力保障湖北及武汉油气供应

新冠疫情发生以后，中石油、中石化、中海油、中国中化4家央企的5万多座加油站正常营业，特别是湖北境内2650余座加油站24小时不打烊，全力保障湖北油气供应。中石油湖北销售公司788座加油站的4000多名员工坚守岗位，保障油气供应无虞；西气东输管道公司武汉管理处担负着武汉市75%的天然气供应重任，负责运营西气东输二线、忠武线等共计2030千米长的10条天然气管道，全力确保各站场、设备运转正常。中石化湖北石油公司1800余座加油站疫情期间均正常营业，近1.1万名员工奋战一线；中石化天然气分公司重点做好疫情防控期间的天然气供应工作，为湖北省日均供应天然气近500万立方米；其中2月4日开始，更是免费向雷神山医院供气。中海油所属气电集团通过槽车运输向湖北省供应LNG，并采取与兄弟单位换气的方式供应管道气；在油品保障方面，中海油旗下中海炼化华东销售湖北公司在营43座加油站24小时不断油。中化集团湖北石油公司共计270余人奋战在27座一线加油站，为运送防疫物资和施工车辆开辟绿色加油通道，支援抗疫公务用车，保证各加油站正常供应。

2. 攻坚克难，千方百计保障防疫材料之急需

在抗疫阻击战最吃劲儿的关头，N95和医用口罩、隔离服、防护服、手套、手术服、护目镜、输液器、消毒液等用品频频告急，供应十分紧张，其主要原料是石化企业生产供应的聚丙烯、聚乙烯、聚四氟乙烯、聚氨酯、次氯酸钠、乳胶产品等，特别是口罩、防护服、乳胶手套等需求量爆炸式增长，对原料特别是中间产品熔喷布保供提出了十分紧迫的需求，一时间缺口巨大、价格暴涨，成为口罩产业链的最大瓶颈。中石化坚决落实政治责任，第一时间成立项目小组，与病魔赛跑，为生命竞速，打破常规，24小时连轴运转，快速汇集资源，集成所需设备，把常规需6个月完成的项

目压缩至半个月左右。3月，中石油新增了21条口罩生产线，同时建设完成熔喷料2吨/日生产能力；5月，中石化实现熔喷布37吨/日生产能力。到6月14日，中石化与两家企业合作生产的口罩数量累计已达到1.0529亿只，其中成人口罩9297万只、儿童口罩1232万只，有力支援了新冠疫情防控工作。中海油新增8条口罩生产线，日产口罩达到60万只。

疫情暴发以来，中石化统筹安排17家炼厂提高装置负荷，中石油、中海油和延长石油所属炼化企业也紧急调整排产计划，增加医卫用聚烯烃产品生产量；山东道恩、鲁清石化、金发科技、福建联合石化等石化企业都开足马力，加班赶制优质卫生材料；乐凯医疗第一时间制定应急预案，保证满负荷生产运转，保障数字医用胶片供应；上海化工区协调园区内企业抱团合作，优先安排生产聚丙烯、聚碳酸酯、聚氨酯助剂、医用无纺布胶黏剂等紧缺的原材料；中国化工、上海氯碱、青岛海湾、新疆中泰、万华化学、天津大沽、四川福华、传化集团、河北正元等一大批化工企业紧急增加消杀产品产量，完成了次氯酸钠、过氧乙酸、医用酒精、84消毒液等主要消杀产品的保供任务。

3. 奋力攻关，以科技创新解决防疫物资之短缺

起初，药店、超市、网上平台口罩断货、医用酒精凭证等情况，多少让人们增添了一些恐慌与担心，为解决口罩等防疫物资短缺问题，桂林曙光院、沈阳橡胶制品院、晨光研究院等科技型企业发挥特种橡胶、含氟新材料技术研发优势，紧急立项转产，成立研发专题组、党员突击队，分别负责材料研发、配方设计、制版、资质申请，争分夺秒开展工作，以最短的时间、最快的速度研制出新型隔离服和防护口罩材料，其中隔离服产能达到3000套/日，产品检验合格后迅速装车交付急需医院解燃眉之急。以聚四氟乙烯微滤膜材料制成的口罩、隔离服经过消毒杀菌后可重复使用，口罩过滤效果达到了N95水平，成功开发出新一代资源节约型新产品。中国化学工程天辰公司的研发人员，放弃春节假期，改进和优化过氧乙酸消毒剂的传统工艺，经过多次实验取得重大突破，大大缩短了反应时间，成功生产出的广谱高效安全环保高浓度的过氧乙酸消毒剂全部捐赠给天津市

红十字会，供天津市各街道社区的一线防疫使用。此外，清华大学、北京化工大学的研究团队也加紧研究开发了可重复使用的纳米纤维过滤膜材料和防护制品。

4. 使命担当，驰援抗击疫情阻击战第一线

在这场疫情防控阻击战中，涌现出一大批新时代石化人，响应党中央的召唤，不惧危险、逆行在抗疫第一线。中石油武汉销售分公司的95后员工王传新，不顾父亲执意带他回家的决定，工作绝不当逃兵、偷偷逃出家返回岗位；实习加油员蒋燕燕是一位新手妈妈，武汉封城后不顾丈夫和婆婆的反对，逆行40公里返岗。中国化学工程十六化建的张丙新，一纸请战书参加了援建雷神山医院焊工突击队，当年迈的母亲打电话问他"微信步数咋变成了几万步？"时，为了不让老母亲担心谎称"自己在家跑步呢"。平煤神马总医院第一批援鄂医疗队的5名医务人员于2月2日一早就踏上了逆行之路，紧急驰援武汉，到2月19日短短的17天内，平煤神马总医院先后有4批28名医护人员组成援鄂医疗队，逆行出击，硬核抗疫。中国化学工程二化建医院内科90后女护士长刘晓芳主动请缨、递交请战书，于2月9日随山西省第4批援鄂队员驰援武汉，在前线整整奋战47天，所在的援鄂医疗队被评为全国卫生健康系统新冠肺炎疫情防控工作先进集体，为打赢疫情防控阻击战立下赫赫战功。中石油所属盘锦、保定、吉林、甘肃等地的宝石花医疗集团的1万多名医护人员，带着一张张请愿书、一个个红手印奔赴武汉一线各救治医院，其中辽宁宝石花医院的副护士长董婷婷就是他们的代表之一。在抗疫一线，还有中化集团远东宏信医院、金川集团职工医院、浙江衢化医院等石油和化工行业的一批援鄂医疗队奋战在湖北和武汉保卫战第一线，他们都是舍小家保大家、心中有大爱的最美"逆行者"！

5. 牢记初心，让党旗飘扬在疫情防控最前沿

疫情就是命令，在疫情防控的最紧要关头，石化行业的各级党组织、广大共产党员，都积极奋战在抗疫防疫的最前沿。中石油湖北销售公司在党委书记、总经理王建国同志的带领下，600多名党员主动请战，4000多

名员工坚守一线，放弃春节休假，服从使命召唤，保障了近 800 座加油站和天然气营业厅的正常运营，关键时刻为打赢抗疫阻击战竖起了一面精神旗帜。中石化销售公司湖北分公司党委发出《倡议书》和《动员令》以后，87% 的机关党员报名参战，短短一天时间就成立了 132 支党员突击队，带头承担下沉社区、疫情防控、应急保障等急难险重的任务，真正做到了"哪里有困难哪里就有共产党员，哪里有危险哪里就有党旗飘扬"，在抗疫一线该公司还有 13 名同志递交了入党申请书，经非凡考验其中 2 名同志火线入党；在燕山石化熔喷布生产线施工现场，有 4 支党员突击队冲在最前线，比原计划提前 48 小时建成并一次开车成功。中国中化金茂武汉公司青年党员吴雪琳，自发组织公益天使守护团队，筹集到 1.8 万套防护服、10 万个口罩、60 多万元善款，为多个湖北省地市县医疗机构提供无偿资源调配服务。面对春耕急需，中海化学大峪口党支部面对疫情影响、交通不畅、员工不足、库存高涨等巨大压力，组建党员包装突击队、装车突击队，打通物流线路，平均每天组织铁路发运量达 25 车，日均向西北、东北地区发运磷肥约 1500 吨，为这些重要粮食产区春耕用肥提供保障。

以上都是广大石化企业、企业家和石化人、众多党员在这次防疫抗疫过程中的一个个代表和缩影，还有很多感人的事迹书写在了疫情第一线和祖国的大地上，虽然今天不能一一讲述，但永远被我们和社会称颂，也必将永远激励着我们为祖国的强盛和石化事业的发展而不懈努力。

弘扬行业抗疫精神，为实现石化强国目标而努力奋斗

中国共产党成立 99 年来，既是一部波澜壮阔的发展史，也是一部砥砺前行的奋斗史。我们党从嘉兴南湖起航，通过新民主主义革命，历经 28 年浴血奋斗，实现了民族独立和人民解放；通过社会主义革命，确立了社会主义基本制度；通过改革开放新的伟大革命，开创、坚持并发展了中国特色社会主义道路，实现了中国人民从站起来到富起来、再到强起来的伟大飞跃。我们党在创造一个个历史丰碑的背后，主要是有伟大的精神丰碑矗立其间，中国共产党的伟大历史有多长，她所创造和代表的革命精神就有多么久远。红船精神、井冈山精神、长征精神、延安精神以及"两弹一星"精神、改革开放精神等，都是时代的呼唤、事业的需要和人民的企盼，这些精神共同成为了我们党和中华民族一笔笔极为宝贵的精神财富。

新中国石化行业70年波澜壮阔的发展历程中，也有着伟大的精神和优良的作风，"铁人精神""大庆精神""吉化作风"等这些经过几十年检验和锤炼的精神，激励着一代一代石化人在石油会战、艰苦创业、企业管理和创新发展中，不畏艰难、敢于拼搏、务实奉献，战胜一切困难、创造一个个奇迹，建成了完整的石油和化学工业体系，奠定了世界第二石化大国的基础和地位。正如贺敬之老先生跟寿生会长说的：石化行业是有传统、有文化、有精神的。这次新冠疫情阻击战过程中，石化行业的各级党组织、广大党员干部、广大石化企业和石化员工涌现出的"迎难而上、勇于拼搏、主动作为、甘于奉献"的精神，是石化战线过去传统精神和优良作风的传承和发扬，也是石化行业在新的时代新的精神和新的风貌，大家共同谱写的一曲曲不怕苦、不怕累、舍小家、为大家、义无反顾、逆行有我的大爱之歌，不仅荡气回肠，而且振奋人心、催人奋进，更值得我们在实现石化强国的奋斗过程中进一步传承与弘扬。

1. 弘扬抗疫精神，不断提升危中寻机的能力

新冠疫情的突发，给世界经济带来的挑战和造成的冲击都是空前的，世界经济的下行压力不断加大，从当前全球蔓延的态势看不确定性因素还在增加，疫情造成的危机尚未结束。当然，历史的经验告诉我们"危"与"机"历来都是相伴而生的，危机来临时我们一定要看到即将出现的新机遇，一方面的机遇是刚刚闭幕的全国两会李克强总理的政府工作报告，特别强调集中精力抓好"六稳""六保"的工作，对稳住经济基本盘、以保促稳和稳中求进都做出了部署，石化产业作为国民经济的重要支柱产业，不仅为保居民就业、保基本民生和保市场主体做出重要贡献，而且为保粮

食能源安全、保产业链供应链稳定、保基层运转保驾护航；这些新的任务和要求都为石化产业带来新的机遇，也更加坚定了我们加快行业转型升级、实现高质量发展的信心与决心。在短短半年时间内有湛江、惠州大亚湾、茂名、福州江阴园区、烟台裕龙岛以及宁东、榆林等大型石化基地和园区新项目相继开工和投产，就是对石化产业布局调整、结构优化和高质量发展的肯定和最大鼓舞。另一方面的机遇是疫情过后世界石化产业将进入新的变革与调整期，这次新的变革与调整的广度与深度都将超出人们的预期，世界石化产业的格局与布局、发展领域与创新重点、合作与协同、体制与机制，都会发生深刻的变革与调整，无论是发达国家还是新兴经济体、无论是跨国公司还是创新型企业、无论是大型石化基地还是专业化工园区，都将在这一轮变革与调整中有着新的机遇。我们一定要按照习近平总书记今年参加全国政协经济界委员联组会上讲的"要坚持用全面、辩证、长远的眼光分析当前经济形势，努力在危机中育新机、于变局中开新局"，不断提升自己危中寻机和把握机遇的能力。

2. 弘扬抗疫精神，努力把疫情的影响降到最低

新冠疫情的突发和持续扩散，对世界和我国经济都造成了严重冲击，我国疫情防控取得重要阶段性成果的同时，积极组织有序的复工复产，目前正在持续回升、企稳。石化行业受到的影响还在继续深化和进一步显现，尤其是受到全球疫情蔓延和国际市场的萎缩，石化装置开工率、产成品库存量以及上游供应链和下游产品链都深受影响，前4个月营业收入3.3万亿、同比下降12.7%，利润总额382.7亿、同比下降幅度82.6%。当前，全球疫情的持续扩散、对国际贸易和投资的冲击、对世界经济的影响远未结束，预计我国经济和石化行业二季度开始回升甚至反弹，但完成全年任务目标面临的挑战和困难都将是异常艰巨的。所以，我们一定要加倍努力，把疫情的影响和造成的损失降到最低，今年的各项工作和措施都要围绕企业和全行业经济运行的稳定与效益的改善展开，一是努力开拓市场与需求，稳定供应链、拓展产品链，不断提升产品的性能和质量稳定性，深化全产业链上下游的合作与协同；二是确保资金安全，突出降本增效和内部挖潜，

现金为王、捂紧钱袋子、过好紧日子,正视当前的困难,上下同心、共渡难关,底线思维、一切为了生存;三是争取最好的结果,围绕全年任务目标、尤其是"十三五"收官的目标,认真查找存在的差距和制约瓶颈,深入分析企业创新发展与质量效益的短板及其根源和原因,不贪大、不求全,从最亟须解决的问题和容易解决效果明显的问题入手,做好补短板、强弱项、增效益的工作,向着最好的目标共同努力,力争把疫情的影响和损失降到最低。

3. 弘扬抗疫精神,为早日实现石化强国的目标而努力奋斗

石化强国是石化行业"十三五"发展规划提出的长期奋斗目标,实现这一目标我们必须立足石化产业现有的基础,发扬石化行业多年形成的精神、优良传统和作风,继续弘扬这次行业抗疫过程中新的时代精神;更需要我们保持清醒的认识,与美国德国日本等世界石化第一梯队的强国相比,石化强国目标不是短时期内能够实现的、更不可能一蹴而就,需要我们找准目标和方向,明确战略和思路,更需要我们困难面前不气馁、成就面前不骄傲,坚持不懈地不断创新、勇于开拓、长期努力。这就要求我们认真做好"十四五"的发展规划,研究部署好石化产业"十四五"的发展战略、重点任务和战略目标。这就要求我们坚持创新驱动和绿色发展两大战略不动摇,推动石化全行业重大关键技术实现新突破、本质安全与绿色发展水平迈上新台阶、行业的整体技术水平和核心竞争力实现新跨越。这就要求我们努力打造一批具有全球竞争力的世界一流企业,以石化领域现有大型骨干企业和主业突出、创新能力强、国际化水平高的企业为主体,按照党中央、国务院的部署,加大培育具有全球竞争力的世界一流企业的力度,形成石化强国的强力支撑。这就要求我们培育一批现代石化产业集群,以现有大型石化基地、化工园区为主要对象,按照十九大提出建立现代化产业集群的部署和要求,深入推进国际交流与合作,强化与世界一流石化基地、化工园区的对标,努力培育一批规划布局合理、规模集聚度高、产业链协同性强、管理理念和方式科学高效的沿海重点石化产业集群和内陆专业化工园区,奠定石化强国的坚实基础。这就要求我们锻造一支企业家和

创新人才队伍,任务目标确定以后人才是关键,懂经营、善管理,责任心强、沉稳冷静、善抓机遇的企业家队伍,肯吃苦、善钻研,事业心强、不计名利、敢闯敢试的创新人才队伍,是石化强国宝贵的第一资源和关键所在。

当前疫情防控形势向好的大局已定,但疫情尚未结束,国民经济持续向好的总态势没有变也不会变,石化行业复工复产和运行质量都在继续改善。让我们紧密团结在以习近平同志为核心的党中央周围,高举中国特色社会主义伟大旗帜,继续发扬石化行业的优良传统和作风,大力弘扬行业抗疫精神,正视当前的困难,迎难而上、锐意进取,团结一心、共克时艰,就一定能取得防疫抗疫的全面胜利,就一定能实现石化强国的奋斗目标!

迎挑战锐进取　育新机开新局*

今年以来我们经历了一个特殊而难忘的历史阶段，遭遇了新冠疫情对全球带来的冲击，面对新冠疫情暴发并在全球快速蔓延、外部环境急剧恶化等不利局面，石化行业按照党中央的部署，以习近平新时代中国特色社会主义思想为指导，坚持稳中求进的总基调，坚持新发展理念，贯彻高质量发展根本要求，抓住创新驱动和绿色发展两大发展战略不动摇，加大传统产业转型升级的力度，加大培育国际一流企业和现代石化产业集群的培育力度，不惧困难，迎难而上，上半年石化全行业打好疫情防控阻击战的同时，坚持问题导向和目标导向，积极组织复工复产，首先确保防疫物资的供应，努力开拓市场，取得了全行业经济运行逐步恢复、持续改善，呈现出稳定转好的态势。

上半年石化行业运行情况及特点

石化行业上半年实现营业收入 5.07 万亿元、同比下降 11.9%，利润总额 1416 亿元、同比下降 58.8%，进出口总额 3054.7 亿美元、同比下降 14.8%。主要体现出三个特点：

（1）**油气产销量继续增长**。原油产量 9715 万吨、同比增长 1.7%；天然气产量 940 亿立方米，同比增长 10.3%；原油和天然气产量的增长幅

---

* 这是 2020 年 8 月 6 日，傅向升同志在上半年石化行业经济形势分析视频会上讲话的主要内容。

度都分别高于去年全年的 0.8% 和 9.8%，这是落实党中央"保能源安全"最重要的体现。原油加工量 3.19 亿吨、同比增长 0.6%，表观消费量 3.66 亿吨，同比增长 7.6%；天然气表观消费量 1594.2 亿立方米，增幅 6.9%。原油天然气消费量的增长，都说明市场对能源及原材料需求正处于逐渐恢复中。

（2）**利润降幅在收窄**。上半年全行业利润总额 1416 亿元、同比下降 58.8%、比前 5 个月收窄 14.2 个点。其中油气板块 280 亿元、同比下降 72.2%、降幅比前 5 个月收窄 4 个点；炼油板块亏损 244 亿元、减亏 170.5 亿元、当月盈利在增加；化工板块 1334.4 亿元、同比下降 32.6%、降幅再收窄 8.9 个点。总体看全行业的效益在改善，分板块看油气和炼油两个板块困难大一些，下游化工好于上游。

（3）**营业收入化工稍好**。全行业营业收入 5.07 万亿元、同比下降 11.9%，其中油气板块 4186.9 亿元、同比下降 17.8%，炼油板块 1.61 万亿元、同比下降 13.1%，化工板块 2.93 万亿元、同比下降 10.5%。上游困难更大一些，而化工相对好一些。

石化行业面临的挑战与机遇

当前石化行业面临的挑战复杂多变、不稳定不确定性因素增强。

（1）**不确定的挑战**。不确定性是今年面临的最大挑战。一是新冠疫情仍在全球蔓延，导致的市场需求骤然下降、全球供应链中断、国际贸易停滞等仍在发酵。二是全球贸易政策受贸易保护主义的影响，给全球或区域贸易政策增加了许多不确定性。三是原油价格捉摸不定，今年上半年布伦特原油均价 39.65 美元/桶，同比下降 39.8%；尤其是 3 月初因为 OPEC+ 继续减产协议谈判未果，3 月 6 日油价创下 20 年来单日最大跌幅，后来低位时破 20 美元/桶，对石化全产业链及国民经济都产生影响。

（2）价格持续走低的挑战。石油天然气及其主要石化产品的价格去年 12 月份呈现出回暖态势，但受新冠疫情影响从今年 2 月份重返跌势、继续走低。上半年石油天然气开采业价格总水平下跌 27.0%，化学品跌幅 6.5%。在监测的 39 种主要无机化工产品市场均价同比上涨的只有 8 种、环比上涨的有 13 种，环比上涨比上月增加 5 种。在监测的 84 种主要有机化学品种同比上涨的有 19 种，环比上涨有 56 种。

（3）产销历史性下降的挑战。主要石化产品的产销量一直都是正增长，而今年上半年都是下降，主要化学品总产量下降 0.6%、消费总量下降 1.5%，这是少有的。

（4）新增产能和进口双重压力的挑战。"十三五"以来，北美和海湾地区凭借页岩气革命成功和丰富的油气资源，炼化一体化以及轻烃为原料生产烯烃、聚烯烃及其系列产品新建产能较大；我国因石化产品长期结构性短缺，PX、乙二醇、聚烯烃等产品连年大量进口，近年来我国呈现出石化产业热情高、炼化一体化装置集中建设、集中投产的局面，到"十四五"末除乙烯、聚乙烯存在当量缺口外，PX、乙二醇、PET 以及苯酚、丙酮、聚碳酸酯、己内酰胺等很多产品，都是供大于求的状况。同时，由于全球大宗石化产品的成本优势，都共同看好中国巨大的市场需求和增长潜力，大量出口中国市场，这些都对我国石化产品的市场带来较大的竞争压力。

当然，石化工业作为国民经济的重要支柱产业和原材料配套工业，在后疫情时代也有着新的机遇和新的未来。一个基本的判断是：这次新冠疫情不会导致中国经济的长期衰退，从第一季度下降 6.8% 到第二季度增长 3.2%，也印证了国际社会认为中国率先"V"形反弹的预期；中国将是今年各大经济体中唯一正增长的国家，中国经济的增长将有助于世界经济和新兴经济体的全面复苏。我们的预判是：稳住当前的复工复产率和社会生活基本正常的状态，下半年中国经济增长 5% 左右、全年增长高于 2% 基本成定局。

一个定心丸是：今年政府工作报告特别强调做好"六稳"工作和"六保"任务，石化产业不仅为保居民就业、保基本民生和保市场主体作出重要贡献，而且为保粮食能源安全、保产业链供应链稳定和保基层运转保驾护航；尤其是新基建、高端制造业和战略新兴产业等重点领域的发展，对化工新材料、功能化学品、高性能复合材料等，不仅提出了新的要求，更提供了新的发展机遇和发展空间。中国经济发展长期向好的基本面没有变，经济韧性好、潜力足、回旋余地大的基本特征没有变，经济持续增长的良好支撑基础和条件没有变，经济结构调整优化的前进态势没有变，党中央作出的这"4个没有变"，也更加坚定了我们加快行业转型升级、实现高质量发展的信心和决心。

一个可以预见的是：疫情过后世界石化产业重构的机遇，疫情过后世界石化产业将进入新的变革与调整期，其变革与调整的广度与深度都将超出我们的预期，将带给全球石化产业链和供应链重构的机遇，世界石化产业的格局与布局、发展领域与创新重点、合作与协同都会发生深刻的变革与调整，这种变革与调整以及重构过程，必将带给我国石化产业以及石化企业新的发展机遇。这也正是习近平总书记强调的"要坚持用全面、辩证、长远的眼光分析当前经济形势，努力在危机中育新机、于变局中开新局"。

育新机开新局的重点工作

今年下半年石化全行业应全力做好以下五项重点工作：

1. 降低影响，努力向好

新冠疫情的突发和持续扩散，对世界和我国经济都造成了严重冲击，我国疫情防控取得重要阶段性成果；石化全行业在疫情突发、人民生命财产受到严重威胁的关键时刻，迅速行动，为打好疫情防疫战和阻击战做出了卓有成效的积极贡献，疫情得到初步控制以后，石化行业和广大企业又积极投身到保春耕行动中去，上半年取得了原油天然气双增产、效益降幅逐月收窄、总体稳定转好的态势。但是，上半年营业收入和利润总额双下降局面尚未扭转，石化行业受到的影响还在继续深化和进一步显现，我们一定要按照习近平总书记在企业家座谈会上讲的"我们要增强信心、迎难而上,努力把疫情造成的损失补回来,争取全年经济发展好成。"。一是全力开拓市场,受疫情影响欧美等主要经济体停工停产,全球市场需求急剧下降,纺织服装、轻工制品等石化下游产业链的国际订单有的终止、有的取消,主要石化产品的产量和销售量出现了历史性下降,所以全力开拓市场就成为当前降低疫情影响和损失的当务之急。一定要巩固和稳定传统市场和大客户,努力开拓新的市场与需求,稳定供应链、拓展产品链,不断提升产品的性能和质量稳定性,深化全产业链上下游的合作与协同。二是确保资金安全,这一方面中小企业的困难更大一些,各企业一定要突出现金为王,捂紧钱袋子、过好紧日子,努力控制成本,正视当前的困难,上下同心、共渡难关,底线思维、一切为了生存。三是降本增效和内部挖潜,上半年石化行业每百元营业成本84.85元,与去年的82.67元、前年的81.28元相比上升不少,全行业上半年还有26.2%的企业在亏损;炼油板块上半年整体亏损244亿元、亏损面44.4%,而应收票据和账款高达1446亿元、同比增加15%,产成品资金占用962.4亿元,财务费用同比增加29.2%,化工板块上半年应收票据和账款7611.9亿元、同比增加6.8%,产成品资金占用3139.6亿元、同比增加4%,可见降本增效的空间很大。上半年,中石化在全系统开展了"百日攻坚创效"行动,中海油海化集团眼睛向内、苦练内功,在内部挖潜和降本增效都取得了明显的效果。各企业应从原料、人工、资金等成本要素入手,深入分析影响效益的短板及其原因,不贪大、不求全,从最亟须解决的问题和容易解决效果明显的问题入手,做好补短板、强弱项、增效益的工作,努力把疫情的影响降到最低、把损失补回来,争取全年好成绩。

2. 全力收官,部署未来

新冠疫情的影响尚未结束,全面完成"十三五"规划目标平添了许多困难,做好"十三五"的圆满收官就显得更加重要。这就要求我们认真对照和回顾"十三五"规划的发展目标、重点任务是否完成?认真总结和梳理石化产业已经奠定的基础、形成的优势,也要系统分析多年来积累的突出问题、主要矛盾和短板，更要认真研究离石化强国的目标还存在哪些差距？问题导向和目标导向相结合，扎扎实实地做好"十三五"的收官工作。

"十四五"是开启全面建设社会主义现代化国家新征程的第一个五年规划，在对25个省区市、64家石化园区、近200家企业调研的基础上，调研报告、专题研究报告、规划大纲、起草思路、重点任务等都已几经研讨、几易其稿，《石油和化学工业"十四五"发展规划指南》及其科技创新、绿色发展、石油化工、化工新材料、现代煤化工、石化园区等专项规划已形成征求意见稿。"十四五"期间，我们面临的国际国内环境都将有很大不同，摆在我们面前的困难和遇到的挑战也将有很大不同，石化产业发展的平台更开阔了，发展的基础更扎实了，发展的起点更高了、标准也更高了，我们一定要按照高质量发展的根本要求，进一步坚定石化强国跨越的信心与决心，更加突出创新驱动和绿色发展两大战略，持续深化供给侧结构性改革，加大传统产业转型升级和战略新兴产业培育并重，努力培育具有全球竞争力的世界一流企业、现代石化产业集群和企业家与创新人才队伍，力争石化强国目标实现新跨越。全行业及各企业、各园区、各单位不仅要认真研究做好"十四五"规划，还要按照党中央"三步走"的战略部署，认真思考2035中长期远景目标，勾勒实现石化强国的路线图。

3. 本质安全，绿色发展

近年来，石化行业和广大石化企业不断强化和规范管理、不断提升科学管理水平和创新与技术水平，总体上本质安全与绿色发展水平都有了明显的改进和提升，并取得了明显的进步。但是，安全事故和环境事件还时有发生，尤其是夏季，进入了高温高湿、雨涝灾害不断的季节，进入了危化品安全事故隐患的敏感期、易发期、多发期，全行业和各涉化企业，尤其是涉及易燃易爆、高温高压、易泄漏易腐蚀物料和产品的企业，一定要针对自己的物料特点、产品属性和工艺过程，做好安全隐患的排查、安全意识的强化和安全预案应对，不断强化防范意识和责任意识，严格执行安全标准和安全操作规程，杜绝生产、运输、储存、使用等各环节的安全隐患，确保企业的本质安全。

绿色发展是石化全行业和广大石化企业可持续发展的重要举措,通过开展废水治理、废气治理、固废治理、节能减排、安全管理提升和园区绿色发展等六大专项行动,在构建绿色标准体系、创新并应用绿色生产技术、打造循环产业链以及遏制突出环境问题等方面都取得了明显的进步。近几年来,石化行业绿色发展面临的要求不断提高、形势日益严峻、压力不断加大,绿色发展仍然是石化行业的一大短板,下半年以及今后一段时期,我们要认真贯彻绿色发展的新理念,坚持源头预防、过程控制、综合治理,加大绿色清洁工艺和新技术的创新和推广应用,规范开展绿色产品、绿色工厂、绿色园区以及绿色设计和绿色供应链的评价与推广示范力度,加快废弃物资源化再生循环利用,不断提高资源能源的利用效率,不断提升各企业和石化全行业绿色发展的水平。

4. 结构优化,补链稳链

结构调整与优化是新世纪以来石化行业和各企业高质量发展的主旋律。一是结构优化已取得明显进步。"十三五"以来,石化全行业持续加大结构调整的力度,在淘汰落后产能和产能置换方面取得了明显的进步,4年来炼油落后产能累计退出1.4亿吨、尿素退出1622万吨、烧碱退出211.5万吨、聚氯乙烯退出214万吨、电石退出699万吨、硫酸退出约1700万吨;总体看,通过结构调整与产能置换,大宗石化产品、传统基础化学品的产能集中度和整体水平都明显提升,单位物耗、能耗都显著下降。二是结构不合理仍然是一大短板。总体上与发达国家相比、个体上与跨国公司相比,石化行业的产业结构、产品结构以及组织结构、布局结构等方面仍存在明显的差距,尤其是产品结构的高端化方面差距更加明显。每年石化领域都是大量逆差,去年逆差是2683亿美元,今年上半年的贸易逆差1030.8亿美元。其中贸易逆差较大的产品有:合成树脂逆差158亿美元,其中聚乙烯72.5亿美元,聚丙烯18亿美元,聚碳酸酯13.5亿美元,ABS12.6亿美元;乙二醇逆差29.7亿美元,专用化学品逆差13.8亿美元;尤其是为高端制造业、战略新兴产业和航空航天、国防军工配套的化工新材料、专用化学品、高端膜材料、高性能复合材料等的进口依赖度更高。三是补链强链是关键,在当前单边主义、贸易保护主义抬头,经济全球化遭遇逆流、经贸摩擦加剧的环境下,尤其是中兴事件、华为事件以及这次新冠疫情的爆发,让我们清醒地看到做好补链强链稳链是多么重要!要做好补链强链首先应正确认识中央提出"以国内大循环为主体、国内国际双循环相互促进的新发展格局"的战略思考,这种转变主要是这次新冠疫情突发、全球持续扩散,导致世界各国纷纷采取封锁措施,严重破坏了全球供应链,导致了供应链中断和产业链的受损;这种转变是基于中国具有全球最完整、规模最大的工业体系和4亿多中等收入群体,我们具备构建"以国内大循环为主体、国内国际双循环相互促进的新发展格局"的基础、能力和市场潜力,当前的现状是国内大循环尚未形成,东部与西部、南部与北部、城市与乡村、农业与工业、经济与金融等的良性循环没有形成,我们生产的产品、尤其是高端产品满足不同层次群体的现实需求差距也很大;这种转变也是基于长期的探索积累与创新,不是一时冲动提出的,自"九五"以来,国民经济领域尤其是工业领域,一直就在大力推进和实施结构调整与优化工程,跨世纪的20多年时间里,结构调整与优化的主要目的就是满足国内市场大循环为主体的现实需要,近10年来当国人连电饭煲、厨房用具都要从海外背回来的时候,中央适时提出"供给侧结构性改革",也是为了满足国内大循环为主体的高端需求,今天提出"双循环"是因为当前保护主义上升、世界经济低迷、全球市场萎缩的外部环境下,我们必须充分发挥国内超大规模市场优势,通过繁荣国内经济、畅通国内大循环为我国经济发展增添动力,带动世界复苏。千万不能像有的人狭隘地理解:这是受"脱钩"论的影响,更有甚者认为这是要回到上世纪六十年代。正确的理解:这是中央为疫情过后外部环境如果恶化作的底线思维,是基于我国今天的工业基础、发展阶段和潜力市场,也是从我国经济发展稳定和产业链供应链安全出发作出的战略思考。习近平总书记特别强调:"中国开放的大门不会关闭,只会越开越大。以国内大循环为主体,绝不是关起门来封闭运行,而是通过发挥内需潜力,使国内市场和国际市场更好联通,更好利用国际国内两个市场、两种资源,实现更加强劲可持续的发展。"从石化产业的情况看，无论是产业结构、产品结构调整与优化的空间，还是"低端过剩、高端短缺"的现状，"以国内大循环为主体、国内国际双循环相互促进的新发展格局"的战略思维，为我们指明了转型、优化、创新的重点和方向。我们要抓住国家提出的"双循环"战略转变，通过多渠道保障国内供给能力来"稳链"，通过创新提升核心竞争力来"补链、强链"，通过上下游产业链的对接和协同来"延链"，重塑石化产业"双循环"格局，培育石化产业高质量发展的新优势。

5. 国际视野，开创新局

国际交流与合作是石化行业和企业高度重视、也是石化产业高质量发展十分重要的工作，这不仅是我国石化产业高质量发展、实现石化强国跨越之需要，也是世界石化产业优势互补、协同创新、共创美好未来之所需。近年来我们十分注重与国际石化组织、各国化工协会以及跨国公司之间的交流与合作，尤其是在产业链互补、协同创新、责任关怀、可持续发展、消除塑料污染等全球共同关注的议题和领域，都开展了越来越广泛、越来越深入的交流与合作，并取得了许多共识和积极的成果。今年新冠疫情的突发和持续扩散，给我们彼此的互访和交流都产生了严重的影响，今年以来联合会及其各企业原计划的很多互访安排、国际会议和交流日程都深受影响、有的甚至已取消；但是我们的交流不能中断、我们的合作还要深化，"疫情无情人有情，美好未来共协同"。

习近平总书记要求企业家拓展国际视野，提高把握国际市场动向和需求特点的能力。有多大的视野，就有多大的胸怀。我们在研究和展望中长期远景目标时，一定要在国际视野下，立足全球资源、面向世界市场，石化行业要坚定石化强国的目标不动摇，与一流石化强国对对标，在总体规模、规划布局、产业结构、人员结构以及创新能力等方面，找找差距、比比优势，认真看看离石化强国的目标还有多大差距、差在哪里？确立中长期强国跨越的目标和思路，明确重点培育的基地、重点发展的领域及重点强化的产业链等发展重点和措施。各石化企业要选择与自己主业相近的跨国公司对对标，看看产品结构、组织结构、目标市场、核心竞争力以及管理理念、创新能力、国际化水平等方面的优势和差距，尤其是有的企业新建装置、扩建产能，其技术路线、原料路线、商业模式的选择，一定要立足世界石化产业大平台、国际市场大背景，以全球竞争力为核心要素，充分论证、慎重决策，按照具有国际竞争力的世界一流企业的部署和要求，确定中长期发展目标和路线图。各石化园区要按照《石化产业规划布局方案》和《现代煤化工产业创新发展布局方案》的总体部署，与新加坡裕廊岛、德国路德维希港、比利时安特卫普等世界一流石化基地对对标，要深刻领会"以国内大循环为主体、国内国际双循环相互促进的新发展格局"的转型思路，首先扎实做好园区内产业链的协同和园区内的循环，以小循环促大循环，杭州湾、渤海湾区、大亚湾区以及西北能源"金三角"的现代煤化工示范区立足大循环、面向双循环，与墨西哥湾、东京湾、鹿特丹港等这样的世界级石化产业集群对标，在产业布局、产业链协同、产品互补、能源互供、智慧化管理等方面，明确世界一流石化基地和石化产业集群的目标和思路。

今年我们遇到了异乎寻常的挑战，摆在我们面前的困难也是前所未遇的，但是我们坚信：困难和挑战都是暂时的，疫情阻挡不了世界经济重回增长之路的步伐，疫情改变不了我国经济长期向好的态势，只要我们不惧困难、坚定信心，保持定力做好我们自己的事情，在育新机和开新局中锐意进取、创新图强，我们就一定能够战胜一切困难，迎着新的希望攀登石化强国之巅峰！

应对危机育先机　借势变局开新局*

刚刚闭幕的十九届五中全会，深入分析了我国发展环境面临的深刻复杂变化，认为当前和今后一个时期，我国发展仍然处于重要战略机遇期，但机遇和挑战都有新的发展变化。当今世界正经历百年未有之大变局，新一轮科技革命和产业变革深入发展，国际力量对比深刻调整，和平和发展仍然是时代主题，人类命运共同体理念深入人心，同时国际环境日趋复杂，不稳定性不确定性明显增加。我国已转向高质量发展阶段，经济长期向好、人力资源丰富、市场空间广阔、发展韧性强劲，继续发展具有多方面的优势和条件，同时我国发展不平衡不充分问题仍然突出，重点领域关键环节改革任务仍然艰巨，创新能力不适应高质量发展要求，全党要深刻认识我国社会主义主要矛盾变化带来的新特征新要求，深刻认识错综复杂的国际环境带来的新矛盾新挑战，增强机遇意识和风险意识，立足社会主义初级阶段基本国情，保持战略定力，办好自己的事情，认识和把握发展规律，树立底线思维，准确识变、科学应变、主动求变，善于在危机中育先机、于变局中开新局。石化产业作为国民经济的重要支柱产业，十年来连续列世界第二石化大国、第一化工大国，不仅为国民经济的健康可持续发展作出了重要贡献，而且为打造制造强国、航天强国和国防强国都提供了重要保障，也为世界石化产业的增长贡献了约 40% 的份额。立于新时代，面向新未来，贯彻新要求，石化联合会党委及其全系统正在掀起认真学习贯彻五中全会精神的热潮，在此以"应对危机育先机，借势变局开新局"为切入点，谈几点个人思考。

---

* 这是傅向升同志为 2020 年 11 月上旬召开的"2020 亚洲炼油和石化科技大会"准备的讲话稿，被多家媒体刊出。

全球经济今年面临的挑战异常严峻

回顾即将走过的"十三五",就国际环境来说是自二战结束以来,全球经济面临挑战最为复杂的五年,是全球经济遭遇不确定性因素最多的五年,今年受新冠疫情影响所面临的挑战更是异乎寻常。

先看看全球经济:自"十二五"起,全球经济迈入了景气周期,全球经济呈现出良好的增长态势,进入"十三五"增势更好。2018年3月我带队在休斯敦参加世界石化大会,会场上不论是宏观经济学家,还是全球石化界的企业领袖们,都对当时的世界经济继续增长普遍看好,可是3月22日,我们参加世界石化大会中国日论坛的那天夜里,特朗普签署了对中国输美产品加征关税的备忘录。从那天起单边主义和贸易保护主义抬头,霸权国家打着"本国优先"的旗号,到处挥舞贸易保护主义大棒,致全球化遭遇逆流,使全球经济的复苏势头调头向下。看看IMF的这组数据就一目了然:2016年世界经济同比增长3.2%、2017年同比增长3.8%、2018年同比增长3.6%、2019年同比增长3.0%。今年受新冠疫情的爆发和全球持续扩散的影响,全球经济遭遇更加严重的冲击和影响。10月13日,IMF预测今年全球GDP将下降4.4%,是大萧条以来最严重的衰退,IMF还同时预测:发达经济体全年将萎缩5.8%,其中美国-4.3%、欧元区-8.3%、德国-6.0%、法国-9.8%、意大利-10.6%、西班牙-12.8%、日本-5.3%、英国-9.8%、加拿大-7.1%,新兴经济体全年将萎缩3.3%,其中印度-10.3%、俄罗斯-4.1%、巴西-5.8%、墨西哥-9.0%、沙特-5.4%、南非-8.0%。

8月底9月初各主要经济体发布的二季度财报数据也确实如此:美国二季度GDP环比下降31.7%,这是有记录以来美国经济最大季度降幅;加拿大第二季度GDP环比下降11.5%,是自1961年首次有季度数据以来的最大降幅;法国第二季度GDP环比下降13.8%,创下自第二次世界大战以来的最大降幅;德国第二季度GDP环比下降9.7%,创下了1970年以来的最大降幅;日本第二季度GDP环比下降7.8%,创第二次世界大战后最差纪录。

再看看中国的情况：中国抗疫取得重大战略性成果，经济率先实现了"V"形反弹，一季度同比下降 6.8%、二季度同比增长 3.2%、三季度同比增长 4.9%，前三季度 GDP 总量 72.28 万亿元、同比增长 0.7%。IMF 预测中国今年将增长 1.9%，将是唯一呈现正增长的主要经济体，并说：中国正在拉抬全球经济增长，如果没有中国，全球经济今明两年的累计增长将为负值，受疫情重创的地区、如欧洲或拉美地区，经济要到 2023 年才能恢复到疫情前的水平，可见复苏过程可能很漫长、不均衡，也不稳定。10 月中旬以来，欧洲受第二波疫情的影响，经济复苏严重受挫，可能会陷入长期低迷。欧盟统计局公布：第三季度欧元区 19 个国家 GDP 环比大增 12.7%，虽然同比仍是下降 4.3%，相对于前两个季度让人们看到了复苏的希望，但是受第二波疫情的影响，法国和德国整个 11 月份将大规模封锁，这将使今年最后一个季度的前景更加暗淡，复苏可能会戛然而止。默克尔在联邦议院说："寒冬伊始，我们正处于严峻的形势下，未来几个月将很难熬，冬季将很严峻。"

石化产业高质量发展的任务更加艰巨

"十三五"以来，石化全系统深入贯彻党中央和国务院的决策部署，按照"十三五"发展规划确立的奋斗目标和发展思路，持续深化供给侧结构性改革，持续推进结构调整与优化，加大实施创新驱动和绿色发展"两大发展战略"，不断拓展国际交流与合作，保持了行业总收入、利润总额基本稳定。2016 年实现主营收入 13.28 万亿元，2017 年 13.78 万亿元，2018 年 12.4 万亿元，2019 年高于 12.3 万亿元。2016 年实现利润总额 6444 亿元，2017 年 8462 亿元，2018 年 8394 亿元，2019 年 6684 亿元。油气、炼油、化工"三大板块"虽然不同的年份各有起伏，但"十三五"前四年总体保持了基本稳定。前四年炼油和石化淘汰落后产能成效明显，炼油退出落后产能1.4亿吨/年，产业结构调整和产品结构优化方面，无论是柴汽比的优化，还是中高端材料和专用化学品的占比都有明显进步；在产业集中度方面，千万吨级炼厂已达28家，炼厂平均规模已高于500万吨/年，炼化一体化大型基地已有23家，百万吨乙烯基地已有10家，总体看产业集中度和产业链协同效果都有大幅提升。高质量发展的任务更加艰巨，主要表现在：

一是疫情的持续扩散对石化行业的影响更为严重。全行业上半年实现营业收入5.07万亿元、同比下降11.9%，利润总额1416亿元、同比下降58.8%，进出口总额3054.7亿美元、同比下降14.8%。这三组数据同时大幅下降是石化行业历史上没有的。马上到年底了，前三季度营业收入同比下降还有10.5%、利润同比还下降40.5%，可见恢复情况不及预期。高兴的是炼油板块以及中石化、中石油已完全扭转上半年整体亏损的局面，并且连同中海油、万华化学等一批企业下半年以来每月的盈利在逐月增加。当前石化全行业的总体情况是：生产较稳定，市场在向好，效益在改善，外贸降幅在收窄；可以肯定的是年内继续向好，但是挑战仍很严峻，全年由降转增难度很大。

二是主要石化产品产能快速增加。"十三五"以来全球石化产业一直处在景气周期，北美页岩气革命的成功使油气产量大幅提升，由于页岩气中轻烃资源丰富，乙烷裂解制乙烯进而制聚乙烯的产能增长迅速。海湾地区油气资源丰富，且成本优势明显，炼化一体化以及以轻烃为原料生产烯烃、聚烯烃及其系列产品新增产能较大。我国因石化产品存在长期结构性短缺，造成有机化学品、合成树脂、专用化学品，尤其是高端石化产品每年大量进口。又加上这两年国家产业政策和准入制度的进一步放宽，我国呈现出石化产业项目热情高的态势：一方面民营企业集中建设大型炼化一体化装置，这以恒力、荣盛、盛虹等为代表，大连恒力一期2000万吨/年炼化一体化装置已于去年5月份全面投产；浙石化以荣盛为主，其舟山一期2000万吨/年炼化一体化装置已于去年底投料；盛虹在连云港1600万吨/年炼化一体化装置正在施工过程中。另一方面跨国公司纷纷布局中国，巴斯夫在湛江、埃克森美孚在惠州分别独资 100 亿美元建设新材料基地，这两大基地分别于去年底和今年 4 月份开工。还有中海壳牌三期、利安德巴塞尔与宝来石化在辽东湾、萨比克与福海创在古雷都在规划拟建炼化一体化装置。今天看：随着恒力一期、舟山一期两套 2000 万吨/年装置的相继投产，到去年底我国炼油能力已达到 8.61 亿吨，今年还将有 3150 万吨改扩建产能投产。当前正在建设和拟开工项目的炼油能力超过 1.2 亿吨/年，这还没包括各省已核准的产能，届时总产能将超过 10 亿吨/年；若考虑淘汰或置换落后产能 1 亿吨，总产能也将在 9 亿吨以上。在当前国内成品油市场过剩量超过 5000 万吨的情况下，竞争将更加惨烈。此外，还有聚碳酸酯、己内酰胺、煤制乙二醇等多种产品的新建装置都在积极筹划中。到"十四五"末，除乙烯、聚乙烯还有当量缺口外，PX、乙二醇、PET 以及聚丙烯、环氧丙烷、苯酚、丙酮等很多产品都是供大于求的状况，这种状况不能不高度关注。

三是低油价及其石化产品的价格低位，对石化全行业的效益造成严重影响。去年全年布伦特原油均价 64.26 美元/桶、同比下降 9.9%，今年上半年布伦特原油均价 39.65 美元/桶、同比下降 39.8%，第三季度开始油价有所回升，但前三季度布伦特原油均价 40.76 美元/桶，同比降幅仍然有 36.9%，回升不明显；去年全年化学品出厂价格平均下跌 3.9%，今年上半年同比又下跌 6.5%，再加上疫情影响全球市场需求不振，这都是今年全行业效益大幅下降的主要因素。

四是国际竞争力的差距。"十三五"以来，北美和海湾地区充分利用所拥有的资源优势、能源价格和原料成本优势，聚烯烃和有机化学品年增产能远高于过去十年的平均值，产品的成本优势也很明显，又加上中国石化产品市场对全球新增市场的贡献高达 40% 左右，北美和海湾地区新增产能主要瞄准的是中国市场，有机化学品和合成材料进口量连创新高。上半年，我国进口有机化学品 3422.6 万吨、同比增长 17.1%，进口合成树脂 1734.5 万吨、同比增长 7.6%（其中聚乙烯进口 869.7 万吨、同比增长 7.0%，聚丙烯进口 211.1 万吨、同比增长 33.2%），这些都对国内石化产品带来较大的竞争压力。

"十四五"是石化产业高质量发展的关键时期

编制石化产业"十四五"规划是今年的重点工作，在调研的基础上，调研报告、专题研究报告、规划大纲、起草思路、重点任务等都已几经研讨、几易其稿，《石油和化学工业"十四五"发展规划指南》及其科技创新、绿色发展、石油化工、化工新材料、现代煤化工、石化园区等专项规划已形成征求意见稿。"十四五"期间，我们面临的国际国内环境都将有很大不同，摆在我们面前的困难和遇到的挑战也将有很大不同，石化产业发展的平台更开阔了，发展的基础更扎实了，发展的起点和标准都更高了，发展环境将更加复杂。8月24日，习近平总书记在经济座谈会上讲：当今世界正经历百年未有之大变局。当前，新冠肺炎疫情全球大流行使这个大变局加速变化，保护主义、单边主义上升，世界经济低迷，全球产业链供应链因非经济因素而面临冲击，国际经济、科技、文化、安全、政治等格局都在发生深刻调整，世界进入动荡变革期。刚刚闭幕的十九届五中全会审议通过了国民经济和社会发展"十四五"规划和2035年远景目标的建议，在指导思想和必须遵循的原则中，特别强调坚定不移贯彻新发展理念，坚持稳中求进工作总基调，以推动高质量发展为主题，以深化供给侧结构性改革为主线，以改革创新为根本动力，以满足人民日益增长的美好生活需要为根本目的，加快建设现代经济体系，加快构建以国内大循环为主体、国内国际双循环相互促进的新发展格局。这就明确要求我们在编制石化产业"十四五"发展规划过程中，一定要把握好"一个主题、一条主线和两个根本"。"十四五"期间，石化产业应重点突出"坚定一个信心，坚持三个不动摇，加快两个培育"：

（1）坚定石化强国目标跨越的信心。由石化大国向石化强国跨越是石化行业"十三五"发展规划提出的奋斗目标，这一目标的提出凝聚了行业的共识，引领广大企业和各行业在加大调整优化、加快淘汰落后、强化创新驱动、重视本质安全、提升绿色水平等各方面都取得了显著进步。同时我们也要看到，一方面离石化强国的标准和要求还有较大差距，产业布局和结构、创新能力和水平、国际化经营能力和水平、运行质量和效益等方面尤其明显。从行业整体看，与美国、德国、日本以及英国、比利时、荷兰、法国、韩国等国家相比还存在着明显的差距；企业个体与埃克森美孚、杜邦、巴斯夫、陶氏以及三菱、索尔维、赢创等跨国公司相比也存在较大的差距。我们对存在的差距一定要有清醒的认识，如果认识不到差距，不仅会在强国跨越过程中迷失方向，而且也容易在某些成绩面前沾沾自喜而丢失发展机遇。另一方面石化强国目标不可能短时期实现、更不可能一蹴而就，我们既要看到差距，也要正视突出的矛盾和存在的短板，更要看到新的机遇和有利条件，坚定实现石化强国的信心与决心，找准目标和方向，明确战略和思路，坚持不懈地努力，困难面前不气馁、成就面前不骄傲，不断务实创新、勇于开拓，扎扎实实做好自己的事情，力争在2035年左右，实现行业的创新能力和水平居世界前列，形成一批国际化经营能力强、具有全球竞争力的世界一流企业，建成一批世界一流水平的石化基地和现代产业集群，培育一批具有国际视野、懂管理善经营的企业家队伍和甘于奉献、敢闯敢试的创新人才队伍，与十九大的战略部署相契合，实现石化强国的目标，为建设经济强国、科技强国和国防强国提供坚强保障。

（2）**坚持高质量发展的主题不动摇。**高质量发展是党中央明确在新时代、经济发展迈入新阶段做好经济工作的根本要求，因为过去两位数的高速增长时代已成为过去时，过去的大进大出、高投入、高消耗、粗放型的发展模式已不适应新发展阶段的要求；再说我国经济总量今年将突破100万亿，若继续追求两位数的高速增长、继续粗放型的发展模式是不现实的，也是不可持续、不符合经济发展规律的，五中全会把高质量发展作为"十四五"及其未来经济发展的主题，强调必须把发展质量问题摆在更加突出的位置，坚持质量第一、效益优先，切实转变发展方式，推动质量变革、效率变革、动力变革。去年我们作出了"中国石化产业正在迈入高质量发展新阶段"的基本判断，得到了参加石化产业大会专家和部委领导的认可，大家认为2019年是中国石化产业转型发展跨入崭新阶段的重要转折，是行业高质量发展的转折年。实际上石化行业离高质量发展还有着明显的差距，不仅有创新、安全、生态方面的，也有产业结构、布局结构和人员结构方面的，更有创新水平和质量效益方面的。所以，"十四五"期间，我们一定要坚持高质量发展的主题不动摇，紧盯石化强国的目标，在科技创新和管理创新上狠下功夫，在结构调整和转型发展上狠下功夫，在本质安全和绿色发展上狠下功夫，不断深化供给侧结构性改革，不断拓展国际合作与交流，不断改善和提升运营质量和效益，全力推进石化产业高质量发展不断取得新的进步和新的提升。

（3）**坚持创新驱动和绿色发展两大战略不动摇。**"十三五"明确创新驱动和绿色发展两大战略以来，石化全行业和广大石化企业、石化园区都把这两大战略置于一切工作的突出位置，紧紧围绕重大关键技术和卡脖子技术创新，并强化创新平台建设和协同创新，加大创新人才培养力度；绿色发展面临的压力持续加大，全行业和各企业重视绿色发展、推进绿色发展，正确地处理好发展与保护的关系，"十三五"期间这两大战略的实施都取得了明显的成绩和进步。在"十四五"期间，这两大战略不能放松，还应继续发力，一方面创新一直是我们实现石化强国目标的最大短板和制约，聚碳酸酯、有机硅、蛋氨酸、MDI、氯化法钛白、百万吨乙烯等一批重大技术相继取得突破，成绩是主要的；但还有一些关键技术始终难以突破和产业化，例如尼龙66的关键单体己二腈的工业化、茂金属聚烯烃的催化剂及其工业化技术；近几年新建的丙烷脱氢制丙烯的装置，基本上都是采用UOP、鲁姆斯的技术和工艺包；碳纤维的碳化炉等有些关键设备还受制于人，等等。所以坚持创新驱动战略不动摇，是我们摆脱"大而不强"局面的关键，因此"十四五"期间，石化领域的创新一定要紧紧把握"四个面向"，即面向世界前沿、面向经济主战场、面向国家重大需求、面向人民生命健康，充分彰显创新在石化产业高质量发展全局中的核心地位，通过科技自立自强为经济强国和科技强国建设提供战略支撑。另一方面从绿色发展看，近几年来石化行业面临的要求不断提高、形势日益严峻、压力不断加大，绿色发展仍然是石化行业的一大短板，"十四五"期间一定要贯彻五中全会"坚持节约优先、保护优先、自然恢复为主，深入实施可持续发展战略，支持绿色技术创新，推进清洁生产，发展环保产业，推动重点行业和重点领域绿色化改造"的总体要求，坚持源头预防、过程控制、综合治理，加大绿色清洁工艺和新技术的创新和推广应用，规范开展绿色产品、绿色工厂、绿色园区以及绿色设计和绿色供应链的评价与推广示范力度，加快废弃物资源化再生循环利用，不断提高资源能源的利用效率，不断提升各企业和石化全行业绿色发展的水平。

（4）**坚持深化国际合作不动摇**。中央提出"以国内大循环为主体、国内国际双循环相互促进的新发展格局"的战略转变，有的人断章取义，错误地解读国内大循环为主体是新的"闭关锁国"，这种望文生义的断章取义是错误的！首先我们应当正确地认识：这种转变主要是这次新冠疫情突发、全球持续扩散，导致世界各国纷纷采取封锁措施，严重破坏了全球供应链，导致了供应链中断和产业链的受损。这种转变是基于中国具有全球最完整、规模最大的工业体系和4亿多中等收入群体，我们具备构建"以国内大循环为主体、国内国际双循环相互促进的新发展格局"的基础、能力和市场潜力。这种转变更是深刻总结世界经济发展史，如果一国经济长期以出口导向为主、外资依赖度过高，就会容易受国际市场波动影响、经济安全风险就大，产业结构转型升级的压力和难度都会大，关键核心技术受制于人的状况也难改变。发达国家的成功经验告诉我们：经济发展到一定阶段，必须从外向型经济转向内需增长为主，不断挖掘内需潜力，持续推动产业结构升级，只有这样产业才能高端化、经济才能实现高质量发展。所以说"构建新发展格局，是与时俱进提升我国经济发展水平的战略选择，也是塑造我国国际经济合作和竞争新优势的战略选择"。这种转变不仅看到了长期以来国内大循环始终不畅，而且也是为疫情过后外部环境如果恶化作的底线思维，是基于我国今天的工业基础、发展阶段和潜力市场，也是从我国经济发展稳定和产业链供应链安全出发作出的战略思考。正如习近平总书记在第三届进博会开幕式上讲的："适应新形势新要求，我们提出构建以国内大循环为主体、国内国际双循环相互促进的新发展格局，这绝不是封闭的国内循环，而是更加开放的国内国际双循环；中国制造已经成为全球产业链供应链的重要组成部分，并作出了积极贡献，中国广阔的内需市场将继续激发源源不断的创新潜能；坚定不移全面扩大开放，将更有效率地实现内外市场联通、要素资源共享,让中国市场成为世界的市场、共享的市场、大家的市场,为国际社会注入更多正能量。"从我们与ICCA、发达国家协会组织以及跨国公司的交流看,经济全球化仍是历史潮流,各国分工合作、互利共赢是长期趋势,欧洲化学理事会、美国化工协会以及巴斯夫、陶氏、杜邦等跨国公司,以及中石化、万华化学等国内企业,对深化国际间的合作与交流都有着高度的共识。我们应当准确地理解和把握"以国内大循环为主体、国内国际双循环相互促进的新发展格局"的深刻内涵,在"十四五"期间,紧紧抓住"双循环"的战略转变,通过多渠道保障国内供给能力来"稳链",通过创新提升核心竞争力来"补链、强链",通过上下游产业链的对接和协同来"延链",加快补短板、提高石化产品内循环的能力,重塑石化产业"双循环"的新格局,培育石化产业高质量发展的新优势。

(5)加快培育世界一流企业。石化产业是国民经济的重要支柱产业,也是经济强国的重要基础和支撑。纵观石化强国第一梯队的国家:美国有埃克森美孚、陶氏、杜邦等一批全球竞争力的跨国公司,德国有巴斯夫、拜耳、朗盛、赢创等一批强手如林、核心竞争力强的企业,日本有三菱化学、三井化学、旭化成等主业突出、创新能力强的化工公司。我国近几年石化企业有中石化、中石油、中化、中海油等一批世界500强企业;还有像烟台万华、浙江新和成、华峰集团、山东东岳、华鲁恒升等一批创新能力强的企业,行业引领作用和主导产品的全球竞争力愈益增强;近两年恒力、荣盛、盛虹等一批市场竞争力强劲的企业,正带着全新的机制和多年市场打拼积累的丰富经验,阔步挺进石化领域,并将对中国石化产业的规模效应、产业链延伸以及产业重构、整体竞争力提升都会起重要推动作用。下一步按照五中全会"加快发展现代产业体系,推动经济体系优化升级"的部署,石化企业对标世界一流石化公司,在明确战略定位、清晰主导产业的基础上,更加突出创新队伍和能力的培育,在产业结构、产品结构、组织结构和人员结构的调整和优化上狠下功夫,强化国际化经营与管理的能力提升;在与跨国公司对标的过程中,不仅对标产出规模和效益,更要对标发展战略和产业结构;不仅对标转型发展的思路和做法,也要对标发展的历程和经验;不仅对标企业组织结构和管理理念,还要对标国际化经营和管理的方式与水平,以问题导向和目标导向引领企业,不断提升产业链供应链的现代化水平,加大发展和培育战略新兴产业的力度,推动企业迈向世界一流。

(6)加快培育现代石化产业集群。培育现代产业集群是党的十九大为建立现代经济体系所做的战略部署。石化产业的园区化、基地化、炼化一体化是发达国家的成功实践,也是我国石化产业高质量发展的趋势和必然途径,石化园区在产业集聚和产业链协同、土地集约利用、资源循环和能源互供、集中管理和公用工程共享等方面都发挥着越来越重要的作用。据统计2018年底全国共有石化园区676家,其中产值500亿元以上的有47家、约占7%;产值100亿元以下的有405家、约占60%。可见,我国石化园区数量多、规模小、布局分散、产业集聚度不高的问题比较突出。因此,"十三五"以来我们加大国内外石化园区的交流与互动,不断强化园区管理,按照工信部的要求不断加大智慧化工园区试点示范的力度,受国家发改委委托开展绿色石化园区创建工作。石化园区在我国石化产业的发展中占有越来越重要地位、发挥越来越重要的作用。近几年为适应管理水平不断提升的需要,我们积极推动《绿色石化园区评价导则》《智慧化工园区建设指南》等标准的制定,完成了《世界级化工园区及化工产业集群》的课题研究。山东、江苏、浙江、湖北、辽宁等省市积极开展对石化园区的认定与规范化管理整治提升,经过多方努力和共同发力,石化园区管理的规范化水平明显提升。下一步,依托现有大型石化基地和化工园区培育现代石化产业集群成为"十四五"及今后的重点工作。

《石化园区的"十四五"规划及2035中长期发展展望》已形成征求意见稿,以习近平新时代中国特色社会主义思想为指导,按照高质量发展的根本要求,贯彻"规划科学,布局合理,管理高效,产业协同,集群发展"的原则,更加重视智慧化工园区和绿色化工园区的建设与试点示范,立足园区小循环、面向国内大循环、构建国内国际双循环,继续深化供给侧结构性改革,深入实施创新驱动战略和绿色可持续发展战略,不断拓展国际交流与合作的空间,持续加大培育现代石化产业集群的力度,努力建设一批具有全球竞争力的世界一流石化基地和化工园区，推动石化产业由大国向强国迈进。我们的基本设想是：组织实施"五项重点工程"，重点培育"五大产业集群"，打造35个重点石化基地和30家专业化工园区，实现"5个50的目标"：即组织实施产业升级创新工程、绿色化工程、智慧化工程、标准化工程、高质量发展示范工程"五项重点工程"，建成50个科创中心、创建50个绿色化工园区、新建50个智慧化工园区、颁布50项园区管理与建设标准、开展50家高质量发展园区示范，重点培育渤海湾区、杭州湾区、泛大亚湾区以及湄州湾区四大沿海石化产业集群和西北能源金三角区域现代煤化工产业集群，力争"十四五"末这五大产业集群初具轮廓，2035年打造成为中国版的墨西哥湾、裕廊岛这样的世界级石化产业集群和具有全球竞争力的大型石化基地。

以上是在学习领会五中全会精神的过程中，对石化产业如何抢抓机遇、勇于面对挑战、实现强国跨越的一些思考，因水平和阅历所限，不尽全面，也许有失偏颇，仅供工作中思考。

专业篇

对中国石化行业可持续发展的再思考*

前几天，有幸参加了科莱恩可持续发展高峰论坛，在一天的主论坛、分论坛、展台参观、对话交流中，让我听到、看到并了解到科莱恩是如何可持续发展的，科莱恩在瑞士总部和大中华区都设有可持续发展和管理总监，科莱恩将可持续发展定位为公司的五大战略支柱之一，因此科莱恩已连续三年列纳斯达克全球可持续发展指数前三、列纳斯达克欧洲可持续发展指数第一或第二。在论坛中，一是引发我想起今年4月份到访美国宝洁公司总部时，了解到宝洁公司严格按产品全生命周期做好可持续发展的做法；二是引发了我对中国石化企业可持续发展的深深叹息：今年9月19日纳斯达克可持续发展全球指数正式生效，无论是全球指数、还是亚太指数，中国企业无一入榜。中国的石化企业如何做好可持续发展？是当前中国石化行业和众多企业必须面对、也必须思考的问题！

中国政府已对可持续发展有了足够的重视

让我们翻开十八大报告就会看到：按照人口资源环境相均衡、经济社会生态效益想统一的原则，控制开发强度，调整空间结构，促进生产空间集约高效、生活空间宜居适度、生态空间山清水秀，给自然留下更多修复空间，给农业留下更多良田，给子孙后代留下天蓝、地绿、水净的美好家园。

---

* 这是2016年傅向升同志参加科莱恩可持续发展高峰论坛后在报刊发表的时评。

这是迄今我看到的对可持续发展的最浪漫、最富有诗意的描述。

再让我们看看习近平总书记在前不久杭州G20峰会上的讲话：为推动世界经济走上强劲、可持续、平衡、包容增长之路，我们清醒认识到，长期以来主要依靠资源、资本、劳动力等要素投入支撑经济增长和规模扩张的方式已不可持续；我们将毫不动摇实施可持续发展，坚持绿色低碳循环发展，坚持节约资源和环境保护的基本国策。全球经济治理要共同构建绿色低碳的全球能源治理格局，共同推动绿色发展合作，共同构建包容联动的全球发展治理格局，以落实联合国2030年可持续发展议程为目标，共同增进全人类福祉！

由此可见：中国自新世纪以来提出并全力推进的和谐发展，其主旋律与全球可持续发展的内涵是协奏曲。

中国石化行业可持续发展既已重视、又任务艰巨

无论是《石油和化学工业"十三五"发展指南》《石化产业调结构促转型增效益的实施方案》，还是《石化行业"十三五"科技创新规划》《石化行业绿色发展行动计划》，都谈到"十三五"中国石化工业不仅全面进入新常态，而且资源承载能力已逼近极限，环境约束日益严苛，继续以高消耗、高投入、高排放为主要特征的传统生产方式已不能适应石化工业面临的新形势和新要求，必须全面提升绿色发展、安全发展和循环经济水平，这已成为全行业可持续发展的紧迫任务。要以科技创新为支撑，大力推进传统产业绿色化升级改造，加快构建生态设计和绿色生产体系，大力发展绿色产品，积极推动绿色工厂、绿色化工园区建设，发展循环、低碳经济，促进石化行业健康可持续发展。石化联合会积极配合世界化工协会联合会、国际化学品制造商协会等国际组织，积极倡议并大力推进落实责任关怀宪章和承诺，推进石化企业SHE体系建设，不断完善并年年发布能效领跑者

先进企业名单；通过开展产品评价和企业、园区试点、示范，推广一批绿色产品，创建一批绿色工厂，培养一批绿色园区。通过典型和示范引路，树立标杆，为石化企业可持续发展提供借鉴。

但是石化行业的现状也确实与可持续发展有着较大的差距。一是石化工业是资源性行业，以化石原料为主，全行业能源消耗总量5.5亿吨标煤，居工业部门第二；排放污水40.4亿吨、废气6万亿立方米、工业固体废弃物3.2亿吨，均居工业部门前列，这就决定了石化行业可持续发展的任务艰巨。二是企业多、参差不齐，石化规模以上企业约3万家，且有的是近几年新建的现代化工厂，而大多是上世纪七八十年代建的工厂，上市公司占比很少。三是很多企业的认识还不到位，很多企业认为第一位的是发展，甚至还在追求高速度的发展，还没有转变到以质量和效率为主导的发展模式上来，还没有充分认识到发展一定要在资源和环境生态的可承载能力之内，更没有认识到今天的发展不能损害子孙后代未来的持续发展能力。由此可见石化行业结构调整、转型升级的任务还很艰巨。

当前石化行业可持续发展的再思考

石化行业的可持续发展在充分认识、足够重视的基础上，当前应当处理好三个关系、辩证地处理好三对矛盾、把握好三个要素。

一是处理好"三个关系"，即经济、环境、社会。可持续发展的核心还是发展，只有经济不断发展，才能不断创造社会财富，才能不断满足人们日常生活的需求和生活水平的不断提高，才能不断增强国家的实力；但是，可持续发展强调，经济的发展不仅是数量的，更应该注重质量，特别是经济的发展不能以牺牲环境为代价，一定要与生态环境相协调；通过质优、高效的发展，通过与环境的协调发展，促进社会的全面进步。这三者的关系就是：经济发展是基础，环境保护是前提，社会进步是目标。

二是辩证地处理好"三对矛盾",即当前与长远、局部与整体、成本与效益。当前与长远的矛盾体现在资源的有限性,可持续发展强调,在满足当代人需求的同时,不能损害后代人满足需要的能力。全人类资源的紧缺,就要求我们必须以最少的资源消耗来产出最多的产品,这也就要求我们要合理开发、合理利用资源,对于可再生性资源的消耗要低于其再生能力,对于不可再生性资源一是不能过度消耗,二是尽量用替代资源作为补充,以实现可再生资源与不可再生资源的可持续性,辩证地处理好当前与长远这对矛盾。

局部与整体的矛盾体现在个体与整体、区域与全球,在经济全球化的时代,没有与世隔绝的孤岛,各国的发展环环相扣,一荣俱荣,一损俱损,没有哪个国家可以独善其身,"地球村"应当成为我们的共识,协调与合作是必然的选择。一个国家或一个地域的过度消耗、过度排放,造成的生态恶化必将导致全球或全人类的灾难,最近世界气象组织发布公报:2015年全球二氧化碳平均浓度首次达到400ppm,是500万年来的新高。所以一个国家(地域)追求发展,一定要有可持续的理念;同样地一个企业的过度消耗或过度排放,所恶化的不仅仅是一个地区、一个国家,甚至影响的是全球的环境与气候,当前的雾霾、京津冀以及华东华北的联防联治就是典型的案例。

成本与效益的矛盾体现在有些企业片面地理解为可持续发展会增加成本,对企业的效益产生影响。这些企业没有全面地看到可持续发展理念有助于品牌价值、强化了企业的形象和良好声誉,由于增强了可信赖和可尊重的良好合作伙伴,可以与客户建立更加牢固的合作关系、获得新的业务合作机会,带来的是企业效益的提升;上榜公司的实践证明,从长远来看,注重可持续发展不仅不会增加成本,而且有助于降低成本、提高效率。今天的科莱恩以及像陶氏、朗盛等这些可持续发展良好的公司带给我们很好的启示。

三是当前把握好可持续发展的"三个要素",即认知、战略、创新。我认为国内大多数石化企业对可持续发展还缺乏认知,9月19日2016年道琼斯可持续发展全球指数已经正式生效(科莱恩已连续多年入榜),几年来中国公司无一入榜就是证明。这就要求我们一边是政府部门要适时修订与可持续发展不相符合的法律法规，并加大对环境生态、安全健康等监管和奖惩措施；一边是加大宣传力度，不仅宣传可持续发展公司的典型经验和取得的实效、分享最佳实践，还要加大培训、研讨、座谈的机会，通过多种渠道、多种方式，让企业了解可持续发展的理念及其益处，提升企业的认知度。战略很重要，企业能否做好可持续发展，就看把可持续发展摆在什么样的位置，科莱恩把可持续发展作为五大战略支柱之一，已成为科莱恩商业战略的核心要素，在组织机构上设有可持续发展及管理事务总监，定期监控和报告其可持续发展的进展情况，从上游的供应商团队开始，在产品全生命周期的各个环节上，全程贯穿可持续发展的理念。我们4月份访问的宝洁公司也是这样的；陶氏制定可持续发展目标已有20年的历史，1995年即出台了2005可持续发展目标，2006年又出台了2015可持续发展目标，去年又提出了2025可持续发展目标；而且每一个十年目标都有新的提升，第一个十年的目标重点是安全和环境的保护；第二个十年，则致力于为解决世界面临的挑战提供产品和解决方案；第三个十年，则是希望与来自不同领域的合作伙伴一起，重塑企业在社会中的角色。创新是实现可持续发展的重要保障，只有创新和技术的进步，才能实现资源消耗的最小化和有效产出的最大化，才能拓展资源的可替代性，才能不断提升生产过程的安全性、不断减少"三废"的排放量、降低对环境生态的影响。同时由于生产效率和资源转化率的提高，以及原来的废弃物实现再利用和循环经济的发展，可以降低企业的成本，为企业带来直接的收益，使得可持续发展成为良性循环。创新一是鼓励开放式协同创新，二是鼓励先进技术的转让。在共同的进步与提升中，确保可持续发展理念的落地。

石化企业如何借助电商平台促转型升级*

刚刚过去的"十二五",我国石化行业虽然深受全球金融危机的持续影响,也深受国内增长速度换档期、结构调整阵痛期和前期刺激政策消化期"三期叠加"的影响,但取得了显著的成就:主营业务收入年均增长9.2%、资产年均增长12.5%、投资年均增长14%、利税年均增长3.8%、进出口总额年均增长2.8%、其中出口年均增长6.3%;去年行业主营收入13.14万亿元,其中化学工业8.84万亿元,连续5年列世界第二石化大国、世界第一化工大国;同时,结构调整稳步推进,科技创新取得新突破,节能减排成效明显,对外合作成果显著。今年是"十三五"规划的开局之年,也是推进结构性改革的攻坚之年,整个经济正处在经济增速换挡、结构调整阵痛、动力转换艰难的过程,石化行业结构性矛盾突出,新的增长新动力形成缓慢,经济下行压力依然很大。今年上半年,石化行业累计增加值同比增长8.7%,高于全国规模以上工业企业6.0%的水平;实现主营业务收入6.26万亿元,下降1.5%,低于全国规模以上工业企业增长3.1%的水平;利润总额2915.6亿元,降幅6.5%,远低于全国规模以上工业企业增长6.2%的水平;全行业主营收入利润率是4.63%,低于全国规模以上工业企业5.68%的指标;全行业进出口贸易总额2254.6亿美元,下降15.0%(下降幅度大于全国货物贸易进出口总值同比下降3.3%的水平),其中出口820.6亿美元,降幅8.5%,下降幅度也大于全国下降2.1%的水平。化学工业上半年经济指标要好一些,上半年增加值9.5%,主营业务收入4.3万亿、增长3.7%,利润总额2325亿、增长13.8%,

---

* 这是2016年夏天,傅向升同志为石化行业电商平台建设论坛准备的发言稿,后被多家媒体刊出。

主营收入利润率 5.37%。上半年全行业运行总体趋稳，呈现筑底盘整的态势。但行业效益分化明显，固定资产投资持续下降，单位成本高位运行，进出口压力较大；趋稳的基础还很脆弱，筑底盘整的态势还不稳固。可见，当前世界经济仍处于深度调整期，全球总需求不振，我国经济在新常态下，经济下行压力持续加大，石化行业成本持续上升，产能过剩严重，利润空间不断被压缩，转型升级和改善运营质量是迫切要求，石化企业如何借助电商平台向开拓市场要效益、向降低成本要效益、向强化管理要效益，这是企业有效控制成本之重要举措，也是企业转型升级和提质增效的有力支撑。下面，谈几点思考：

电商及其在中国的快速发展

电商，电子商务的简称，已深入到并正在深刻地改变着我们每个人的工作学习生活等各个方面。有人定义为：通过使用互联网等电子工具在全球范围内进行的商务贸易活动；也有人定义为：通过电子手段进行的商业事务活动；联合国国际贸易程序简化工作组给出的定义：采用电子形式开展商务活动，它包括在供应商、客户、政府及其他参与方之间通过任何电子工具完成的商务活动、管理活动和消费活动中的各种交易。通俗地说，电子商务是利用计算机技术、网络技术和远程通信技术实现电子化、数字化和网络化的整个商务过程；电子商务是以商务活动为主体，以计算机网络为基础，以电子化方式为手段，在法律许可的范围内进行的商务活动交易过程。电子商务是上世纪九十年代伴随着信息高速公路的建设而起步的，随着网络技术和互联网的快速发展而发展，1997 年在温哥华举行的第五次亚太经合组织非正式首脑会议（APEC）上，时任美国总统的克林顿提出了共同促进电子商务发展的议案，1998 年被国际著名的信息公司称为电子商务年，发达国家和一些跨国企业正在由全程电子商务阶段迈向智慧阶段。正是因为电子商务能让消费者通过网络在网上购物、网上支付，不受时间和空间的限制,更不受传统购物的诸多限制,可以随时随地在网上完成交易,不仅给消费者提供了更多的选择和便利性,而且价格还更透明、信息更对称,同时大大降低了商品流通和交易的成本,大大提高了交易的效率,所以深受广大消费者喜爱,新世纪以来得到了快速发展和普及。

中国电子商务的发展是迅猛的,一直保持着快速发展的势头,据统计2015年中国电子商务的交易额20.8万亿元,同比增长约27%,其中B2B电商交易额约占76%。中国电商的发展堪称是奇迹,一是网民人数世界第一,超过6亿人,相当于全球网民人数的1/5;二是网上零售额世界第一,有机构曾做过统计,2013年中国凭借3000亿美元的销售额超过美国,成为全球最大的网上零售市场;三是单日销售额世界第一,2014年的"光棍节"阿里巴巴的在线交易额高达93亿美元,创下了全球单日网络销售的记录,是美国同年"网购星期一"(12月1日,感恩节后的第一个星期一)网上交易额26.5亿美元的3倍还要多。

电商在石化行业已积累初步经验

近两年石化行业电商平台如雨后春笋之势。按照五中全会"网络强国"的战略部署,大力实施"互联网+"行动计划,贯彻落实国务院《关于积极推进"互联网+"行动的指导意见》,石化行业面向国际市场,积极应对全球新一轮科技革命和产业变革,积极应对全球原油和大宗商品价格剧烈波动、行业整体效益持续下行的压力,加大结构调整和创新的力度,加大去产能和化解产能结构性过剩的矛盾,加大企业转型升级和提质增效的力度;尤其是在产能严重过剩的今天,市场竞争日益激烈,产品价格越来越接近成本,利润空间锐减;传统企业加快"互联网+"步伐,转型已成为大势所趋,积极探索"互联网+化工"的新模式,积极探索实体企业从传统制造商向全价值链综合服务商的转变,化工电子商务得到了快速发展。据不完全统计，目前石化产品的线上交易额已达千亿规模，去年石化产品类的 B2B 电商平台新增有 50 多家。中国石化借助阿里云技术，应用移动互联网、大数据、云计算建成"易派客"工业品电商平台，已拥有 2.6 万多家供应商企业、1600 多家采购商企业、总注册用户 9 万多个，已成为中国最大的工业品电商平台。染化行业已投入运营的"网盛生意宝"是染化行业在线交易的市场，该电商平台通过电商交易、互联网金融等手段创新提升产业链整合，促进产业转型与发展。中国化工集团两年前与中石化合作建立了采购电商平台，不仅实现了阳光采购和供应商信息、资质的共享，而且在广泛寻比价、扩大供应商池以及供应商管理、降低采购成本等方面都发挥了很好的作用；今年 6 月，"一站式交易，全流程服务"的销售电商平台又在油气板块上线运营，线上线下结合，不仅为客户提供更高效、更快速的营销服务，而且通过数据收集和实时分析，为客户提供更专业化、更细化的服务，不仅降低了销售成本，而且还可以堵住部分人为的利润渗漏；下一步将推广到全集团的重点企业，满足集团各业务板块营销及管理的要求，助力集团的转型发展和业务创新。德州实华是一家氯碱企业，2009 年就开通了自己的电子商务营销业务，开始是用广东塑料交易所的平台进行 PVC 树脂的现货交易，2012 年在渤海商品交易所发起建立了 PVC 树脂营销板块，2014 年 5 月又在上海化工品交易市场正式上线；自 2009 年电子商务销售 5000 万元，销量和销售收入逐年大幅提高，到 2015 年电商销售 PVC 35.3 万吨，网上销售 13.7 亿元；今年德州实华全部销售物资（包括废品废料）全部上线电商平台，所有出厂物资统一定价、统一管理，实现阳光、透明、公开销售。另外，塑料行业有找塑网、快塑网、化塑汇等十几家电商平台，其中找塑网是实现现货交易、物流配送、金融服务于一体的电商交易平台；涂料行业有涂多多、聪慧涂料、九正建材等电商交易平台（淘宝上也有涂料交易平台），其中涂多多重点打造云物流、云仓储、云 ERP、互联网金融平台功能，为客户提供深度供应链服务；盐化行业的盐化通在线交易平台 7 月份也上线运行，利用云计算、大数据等网络技术，对化工企业、盐化产品进行精准匹配，不仅降低交易成本，也提高了企业的销量；聚氨酯行业现在有九议化工交易网，为客户提供可靠的现款现货交易。

三

化工企业如何做好电商平台建设

网络技术的发展为电商平台建设奠定了技术基础，零售网络的发展为化工电商平台建设提供了借鉴，更是由于受原油价格的剧烈波动、大宗石化产品价格低迷、国际国内产品市场萎靡不振、利润空间不断压缩等影响，这几年电商发展得很快也很热，电子商务的优势是明显的，但对企业来说真的是一电就灵吗？不同的企业、不同的产品一定要正确地分析和正确地对待电商，要有正确的认识和思考。

一是企业要把握这一新的发展机遇。电子商务确实为实体企业、中小企业提供了突破性发展和借势突围的"风口"，在全球市场一体化的今天，无论是大企业还是小企业，通过电子商务平台，都可以不受时间和空间的限制，随时随地地与世界各地的供应商和产品客户快速高效地及时联系、直接沟通。尤其是中小企业，在发展的比重与质量方面，都是一支重要的力量，规模以上石化企业共有近3万家，而中小企业占60%以上，资产约20%，销售收入超过30%，利润总额接近40%；而国际化采购与营销的渠道与能力恰恰是中小企业的短板，今天有了电子商务平台，中小企业与大企业集团、甚至与跨国企业就可以站在同样的平台上，分享同样公开的信息，进行更加透明的竞争，这一新的发展机遇必将为各类企业提供更加公平的竞争环境。

二是要更加重视商业模式创新。商业模式是指企业价值创造的基本逻辑，即企业在一定的价值链或价值网络中如何向客户提供产品和服务并获取利润。数字经济的到来，改变了原有的商业竞争环境和经济规则，"商业模式"作为一个关键词，随着新世纪的开启一并进入人们的视野，在全球化浪潮冲击、技术变革加快，尤其是商业环境不确定性因素不断增加的时代，人们甚至认为：决定企业成败的重要因素，不是技术，而是商业模式。因此近10年来，创新并设计出好的商业模式，一直是商业界尤其是跨国企业关注的焦点。波音正在转型为"数字化航空公司"，以后波音公司不仅为客户提供飞机和航空设备，更是利用航空业务中生成的海量数据信息平台，帮助航空公司最大限度地提高效率、盈利水平和环境与服务质量；阿斯利康制药公司建立开放式创新平台，把英国、美国、瑞典、德国等的研究机构和学者、创新人员联系起来共同创新；Etsy 是 21 世纪数字化生态平台的成功案例，它是一家在线的全球性市场，它不仅把 3000 多万买家和卖家联系起来，而且与 Kiva 合作，通过众筹的方式帮助独立的手工艺品设计师提供小额融资，进一步拓展到创业教育服务，为设计师和供应商建立联系。我们熟悉的杜邦、拜耳、巴斯夫等跨国公司，近年来也都在进行着商业模式的创新、力促战略的转型。从国内石化行业和企业的现状来看，管理创新落后于技术创新，而商业模式创新的差距就更大。电子商务是商业模式创新的重要内容，而当前石化行业真正实现电子商务化的企业还是少数（在线交易额仅占 2%），所以电子商务在石化行业的发展空间和潜力是巨大的，为企业带来的价值创造也将是巨大的。商务模式创新是集成创新，也是一个系统创新，首先要从观念创新做起；其次是运营重心的转变，要以客户为中心，认真分析客户的需求，以满足客户的需求和客户的价值增值为目标，在客户满意和客户效益的提升中建立起自己的竞争优势；然后内部要认真分析自己企业的价值链，选准企业在价值网络中的定位，针对自己在产业链或价值链中所处的环节确立商业模式创新的重点。通过商业模式创新，不断提升为客户服务的质量与水平，不断提升企业的管理效率与水平，以形成企业的持续竞争优势。

　　三是要突出石化产品的特殊性。化工品与一般的工业品不同，与零售电商销售的消费品更不同。据统计化工产品分 27 个专业、4 万多个品种，无机盐就有 1600 多个产品，农药有 2000 多个品种，量大面广、种类繁多，产品各异、性质各异。尤其是危化品又有特殊的要求，生产、使用、仓储、运输都有规范的规定；对于同一个产品，也有不同的牌号，牌号不同，性能和用途就不同；就是同一个牌号，产品质量、纯度不同，用途和价格就不同。石化产品与一般工业品或消费品还有一个很大的不同，就是有些产品需要线上线下密切配合，例如一些催化剂、精细化学品和特种化学品，种类多、批量小、个性化需求高，如果线下服务跟不上，恐怕也难以充分发挥电商平台的作用。电商平台建设还要与信息化建设统筹规划，电商平台建设需要与 ERP 系统、OA 系统的统筹协调，只有电商平台不是"孤岛"时，经电商采购平台提出采购计划、进行采购寻源、网上比价以后，再经 ERP 系统固化的流程和权限分配，将供应商选择权、价格确定权、货款支付权等职能配置岗位归口审批；最终经 OA 系统合同审批，并确保合同执行过程中的信息共享和如期执行。电商销售平台也是一样，营销合同确定以后，要经 ERP 系统将生产任务及时下达到生产车间，由 OA 系统保障合同执行过程中的信息传递、如期履约以及售后服务的及时与高效。石化企业电商平台建设的方式，可根据自己产品的特性来确定，大企业可学习中石化完全自建的方式，也可借鉴中国化工自建电商销售平台、借用中石化电商采购平台的方式，而德州实华是采用第三方交易平台的方式，利用广东塑料交易所、渤海商品交易所、上海化工品交易市场等平台建立起了自己的电商平台；染化行业的电商平台是网盛生意宝与闰土股份、吉华集团共同出资、战略合作的方式，打造中国染化在线交易市场；涂料行业的涂多多，是依托涂料产业网、油墨产业网打造的涂料产业链的垂直交易平台，既有涂料用原料的采购空间，也有涂料终端产品的销售空间。这些案例都可以作为石化企业建设电商平台的参考和借鉴，简单地看，大型或特大型企业因为资金实力和人才实力都较强，可采取自建的方式，而中小企业可以采取利用第三方平台的方式。

我们正处于第四次工业革命的变革过程中，我国石化大国的地位毋庸置疑，但我们也面临着化石资源和能源的制约、生态环境的日益严苛，化解过剩产能、调整产品结构、转变发展方式仍然是摆在我们面前的巨大挑战，不论是大企业还是中小企业，机遇与挑战并存！只有把握住机遇，走创新驱动之路，通过技术创新、理念创新、管理创新和商业模式创新，不断提升行业和企业的核心竞争力，为石化大国向强国的跨越做出新的贡献！

对染料工业创新发展的几点建议*

过去的 5 年,染料行业与全国石化行业一样,经历了前所未有的严峻考验。不仅深受"三期叠加"的影响,而且在整个经济增速换挡、方式转变、动能转换的过程中,染料行业还积极应对了国际市场需求萎缩、国际竞争日益激烈的挑战,广大企业和各位同仁共同努力、攻坚克难,取得了持续健康的发展。可以说,刚刚过去的 5 年,是染料行业结构调整不断加快、产业集中度不断提高、创新能力不断增强、环境治理取得积极进展的 5 年。我国染料生产、出口和消费量均稳居世界第一位,在国际上已经确立了自己的主导地位,产量占全球总量的 2/3,品种达到 800 多个,出口 130 多个国家和地区,已经成为名副其实的染料"大国"。过去的 5 年,七届理事会坚持服务宗旨,主动贴近企业,认真履行职能,在广大会员单位的大力支持和积极参与下,在信息统计、技术创新、节能减排、国际合作、上下游联动、反映企业诉求和争取政策支持等方面,做了大量卓有成效的工作,得到了政府有关部门的肯定,受到了广大会员和行业企业的好评,七届理事会的工作是卓有成效的!染料行业的成就和进步是显著的!

染料行业面临的机遇与挑战

染料工业是作为精细化工产业中一个历史比较悠久的门类,与国民经

---

* 这是 2016 年 9 月 21 日,傅向升同志在中国染料工业协会第八次会员大会上讲话的部分内容。

济、人民生活和国防建设密切相关，并发挥着重要的作用。染料大国的地位毋庸置疑，但还不够强，特别是在行业的集成化和自动化改造、产品生态安全性和功能性的研发、满足市场需求和具有高附加值产品的创制等方面差距还比较大。同时也面临着严峻的挑战，国际上面临着发达国家制造业回归和东南亚发展中国家低成本优势的挑战；国内面临着结构调整、转型升级、环境生态日益严苛的挑战；行业内面临着增速放缓（"十二五"年均增幅不到5%，而之前是15%～20%）、产品同质化（"十二五"染颜料出口总量约206万吨，进口超过26万吨，进口的品种主要都是高端产品）的挑战。衷心希望染料协会新一届理事会深入分析面临的挑战和机遇，认真研究未来5年行业发展的思路，部署好协会的工作，进一步增强服务功能，不断提高服务水平，积极推进行业结构调整和转型升级，加快创新发展、绿色发展、高端发展的步伐，努力提高染料行业国际竞争力，为实现染料"强国"目标作出新的更大的贡献！

对染料行业发展的几点建议

重点谈"1+3"，即"1个创新，3个化"。

一是创新。创新是"五大发展理念"之首，总书记在G20会上讲"创新是从根本上打开增长之锁的钥匙"，也是中国石化行业"十三五"两大发展战略之一。如果创新搞不上去，发展动力就不可能实现转换，我们在全球竞争中就会处于下风，因此我们必须把创新驱动作为引领行业发展的第一动力。染料行业的创新尤其重要，是解决染料品种高端化和差异化的关键因素，为满足纺织印染工业新工艺、新纤维以及节能减排要求，以染料的生态安全和环境保护升级为重点，突破一批重点中间体清洁生产的关键核心技术，研发一批染料颜料和印染助剂绿色高附加值产品、组建一批染料行业公共创新平台。

二是生产的绿色化。染料工业人们总是把它列入高污染行业，不仅废水、废气、固废的排放量大，关键是染料行业跟别的行业不一样——颜色重！一方面要加大对现有生产工艺和设备的技术改造与提升，用先进适用的技术改造提升传统生产工艺和设备；另一方面要加大连续硝化、连续催化加氢、三氧化硫磺化、新型固相反应等新技术的推广和示范，从源头破解染料"三废"处理的难题。

三是装置的智能化。染料行业具有多品种、小批量、产品精度高等特点，全行业现有生产企业325家，去年销售收入527亿元，品种约2000个，常年生产的有11大系列、800个品种（而农药行业去年主营收入3107亿元，可生产500多个品种）；染料行业大多数生产仍以粗放型、敞开式、间歇式和劳动密集型方式作业，不仅造成原材料的浪费、对环境安全事故应急处理反应差，关键是反应控制不够精确、产品质量不稳定、反应收率低，所以染料行业的智能化生产、柔性生产、连续稳定生产很关键，一定要高度重视并加大智能工厂的建设。

四是购销的电商化。染料产品每年出口的量超过40万吨，是一个直接面向国际竞争的行业，电子商务为我们提供了突破性发展和借势突围的"风口"。在全球市场一体化的今天，无论是大企业还是小企业，尤其是中小企业，通过电子商务平台，都可以不受时间和空间的限制，随时随地与世界各地的供应商和产品客户快速高效地及时联系、直接沟通。有些染料企业已经认识到了这一点，闰土股份、吉华集团与网盛生意宝以共同出资、战略合作的方式，投入运营了染化行业在线交易电商平台"网盛生意宝"，通过电商交易、互联网金融等手段创新提升产业链整合，促进产业转型与发展。线上线下结合，不仅为客户提供更高效、更快速的营销服务，而且通过数据收集和实时分析为客户提供更专业化、更细化的服务，降低了销售成本。有了电子商务平台，中小企业与大企业集团、甚至与跨国企业就可以站在同样的平台上，分享同样公开的信息，进行更加透明的竞争，参与更加公平的竞争。

胶黏剂行业的机遇与挑战*

石化行业前三季度总体运营好于预期

概括为"两个正常、两个收窄、两个向好",即前三季度全行业主要产品生产和消费保持正常、主营收入和利润总额降幅收窄、产品价格和经济效益延续回升向好势头。具体来看,国际油价持续低位震荡,对油气开采板块带来很大影响,导致全行业主营收入和利润双下降,也导致内部效益分化明显;有机化工产品需求总体呈低位增长态势,尤其是精细化学品染料、涂料、胶黏剂等利润空间加大,效益总体改善。全行业主营收入9.54万亿元,同比下降0.5%;实现利润总额4375亿元,同比下降3.1%。化学工业更好一些,主营收入6.65万亿元,同比增长3.8%,利润总额3473亿元,增幅13.9%;化学工业主营收入增长最快的是专用化学品6.9%,利润增长最快的是合成材料38.6%;当然,行业投资下降、进出口下降和成本上升的矛盾也很突出。

胶黏剂行业既面临机遇也面临挑战

胶黏剂行业与国民经济发展的"新常态"是一致的,将由快速发

---

* 这是2016年11月7日,傅向升同志在2016年之江战略顾问委员会会议上的讲话摘编。

展期转入成熟期，行业的重点也将由以量为主、满足需求为主，向以质为主、以转型升级为重点、高端化、差异化转型。从机遇看：国务院发布《关于石化产业调结构促转型增效益的指导意见》《石油和化学工业发展规划（2016—2020）》以及《石油和化学工业"十三五"发展指南》《石化产业调结构促转型增效益的实施方案》，都对"十三五"期间石化行业的结构调整、转型升级提出了要求，都对化工新材料和专用化学品的进口替代和产品高端化、差异化发展做出了部署；新型工业化、信息化、城镇化和农业现代化，特别是《中国制造2025》高端制造、电子信息、航空航天、新能源等重点工程，为胶黏剂行业的发展、特别是高端产品的发展，提供了新的更大的发展空间和市场需求；还有一个利好，就是胶黏剂行业的关键原料制约瓶颈基本解除，原来紧缺的重要原料（丙烯酸及酯、醋酸乙烯类单体、丁苯橡胶、聚氨酯、EVA/SIS/SBS等）原来需要依靠进口，现在都已改善，有的是供大于求，像丙烯酸及酯类单体都出现产能过剩，为此我们胶黏剂行业的原料价格就更具优势。当然，胶黏剂行业也面临着市场需求放缓（尤其是建筑行业）、低端产品产能过剩、技术创新能力不强、节能环保政策趋严以及市场竞争激烈等挑战；行业自身也存在着一些突出的矛盾和制约，具体表现在：一是行业不大，服务领域不少；不仅服务于建筑、汽车以及人们的日常生活，更服务于电子电器、机械制造、交通运输、航空航天等高端制造，尤其是新能源、国防军工等战略和国家安全领域，更是离不开胶黏剂。二是产出不大，企业不少；胶黏剂年产量700万吨左右，销售额不到千亿，但生产厂家超过千家。三是大企业不多，小企业不少，小企业占70%。四是高端不多，品种不少；胶黏剂产品每年进出口量有80多万吨，进出口总额50多亿美元，分析来看，进口的产品都是高端产品，都是特种胶黏剂为主，从出口均价就可看出：出口产品量是进口的2.2倍，出口额只是进口额的71%，即出口均价是3700美元/吨，而进口均价超过1.1万美元/吨。

三

对之江战略委员会的几点思考

之江公司是以胶黏剂为主导产品的专业化公司,是胶黏剂行业的排头兵,胶黏剂属化工行业的精细化学品领域,再细分是特种化学品,是技术含量和技术要求都很高的一个专业门类;在石化行业大宗基础化学品产能严重过剩的情况下,胶黏剂行业也出现了"高端缺乏,低端拥挤"的结构性过剩,创新就成为我们加快结构调整和产品升级的必然选择。建议我们之江战略委员会和决策层认真思考:

一是技术的协同创新。去年到之江时了解到:之江公司是十分重视创新的,创新队伍很强,创新大楼和创新的条件也很好。我想企业在创新方面要想以最低的投入实现最高效的产出,就一定要把技术的协同创新放在突出位置,因为协同创新是企业技术创新的一条捷径,通过协同创新可以快速地分享信息、聚焦创新的关键技术点和难点,在创新过程中避免重复性工作、少走弯路、提高效率都是大有益处的。很多跨国公司在这方面已经为我们提供了借鉴,今年上半年我们组织了专门的团队,对在中国的 18 家跨国公司开展开放式协同创新的做法进行了调研,巴斯夫、赢创、陶氏、索尔维、科思创、亨斯迈等都在中国建有研发中心;在协同创新方面也是很开放的,赢创与中国化学会、中科院多个院所以及上海交大、吉大、天大、浙大、中科大、华东理工等都有合作;巴斯夫与复旦、北京化工大学、中科院长春应化所、清华大学等都有合作;SABIC 与中科院大连化物所、长春应化所等都有合作;BP 与清华大学共建清洁能源研究中心等。同时像陶氏、英威达这样的公司,与国内上下游用户的协同创新,不仅开展新产品的创新和应用研发,而且与下游客户一起就企业需求、新设计、想法等定期举办交流会,对新一代产品的前期研发都取得很好的效果。

二是商业模式的创新。商业模式是指企业在一定的价值链中如何向客户提供产品和服务并获取利润。在全球化浪潮冲击、技术变革加快,尤其是商业环境不确定性因素不断增加的时代,人们在思考:决定企业成败的重要因素是什么?有人说:不是技术,而是商业模式。因此"商业模式"已经成为近十几年来跨国企业关注的焦点,也成为跨国公司核心竞争力的关键词,我们熟悉的波音、巴斯夫、拜耳、杜邦等公司始终把商业模式创新作为公司的战略重点。公司通过商业模式创新,实现运营重心的转变,处处以客户为中心,认真分析客户的需求,以满足客户的需求和客户的价值增值为目标,认真分析自己企业的价值链,选准企业在价值链中的定位,不断提升为客户服务的质量与水平,在客户满意和客户效益的提升中建立起自己的竞争优势,实现自己企业的价值最大化。这两年电子商务在石化行业得到了快速发展,去年新增电子商务平台50多家,电子商务尤其是为中小企业提供了突破性发展和借势突围的"风口",可以不受时间和空间的限制,随时随地与世界各地的供应商和产品客户快速高效地及时联系、直接沟通。中小企业的国际化采购与营销的渠道和能力都是短板,通过电子商务平台,中小企业就可以与大企业集团、甚至与跨国企业站在同样的平台上,分享同样公开的信息,进行更加透明的竞争。之江对电商平台如何考虑供战略委员会和决策层思考。

  三是新法规对我们的影响。我了解到胶黏剂行业溶剂型产品占比还比较大,个别溶剂型品种的快速增长态势还没有完全遏制,部分产品中溶剂或有害物质含量超标的情况也是有的。国家"十三五"规划将VOCs排放纳入总量控制指标,VOCs对$PM_{2.5}$的贡献占到53%,并提出重点区域、重点行业推进VOCs控排和减排。对重点地区来说,浙江属16个重点控排省份之一(上海、江苏、山东等)(这16个省份的排放量占全国70%);对于重点行业来说,化工行业属于重点(也有一个测算占全国70%的排放量)并强化其源头控制;在化工行业当中重点控制8大行业,胶黏剂是其中之一,另有农药、涂料、油墨等,最主要的是涂料、油墨、胶黏剂,这3个行业的使用量占60%;从今年开始VOCs排放税已经在14个省市征收。这些对我们之江有什么影响?或者说我们不生产溶剂型产品、不存在VOCs排放问题,那我们又该如何抓住机遇使自己做大做强!

浅谈氯碱行业的现状与未来*

一谈氯碱行业的现状。中国是世界氯碱生产大国，烧碱和聚氯乙烯的产能、产量多年来一直居世界首位。氯碱行业自"十二五"以来，在产业结构、产品结构、布局结构的调整，在技术创新、转型升级等方面都取得了明显的进步。很多企业如我调研过的宜宾天原、青岛海晶化工、杭州电化、开封东大以及宁波万华、鲁西化工、湖北宜化等企业，结构与布局不断优化、工艺与技术水平不断提升、能耗与物耗不断降低、环境与清洁生产不断改善。当然，氯碱行业也面临着一些发展的制约与挑战：一是产能过剩问题不容忽视。按照国务院《关于石化产业调结构促转型增效益的指导意见》和石化联合会的《石化产业调结构促转型增效益的实施方案》，氯碱行业去产能取得了明显的效果，但产能过剩的状况还未根本扭转，2015 年烧碱和聚氯乙烯的产能利用率分别是 78%（3018.7 万吨 /3873 万吨）和 69%（1619 万吨 /2348 万吨），2016 年约在 84% 和 71.5%，尤其是 PVC 的过剩情况更为严重。二是结构性过剩矛盾突出。尤其是聚氯乙烯产品的同质化、通用型产品过剩严重，但产能严重过剩的氯碱行业，近几年都有大量进口，2015 年进口 92.9 万吨（出口 87.7 万吨），2016 年进口 86.7 万吨（出口 117.3 万吨）；从进出口差价来看，2015 年出口均价比进口均价低 122 美元 / 吨（889 美元 / 吨 /1011 美元 / 吨），2016 年出口均价比进口均价低 162 美元 / 吨（992 美元 / 吨 /830 美元 / 吨），可见结构性过剩之严重。三是绿色发展的挑战更加严峻。尤其是汞催化剂的污染问题，此外还有电石渣、聚合离心母液以及含汞废水等的处理问题，有些企业已经解决；电

---

* 这是 2017 年春，傅向升同志参加氯碱工业协会年会上讲话的部分内容。

石炉尾气的回收和综合利用在一些主体企业也是存在的。

二谈氯碱行业的突破。氯碱行业在可持续发展方面面临的这些困难与挑战，"十三五"期间如何突破呢？我认为关键在创新！创新已确定为石化工业"十三五"由石化大国向强国的跨越"两大发展战略"之一，习近平总书记也讲"创新是从根本上打开增长之锁的钥匙"。创新驱动重在发展动力问题，如果创新搞不上去，发展动力就不可能实现转换，我们在全球竞争中就会处于下风。实施创新驱动发展战略，是应对发展环境变化、把握发展主动权、提高核心竞争力的必然选择，是加快转变发展方式、破解经济发展深层次矛盾和问题的必然选择，是更好引领我国经济发展新常态、保持我国经济持续健康发展的必然选择。针对氯碱行业的情况，创新突破应瞄准三个重点：一是以绿色发展为目标，加大清洁生产技术和工艺的创新；二是以化解结构性过剩为目标，加大高端和市场急需的差异化产品创新，中泰化学在托克逊投资建设高性能树脂项目，包括年产 20 万吨的本体法专用料树脂装置、年产 10 万吨的特种糊状树脂装置、年产 3 万吨的 CPVC 装置，以及年产 30 万吨的高纯氯乙烯单体装置和万吨级复合功能树脂研发中心等，项目建成投产后，年均营业收入将达 27.33 亿元，实现年均利润总额 5.61 亿元；三是以提质增效为目标，加大智能工厂和经营模式的创新。

三谈氯碱行业的未来。氯碱行业的未来在创新，上面也浅谈了氯碱行业创新应瞄准的三个的重点，实际上创新的方式也很重要。在创新方式上应积极探索三种途径：一是技术上积极探索横向协同创新，在充分利用各方创新资源、提高创新的起点、提高创新的效率和缩短创新周期等方面都效果明显，赢创、巴斯夫、科思创等跨国公司在中国与高校、科研院所的协同创新很值得我们借鉴；氯碱行业的新疆天业、中泰化学、德州实华以及山东东岳、烟台万华等企业的协同创新，也积累了很多很好的经验；浙江海正集团生物可降解塑料聚乳酸的产业化过程也是协同创新的结果。二是应用上积极探索上下游的纵向协同创新，陶氏与海尔、华为定期举办创新日、交流会等方式的协同创新，萨比克、空气产品公司为下游用户提供一揽子解决方案的协同创新，都值得聚氯乙烯企业借鉴。三是经营模式创新并积极争取智能制造试点示范，经营模式的创新主要是高度关注电子商务的快速发展及其在经营管理中的应用，电子商务可以不受时间和空间的限制，随时随地与世界各地的供应商和产品客户快速高效地及时联系、直接沟通，管理和运营的效率更高，信息共享和公平竞争的机会更多。上海国烨是一家2015年9月才成立的跨境电商平台，主做甲醇、乙二醇、甲苯、二甲苯等5大石化产品，也是国内石化市场进口量最大的5大产品，去年的交易额1674亿元；上海石油化工交易中心是一家主营国内业务的电商平台，现有注册会员700多家，去年交易额线上线下共1863亿元。这两家电商平台都实现了交易、仓储、物流、金融于一体，大大方便了实体企业，并为实体企业节省了大量成本。智能制造的试点示范主要是工信部已开展了两批共109家企业试点，石化行业有11家企业列入，今天在座的新疆天业列入了第二批，在着力打造循环经济产业链的同时，在生产操作、运营管理等方面实施了智能制造，取得了明显的效果。东岳集团通过智能工厂建设，实现了由传统生产控制模式向智能化生产模式转变，由高耗能发展模式向绿色节能制造模式转变，由传统经营管理模式向信息化、协同化、智慧化模式转变。鲁西集团智能制造系统已经应用于化工生产的能源管理、设备全生命周期管理、安全环保、应急救援、质量追溯及电商物流等各个领域，带来的安全和经济效益已十分明显。今年工信部还将组织第三批智能制造企业的试点示范，建议氯碱企业能够积极组织申报，通过智能工厂建设和试点，不断提升企业的管理水平和运营质量与效益。

橡胶轮胎新材料的思考*

橡胶轮胎新材料主要是为轮胎行业配套的，去年全球轮胎材料市场的总规模约 214 亿美元。最新发布的世界橡胶消费量连续 7 年增长，天然胶消费前五的是中、印、美、日、泰，合成胶消费前五的是中、美、日、印、德，橡胶（天然胶加合成胶）消费前五的是中、美、印、日、泰，中国全是稳居榜单之首，中国消费了全球橡胶消费总量的 1/3；但是生产方面，中国天然胶产量列第四，合成胶产量列第一。"十三五"期间，全球轮胎材料市场的主要增长极在亚太新兴市场，亚太地区将是轮胎行业最大和增长最快的区域市场，中国、日本和印度将是该地区排名前三的消费市场。我国自 2005 年以来，一直是轮胎生产、消费和出口大国，2016 年我国轮胎外胎产量 9.47 亿条，其中子午线轮胎外胎 6.86 亿条，这为橡胶轮胎新材料提供了巨大的市场需求。我国橡胶轮胎新材料领域应高度关注三大问题：

一是过剩与结构性过剩的问题，刚刚发布的"重点石化产品产能预警报告"中提道：合成橡胶进口占比大，国内产能利用率偏低。去年丁苯橡胶产能维持在 180 万吨，产量 101.3 万吨，产能利用率比 2015 年提高了 3.3 个点，但也只有 56.3%；去年进口 40.97 万吨，同比增长 10.9%。顺丁橡胶产能减少了 20 万吨至 162 万吨，产量只有 76.3 万吨，产能利用率比 2015 年提升 8.4 个点，但也只有 47.1%；去年进口 22.4 万吨。前面说过合成橡胶去年的贸易逆差高达 49.7 亿美元，比上年大幅增长 40.9%，具体到品种：丁苯橡胶逆差 8.4 亿美元，丁二烯橡胶逆差 3.1 亿美元，丁基橡胶逆差 5.8 亿美元，丁腈橡胶逆差 2 亿美元，乙丙橡胶逆差 4.1 亿美

---

* 这是 2017 年 5 月 15 日，傅向升同志在广饶召开的 2017 中国（广饶）国际橡胶轮胎产业发展大会上讲话的部分内容。

元,氯丁橡胶和异戊二烯橡胶逆差分别为6570万美元、6647万美元,其他合成橡胶逆差近25亿美元。

二是今年的新情况,第一是合成橡胶的价格波动大,如丁苯橡胶和顺丁橡胶波动幅度更是惊人,2月环比涨幅分别达到14.8%和13.9%,到3月则分别下挫18.2%和18.9%;第二是进出口总额和贸易逆差均大增,合成橡胶的进出口贸易总额28.4亿美元,同比(11.8亿美元)大增141.6%;贸易逆差25.7亿美元,同比(10亿美元)大增157.4%。其中乙丙橡胶的贸易额大增454.7%、丁二烯橡胶大增183.6%、丁腈橡胶同比增89.2%;贸易逆差增幅最大的也是乙丙橡胶480.2%,其次是丁二烯橡胶同比增210.3%,丁腈橡胶增108.6%。

三是新挑战新要求,新挑战主要是更严格的标签立法,新要求主要是轮胎的高性能化。新的标签立法自2011年11月起首先在欧盟生效,轮胎标签已经从发达国家开始成为行业最重要的趋势,日本、韩国也分别从2010年和2011年实施了类似的法规,现在来看不会太久,轮胎标签的立法制度就会在美国、巴西和中国、俄罗斯推出和实施。又加上日益严格的燃料经济性规定,为了提高燃料效率、降低燃料消耗、降低温室气体排放,在北美、欧洲、中国和日本,都针对客车和轻型商用车正在实施燃料经济性法规。这都对轮胎的高性能化提出了现实要求,随着轮胎进一步降低滚动阻力、增加耐磨性、提高燃料经济性等高性能化,又加上欧洲2010年发布对馏出芳烃提取物禁止使用的禁令后,这些都对橡胶轮胎新材料,如液状丁苯橡胶、钕系聚丁二烯橡胶以及环境友好型处理馏分芳烃提取物、环烷油、二氧化硅、芳族聚酰胺、纳米复合材料等新型材料,都提出了创新、产业化及其应用的新要求。

最后一点就是需要关注一流的目标。做合成胶的,需要关注朗盛、埃克森美孚等;做炭黑等增强填料的,需要关注卡博特、赢创、索尔维等;做帘子线的,需要关注Bakaert(钢丝帘线)、Hyosung(涤纶帘线)、Teijin(芳纶和聚酯帘线)、SRF(尼龙帘线);做加工油的,需要关注壳牌、Ergon和中石油等,瞄准国际一流目标,分析自己的差距,确立自己的发展战略,在实现国际一流的过程中,提高效率、缩短周期、少走弯路。

润滑油行业把握三大动向*

润滑油行业不是一个孤立的行业,既是石化领域的重要子行业,也是国民经济及其各行业(如汽车、机械、仪器仪表到航天航空、高端制造、国防军工)运行与发展的重要保障。润滑油行业和各企业要实现做强做优,在瞄准国际先进水平、对标国际一流企业、加大创新驱动的同时,要在高端化、系列化上狠下功夫,当前还有"三大动向"应该引起各润滑油企业和各位企业家的关注:

一是美国的能源独立政策。受益于页岩油气革命和国际油价的低位运行,美国 2016 年炼油能力达到了 1840 万桶/日、原油加工量 1624 万桶/日,都创了历史新高,炼油厂的开工率达到 89.7%。特朗普总统执政以来,美国能源和进口关税政策的调整,将显著促进美国炼油行业的发展,美国能源独立的步伐将进一步加快,特别是大量轻质页岩油的增产,炼油能力不断扩大,炼油厂的效益大幅增长;同时美国的原油进口量不断降低,而出口逐步增加,2016 年美国的原油进口量日均 790 万桶,比十年前下降 21.3%。预计"十三五"期间美国的原油净进口量将持续下降,2019 年以后美国将成为能源净出口国。

二是国内大企业集团的战略与布局。如中石化:在刚刚闭幕的"一带一路"峰会上宣布,将配合国家"一带一路"倡议,加快"三大战略合作区"的布局与建设,即"中亚-俄罗斯-东欧""中东(西亚)-北非""东南亚-南亚";3 月初,中石化宣布"十三五"期间将投资 2000 亿,集中打造"四大"世界级炼化基地,即茂湛 3500 万吨炼油、180 万吨乙烯,镇海 3300 万~3800

---

* 这是 2017 年 5 月 19 日,傅向升同志在成都召开的"2017 年润滑油产业发展高峰论坛"上致辞的部分内容。

万吨炼油、180万～220万吨乙烯，上海2600万吨炼油、259万吨乙烯，南京3600万吨炼油、240万吨乙烯，四大基地。最近国家有关部门刚刚宣布的浙江石化舟山基地、连云港盛虹大石化、长兴岛恒力大石化项目，均已获批。

三是停止地炼进口原油使用权申报。发改委发出通知，从5月5日起停止接收申报，自2015年2月允许符合条件的企业申报，整整27个月，已有22家地炼企业获得近8000万吨原油配额，还有7家审完待批的额度1530万吨，另有几家5月4日以前已经上报申请材料的约千万吨额度；无论是企业的数量，还是已批、待批的总额度，已基本解决地炼原料困局，在炼油装置平均产能利用率只有67.2%的状况下，是该考虑是否继续核批的问题。

最后再分享我国炼油行业2017年的预测：预计新增炼油产能3000万吨，主要是云南石化和惠州二期；再淘汰2800万吨，总产能与2016年基本持平；预计2017年原油加工量5.7亿吨，同比增长5%，开工率略有提升到70%左右；国内成品油消费增长5%，成品油净出口4000万吨，同比增长约20%。

希望各位朋友关注世界第一强国美国的动向、关注并研究国内特大型企业集团的战略布局及石化行业的一些新情况，主要还是希望润滑油企业能够把握大势、把握机遇、差异化发展，把自己的企业做强做优、做强竞争力、做出效益！

关于无机化工产业发展的思考*

无机化工行业产品种类多、产量大，总产能超过 1 亿吨，总产量约 8000 万吨，规模以上企业超过 1100 家，约生产 1600 多个产品品种。当前，大宗无机盐产品产能也是处于过剩状态，总的产能利用率约 73%，而有些产品的开工率不足 60%；基础产品多，精细产品少，行业的精细化率不到 40%；企业数量多，平均规模小，"三废"产生量大、治理难度大。根据国务院去年印发的《关于石化产业调结构促转型增效益的指导意见》，我们认为无机盐行业产品结构调整的主要思路应当是：传统产品升级与新兴产品创新并重，严格控制过剩产品新增产能，加大淘汰落后装置，依托现有资源优势和产业基础，在产品精细化、系列化上狠下功夫，大力发展电子级、食品级、医药级产品，提升有效供给能力；坚持集约化、园区化发展，减少新产能布点；大力发展循环经济和清洁生产工艺，提高资源利用效率，减少"三废"排放。

石化产品"低端拥挤、高端短缺"的结构性过剩十分严重，很多产品产量、消费量都是世界第一，可由于专用性能、特殊性能或高端需求，每年又有大量进口。下半年，按照国务院《关于石化产业调结构促转型增效益的指导意见》和联合会《石化产业调结构促转型增效益的实施方案》的要求，一方面要坚持不懈抓好去产能，力争去产能的"三年目标"取得突破性进展。另一方面，我们要加快传统产业的调整优化和战略性新兴产业的培育形成，通过技术改造与提升，促进传统产业的调整与优化。传统产业当前仍然是石化产业的主体，也是石化战略性新兴产业培育与

---

* 这是 2017 年 8 月 29 日，傅向升同志在大连召开的无机酸碱盐学术与技术交流大会上讲话的部分内容。

发展的基础，只有高度重视并不停顿地做好技术改造和提升，才能持续加快石化产业的转型升级，也才能推动多年积累起来的产能过剩矛盾从根本上化解掉，提升和延长传统产业的竞争优势，才有可能走出一条传统产业不传统发展的新路子。通过创新驱动，加快战略性新兴产业的培育。这也是石化产品由低端迈向中高端和加快形成新的增长点的关键着力点。我国石化产品结构调整效果不明显、行业战略性新兴产业的培育进展缓慢、新旧动能转换迟缓，主要是创新能力不足。

一是围绕电动汽车的新材料创新。汽车自发明以来的一百多年时间里深刻地改变了世界，而今天内燃机已时日不多。最近接连报道出欧洲发达国家禁售燃油车的时间表，挪威和荷兰是2025年，德国是2030年禁售，英国政府7月26日宣布"2040年起全面禁售汽油和柴油汽车，将确保2050年道路上不再有燃油车行驶"，法国也是2040年禁售；我国上月也宣布，从现在起将不再新批燃油车规模。可见内燃机车死亡的哀鸣已经在世界各地回响，二十世纪是燃油汽车的世纪，而二十一世纪将是电动汽车的世纪。电动汽车取代燃油车，不仅是电动汽车排放更低（美国资源保护委员会的数据：电动汽车比燃油汽车可降低54%的碳排放）、更环保，还因为电动汽车结构更简单、零件更少，更省人工和更便捷供应链；另一个因素是电动汽车的材料及其锂电池并不会消耗掉，可以再利用和循环使用。很多机构预测：2022年电动汽车将实现大的突破，瑞银预测两年内电动汽车的成本将与燃油车持平，2025年电动汽车将占全球汽车销量的14%（今天是1%，英国较高是4.4%）；现在雪佛兰的续航里程为383公里，特斯拉的ModelS单次充电可行驶1000公里以上；其关键的电池材料及其性能和成本，近几年已有大的突破，2010年时电池成本约1000美元/千瓦时，今天约130～200美元/千瓦时。围绕着"内燃机之死"的大趋势，化工新材料的创新与发展具有无穷的潜力和无限的商机。

二是突出绿色发展。绿色发展是国民经济"十三五""五大新发展理念"之一，是中国石化产业"十三五"两大发展战略之一，去年我们发布了《石化产业绿色发展行动计划》，在深入调研、广泛征求意见的基础上，今年4月又发布了石化产业绿色发展"六大专项行动计划"。化工新材料领域绿色发展面临的挑战也很艰巨，除了废水、废气、固废等的处理，产品链协同、循环经济和综合利用也是新材料今天和未来绿色发展的重要理念，《环境保护法实施条例》正在征求意见，新的《环境保护法》将于明年1月1日施行，届时环保税将正式开征，大气污染物、水污染物将按当量征税，固体废弃物分不同种类按吨征税，石化行业废水、废气、固废的排放量列工业部门前列，这些新的法律和规定都是不容回避的。

三是拓展新功能新用途。什么是新材料？我们是否可以这样理解：新出现的具有优异性能或特殊功能的材料；或是传统材料改进后性能明显提高或产生新功能的材料。我认为这种理解比较准确，这就告诉我们：从事新材料领域的创新有两大主攻方向！即全新材料的创新和现有材料的改性。改变现有产品的生产工艺或催化剂，即可以生产出与传统材料相比性能优异或性能独特的新型材料，如大家熟悉的茂金属催化剂催化聚合的聚乙烯、聚丙烯及其己烯共聚、辛烯共聚的聚烯烃等。现有材料或者传统材料的改性，可以说有着无穷的魅力。去年谈到的汽车保险杠自修复材料，就是在现有材料中加了微胶囊，一旦碰裂微胶囊保险杠就自行修复、完好如初。今年4月份又一则报道，加利福尼亚大学发明了一种具有自愈功能的新型聚合物，是一种可拉伸聚合物与离子盐制成的新材料，预计3年内将被用于智能手机屏幕和电池，以后手机的屏幕摔碎就不用换屏了。8月初报道，美国科罗拉多大学研究出一种无需制冷剂、无需电力就可以为建筑物降温，冷却效果强、成本低的降温薄膜材料，每平方米约50美分；工作原理是辐射冷却，利用特定波长的红外辐射，先把多余的热量转化为特定波长的红外线，然后被辐射出去；透明薄膜的商品名TPX，加工成约50微米厚，一面镀上银，另一面随机镶嵌许多直径8微米左右的小玻璃珠，铺设时镀银的一面朝下，估计一栋普通房子的屋顶铺设20平方米这种薄膜，当室外温度37摄氏度时，室内温度可以保持在20摄氏度。无机盐是化工行业中最老的产业之一，硝酸钾、硝酸钠更是无机盐中最普通的产品，如果两者按6∶4混配以后，就被赋予了新的功能,是当今新能源储能最理想的材料,是当前太阳能光热发电使用最普遍的一种储热材料,为解决新能源(光伏发电、风电等)间歇、不稳定的问题发挥着重要的作用;现正在开发三元(再加亚硝酸钠)、四元(再加硝酸锂)新型储能材料,并进一步开拓在第四代核能反应堆、工业余热利用等领域的应用。

化工新材料创新发展之思考*

化工新材料因其性能优异是当今关注度最高、需求最旺、发展最快的领域之一，7月下旬发布的"2017全球化工50强"大都以化工新材料为主导产业。化工新材料是与国家安全、国防安全以及战略性新兴产业最为密切的领域，也是一个国家工业发展与技术水平的典型代表。上个月，应会议举办方邀请，希望我谈谈化工新材料，实难推托地在想：中国早已是石化大国，但化工新材料产业是当前工业领域的最大短板，是实现制造业强国的最大制约，如何聚焦重点、加大创新？如何培育一批新材料基地和核心竞争力强的企业？如何攻克一批关键材料、掌握一批核心技术？现将当时的思考梳理在此，以期与朋友们交流，以期对化工新材料的发展带来些许启发。

化工新材料现状与矛盾

石化产业是国民经济的基础产业和支柱产业，配套性和带动力强，化工新材料是一个国家石化产业发展水平和技术水平的典型代表，是"中国制造2025"、新一代信息技术、航空航天装备、海洋工程和高技术船舶、节能环保、新能源等领域发展的关键材料，尤其是与信息、能源、生物等高技术加速融合，直接推动并影响着新一轮科技革命和产业变革的速度与

---

* 这是2017年9月，傅向升同志参加化工新材料专题会后在多家报刊发表的时评。

进程。化工新材料一直是我国石化产业发展过程中的短板,无论是创新能力、产品结构,还是产业化水平,与发达国家相比都存在明显差距。2016年,我国石化产品的进口总额1551.7亿美元,有机化学品进口总量5854万吨,进口总额450.4亿美元,合成树脂3182.5万吨,422亿美元;进口总量和进口额增幅最大的是合成橡胶,分别增长64.1%和36.7%。具体产品来看,聚碳酸酯去年产量63万吨,进口131.9万吨,进口额35.18亿美元,自给率36%;聚甲醛产能54万吨/年,去年产量22万吨,产能利用率41%,而进口29.3万吨,进口额5.5亿美元,分别增长13.6%和5.3%;碳纤维进口量2781吨,同比增长57.5%,进口额5199万美元,同比增长38.4%;PMMA产能36.8万吨/年,去年产量22万吨,开工率60%,进口19.85万吨,同比增长5.6%;EVA去年进口94.11万吨,进口额13.95亿美元,进口数量同比增长5.5%。聚乙烯去年进口总量993.7万吨,其中HDPE产量613万吨,进口527.7万吨,同比增长2.9%,自给率55%;LDPE产量226万吨,进口205.2万吨,同比减少5.8%,自给率53%;LLDPE产量678万吨,进口261.4万吨,同比增长2.1%,自给率73%。聚丙烯产量1829万吨,进口301.7万吨,对外依存度14%。乙二醇去年进口757万吨,自给率43%;PX进口1236万吨,自给率44%。由此可见,化工新材料领域结构性矛盾仍然十分突出,高端产品短缺的状况还未根本转变。

今年上半年,PC又进口67.9万吨,同比增长6.6%;POM进口16.2万吨,同比增长16.9%;PA切片进口32.4万吨,己内酰胺进口13.7万吨,同比增长5.6%;高端聚烯烃进口281万吨。

化工新材料创新与发展

"十二五"以来,石化行业的产能过剩状况日益严峻,去年国务院发布《关于石化产业调结构促转型增效益的指导意见》,化工新材料成为石化行业转型升级和结构调整的重点，特别是国家重点工程和"中国制造2025"战略的实施，急需化工新材料提供保障和支撑，化工新材料是关系国家安全和制造业强国的关键材料。正因为化工新材料的技术难度大、技术含量高，所以创新是其关键；也是因为我国新材料领域创新能力不强，一直与世界先进水平有着较大差距，正是因为创新的差距，严重制约着新材料行业的发展。化工新材料领域的创新与发展，要注重基础研发和创新、要注重做好协同创新，更要突出和围绕三个重点。

一是瞄准高端制造。"中国制造2025"及其制造业强国战略的实施，高端制造业作为国家战略新兴产业的重中之重，正在全力推进，C919已经试飞，"复兴号"已在京沪线全程运行，轨道交通走出国门已经成为一张亮丽的名片，再加上航天工程、海洋战略以及汽车轻量化的现实需求，化工新材料有着广阔的市场，并将发挥越来越重要的作用。据我们了解，无论是大飞机，还是轨道交通，国产化化工新材料的用量占比不高。为了提高新材料的配套性，国家专门研究提出了"新材料产业化发展指南"，研究提出并全力推进"新材料进口替代工程"。我们从事化工新材料创新与生产的单位，一定要了解我国高端制造和重点工程都需要配套什么材料？哪些已经实现了国产化？哪些还依赖进口？依赖进口的原因是什么（无产品？还是质量不稳定？）？我们做哪些创新、改进和提升就能满足需要？如此一来，我们的创新与产品市场就可以有的放矢、针对性会更强。这里我想重点谈一下围绕电动汽车的新材料创新，汽车自发明以来的一百多年时间里深刻地改变了世界，而今天内燃机已时日不多。如果说二十世纪是燃油汽车的世纪，而二十一世纪将是电动汽车的世纪。电动汽车取代燃油车，不仅是电动汽车排放更低（美国资源保护委员会的数据：电动汽车比燃油汽车可降低54%的碳排放）、更环保，还因为电动汽车结构更简单、零件更少，更省人工和更便捷供应链；另一个因素是电动汽车的材料及其锂电池并不会消耗掉，可以再利用和循环使用。围绕着"内燃机之死"的大趋势，化工新材料的创新与发展具有无穷的潜力和无限的商机。

二是突出绿色发展。绿色发展是国民经济"十三五""五大新发展理念"之一，是中国石化产业"十三五"两大发展战略之一，去年我们发布了《石化产业绿色发展行动计划》，在深入调研、广泛征求意见的基础上，今年4月又发布了石化产业绿色发展"六大专项行动计划"。化工新材料领域绿色发展面临的挑战也很艰巨，除了废水、废气、固废等的处理，产品链协同、循环经济和综合利用也是新材料今天和未来绿色发展的重要理念，全球日益关注的海洋污染问题更应当引起新材料领域的高度重视。前年我在迪拜参加世界塑料理事会时，看到世界塑料理事会向各位理事报告的内容和图片，看到了塑料对海洋生物造成的生命威胁，我震惊了！据科学家统计，全世界每秒有超过200公斤的塑料被倾入海洋，每年人类倒入海洋的塑料垃圾高达800万吨；中国也有人测算过，每天约消费30亿个塑料袋。今年与一家国际知名咨询公司技术交流时，他们也谈到了一组数据：如果塑料海洋污染的问题，照现在的速度任其发展下去，到2050年时海洋里塑料与鱼的比例将由现在的1∶5恶化为1∶1；7月下旬我又看到一组数据和图片，澳大利亚一只海鸟鸬鹚突然从天上摔下，研究人员以为得了什么病，解剖以后在场的所有人都震惊了：胃里有5公斤各种塑料袋的残骸，无法消化排出、无法再进食，就这么消耗着它、折磨着它，直到重重地摔下来；今年2月挪威西海岸有一头鲸鱼搁浅，科学家赶到现场后发现鲸鱼很痛苦，已经无法挽救，就帮它安乐死了，解剖以后才发现，这条鲸鱼的胃里有30个塑料袋、9米长的长绳、花盆，还有30多平方米的塑料布，总重达17公斤，造成无休止的痛苦；前不久在哥斯达黎加海域附近发现了一只海龟，痛苦而绝望，一个研究小组把它救上岸，这才发现海龟的鼻子里有东西塞住了无法呼吸，费了很大劲帮它拉扯出来一根10～12厘米的塑料吸管。在绿色发展方面，化工新材料可以有更大的作为。可降解塑料、尤其是生物可降解塑料是当前国内外同行创新与发展的重点，发达国家和跨国公司都非常重视生物可降解材料的研发，杜邦公司研发的生物法1,3-丙二醇，在田纳西州已建成生产装置，其产品进而生产PTT聚酯短纤维，已在服装、住宅地板、运动用品等方面应用，预计未来5年产量将翻一番；杜邦公司正在研发的另一个生物材料是与ADM公司合作的呋喃二羧酸甲酯，是以果糖为原料，不仅比石化工艺易得，而且作为PET的替代品其阻隔性能更优。帝斯曼公司和法国一家公司共同开发生物基丁二酸，

2014年以来一直在运行。4月份寿生会长访问日本时了解到：三菱公司开发的生物聚碳酸酯工程塑料，是以葡萄糖制成的植物基异山梨醇替代双酚A作为共聚单体，其透明性优于PC和PMMA，已应用于夏普新款手机的前面板。我国对生物降解塑料的创新与产业化也十分重视，海正化工的生物全降解聚乳酸塑料已形成万吨级生产装置，产品50%出口、50%国内销售，产品用于一次性餐具、高端卫生用品以及保温杯、一次性纸杯、星巴克咖啡杯盖等，从年初开始在筹划建设5万吨/年二期装置。前不久我到乌海市，东源科技与现有的乙炔法1,4-丁二醇装置结合，正在开发乙炔合成丁二酸，进而生产可降解塑料聚丁二酸丁二醇酯。

　　三是拓展新功能新用途。什么是新材料？我们是否可以这样理解：新出现的具有优异性能或特殊功能的材料；或是传统材料改进后性能明显提高或产生新功能的材料。我认为这种理解比较准确，这就告诉我们：从事新材料领域的创新有两大主攻方向！即全新材料的创新和现有材料的改性。改变现有产品的生产工艺或催化剂，即可以生产出与传统材料相比性能优异或性能独特的新型材料，如大家熟悉的茂金属催化剂催化聚合的聚乙烯、聚丙烯及其己烯共聚、辛烯共聚的聚烯烃等。现有材料或者传统材料的改性，可以说有着无穷的魅力。去年谈到的汽车保险杠自修复材料，就是在现有材料中加了微胶囊，一旦碰裂微胶囊保险杠就自行修复、完好如初。今年4月份又一则报道，加利福尼亚大学发明了一种具有自愈功能的新型聚合物，是一种可拉伸聚合物与离子盐制成的新材料，预计3年内将被用于智能手机屏幕和电池，以后手机的屏幕摔碎就不用换屏了。8月初报道，美国科罗拉多大学研究出一种无需制冷剂、无需电力就可以为建筑物降温，冷却效果强、成本低的降温薄膜材料，每平方米约50美分；工作原理是辐射冷却，利用特定波长的红外辐射，先把多余的热量转化为特定波长的红外线，然后被辐射出去；透明薄膜的商品名TPX，加工成约50微米厚，一面镀上银，另一面随机镶嵌许多直径8微米左右的小玻璃珠，铺设时镀银的一面朝下，估计一栋普通房子的屋顶铺设20平方米这种薄膜，当室外温度37摄氏度时，室内温度可以保持在20摄氏度。无机盐是化工行业中最老的产业之一，硝酸钾、硝酸钠更是无机盐中最普通的产品，如果两者按6∶4混配以后,就被赋予了新的功能,是当今新能源储能最理想的材料,是当前太阳能光热发电使用最普遍的一种储热材料,为解决新能源(光伏发电、风电等)间歇、不稳定的问题发挥着重要的作用;现正在开发三元(再加亚硝酸钠)、四元(再加硝酸锂)新型储能材料,并进一步开拓在第四代核能反应堆、工业余热利用等领域的应用。

石化产业绿色低碳潜力大 *

　　BP 公司是世界领先的石油和天然气企业，2017 年世界 500 强列第 12 位，在中国油气领域和石化行业都有合作。BP 公司在为社会发展提供大量能源的同时，也秉承可持续发展的理念，积极解决行业绿色低碳发展面临的问题。BP 的新一代 PTA 技术具有更高的效能，与传统技术相比，温室气体排放降低 65%，废液排放减少 75%，固废排放减少 95%，且节能 40%。碳排放权交易的理念就源自 20 年前 BP 公司的创新。

　　全球气候变暖、碳减排已经成为全球共同关注的焦点，2016 年 11 月 4 日，应对气候变化的《巴黎协定》正式生效，这份协定标志着全球气候治理模式的改变，在人类应对气候变化进程中具有重要历史地位。中国政府积极参与、推动并签署了《巴黎协定》，是最早通过立法程序认定《巴黎协定》的国家之一，也是最早向联合国提交应对气候变化国别方案的国家之一。在《巴黎协定》的框架下，中国还提出了有雄心、有力度的国家自主贡献的四大目标：到 2030 年，单位 GDP 二氧化碳排放要比 2005 年下降 60%～65%；非化石能源在总能源当中的比例提升到 20% 左右；中国的二氧化碳排放达到峰值，并争取尽早达到峰值；森林蓄积量比 2005 年增加 45 亿立方米。BP 公司最新发布的《BP 世界能源统计年鉴》显示，2016 年全球二氧化碳排放同比增长 0.1%，而中国碳排放同比下降了 0.7%。正如习近平总书记讲的："气候变化是全球性挑战，任何一国都无法置身事外。中国一直本着负责任的态度积极应对气候变化，将应对气候变化作为实现发展方式转变的重大机遇，积极探索符合中国国情的低碳发展道路。

---

* 这是 2017 年 9 月 19 日，傅向升同志在上海参加 BP 公司 PTAir 产品发布会致辞的部分内容。

中国政府已经将应对气候变化全面融入国家经济社会发展的总战略。"

石化产业是以化石资源为原料，中国石化行业的产值和产品产量都已位居世界前列，能源消费量和碳排放量也比较大。中国石化行业积极贯彻中央绿色发展的新理念，通过在全行业实施绿色发展行动计划，转变发展方式，控制二氧化碳等温室气体的排放，积极应对气候变化。通过淘汰落后产能，实施创新驱动，大幅降低了物耗、能耗和二氧化碳排放。"十二五"期间，行业万元工业增加值能耗累计下降12.2%，实现节能量约6100万吨标准煤，减少二氧化碳排放量约1.6亿吨。行业重点耗能产品单位能耗有一定程度的下降，乙烯单位产品综合能耗下降9.1%，合成氨下降4.9%，离子膜烧碱下降9.3%，电石下降9.6%，全部完成了"十二五"工业节能规划的目标。行业能效水平和低碳发展水平的指标继续得到改善，涌现出中石化青岛炼化、镇海炼化、中石油独山子石化、河南心连心化肥、新疆天业集团、唐山三友、湖北兴发等一批能效标杆企业，以榜样的力量带动了行业绿色和低碳发展。

当然，中国石化行业企业众多，发展水平参差不齐，而且资源密集型、能源密集型的属性不会在短期内改变，在绿色和低碳发展方面也存在一些突出问题。一是能源资源消耗总量较大，虽然单位产出的能耗在逐年下降，可总量还在增加，2016年达5.6亿吨标准煤。二是行业企业的能效水平和低碳发展水平参差不齐，又加上中国石化产业大宗基础产品居多、高端精细产品偏少的状况，合成氨、甲醇、乙烯等重点产品平均能耗量和碳排放量与国际先进水平相比还要高出10%～20%，落后者能效水平的差距更大，比能效"领跑者"超过50%，个别产品甚至超过100%。三是行业绿色低碳服务体系建设有待进一步加强。节能环保产业是我国重点发展的战略性新兴产业，但产业起步较晚、规模较小、集中度较低、创新能力较弱、总体服务水平比较低。四是低碳技术的发展面临多方面的挑战。

中国石化行业认识到：挑战与机遇同在。为落实去年发布的《石化行业绿色发展行动计划》，我们在调研和广泛征求意见的基础上，今年4月又发布了《绿色发展六大专项行动计划》，在此基础上国务院正在起草石化产业的绿色发展指导意见。我们提出，"十三五"期间，石化行业主要以提高资源能源利用效率、树立节约集约循环利用的资源观、推动资源利用方式根本转变、大幅提高资源利用综合效益为目标。到 2020 年，万元工业增加值能耗量和二氧化碳排放量均比"十二五"末下降 10%，重点产品单位综合能耗显著下降。企业的节能减碳体系得到进一步完善，企业要结合自身生产特点，开展系统培训，组建专业化的节能减碳队伍。

在推动节能低碳产业发展、强化能力建设方面，重点是建立创新平台，整合科技资源，开展专项攻关，集中力量开展研发—产业化—示范试点—推广应用体系建设。在企业和园区构建绿色和低碳发展的长效工作机制方面，重点是学习和借鉴发达国家化工园区发展和管理的先进经验，把化工园区作为推进行业绿色和低碳发展的主要抓手，按照循环经济减量化、再利用、资源化原则，深入推进化工园区绿色化改造，通过调整产业结构，开展清洁能源替代，推动余热余压利用，实现化工园区资源高效和循环利用，不断增强园区整体绿色和低碳发展水平。在密切关注和积极做好全国碳市场建设的应对方面，重点是高度关注并积极参与今年将启动的全国碳排放权交易市场和交易制度，石化行业已经列入全国碳排放权交易市场第一阶段的涵盖范围，约 2400 家企业符合纳入碳市场第一阶段的要求，已经有 146 家企业参与了 7 个省市的地方碳市场试点，积累了一些经验。石化企业一定要高度关注、重视并积极参与全国碳市场的建设，加强自身的能力建设，争取做到减排和经济效益的双丰收。

绿色和低碳发展的背后是世界能源变革甚至生产方式的变革，这是一个伟大的时代，也是一个关键的时代，我们正在经历着第四次工业革命的变革过程，理应为这样的变革贡献自己的力量。我相信石化行业能够为缓解日益严峻的环境问题，为全球气候变化治理提供建设性的方案、智慧和行动。

谈谈聚氨酯材料与汽车工业 *

聚氨酯材料与聚氯乙烯、聚乙烯、聚丙烯相比属于后起之秀，我国是自上世纪八十年代开始快速发展的。从行业的情况来看，目前单体及制品的总量上与其他石化产品类似，我国已经是生产大国，重要的原料异氰酸酯无论是产量还是技术都具备世界一流水平；但是多元醇及其聚醚多元醇的技术水平与跨国公司相比还有一定的差距，聚氨酯制品及其应用方面的差距就更大一些，低端产品过剩、高端产品缺乏的结构性矛盾十分突出。聚氨酯材料因其特殊的结构和性能，既可以做硬制品，也可以做软制品，还可以做弹性体；其性能方面因具有良好的耐油性、耐磨性、耐老化性、韧性以及弹性好、黏结性好、机械强度大、适应性强等特点，所以应用领域十分广泛。要说聚氨酯材料在汽车上的应用就更多，车身外可以做保险杠、挡泥板以及高端车的油漆，车内的内饰件有座椅、方向盘、仪表板、扶手以及门内板、减振垫等，以及车窗和风挡玻璃的密封材料等。由此可见，聚氨酯材料与汽车工业密切相关，汽车的轻量化，尤其是高端汽车的发展和舒适性能都离不开聚氨酯材料；很多高端制造如大飞机、复兴号以及航空航天、航母、深潜等都离不开聚氨酯材料。聚氨酯材料的未来发展，一定要把高端产品和特种产品作为重要目标，一定要紧紧围绕汽车轻量化和舒适性，把为汽车行业配套作为重要方向，我国已连续几年成为汽车产销大国，为聚氨酯材料提供了广阔的市场，特别是随着汽车轻量化进步与国际水平不断接轨，化工新材料、聚氨酯材料的市场空间还将进一步扩大。当然，聚氨酯材料的应用市场，在紧

---

* 这是 2017 年 11 月 24 日，傅向升同志在重庆召开的聚氨酯材料汽车应用大会上讲话的部分内容。

盯当前传统汽车需求、加快行业自身的创新和转型升级的同时，未来发展既要把握行业自身的特点和趋势，更要密切关注汽车工业的未来趋势。

譬如电动汽车，汽车自发明以来的一百多年时间里深刻地改变了世界，而今天看 2030 年以后电动汽车将加快取代燃油车的趋势是不可回避的。欧洲发达国家相继宣布禁售燃油车的时间表，挪威和荷兰是 2025 年；德国是 2030；英国政府 7 月 26 日宣布"2040 年起全面禁售汽油和柴油汽车，将确保 2050 年道路上不再有燃油车行驶"；法国也是 2040 年。前几日工信部辛国斌副部长在天津也谈到，我国将不再新批燃油车规模，也在研究禁售燃油车的时间表。如果说二十世纪是燃油汽车的世纪，那二十一世纪将是电动汽车的世纪。很多机构预测：2022 年电动汽车将实现大的突破，瑞银预测两年内电动汽车的成本将与燃油车持平，2025 年电动汽车将占全球汽车销量的 14%（今天是 1%，英国较高是 4.4%）；其关键的电池材料及其性能和成本近几年已有大的突破，2010 年时电池成本约 1000 美元 / 千瓦时，今天约 130~200 美元 / 千瓦时。

还有就是自动驾驶技术，也正在向实用化迈进。很多高科技公司都为这一技术投入了巨量资金和人力，传统汽车制造商更是不甘落后。德国三大汽车公司都在开发并推出自己的自动驾驶技术。奥迪第四代 A8 拥有全新的拥堵自动驾驶系统（由 20 多个雷达、40 多项驾驶辅助系统、前挡风玻璃上的高清摄像头组成），是全球首款实现 L3 级别自动驾驶的量产车型，在西班牙进行了首次测试，在高速公路和低速（不高于 60 公里 / 小时）情况下，实现自动驾驶的停车、加速、转向和本车道制动，只要驾驶员启动了自动驾驶系统，就可以松开油门和方向盘，不需要紧盯着车，可以看报、刷朋友圈，只要法律允许，这已成为现实。奔驰于上个月法兰克福车展时宣布启动"环球智能驾驶之旅"，然后继德国首站之后于 10 月 26 日来到路况更加复杂的中国上海，在工作日的非限行时段、在连接浦东和浦西的中环高架以及地面道路上，进行了一次道路实测和数据收集与分析过程，这是一辆奔驰 S 级轿车，对应的自动驾驶技术是 L2 级别，其智能变道、智能转向和智能跟车都更柔和，舒适感更好些；同时对加塞儿、实线强行变道、超速过弯道后再变道等都进行了测试。在最近 7 年里，这款车共有 175 辆、约 5100 次测试，共在欧洲、美国、中国、澳洲、南非等地测试总里程达 950 万公里，实地数据收集与分析超过 120 万次。

关于现代煤化工发展的思考*

2017 岁尾，新的一年即将开启之际，我们相聚在历史古城淮北，共同探讨煤化工产业的创新发展路径和举措。

中国现代煤化工技术水平国际领先，但挑战也很严峻

中国"缺油少气多煤"的资源禀赋决定了我国发展煤化工产业的现实要求，我国油气消费对外依存度不断加大也决定了发展煤化工产业的现实需要，今年前 10 个月原油的对外依存度再次提升到 68.3%，天然气的对外依存度 37.4%。煤炭的清洁高效利用及深加工产业作为国家能源战略、延伸煤炭产业链、提高附加值的重要途径，受到了党和政府的高度重视。去年 12 月份，习近平总书记对神华宁煤煤制油示范项目建成投产作重要批示："这一重大项目建成投产，对我国增强能源自主保障能力、推动煤炭清洁高效利用、促进民族地区发展具有重大意义，是对能源安全高效清洁低碳发展方式的有益探索，是实施创新驱动发展战略的重要成果。"今年初，国家能源局印发了《煤炭深加工产业示范"十三五"规划》；3 月，国家发改委和工信部又联合印发了《现代煤化工产业创新发展布局方案》。这都从国家层面明确了煤化工产业的定位，从顶层设计上为规范和引导煤化工产业健康可持续发展指明了方向。

---

* 这是 2017 年 12 月 22 日，傅向升同志在淮北召开的"2017 中国·淮北煤基新材料及化学品产业发展论坛"上致辞的部分内容。

我国现代煤化工产业的发展，技术创新和产业规模均走在了世界前列，我国先后开发了一批先进煤气化技术，掌握了具有自主知识产权的煤直接液化、间接液化、煤油共炼、甲醇制芳烃等示范技术，甲醇制烯烃、煤制乙二醇在工程示范取得成功的基础上还实现了较大规模的推广。据联合会煤化工专委会统计，到今年上半年，我国煤制油产能达到693万吨/年，产量155万吨；煤（甲醇）制烯烃产能达到1242万吨/年，产量530万吨；煤制乙二醇产能达到270万吨/年，产量70万吨；煤制天然气产能达到51亿立方米/年，产量11亿立方米，为实现煤炭的清洁高效利用奠定了坚实的基础。

同时我们也要看到：我国现代煤化工产业面临的挑战也很严峻，一是原油价格的低位运行，对煤化工产品的经济竞争性造成严重冲击；二是一些关键装备还不能完全自主制造；三是煤化工产业自身产品同质化严重；四是生态环境的挑战更为严峻。这些都对煤化工产业的发展带来制约。

煤化工产业发展既要把握宏观要求，又要突出自身的重点

我国现代煤化工发展的总体思路应该是：围绕供给侧结构性改革，以增强能源自主保障能力和推动煤炭清洁高效利用为导向，以技术升级示范为主线，以国家能源战略技术储备和产能储备为重点，加强煤炭深加工自主创新，加快先进技术产业化，推动重大示范项目建设，提升煤炭转化效率和效益，强化生态保护，降低工程造价和生产成本，不断增强产业竞争力和抗风险能力，将煤炭深加工产业培育成为我国现代能源体系的重要组成部分。

现代煤化工产品"十三五"末的阶段目标是：煤制油产能1300万吨/年，煤制烯烃产能1600万吨/年，煤制气产能200亿立方米/年，煤制乙二醇产能800万吨/年，煤制芳烃产能100万吨/年，低阶煤分质利用的加

工量1500万吨/年；资源利用效率和能源转化效率不断提升，单位产品的煤耗、水耗及排放不断降低。

结合大型煤炭基地的开发，按照"产业园区化，装置大型化，产品差异化"的原则布局现代煤化工产业示范区。现代煤化工产业示范应突出三项重点内容：一是创新示范，主要是大力推进原始创新和集成创新，加强共性技术研发和成果的转化，依靠技术创新，走出一条资源消耗少、技术含量高、质量效益好、绿色可持续发展的新路子，特别是在总结前期产业化示范经验的基础上，加大高附加值煤制化学品、特种油品、煤基混合醇等差异化产品的研发力度，进一步突破关键技术瓶颈，提升系统的集成优化水平，推动产业技术和关键核心装备的升级。二是资源配置和集约化发展，按照循环经济的理念优化资源配置，采取煤化电热一体化、多联产的方式，推动现代煤化工与煤炭开采、电力、建材、热能，甚至冶金、盐化工等产业集群化发展，构建循环经济产业链，提高资源转化效率和产业竞争力。萨索尔就是资源配置和集约化发展的成功案例，我是2003年初带团到南非专程访问过萨索尔，当时他们向我们介绍，他们露天采出的煤，经皮带直接输送到造气炉，经费托合成技术生产油品和化学品，获得的烃类是$C_1 \sim C_{36}$都有，产品总量约710万吨，其中油品在500～600万吨，其余的量是240多个化学品，主要集中在石蜡、乙烯、丙烯、醛类、酮类、酯类化合物以合成氨和甲醇等。所以萨索尔的煤化工一直有着不错的经济性，即使曼德拉执政以后国际社会解除了对南非的经济封锁，南非仍然有88%的油品和化学品是以煤为原料获得的。国内煤化工方面的专家也提出了"能化共轨"的概念，正在探索煤炭、气化、冶金、油品化学品以及余热发电、燃气、二氧化碳回收利用的循环产业链的示范；延长集团的煤油共炼和煤油气共炼都取得了成功，这些都为淮北煤基新材料和化学品的发展提供了可供借鉴的经验。三是绿色发展，由于现代煤化工产品的耗水量大、废气固废的排放量大，所以面临的最大挑战、或者说受到人们最关注的问题就是如何实现绿色发展。今年4月，石化联合会发布的中国石化工业《绿色发展六大行动计划》，废水、废气、固废及节能低碳这4个行动计划都对煤化工产业提出了明确的要求；这个月初，发改委和工信部刚刚发布的《关于促进石化产业绿色发展指导意见》中明确：贯彻十九大精神，坚持节约资源和保护环境的基本国策，深入推进石化产业供给侧结构性改革，以"布局合理化、产品高端化、资源节约化、生产清洁化"为目标，优化产业布局，调整产业结构，加强科技创新，建立绿色发展长效机制，推动石化产业绿色可持续发展。特别提出：按照"空间布局合理化、产业结构最优化、产业链条循环化、资源利用高效化、污染治理集中化、基础设施绿色化、运行管理规范化"的要求，再次强调：严格淘汰落后工艺、技术和装备，严格执行安全、环保、节能等相关政策法规，加强能耗强度和总量控制、排污总量控制，提高污染排放标准，强化排污者的责任，实施失信联合惩戒制度等。这些原则和要求，都对煤化工项目和产业绿色发展提出了更高的要求。

炭黑行业高质量发展之思考*

每年一次的"中国炭黑展望会",已经成为中国炭黑行业规模最大、最具权威性的学术会议,成为与"世界炭黑会议""亚太炭黑会议"并列的国际炭黑行业高度关注的盛会。近期我对炭黑行业如何高质量发展也做了一些思考,也许对功能化学品和专用化学品领域也能带来些许启发。

炭黑工业不是一个大行业,但是一个专业性很强的行业,是国民经济和人们的日常生活离不开的一个行业,更是汽车工业、航空航天以及中国高端制造业不可或缺的行业,也是有着悠久历史的行业。因为中华文明的悠久历史,中国成为世界上最早生产炭黑的国家之一,自金文之后、篆书开始,随着中华书法艺术的不断进步和传承,炭黑就与中华文明结下了不朽的传奇。当然,炭黑的工业化生产中国不是最早的,是1821年北美地区首次以天然气为原料生产炭黑开启的,自此炭黑的生产由手工作坊式逐步迈入了工业化的时代;又过了接近100年的时间,随着橡胶工业的发展和对炭黑的大量需求,再次带动了炭黑的规模化生产。今天,炭黑的用途十分广泛,橡胶用、色素用以及导电炭黑、专用炭黑等。去年中国炭黑行业出现了一个10年来少有的好局面,产量增长6%以上,销售收入增长50%以上,利润总额实现了大幅增长。

站在今天的时点上,当中国经济总量和石化全行业收入连续8年列世界第二,当十九大对百年强国目标做出具体部署和中国经济高质量发展提出明确要求,炭黑工业当前的现状和未来发展都面临着哪些挑战?炭黑行业高质量发展的重点应如何把握呢?

---

* 这是2018年4月,傅向升同志参加在成都召开的炭黑国际会议上的讲话摘编。

首先看供给侧结构性改革。供给侧结构性改革是十九大再次明确中国经济发展的主线，国务院《关于石化产业调结构促转型增效益的指导意见》也是重点强调石化产业的供给侧结构性改革，石化产业"十三五"以来以及未来高质量发展的重点也是供给侧结构性改革，炭黑行业状况如何呢？一是集中度，无论是集中度还是品牌影响力，国内企业都有一定的差距，不论是行业内还是行业外，不论是国内还是国外，只要一提到炭黑，恐怕很多朋友第一反应就是卡博特，我去年到了卡博特，不论是炭黑还是白炭黑，卡博特的产品种类和市场细分，都值得我们认真研究和借鉴；不论是现有生产水平和未来创新重点，都值得国内企业认真对标和学习。二是产量，据橡胶协会统计去年炭黑产量554万吨，出口有73万吨，生产量和出口量都已是大国。三是结构，去年炭黑产品有出口、也有进口，出口73万吨、创汇6.88亿美元，而进口10万吨、用汇2.46亿美元，由此可见：出口均价940美元／吨、而进口均价2411美元／吨，进口产品均价是出口产品的2.5倍，差距是明显的！我们应当认真研究这些进口的品种和型号是怎样的构成？需要我们进一步深入分析的还有，我们炭黑的主要产品和产量是否都集中在橡胶通用炭黑？就是橡胶用炭黑如超耐磨、低生热、低滚动阻力、低噪声等高端产品缺，而食品用、日化用、微电子用炭黑更缺。由此可见，炭黑行业通用产品过剩、高端产品缺乏的问题也是存在的，企业间产品同质化严重、差异化不足的问题也是存在的。

然后看绿色发展。绿色发展是"五大新发展理念"之一，也是中国石化产业"十三五""两大发展战略"之一（另一是创新驱动战略），石化联合会在大量调研的基础上，率先在工业领域提出了《石化产业绿色发展行动计划》并制定发布了"六大专项行动方案"；在此基础上，发改委和工信部于去年底又发布了《关于石化产业绿色发展指导意见》，十九大又将"防治污染攻坚战"列为实现现代化强国目标的"三大攻坚战"之一，近几年的"蓝天保卫战"持续发力，已经给炭黑行业带来了不小的压力，不仅是环保投入增加、运营成本上升，一些企业的限产（尤其是河北、山东、山西区域内，限产时的开工率只有50%～60%），是不是当前很头疼的问题？还有就是连带效应的上游原料价格的大幅波动也受到了严重影响。

实际上炭黑行业自身的废水治理、废气治理、粉尘治理等也是未来绿色发展必须要认真面对和解决的。

第三看可持续发展。可持续发展是一个行业核心竞争力很关键的要素，是一个行业实现做强做优目标须高度重视的要素。一是创新，过去我们通过炭黑院、大学和企业联合还组织一些国家级技术攻关或部级研发项目，对我国炭黑工业的新产品开发和生产技术水平的不断提高起到了重要作用，正因为那时的创新引领作用，才使得我国炭黑工业自新世纪以来不断出现新的突破和跨越，但是这些年国家级项目少了、部级项目也少了，又加上前几年行业经济效益不好，企业的研发投入也是少得可怜，所以创新是炭黑行业可持续发展最严重的掣肘。二是产能过剩，2016年我国炭黑产能701万吨，产量522万吨，产能利用率约74.5%；2017年产量553万吨，而国内表观消费量只有490万吨。在这样的状况下，产能还将进一步扩大，新建和扩建装置将陆续投产，尤其是去年炭黑行业效益大幅增长，新建和扩建的冲动更强烈了。据不完全统计，这两年拟新增的产能约50万吨/年，产能过剩的状况将进一步加剧。

以上这"三个看"是我国炭黑行业高质量发展需要重点思考的，如果这"三个看"能够看清或基本看清的话，炭黑行业的集中度会提高，创新能力将增强，产品的高端化和差异化将得到改善，炭黑行业的绿色发展水平和可持续发展能力将不断提升，炭黑行业做强做优的目标就能尽快实现；否则，炭黑行业就可能在低端的坡道上拥挤着，低效地、甚至是相互践踏（无序竞争）地爬行更长的时间。以此共勉！

环氧乙烷及衍生化学品高质量发展之思考*

环氧乙烷是一个重要的中间体，其上游是以乙烯为原料，其下游产品中的乙二醇、合成洗涤剂、非离子表面活性剂等可广泛应用于纺织、电子、医药、造纸、汽车等领域，因此环氧乙烷及其衍生精细化学品就成为国民经济和人们日常生活不可或缺的一个重要行业。与其他石化产品相比，环氧乙烷不是一个大宗产品，我国环氧乙烷现有产能约390万吨/年，去年的产量约280万吨，产能产量均列世界第一，而且环氧乙烷是乙烯下游产品中仅次于聚乙烯的居第二位的重要产品。十九大的召开明确中国特色社会主义已经迈入新时代，同时提出中国经济发展已经进入新阶段，其基本特征就是由高速增长阶段转向高质量发展阶段；进一步明确推动高质量发展是新时代新矛盾的新要求，是当前和今后一个时期确定发展思路、制定经济政策、实施宏观调控的根本要求。这也就成为环氧乙烷及衍生精细化学品领域未来可持续发展的必然选择和基本遵循，在接下来的10～15年时间里，环氧乙烷及衍生精细化学品领域如何推动高质量发展呢？在此重点谈"一点现状，两点思考"：

一点现状。作为重要中间体的环氧乙烷主要是通过乙烯氧化获得，"一点现状"就是跟乙烯相关的一组数据。2017年中国原油进口量4.2亿吨，加工量5.7亿吨，对外依存度高达68.4%。有机化学品进口6223万吨，再创历史新纪录。聚乙烯进口1179万吨，同比增长18.6%；乙烯进口216万吨，同比增长30.2%；乙二醇进口量875万吨，同比增长15.6%。看到这组数据我就想：乙二醇是环氧乙烷衍生化学品中最大的一个产品，

---

* 这是2018年4月，傅向升同志在扬州召开的"2018年国际环氧精深加工产业新技术新未来高质量发展论坛"上讲话的主要内容。

每年都在大量进口,我们能不能充分发挥现有环氧乙烷装置的产能向下游延伸,以补充国内市场乙二醇的缺口呢?

两点思考。环氧乙烷及衍生化学品领域高质量发展还有一些挑战,去年的数据告诉我们:现有产能还没有充分发挥,去年的产能利用率只有72%,从规划情况看未来两年还将新增100多万吨/年产能,若不加大开发新产品和新应用,届时产能利用率将进一步下降到60%以下;绿色发展方面废水、废气以及危化品运输监管日益严格、今年环保税开征等,也是不小的挑战;上游乙烯原料供应问题、下游衍生产品的同质化问题,也是这个行业高质量发展的瓶颈。所以我的"两点思考"是:

第一能不能集群化发展?在环氧及衍生化学品领域利用10~15年的时间,重点推进产业的集群化发展,通过产业的集群化发展提升企业的集聚度和产品的集聚度,提高原料的配套性和产品的协同性。首先是"原料优先"原则,选择原料优势突出、管理规范的化工园区,集中规划和布局环氧及衍生化学品的产业链和产品链;另一方面是"市场优先"原则,选择主要消费市场,就近选取管理规范的专业化园区,上下游企业联合与协同,集群化布局环氧及衍生化学品产业链。当集群化产品链形成以后,就有了集聚效应和规模效应,那时我们可以联合起来,集中解决乙烯原料的供应问题,根本上解决原料受制于人的制约。可以考虑通过股份制形式组建新的公司,采用乙烷或者轻烃裂解工艺、也可以采用甲醇制烯烃工艺来获得乙烯;今年初我与美国Seluria公司交流过甲烷氧化偶联制烯烃技术,他们谈到原料可以多元化,该公司总部在旧金山,他们在休斯敦附近有一套半工业化试验装置,这套装置如果工业化的话其灵活性是最适合我们的,有兴趣的企业不妨予以关注。

第二能不能充分发挥专业委员会的平台作用?我认为专委会的成立对环氧乙烷及衍生精细化学品领域很重要,各企业应当很好地利用专委会这个平台,充分发挥其作用,使得环氧乙烷及衍生化学品行业多年来分散的局面逐步得到改善,尤其是改善这个不大的老行业长期企业分散、交流不畅、协同性差的状况,更要改善行业内低端产品拥挤、盲目低效扩产、市场恶性竞争的现象。一是充分发挥专家委员会的作用,我们这个专家委员会汇聚了国内外顶尖的院士和科学家，汇聚了具有丰富管理经验的企业家，骨干企业、重点高校的创新团队也在其中，我们应当充分发挥专家委员会的咨询、参谋作用，特别是充分听取和发挥专家们前瞻性思维和对未来发展趋势的把握作用。二是充分发挥专委会平台的自律作用，通过专业委员会这个平台大力倡导各企业把行业的高质量发展摆在突出位置，贯彻新发展理念，进一步推进各企业积极履行社会责任、开展责任关怀、规范市场行为、强化绿色发展。三是充分发挥专委会平台的协同作用，一个重点是创新协同，可以考虑组织企业与高校和研究院所的协同创新，同时也考虑生产企业与下游用户之间的协同创新，这是跨国公司当前高度重视和正在做的，及时了解用户的新需求，发现并开拓新的应用领域，特别是创新课题的信息交流与沟通，避免重复性的无效劳动，缩短研发周期、提高研发效率，避免人力和财力的浪费。另一个重点是产品的差异化协同，当前该领域下游衍生产品的同质化问题严重，这与石化全行业"低端拥挤，高端缺乏"的状况是相似的，在解决产品同质化问题上，我们环氧乙烷及衍生化学品领域比大石化行业相对有优势，特别是我们已经组建了专业委员会这个平台，已经把骨干企业和企业家们凝聚在了一起。就应当发挥专业委员会的作用，通过这个平台不断提升环氧乙烷及衍生化学品的高端化、专用化、系列化水平，尤其是在产业集群化发展的过程中，各企业间在产品链上既做到集聚性，更要做到区域的协同性和差异化，使得行业的竞争力和企业的效益水平最大化。

  这"一点现状，两点思考"实际上提出了环氧乙烷及衍生化学品领域高质量发展的要素：创新驱动是动力，绿色发展是根本，产品的高端化和差异化是关键，企业的效益和行业的可持续发展是目标。

浅谈聚烯烃产业高质量发展*

中国聚烯烃市场需求旺盛

聚烯烃因其良好的机械强度、电绝缘性等特点,可广泛应用于包装、电子、电气、汽车、机械、农业等领域,与人们的日常生活密切相关,更是国民经济各行业不可或缺的重要材料。聚氯乙烯、聚乙烯、聚丙烯是聚烯烃中主要的三大通用材料,尤其是随着新型催化剂、聚合新工艺以及通用材料的高性能化,聚烯烃材料的应用领域日益延伸、更加广泛。我国一直非常重视聚烯烃的生产及其新技术、新产品的开发,但是国产聚烯烃材料始终不能满足国内市场的需求,尤其是一些高端配套市场和功能材料领域,国产聚烯烃更是一大短板。看看这组数据:2017年我国消费聚乙烯2627万吨,同比增长9.5%,其中进口1179万吨,同比增长18.6%;消费聚丙烯2188万吨,同比增长4.8%,其中进口318万吨,同比增长5.3%。再看看聚乙烯的细分:低密度聚乙烯消费535万吨,同比增长10.2%,其中进口237万吨,同比增长15.7%;高密度聚乙烯消费1055万吨,同比增长13%,其中进口639万吨,同比增长21.2%;线性低密度聚乙烯消费866万吨,同比增长4.7%,其中进口303万吨,同比增长15.8%。以上产品中对外依存度最高的是高密度聚乙烯60.6%,依次是聚乙烯44.9%、低密度聚乙烯44.3%、线型低密度聚乙烯35.0%、聚丙烯14.5%。另外,

---

* 这是2018年4月下旬,傅向升同志在舟山召开的"2018中国聚烯烃大会暨第三届中国聚烯烃人科技创新与产业升级高峰论坛"上讲话的主要内容。

还有乙烯进口 216 万吨，同比增长 30.2%；丙烯进口 310 万吨，同比增长 6.7%；聚氯乙烯进口 100 万吨，同比增长 15.6%。

聚烯烃产业高质量发展应加大创新和关注新技术

创新列"五大新发展理念"之首，也是石化产业"十三五""两大发展战略"之一，创新是加快产业升级、推动绿色发展、实现做强做优的关键要素。中美贸易战这几天的情况更凸现出创新的重要性。在中国石化行业结构性矛盾突出，成品油、基础化学品过剩，而化工新材料、专用化学品缺乏的状况没有改变，去年进口有机化学品 6223 万吨，再创历史新高，逆差 146.8 亿美元，同比增长 38.6%；其中乙二醇进口 875 万吨，同比增长 15.6%，PX 进口 1444 万吨，同比增长 16.8%。聚乙烯和聚丙烯的合计逆差高达 173 亿美元，仅聚碳酸酯就进口 120 万吨，逆差达 32.5 亿美元。不依靠创新、加大创新力度，"低端拥挤，高端缺乏"的状况难以改变。创新方面需要关注的第一个是适宜于现有装置改造提升的新技术，我们在 KBR 访问时了解到，与现有的蒸汽裂解装置结合的选择性裂解新技术，可以提高乙烯的收率；与现有催化裂解装置和现有 FCC 装置结合的新技术，可以实现原料多元化，均提高丙烯的收率。第二个需要关注的就是烯烃原料的轻质化，烯烃原料轻质化是当今石化产业的发展方向，由于其工艺简单、成本优势明显，尤其是随着美国页岩气革命和页岩油气的大量生产，近几年丙烷脱氢制丙烯和乙烷裂解制乙烯的产能迅速增长。全球已投产的丙烷脱氢装置有 27 套，总产能超过 1200 万吨 / 年，其中中国已投产 8 套，产能 461 万吨 / 年，需要丙烷约 490 万吨；我国现在丙烯来源是石脑油为原料 66%，MTO 工艺约 20%，丙烷脱氢占 13.2%。近两年乙烷裂解制乙烯在新增产能中占据主导地位，原来全球 95% 的乙烯靠石脑油裂解获得，现已经下降到 42.5%，而乙烷裂解制乙烯已成为第二大来源，占比约 36.2%，预计 2021 年乙烷裂解占比将进一步提升到 40% 以上，而石脑油法将进一步下降到约 37%；我国乙烷裂解制乙烯去年开始得到快速升温，现在国内正在建设的是新浦化学在泰兴精细化工园的 120 万吨 / 年装置，媒体报道拟建设的装置另有 7 套，乙烯计划规模 100 ～ 200 万吨，都建成后乙烯总规模 1150 万吨，所需乙烷原料约 1500 万吨；实际上这次申报发改委示范项目的多于 20 家。当前，从美国进口乙烷的量还不大，但下一步规划的需求量将大大超出美国的出口能力；但去年丙烷的进口总量约 1337 万吨，其中从美国进口约占 1/4，即 337.5 万吨。在中国建设乙烷裂解装置和丙烷脱氢装置，都要认真论证其原料风险，尤其是中美贸易战真打起来的话，原料来源主要依靠美国供应的风险将进一步加剧。第三个需要关注的就是烯烃新工艺，譬如埃克森美孚的世界首套原油直接制乙烯，上月下旬访问埃克森美孚得到确认，在新加坡、正在运行优化，目前不对外技术许可；据媒体报道沙特阿美和 SABIC 也研发成功原油直接制乙烯技术，拟建设 100 万吨 / 年工业化装置。另一项新技术就是甲烷制烯烃，中科院大连化物所、上海高研院都在研发，大连化物所这一项目还与中石化和 SABIC 签署了战略合作协议；美国 Siluria 的氧化偶联工艺已取得阶段性成果。当然，中国聚烯烃产业的发展还要重点关注茂金属聚合新工艺和聚烯烃弹性体等高端化产品，避免产品同质化和低水平重复建设。

打造杭州湾石化产业集群的中国版"墨西哥湾"

前年我陪同寿生会长专程到舟山调研，主要是了解舟山石化基地的发展规划、项目建设及其进度等情况，舟山市委市政府以及绿色石化基地管委会跟我们进行了深入、全面的介绍和交流，并就舟山绿色石化基地未来的发展进行了座谈和共同探讨。自那时起，我们就强烈地感觉到，舟山绿色石化基地的发展潜力巨大！一是随着 4000 万吨 / 年炼化一体化项目的推进和投产，连同镇海、大榭岛，在宁波地区将形成国内原油一次加工能力规模最大的炼化一体化基地，尤其是按照"多化少油"的产业链布局，大量的烯烃、芳烃将为下游有机化学品、化工新材料等国内严重依赖进口的石化产品奠定坚实的原料基础。二是舟山临港优势十分突出，不仅自身深水码头便利，而且北邻上海洋山港、紧靠宁波港，物流条件便捷、优势突出，再加上依托中国（浙江）自贸区的政策优势，舟山绿色石化基地具备许多后发优势。三是荣盛精神更加坚定了我们迈向石化强国的步伐，原来我对荣盛只是从口口相传中略有了解，去年11月份我到荣盛调研以后，李水荣董事长跟我讲"2018年11月份，舟山一期将建成投产"，特别是当我参观了荣盛的研发中心和智能化生产车间，其"敢于拼搏，敢为人先"的荣盛精神带给我不小的冲击和震撼，最近我又看到舟山石化基地的规划方案通过专家评审。这一切都坚定了我们对舟山绿色石化基地的期待和期望，也坚定了我们对舟山绿色石化基地成为石化强国的重要一极充满信心。当然，我希望舟山绿色石化基地牢固树立绿色发展理念，突出集群化发展，近与镇海、大榭岛，远与金山、上海化工区，再远甚至北与连云港、南与大亚湾、茂名湛江等大型石化基地，都要通盘规划与布局，既要协同化，又要差异化，瞄准国际水平，把握高端定位，打造产业集群，伴随着舟山绿色石化基地规划目标的全面实现，到2035年将杭州湾区域打造成中国的"墨西哥湾"，这样的目标值得期待！

再谈氯碱行业高质量发展 *

氯碱行业是国民经济的重要基础产业和配套产业，2017年氯碱行业遇到了多年未遇的好年景，烧碱和聚氯乙烯产量同比增长都在5%以上，主营收入同步增长，效益大幅提升。尤其是全行业效益，在2012—2015连续四年亏损的情况下，2017年利润总额是2016年的2.5倍。今年一季度的情况：产品产量和价格总体较好，烧碱产量859万吨，同比增长0.3%，其中离子膜碱同比增长2.3%，聚氯乙烯产量473.8万吨，同比增长4.2%；3月份片碱均价为4880元/吨，同比上涨47.4%；液碱均价1060元/吨，同比上涨11.6%；聚氯乙烯3月份均价6750元/吨，同比下降7.5%，总体看形势还是向好的。下面重点谈几个氯碱行业高质量发展的关注点：

一是氯碱行业的供给侧结构性改革。供给侧结构性改革是十九大再次明确中国经济发展的主线，"十三五"以来，石化产业按照国务院《关于石化产业调结构促转型增效益的指导意见》，重点也是在推进全行业的供给侧结构性改革，氯碱行业与石化全行业一样发展不平衡不充分的矛盾，主要体现在结构性矛盾都是突出的。第一，产能过剩的问题始终存在，氯碱行业连续三年的去产能效果显著，但是从产能利用率看，产能过剩仍然存在，去年氯碱的产能利用率82%，而聚氯乙烯只有74.4%，更为担心的是去年行业效益大幅提升、价格持续高位，扩建和新建的冲动又在增强。第二，氯、碱平衡的矛盾始终存在，这一直是制约行业发展的突出问题，这两年氯、碱平衡的矛盾有日益严峻的趋势。第三，聚氯乙烯产品链的结构性矛盾始终存在，去年聚氯乙烯的产量

---

* 这是2018年4月下旬，傅向升同志在中国氯碱工业协会十届四次理事会上的讲话摘编。

1790万吨，同比增长5.9%，出口树脂110万吨，同比减少6%，而进口树脂100万吨，同比增长15.6%。出口110万吨、创汇9.9亿美元，进口100万吨、用汇10.5亿美元，即出口均价900美元/吨，进口均价1053美元/吨，以人民币计则每吨相差上千元。这都再次证明，氯碱行业供给侧结构性改革还应当持续发力，确保三年任务目标的全面完成。

二是绿色发展。绿色发展是"五大新发展理念"之一，也是石化产业"十三五""两大发展战略"之一，石化联合会前年率先在工业领域提出了《石化产业绿色发展行动计划》并研究制定了"六大专项行动方案"；在此基础上，发改委和工信部于去年底又发布了《关于石化产业绿色发展指导意见》；十九大又将"防治污染攻坚战"列为实现现代化强国目标的"三大攻坚战"之一，这些都对氯碱行业的绿色发展和可持续发展提出了新的和明确的要求。氯碱行业绿色发展有废水、固废、废气的挑战，而最大的挑战是节能减排，最严峻的挑战是氯乙烯单体合成的汞催化剂问题。节能减排一直是氯碱行业高度重视的，并不断取得进步；而汞污染问题是氯碱行业一直在努力解决而尚未解决的，并且到了下一步不解决聚氯乙烯行业将无以生存的关头。所以，绿色发展对氯碱行业也是至关重要的。

三是创新发展。创新列"五大新发展理念"之首，也是石化产业"十三五""两大发展战略"之一，创新是加快发展方式转变、推动绿色发展、实现做强做优的关键要素。氯碱行业在创新发展方面有过程优化、智慧工厂、产品高端化差异化以及"三废"综合治理和循环利用等内容，但最重要的是电解槽用离子膜的国产化，最急迫的是氯乙烯单体合成用无汞催化剂。电解槽用离子膜自"六五""七五"就组织国家科技攻关，始终没有实现国产化，高兴的是东岳已取得突破性重大进展，下一步就是在不断提升膜的稳定性与水平的同时，加大工业化应用的推广。氯乙烯单体合成无汞工艺德州实华已取得重大突破，但这一工艺在电石路线全面推广有其局限性，无汞催化剂现在已经成为全球关注的问题，我们3月下旬在休斯敦访问西湖化学时他们也重点交流了这方面的关切，国内有多家单位一直在研发，月初新龙化工的李总告诉我已取得重大突破，接下来关键是经济性和工业化应用。

关于氟硅行业发展的几点思考*

一是氟硅材料已经成为国民经济的一个重要行业，因其优异的性能、独特的功能，不仅广泛应用于日常生活、建筑、交通等民用领域，更是广泛应用于航空航天、国防军工以及电子信息、高端制造、重大工程和战略新兴产业等重要领域。截至"十二五"末，氟硅行业不论是含氟聚合物，还是有机硅材料都取得了显著的成就，从含氟聚合物、有机硅材料的产能、产量和消费量看，我国都已成为世界第一大国。国内有机硅材料已形成星火、新安化工、合盛、三友等一批骨干企业，有机氟材料也形成了东岳、晨光院、巨化、三爱富等骨干企业，为氟硅行业的整体竞争力和可持续发展奠定了良好的基础。

二是氟硅行业也面临着挑战。

第一是产能过剩已经显现。我们总是讲：传统和大宗基础化学品是产能过剩的重灾区，实际上作为化工新材料领域的氟硅材料，也已陷入了产能过剩的"沦陷区"，有机硅单体 2015 年的产能 122 万吨（折硅氧烷），产量 74 万吨，产能利用率约 60.6%（2016 年，107.5 万吨 /134 万吨，80%；有效产能利用率 88%）；硅橡胶中的甲基乙烯基生胶产能利用率 66.9%（37.5 万吨 /56 万吨）；室温硫化胶 51%（51 万吨 /100 万吨）；硅烷偶联剂的产能利用率更低 36%（18 万吨 /50 万吨），硅油 80.8%（21 万吨 /26 万吨），硅树脂 78.9%（3.55 万吨 /4.5 万吨）。有机氟材料中聚四氟乙烯的平均开工率是 80.6%（8.7 万吨 /10.8 万吨）（2016 年，7.2 万吨 /11.4 万吨，63.1%）；聚偏氟乙烯只有 46.5%（2 万吨 /4.3 万吨）；

* 这是 2018 年 5 月，傅向升同志在中国氟硅有机材料工业协会年会上的讲话摘编。

聚全氟乙丙烯43.5%（1万吨/2.3万吨）（2016年，1.09万吨/1.4万吨，75.23%）；氟橡胶40%（1万吨/2.5万吨）（2016年63.04万吨），等等。

第二是高端产品缺乏。氟硅行业也出现了单体产能过剩、基础产品、通用牌号产能过剩，而下游创新不足、下游高端产品缺乏，高端客户不能满足要求、下游高端产品依赖进口的状况，尤其是缺乏高性能、专用化、系列化、精细化的产品。如：电解用全氟离子交换膜年用量19万平方米，几乎全部靠进口；全氟燃料电池膜，自给率5%；PVF/PVDF背板保护膜年用量4.1亿平方米，自给率10%；聚四氟乙烯的进出口均价差很多，2015年进口均价1.43万美元/吨，而出口均价不到7000美元/吨，进口比出口价高出一倍多；2016年，无水氟化氢进口均价3337美元/吨，出口均价1003美元/吨；初级聚四氟乙烯进口均价高于1.6万美元/吨，出口均价6697美元/吨；含氟聚合物进口均价2.23万美元/吨，出口均价8524美元/吨。

第三是扩建的冲动还很强烈。产能已经过剩，但新建扩建的企业还不少，扩能的冲动还很强烈，有机硅材料不断有新建和扩建装置试产投产；有机氟材料拟规划建设的新装置就更多，2016年氟化工投资86亿元，聚四氟乙烯又有5家企业，拟建和在建的产能超过现有产能的43%（4.65万吨/10.8万吨）；聚全氟乙丙烯又有6家企业，拟建和在建产能（3.35万吨）大大超过现有产能（2.3万吨）；氟橡胶现有产能利用率只有40%，又有3家企业拟建和在建产能超过现有产能的42%（1.07万吨/2.5万吨）。当前，氟硅行业有些产品（D4单体、全氟辛酸等）还面临着一些新的挑战。这些挑战我们必须面对，也必须引起我们的高度重视。

三是氟硅行业如何突围？"十三五"期间应当把握机遇、强化创新！首先是把握机遇，无论是"中国制造2025"的高端制造，还是新能源、汽车工业、航空航天、轨道交通、大飞机等重点工程，都对氟硅新材料提出了新的市场需求，提供了新的发展机遇，我们一定要通过创新，加快高端产品的研发和系列化，增强氟硅材料的配套能力和整体竞争力。其次是下游产品的高端化系列化创新，如瓦克有机硅事业部拥有3000种产品，尤其在医用、护理品方面优势突出，如创可贴的新弹性体粘贴强度高、透湿透气、易于愈合；护理用的延迟消泡剂，易于清洗，节水50%；10天前在伦敦欧洲化妆品原料展上发布有机硅乳液新品种，主要用于洗发、护发、护肤、睫毛膏等，头发的柔顺性、护发效果、护肤效果以及保湿透气效果等更好；电动汽车用氟硅特种材料等。河北硅元的有机硅微肥，大大提高了肥效。然后是强化协同创新，横向协同创新是一个方面，协同创新在充分利用各方创新资源、提高创新的起点、提高创新的效率和缩短创新周期等方面都效果明显，赢创、巴斯夫、科思创等跨国公司在中国与高校、科研院所的协同创新很值得我们借鉴；东岳与上海交大开展的离子膜协同创新就很具有代表性，也积累了很好的经验。关键是上下游的纵向协同创新，陶氏与海尔、华为定期举办创新日、交流会等方式的协同创新，萨比克、空气产品公司为下游用户提供一揽子解决方案的协同创新，都值得氟硅行业的企业和朋友们借鉴。

石化园区绿色发展之思考*

生态环境是人类生存和发展的根基,保护生态环境关系亿万人民的福祉,关系中华民族的永续发展。党中央、国务院高度重视生态文明建设和生态环境保护,十八大以来,以习近平同志为核心的党中央把绿色发展作为新发展理念的重要组成部分,采取了一系列重大举措,推动生态环境保护发生了历史性、转折性、全局性的变化。全国上下深刻领会习近平总书记生态文明思想,绿色发展已成为新时代中国特色社会主义经济发展的重要内涵,贯彻绿色发展理念,构建绿色发展方式,形成节约资源和保护环境的空间格局、产业结构、生产方式、生活方式意义重大。

在全球石化产业结构深度调整的大背景下,绿色发展已成为科技革命和产业结构优化升级的主要方向,我国石化产业"十三五"规划把绿色发展确立为"两大发展战略"之一,作为推进供给侧结构性改革的重要手段,是推动行业高质量发展、解决生态环境问题的根本之策。面对新的形势和新的要求,今年第一次召开石化园区绿色发展大会,专题探讨和交流石化园区的绿色发展之道,希望能为建设山青、水绿、天蓝的美丽中国做出应有的贡献。按照会议的安排,我谈几点意见。

---

* 这是2018年10月18日,傅向升同志在宁波召开的首届石化园区绿色发展大会上讲话的主要内容。

石化行业绿色发展取得积极进展

"十三五"以来,石化行业深入贯彻绿色发展理念,研究发布了《石油与化学产业绿色发展行动计划》及其"六大专项行动方案",全行业和广大石化企业及企业家们绿色发展的理念日益深化,绿色发展的水平不断提升,对安全红线和环保底线的坚守更加坚定,尤其是贯彻落实党中央、国务院关于绿色发展的战略和部署更加自觉。充分发挥行业在环境治理方面的技术优势,大力发展环保产业和绿色产品,行业绿色发展水平有了全新跨越。

一是节能减排取得显著效果。2017年,全行业万元工业增加值能耗和重点产品单位综合能耗继续下降,吨原油加工综合能耗同比下降0.44%,吨乙烯、合成氨、烧碱、纯碱、黄磷的综合能耗分别下降0.16%、1.53%、6.86%、0.95%和0.61%。化学需氧量、氨氮、二氧化硫、氮氧化物等主要污染物排放量持续下降,固体废物综合利用率、危险废物处置利用率持续提升。

二是突出环境问题得到有效遏制。电石法聚氯乙烯行业已全部淘汰高汞触媒,实现低汞触媒全替代,汞使用量大幅度削减;铬盐清洁生产工艺达到80%以上,历史遗留的670万吨铬渣全部处置完毕;磷石膏综合利用率达到40%,处于世界领先水平;硫酸法钛白粉生产过程中废硫酸实现全部回收再利用;石化行业挥发性有机物治理稳步推进。

三是行业安全管理水平稳步提升。化工和危险化学品生产经营企业本质安全水平大幅提升,企业生产安全事故总量相比"十二五"明显下降,风险管控和隐患排查治理不断强化,危险化学品重大危险源监控率达到95%;据统计,今年上半年化工事故58起,死亡70人,而去年同期是113起,死亡135人,防范遏制重特大事故取得明显成效。

四是科技创新助力作用不断增强。全行业积极推进以企业为主体、产学研相结合的创新体系建设,企业研发投入持续增加,科技资源配置进一步优化,加大公共创新平台、创新联盟、企业技术中心、重点实验室等建设力度,围绕新能源、化工新材料、专用化学品、节能环保等"五大重点领域"以及战略性新兴产业开展创新,一批重大关键技术成果实现突破,新的经济增长点加快形成,行业"高端短缺"的结构性矛盾逐步缓解。大亚湾已建立的科创中心、南京江北新区正在开展的全球竞争力创新名城先导计划、上海化工区9月份启动的上海国际化工新材料创新中心建设及其联盟的成立,尤其是这些园区正在实施创新创业、成果转化、引进人才的各项政策,为我们提供了很好的案例。

　　五是石化园区对绿色发展的支撑作用逐渐显现。根据最新统计,截至去年底全国共有石化园区601家,"数量多、规模小、布局散"的问题比较突出。因此,山东、江苏、浙江、湖北等省都在开展对石化园区的重新认定和管理整顿,尤其是"十三五"以来,各园区都把绿色园区建设和智慧园区建设摆在突出位置,并努力创建国家新型工业化产业示范基地和循环化改造示范基地,越来越多的石化园区立足于创建生态园区,大力发展循环经济,积极推进清洁生产,资源能源的循环利用率不断提升,"三废"排放量持续减少,能耗物耗不断降低。今年5月,最新发布的"中国化工园区30强",2017年30强园区的总能耗为1.45亿吨标煤,单位工业增加值能耗为1.73吨标煤/万元,其中前十强的单位工业增加值能耗为1.44吨标煤/万元,单位万元生产总值COD排放量0.09千克,单位万元生产总值SO_2排放量0.32千克,低于全行业平均水平。绿色园区建设取得新进展,宁波石化区牵头制定了"绿色石化园区评价通则",在前两批公布的绿色园区中,宁波、聊城、大亚湾、宁东、上海、镇江等10家石化园区上榜,占全国46家绿色园区的21.7%;11月初,工信部又公布了第三批绿色园区名单,珠海、长寿、白银3家园区在列,绿色园区的创建为提高石化行业的绿色发展水平提供了重要的支撑和保障。

　　看到成绩的同时,还应看到石化园区绿色发展仍存在一些短板,与发达国家相比,大型石化基地的"集约化、规模化、一体化"水平还有不小的差距,很多石化园区产业结构不合理、产业集中度不高、产业协同效果不明显,科技创新能力不强和绿色新技术及装备有待突破,行业绿色标准尚需完善和绿色产品评价标准缺失,有的园区安全事故和环境事件时有发生等,都是制约石化园区和行业绿色发展的突出问题。

打好污染攻坚战,石化园区要勇担绿色发展历史使命

十九大立足新时代和新期待,将污染防治列为"三大攻坚战"之一,向全国和各行业吹响了绿色发展的号角,石化行业和石化园区加大构建循环、集约、高效的绿色生产方式力度,在调整产业结构、优化产业布局、发展循环经济、推进清洁生产、加强污染防治等方面具有不可替代的重要作用。

一是充分认识石化园区绿色发展的重要性和紧迫性。近几年,发达国家不断提高绿色壁垒,逐步限制高排放、高环境风险产品的生产与使用,对我国石化产业参与国际竞争提出了新的挑战,石化行业迫切需要形成绿色发展方式,提升绿色发展水平。石化园区为促进行业绿色发展创造了良好条件,为石化产业的绿色发展提供了重要保障,园区内集聚着大量的企业,由于化工生产高温高压、易燃易爆的特性,成为化工生产污染物、重大危险源最为集中的地方,如果企业不严格遵守安全环保法律法规、职工不严格遵守操作规程、园区管理机构不严格落实监管责任,石化园区的绿色发展将难以实现。当前,有的石化企业和园区也确实不同程度存在绿色发展理念不落实、规章制度不完善、现场管理不规范、操作规程不严格、隐患排查不彻底等问题,园区在安全环保管理水平上也参差不齐,亟须通过进一步规范建设,下大气力提升园区绿色发展的整体水平。

二是充分认识石化园区在资源共享和环境管理上的突出优势。石化产业属于资源型和能源型产业,能耗和"三废"排放都位居工业部门前列,又加上产品种类多,工艺流程长,产生的废物种类复杂,处理处置难度较大。石化园区通过构建循环经济产业链,提高产业关联度和循环化程度,实现

企业间、产业间的循环链接，构建园区层面的基础设施、公用工程及公共服务共享与循环使用的"大循环"，企业间的能量和物料循环利用的"中循环"，以及企业内节能、节水、综合利用的"小循环"，实现园区内产业链接循环化、资源利用高效化、污染治理集中化。特别是通过"智慧园区"建设，加强对企业排放的监督管理，提升企业和园区经营效率，是石化行业开展节能降耗、污染防治的重要措施。石化园区在资源循环利用以及环境综合管控上的突出优势，有助于提升行业绿色发展的整体水平。

三是充分认识石化园区培育绿色技术和提供技术支撑的平台作用。创新能力不强始终是石化产业大而不强的掣肘因素，绿色发展技术支撑能力不足是制约石化行业绿色发展水平的重要因素。行业尚未形成以企业为主体的创新体系，企业的环保技术创新能力明显不足，特别是在节能减排、资源循环化利用及废弃物处理处置等关键领域缺少先进技术，绿色科技创新能力不足。因此，通过园区公共创新平台的建设以及政策和制度创新，有利于吸引高等院校、科研机构到园区创新创业，也有利于激发科技人员的积极性和创造性，围绕突出的资源能源和环境问题，突破一批高效节能、安全环保、资源循环利用关键技术，开发一批先进适用的能量系统优化技术和末端治理技术。上海、宁波、南京、大亚湾等一批石化园区已经走在了前面，也积累了经验。石化园区所具备的集约、高效、循环的属性，使它成为行业绿色转型发展的排头兵和风向标，肩负起自身发展和推动我国石化产业绿色、高质量发展的双重使命。

认清形势，石化园区绿色发展面临新的挑战

习近平总书记在全国生态环境保护大会上讲：我国生态文明建设正处于压力叠加、负重前行的关键期，已进入提供更多优质生态产品以满足人民日益增长的优美生态环境需要的攻坚期，也到了有条件有能力解决生态

环境突出问题的窗口期;并明确提出"到2035年,生态环境质量实现根本好转"。绿色发展已成为全社会和石化行业的共识,这对石化园区来讲既是挑战,更是机遇。

一是新形势下,发展理念发生深刻变化。中国已经进入了高质量发展阶段,社会发展和人们对美好生活的向往都在呼唤全行业全面建立绿色发展体系。我们今天所强调的绿色发展理念,绝对不仅仅是一个安全环保的理念,而是一场转变发展方式的深刻变革。这个理念,包括绿色发展的先进技术理念,要求通过先进的技术、先进的工艺,保证生产过程的安全,保证产品的质量;包括先进的排放理念,要求生产物质消耗最低,污染物排放最少;包括先进的管理理念,要求生产效率最高,经济效益最好;包括先进的服务理念,要求产品全生命周期的本质安全,用户服务的周到彻底。绿色发展理念,不仅对于我们整个石化行业的创新发展、结构升级、清洁生产提出了变革的要求,同时也对石化园区项目引进、环境治理、安全应急等管理内容都提出了变革的要求。

二是新形势下,政策导向提出新的要求。石化行业在面临资源环境严峻挑战的同时,也面临着更加严格的环境保护法律法规的要求。这都对石化园区推进绿色发展、着力解决突出环境问题、加大生态系统保护力度、改革生态环境监管体制提出了一系列新任务和新要求。新修订的《环境保护法》《安全生产法》以及"大气十条""水十条""土十条"等一系列更加严格的安全环保法律法规、政策标准,从"三废"排放源头到资源化利用都做出了全方位的规定,逐步建立起更加严格的源头防控制度、损害赔偿制度、责任追究制度。近两年,还相继出台了一系列推进生态保护、污染防治的政策和措施,《打赢蓝天保卫战三年行动计划》《关于促进石化产业绿色发展的指导意见》《关于加强长江经济带工业绿色发展的指导意见》《关于推进城镇人口密集区危险化学品生产企业搬迁改造的指导意见》等,这些都对石化产业优化调整产业布局、规范石化园区发展、加快行业升级改造和大力推进行业绿色发展提出了新的和明确的要求。这些要求也加深了对规范石化园区认定的迫切性,正推动着各地方石化园区认定与整顿的工作步伐。

三是新形势下，园区转型存在内生动力。寿生会长曾经说过：化学有着从分子结构上改变物质性质的本领，具有先天的技术优势和治理能力，其诸多产品、技术及装备与环保产业发展密切相关，是向社会提供废水治理、废气治理、固废治理、土壤修复等环境污染问题治理方案的主要贡献者，完全可以成为污染防治的主力军，完全可以成为环境保护和循环经济的行家里手。绿色发展催生出环保市场的巨大需求，美国、日本、德国等发达国家，在环境治理过程中，持续培育环保装备、环保技术与环保服务产业，不仅有效推进了本国的环境治理，还引领世界环保产业的发展。我国发展节能环保产业的市场更大、前景更广阔，近几年的发展势头也很迅猛。打造绿色环保产业园区，推进石化园区的转型升级，转变石化园区的发展模式，把绿色环保产业培育成新的经济增长点，为石化园区的绿色发展提供了巨大的内生动力。

突出重点，开启石化园区绿色发展新征程

党的十九大报告明确指出，要培育若干世界级先进制造业集群。建设世界级石化园区是我国石化产业迈向全球价值链高端的必然要求，也是石化园区绿色发展和石化产业实现强国目标的必然选择。按照国务院新修订的《石化产业规划布局方案》"推动产业集聚高效发展，逐步形成若干世界一流的石化产业基地"的要求，我们提出的目标是：通过10年左右的努力，形成10个超千亿的世界一流水平的石化产业基地，10个具有全球竞争力的专业化工园区，培育20个绿色石化园区，20个智慧化工园区。要实现这样的目标，应把绿色发展放在突出位置，重点把握好以下几点：

一是实现石化园区的优化布局，园区准入和规划管理的规范化。统筹全国石化园区总体布局的优化，狠抓源头防控。根据地区石化产业发展定位以及环境承载能力，确定园区的产业定位和布局，制定完善的石化园区

认定和考核办法,实现石化园区规范有序、高质量发展。石化园区能将社会、环境和行业的发展作为一个整体综合考虑,从资源和环境的承载力及对资源总量和环境容量的优化配置来优化园区规划。在园区的开发建设过程中,应按照"空间布局合理化、产业结构最优化、资源利用高效化、运行管理规范化"的要求,做好园区发展规划,对进入园区的项目和企业构筑绿色准入的屏障。建立入园项目评估制度,入园项目需符合产业政策、行业规范和绿色发展要求,并逐步完善石化园区产业升级与退出机制;强化对石化园区规划环评的管理,园区在新扩建、升级改造等方面要依法开展规划评价工作;对于已经批准或者实施的规划在定位、范围、适用期限、规模、结构、布局和主要环保措施等方面进行重大的调整或者修订,应当及时重新补充规划环评。

二是持续推进园区循环化改造,实现资源能源综合利用。各石化园区要制定循环经济发展专项规划或者在总体规划中设置循环经济的篇章,积极开展循环化改造,增强资源能源等物资流管理和环境管理的精细化程度;推动园区内企业绿色化改造,淘汰落后技术、工艺和装备,提高资源能源利用效率和主要废弃物资源化,降低污染排放量和排放强度。按照"横向耦合、纵向延伸、循环链接"原则,实行产业链招商、补链招商,建设和引进产业链接或延伸的关键项目,合理延伸产业链,实现"产品高端化、资源节约化、生产清洁化"的目标。园区应建立对项目的绿色评价指标体系和规范的审核工作流程,保证入园项目的技术先进性并符合园区整体产业发展战略。甚至可将"绿评"这项工作放在项目环评、安评之前,确保实现项目间、企业间、产业间首尾相连、环环相扣、物料闭路循环,物尽其用,促进原料投入和废物排放的减量化、再利用和资源化,以及危险废物的资源化利用和无害化处理。

三是实施创新驱动战略,不断提升园区绿色发展的科技支撑能力。科学技术是解决环境问题的利器。现有园区要在推动产业升级改造上狠下功夫,加大采用新技术、新工艺、新设备实施清洁生产改造的力度,从源头上减少"三废"的产生,实现从末端治理向源头减排的转变;采用先进节能、节水技术,开展节能、节水改造,提升园区能效水平,减少废水排放,采用废气、固体废弃物综合利用技术，减少废气和固体废弃物的排放，通过对现有企业和产品的升级改造，全面提升石化园区的绿色发展水平。另一方面是大力推进原始创新和集成创新，创建绿色技术的公共创新平台，组建绿色技术创新联盟，瞄准科技前沿，聚焦绿色发展需求，突破一批绿色制备、末端治理、能效优化等新技术和制约行业绿色发展的技术瓶颈，树立一批技术创新示范企业，通过创新为石化园区的绿色发展提供技术支撑。

四是完善石化园区的生态化建设，使园区成为全行业"三废"达标排放领跑者。加强园区污染集中治理设施建设及升级改造，培育或引进专业化节能环保服务公司，实行园区污染集中治理，创新环境服务模式，强化园区的环境综合管理。开展企业环境管理体系认证，积极推进废水、废气、危废处理等基础设施建设和运行的专业化、社会化。构建园区、企业和产品等不同层次的环境治理和管理体系，最大限度降低污染物排放水平。对园区内现有企业层面开展清洁生产审核，促进先进生产技术的应用和产业结构优化。对园区内运输、供水、供电、照明、通讯、建筑和环保等基础设施进行绿色化改造，促进各类基础设施的共建共享、集成优化，降低基础设施建设和运行成本，提高运行效率。建立园区产业生态化和生态园区产业化为主体的园区生态化经济体系，为石化园区的生态化建设注入新内涵。

五是高度重视智慧园区建设，不断提升园区的整体管理水平。智慧园区建设已经开展了三年，聊城和嘉兴两家园区进行了试点示范，对从本质上提高石化园区的安全水平、环保水平和绿色发展水平取得了很好的效果，并积累了经验；受工信部原材料工业司委托，11月2日我们在北京又评审了17家智慧园区创建单位。创建智慧园区将是园区建设和未来发展的重点之一，整合园区内各类资源，进一步将精细管理和先进技术措施相结合，推进园区安全环保管理向智能化转变。通过信息化、智能化应用，利用物联网、大数据、云计算等新一代信息技术，推动园区内信息化与工业化的深度融合，促进园区各系统之间无缝连接与协同联动，形成园区综合信息化管理平台，持续积累运营数据，深度挖掘和运用信息数据，最终实现石化园区安全、环保、运营的预知预判和企业综合评价，提升园区整体管理效能和水平。

六是自觉践行责任关怀，与周边社区共建共享和谐发展。推动石化园区积极主动实施责任关怀，自觉践行《责任关怀全球宪章》，充分展现园区及企业对健康、安全、环保的重视和追求绿色发展的决心。建立与周边乡镇和社区的沟通机制，定期发布园区环境监测数据，接受社会监督。坚持以开放融合的理念意识推动石化园区与周边社区、学校等机构的合作交流，定期开展社区走访、专栏宣传、专题讲座、公众开放日等活动，也可以采取邀请群众代表、公益组织实地考察等方式，或者组织有关专家、专业机构、公益组织等第三方力量为公众参与决策提供咨询指导，及时解疑释惑，普及化学化工知识，增进公众对化工的全面、客观了解，使公众能够以开放的心态科学认识化学和化工企业的作用和重要性，真正理解化工、认同化工、支持化工，树立石化园区绿色发展的社会形象。

绿色发展是石化产业健康可持续发展的重要保障！实施绿色可持续发展战略、建设世界石化强国，是人民的呼声、时代的召唤、行业的追求！石化园区要做行业绿色发展的先行军，要成为打赢防治污染攻坚战的主战场和主阵地，为石化行业的绿色可持续发展提供强有力的保障和支撑。让我们以绿色发展为己任，以本次大会为新的起点，通过我们的不懈努力，共同开启石化园区绿色发展的新征程，共同开创石化园区成为一座座碧水绿荫环绕，与相邻城市共建共享、和谐发展的新局面！

百年传承　创新时代*

在我国改革开放 40 周年之际，作为中国石化行业排头兵之一的华谊集团迎来了 60 华诞，这是华谊化工发展史上值得纪念的日子。

改革开放 40 年来，中国经济实现了巨变。已连续八年成为世界第二大经济体，我国经济总量已超过 82 万亿元，占世界经济的总量由 1978 年的 2%，提升到去年的 15% 左右。外汇储备稳居世界第一位，由 1978 年的仅 1.67 亿美元，提升到去年的超过 3 万亿美元。人均国内生产总值大幅提高，去年我国人均国内生产总值近 6 万元人民币，扣除价格因素，比 1978 年增长 22.8 倍；人均国民总收入由 1978 年的 200 美元提高到去年的约 9000 美元，超过中等偏上收入国家平均水平。另外我国城镇化率稳步提高、财政实力显著增强、制造业和进出口贸易总额稳居世界第一。4 天前法国外贸银行的一份报告称，"中国是全球增长最大的贡献者"；2017 年中国对全球经济的贡献，相当于美国、欧元区和日本三个地区的总和；并预测 2015—2025 年，中国将为全球增长贡献 9.4 万亿美元，占全球经济增量的 21%，远高于美国的 10%。

改革开放 40 年，我国石化行业取得了举世瞩目的成就。创造了世界石油和化学工业发展史上的奇迹，去年我国石化业产值达到 13.8 万亿元，是 1978 年的 182 倍，利润总额超过 8400 亿元，是 1978 年的 50 倍，进出口总额超过 5800 亿美元，是 1978 年的 272 倍。尤其是上世纪九十年代开始，化工部党组在全行业实施的"学吉化、科技兴化、对外开放"三大战略，推动整个石化行业的管理水平显著提升、科技创新能力显著增强、国际合

---

* 这是 2018 年 11 月 28 日，傅向升同志在庆祝中国改革开放 40 周年、上海华谊化工发展 60 周年主题座谈会上的讲话摘编。

作与交流不断拓宽。今天，中国石化产业产值已连续八年稳居世界第二位，其中化学工业产值连续八年稳居世界第一，22种石化产品的产能产量稳居世界首位；同时，产业结构不断优化、世界500强企业数量稳步增加、大型石化基地和产业集群正在向着世界一流的目标迈进。

改革开放的40年，华谊化工取得了骄人的业绩。华谊化工已经走过了60年，无论是产业规模、体制改革，还是技术创新、环境保护，都取得了跨越式、突破性的进展。已形成能源化工、先进材料、绿色轮胎、精细化工等主导产业清晰、核心竞争力强的5大核心业务板块，位居2018年中国企业500强第261位、中国制造业500强第104位，去年中国石油和化工企业500强第17位、中国化工上市公司百强企业第4位。尤其是华谊集团的创新能力居行业领先，专设技术研究院，拥有多位经验丰富的留学归国博士，下设7个技术中心、4个研究所、1个成果转化中心和1个分析测试中心，去年11月份，我到华谊技术研究院调研，催化剂评价装置就有几十套，给我留下了深刻的印象。

华谊化工走过了60年的风雨历程，60年的发展业绩已经载入史册，未来百年华谊的辉煌正在向我们招手。今天，华谊集团隆重庆祝我国改革开放40周年、上海华谊化工发展60周年，并同步组织开展一系列活动，包括集团展示厅落成、职工艺术展揭幕、征文作品集首发等，就是要进一步传承历史、弘扬传统，激励斗志、振奋精神，不忘初心、勇担责任，进一步动员、凝聚干部职工在我国化工行业整体竞争力的提升中，在上海建设卓越城市的进程中，在与跨国企业的合作共赢中，继续砥砺奋进，勇往直前，为打造"百年华谊"、实现"打造具有国际竞争力和影响力的化工企业集团，成为社会需要、受人尊敬的公司"的远景而不懈奋斗。

当今世界正在发生广泛而深刻的变化，当代中国正在发生持久而深远的变革，当前石化行业正经受前所未有的挑战，全球石化产业正处于新的景气周期，我国石化产业已成为当今世界新的增长极，今年前9个月石化全行业继续呈现向好的态势，主营收入同比增长14.8%、利润总额增长45.2%，最近巴斯夫、埃克森美孚、壳牌等跨国公司都纷纷表示进一步加大在中国的投资。面对新形势、新挑战，华谊干部职工要提高站位，保持定力，传承创新，自觉践行习近平新时代中国特色社会主义思想，以能源化工、先进材料、绿色轮胎、精细化工为主导板块，以上海、江苏、安徽、钦州为主要基地，以具有国际竞争力的世界一流化工公司为奋斗目标，持续加大创新驱动的力度，不断强化产业链协同和产业的集群化发展，奋力谱写绿色发展、创新发展、安全发展、高质量发展的新篇章，努力走出一条具有自身特点的化工发展之路，不断创造"华谊经验"，形成"华谊样板"，树立"华谊标杆"，为我国化工事业的发展作出新的更大的贡献，共同谱写华谊化工和我国石化产业由大到强的新辉煌。

现代煤化工之近与远[*]

一

化学工业及煤化工之极简史

19世纪初,化学及化工技术实现突破,20世纪进入了快速发展时期,化学工业在人类及社会进步方面扮演了极其重要的角色,尤其是第二次世界大战以来化学工业发生了翻天覆地的变化。世界人口大幅增加,而人类却摆脱了忍饥受饿的窘态,并且人类的平均寿命大大延长,这都是化学与化工技术进步的贡献;人们五彩缤纷的华丽衣裳和靓丽的生活环境,都是化学工业合成纤维、染料及涂料、颜料的贡献;人们通过汽车、高铁、航空旅行的便利,都是化学工业合成材料及其复合材料的贡献;人类月球行走、宇宙探秘以及远洋深潜,都是化工新材料、专用化学品及特种密封材料的贡献。甚至可以说自第二次世界大战以来,人类共享70多年的世界和平环境,也是人类通过化学技术的进步,掌握了核聚变为和平所用而带来的福祉。

早期的化学工业就是从煤化工开始的,最早从煤焦油组分开启了人工合成染料工业,不仅为人们增添了五颜六色,而且紫色也不再只属于贵族;从煤造气、合成氨,发展了造福农业、造福人类的化肥工业;从电石经乙炔化工,发展了聚氯乙烯材料以及一系列有机化学品;从煤制甲醇经碳一

---

[*] 这是2019年6月,正值媒体组织"现代煤化工要不要大发展?"专题讨论之时,傅向升同志在邹城召开的煤化工论坛上讲话的主要内容。

化学，发展了羰基化醋酸、甲酸及聚乙烯醇乳液（纤维）等系列产品。第二次世界大战以后，随着石油天然气的产量不断增加，石化工业迈入了黄金时代，尤其是石化领域的技术与创新快速进步，石化工业展现出了更强的优势和市场竞争力，很快全球以天然气为原料的合成氨、甲醇产量都超过了煤头，电石乙炔路线的聚氯乙烯被乙烯氧氯化工艺取代，以煤焦油中的苯、萘为原料的顺酐、苯酐都被石油轻烃碳四和炼化产品邻二甲苯路线替代；今天石化产品的80%以上、有机化学品的90%以上都来自石油天然气为原料的石化工业。煤化工产业全球只限于中国和南非。南非是因为严重缺乏原油而煤炭资源丰富，又加上上世纪的国际禁运，无奈发展了自己的煤化工产业，而今天国际解除禁运以后，南非煤化工产品的重点不再是油品而是主攻化学品。我国是因为资源禀赋属多煤缺油少气，石油天然气的对外依存度又不断攀升，从深化能源革命角度出发和国家能源战略安全考虑，形成了今天世界领先的现代煤化工产业。

现代煤化工之现状

现代煤化工是相对于传统煤化工而言，传统煤化工一般包括：以煤为原料的电石乙炔产品链，以煤为原料的甲醇碳一化学产品链，以及大家熟悉的煤气化合成氨的化肥产业链。现代煤化工是指以煤为原料采用先进技术和加工手段生产替代石化产品和清洁燃料的产业，目前有煤制油、煤制天然气、煤制烯烃、煤制乙二醇，近两年又进一步发展了煤制芳烃、煤制乙醇等。经过多年的创新与发展，尤其是在"十三五"期间，按照《现代煤化工产业创新发展布局方案》布局的内蒙古鄂尔多斯、陕西榆林、宁夏宁东、新疆准东4个现代煤化工产业示范区的产业化和升级示范，现代煤化工技术取得突破性进展，煤制油、煤制烯烃、煤制芳烃等一些关键技术的水平已居世界领先地位，并积累了非常宝贵的工程化、产业化经验和实际运行数据，更为我国深化能源革命、强化能源安全战略以及煤化工与石油化工的互补与协同发展积累了经验。

据煤化工专委会统计，2018年现代煤化工产业规模和装置的长周期稳定运行稳步提升，能耗、水耗和"三废"排放不断降低，产品差异化水平得到改善；煤制油、煤制气、煤制烯烃和煤制乙二醇四大类已投产项目累计投资约5260亿元，生产主要产品1828.3万吨，年转化煤炭约9560万吨。具体情况如下。

煤制油2018年无新增产能，总产能保持921万吨/年不变；全年产量617.5万吨，较上年度增加294.8万吨，增幅91.4%；产能利用率67.0%。9个投产项目累计完成投资约1460亿元，2018年转化煤炭约2960万吨。

煤制气2018年无新增产能，总产能保持51.05亿立方米/年不变；全年产量30.1亿立方米，较上年度增加3.8亿立方米，增幅14.4%；产能利用率59.0%，较上年度增加7.5%。4个投产项目累计完成投资约680亿元，2018年转化煤炭约990万吨。

煤制烯烃2018年新增产能60万吨/年，总产能达到1302万吨/年（其中煤制烯烃产能872万吨/年），全年产量1085.0万吨（其中煤制烯烃产量762.5万吨），较上年度增加91.4万吨，增幅9.2%；产能利用率83.3%（其中煤制烯烃87.4%），较上年度增加3.3%。13个煤制烯烃投产项目累计完成投资约2690亿元，2018年转化煤炭约4730万吨。

煤制乙二醇2018年新增投产项目8个，新增产能174万吨/年，总产能达到438万吨/年，增幅65.9%；全年产量243.5万吨，较上年度增加89.9万吨，增幅58.5%；产能利用率55.6%。已投产的20个煤制乙二醇项目累计完成投资约430亿元，2018年转化煤炭约880万吨。

现代煤化工之挑战

在全球经济下行压力和国际经济环境不确定性因素不断增加的情况

下,现代煤化工产业发展面临的困难和挑战更加复杂多变,除了受国际原油价格因国际政治环境、大国博弈、地区动荡等因素影响出现波动,以及耗水量大、原料限煤"一刀切"政策影响以外,现代煤化工的未来发展还面临着三个突出的挑战。

一是大型产业化成套技术的挑战。现代煤化工技术方面的进步是显著的,这也是发达国家和跨国公司十分重视我国现代煤化工发展所关注的焦点。技术创新不断取得进步,煤制油直接法和间接法都居国际领先水平,煤制乙二醇去年华鲁恒升的单套50万吨/年装置开车成功;高温费托合成技术在未来能源建成首套10万吨/年工业示范装置,并一次投料成功,今年4月份专家鉴定认为已达到国际领先水平;煤制烯烃技术在刘中民院士的带领下不断创新,已研发成功第三代技术,甲醇单耗2.7吨/吨、两烯收率80.23%,并且能耗、水耗都大大降低;延长石油的煤油气共炼技术、陕煤化的低阶煤分质利用技术等都取得了很好的升级示范阶段性成果。但是,我们很多都是单项技术的突破,大型成套技术还存在明显的差距,过去我们为解决这类问题,曾经组织过很多"一条龙"技术攻关项目,现在回过头来看,工业性试验做了、产业化示范做了,往往是单项技术水平领先,但是其成套性及其关键设备仍然是制约瓶颈,今天现代煤化工也存在类似的短板。如煤制烯烃,这是现代煤化工项目中具有典型性、开车率最高、效益最好的代表,但就已建成的装置全流程来看:甲醇制烯烃工段都是采用大连化物所刘忠民院士的MTO/DMTO技术,而气化技术虽然有的采用国内多喷嘴水煤浆气化技术、加压粉煤气化技术等,也有的是采用美国GE的公司水煤浆气化技术,气体净化技术采用的是德国林德公司的低温甲醇洗,甲醇合成工段采用的是英国戴维公司的技术,烯烃分离采用的是美国ABB鲁姆斯和Univation公司的技术,聚丙烯有的是采用美国陶氏公司的技术或英力士的气相法聚合工艺,高密度聚乙烯有的是采用英力士的淤浆环管技术,线性低密度聚乙烯有的是采用美国Univation的气相流化床聚合工艺,这就是我们目前面临的现状。

二是应对气候变化碳排放的挑战。全球气候变化是21世纪人类面临的最复杂的挑战之一,联合国气候变化大会达成的《巴黎协定》为2020

年以后全球合作应对气候变化明确了方向。全世界每年向大气中排放 CO_2 约 340 亿吨，其中 20 亿吨被海洋吸收，陆地生态系统吸收约 7 亿吨，人工利用量不足 10 亿吨，可见 CO_2 的排放量已经远远超过了大自然自身的平衡能力，降低化石资源利用过程中的 CO_2 排放进而降低大气中的 CO_2 浓度已成为全球面临的重大挑战。由于我国能源结构一直以煤炭为主，近几年我国 CO_2 的排放总量居各国首位，因此我国面临的 CO_2 减排国际压力巨大。有人统计，2018 年美国的 CO_2 排放总量减少 4000 万吨，而我国的排放总量又增加 2 亿吨，在我国已向联合国提交中国应对气候变化国家方案，并承诺到 2030 年 CO_2 排放达到峰值、单位 GDP 排放量比 2005 年下降 60%～65% 的情况下，煤化工产业的碳排放更是一个需要高度关注的问题，又加上我国正在积极试点并探索建立碳交易市场，炼化、化肥、煤化工等碳排放量较高的企业将作为石化领域首先纳入碳交易市场的行业，这一问题不容忽视，如果处理不好将严重制约现代煤化工产业的发展。

三是炼化一体化快速发展的挑战。我国现在是世界第二石化大国、第一化工大国，中国石化产业对世界石化产业增长的贡献约 38%，2017 年中石油云南 1300 万吨／年和中海油惠州二期 1000 万吨／年相继投产，2017 年中国新增炼油能力占全球新增的 70%。大连恒力 2000 万吨／年已于 2018 年 12 月 15 日正式投料，今年 5 月 17 日全面投产；浙江石化一期 2000 万吨／年设备安装已全部完毕，正在抓紧工程扫尾，将于近期投产；江苏盛虹 1600 万吨／年一体化装置和中石油揭阳基地都于年前开工，中石化镇海二期、古雷炼化一体化装置以及南京、上海、茂湛基地都在施工过程中，埃克森美孚大亚湾新项目、巴斯夫湛江新材料项目及其扬巴二期等新项目都在紧锣密鼓的筹备过程中。现代煤化工与石油化工只是原料不同，产品结构都归于油品、烯烃、芳烃等石化产品链，市场的竞争将殊途同归。以烯烃为例，据《2019 年度重点化工产品产能预警报告》统计，2019 年将新增乙烯产能 500 万吨／年，总产能将达到 3050 万吨／年，其后 5 年将是乙烯新装置的密集投产期，预计 2025 年我国乙烯产能将超过 5000 万吨／年；如果乙烷裂解制乙烯项目有所突破的话，其产能将进一步增加。2019 年将新增丙烯产能 400～500 万吨／年，总产能将突破 4000 万吨／年，按照在建和拟建的项目预测，2025年总产能将达到5600万吨／年；如果已公布的在建和拟建的丙烷脱氢45个项目如期建成的话，丙烯总产能将超过6200万吨／年。

由于大型炼化一体化装置的相继投产，今明两年将新增乙二醇产能600万吨／年，2020年总产能将达到1662万吨／年，表观消费量约1710万吨，基本平衡；若现有规划的项目都能建成，2025年乙二醇总产能将达到2200万吨／年，届时表观消费量也就2230万吨。有多套对二甲苯（PX），装置将于近期投产，今年将新增产能896万吨／年，总产能将达到2275万吨／年；目前在建项目11个，产能2080万吨／年，拟建的项目还有6个，产能1060万吨／年，现在看到2025年PX总产能将达到4400万吨／年，产销也将处于饱和状态。

现代煤化工高质量发展之未来

党的十九大报告指出，中国特色社会主义进入新时代的大背景下，我国经济已由高速增长阶段转向高质量发展阶段，正处在转变发展方式、优化经济结构、转换增长动力的攻关期。在今年4月召开的"2019石化产业发展大会"上，李寿生会长在报告中指出"中国石化产业正在进入高质量发展的新阶段"，这一基本判断得到了与会专家和部委领导的认可，大家认为2019年是中国石化产业转型发展跨入崭新阶段的重要转折，是行业高质量发展的转折年。未来石化产业高质量发展应重点在技术创新、产业高端化、发展绿色化、资源配置国际化和质量效益五大方面探索新的路径。现代煤化工之未来在高质量发展，而现代煤化工高质量发展应把握和突出以下原则和重点。

（1）经验和教训是现代煤化工未来之必要。认真总结"十三五"以来升级示范的经验十分必要，《现代煤化工产业创新发展布局方案》中指出，现代煤化工技术虽然取得重大突破，但是尚不完全具备大规模产业化的条件，系统集成水平和污染控制技术有待提升，生产稳定性和经济性有待验证，行业标准和市场体系有待完善，目前现代煤化工产业整体仍处于升级示范阶段。同时，进一步明确了现代煤化工产业升级示范的原则、重点任务和保障措施。"十三五"还剩一年时间，马上就要启动"十四五"国民经济及各行业和各地区新的发展规划，最近我也注意到正在组织"现代煤化工要不要大发展？"的大讨论，我认为在回答"要不要大发展？"之前，首先应做一个必选题"我们的升级示范是否取得了预期的目标？"，这是一个很重要的基础性工作，也是一个根本前提，十分必要！例如，规划布局现代煤化工产业示范区、加快推进关联产业融合发展、突破部分环节关键技术瓶颈、提升系统集成优化水平以及大力提升技术装备成套能力等结果如何？对严格项目建设要求、规范审批管理程序、推动资源合理配置、强化安全环保监管等保障措施执行得如何？尤其是示范装置的开工率、运行稳定性、经济竞争性如何？产业技术与核心装备示范的关键、产业融合发展的效果、"三废"排放情况及治理水平以及环境准入条件的要求等，都要放到国际石化大产业、大背景、大平台上重点总结，不仅要认真总结成绩，更要认真查找差距。这项工作做扎实了，我们再来回答现代煤化工产业在升级示范的基础上如何发展，在哪些方面需完善提升、哪些短板必须补齐。

（2）**技术创新是现代煤化工未来之关键**。现代煤化工领域的技术创新是石化行业"十三五""五大战略创新"的重点之一，前面我也重点讲了现代煤化工产业面临关键技术的挑战和制约，尤其是大型产业化成套技术和重大装备的创新差距更大，下一步我们在进一步加大原始创新和核心技术关键技术创新的基础上，重点突出集成创新和产业化技术成龙配套及其优化水平。不断提升新型气化技术、MTO/DMTO技术、煤炭直接法/间接法液化技术，以及气体净化技术、大型低压甲醇合成技术及其重大装备的升级与水平。随着改革开放的不断深化，我们会建立起公平公正的市场环境，但是我们不能把世界公认的"世界领先水平"的现代煤化工产业的一套套产业化装置建立在"万国牌"技术和关键设备组合甚至是拼装的基础上，我们能不能设想"十四五"期间完全立足自主技术和装备，从气化技术到烯烃聚合技术全流程的升级示范装置呢？我似乎觉得我们已经具备这样的基础和条件；从事科技创新的科学家和工程师们应该有这样的目标，从事现代煤化工产业的企业家们也应该有这样的目标！所以创新方面，在认真总结升级示范经验和教训的基础上，突出优势和短板，集中力量攻克一批制约现代煤化工产业高质量发展的"卡脖子"技术、补短板技术，甚至是颠覆性技术，还应该认真研究组建现代煤化工产业公共创新平台或技术创新联盟，并强化创新人才和创新团队的培育和成长，通过创新引领煤化工产业高质量发展，实现新的突破。

（3）**绿色发展是现代煤化工未来之根本**。在全球石化产业结构深度调整的大背景下，绿色发展已是科技革命和产业结构优化升级的主要方向，石化产业由于资源型和能源型的属性，也决定了其"三废"排放量居工业领域前列，煤化工产业的特殊性在绿色发展方面更面临着艰巨的挑战。现代煤化工领域的二氧化碳排放、用水量及其排放以及难降解废水高效处理、高含盐废水处理处置、结晶盐综合利用等，都是社会高度关注的焦点。现代煤化工产业高质量发展要认真贯彻《关于促进石化产业绿色发展的指导意见》的部署，落实《石油与化工产业绿色发展行动计划（2016～2020年）》及其"六大专项行动计划"的要求，加强全过程控制管理，降低"三废"排放强度，提升"三废"资源化利用水平，推动末端治理向综合治理转变，提高产业清洁低碳发展水平；高度重视能量综合利用、水循环利用、二氧化碳减排及其捕集应用等，尤其是结合产业化示范工程，认真研究煤化电热以及多联产的产业融合发展模式及其效果，深入开展二氧化碳驱油驱气等研究和示范，有条件的地方也可以与高校、中科院院所等联合开展二氧化碳制化学品等课题研究。现代煤化工产业通过深化绿色制造体系建设，加大培育绿色发展典型企业和园区的示范力度，实现源头控制、过程清洁和末端治理并重，不断提升全行业绿色发展的水平。

（4）**产品差异化高端化是现代煤化工未来之首选**。我国缺油少气多煤的资源禀赋决定了现代煤化工产业的发展潜力和空间，去年原油对外依存度高达70.8%，天然气对外依存度达43.2%；我国石化产品"低端过剩、高端缺乏"的结构性矛盾十分突出，去年我国石化行业的贸易逆差2833亿美元，同比大增42.5%，而进口石化产品大多是化工新材料和专用化学品。与现代煤化工产业相关的产品有：乙烯进口单体258万吨、聚乙烯进口1402.5万吨（同比增长18.9%）；丙烯进口单体284万吨，聚丙烯进口440万吨；乙二醇进口954万吨，PX进口1590万吨。加上前面讲的我国沿海地区大型石化基地和炼化一体化装置的大量投产，很多石化产品大量靠进口、自给率低的突出矛盾将会明显改善，特别是成品油过剩、大宗基础石化产品过剩、通用性合成材料过剩等状况会进一步加剧，很多企业都在加大产业链的延伸和产品结构的调整力度，都在产品的高端化、专用料等方面下功夫，所以现代煤化工产业的未来发展一定要以市场为导向，既与东部大型石化基地做好协同发展，又要与炼化一体化装置的产品结构做好差异化发展，现代煤化工产品链的结构上有着自己独特的性能优势，在高质量发展的过程中做好差异化和高端化，就会有着自己的市场定位和竞争优势。

（5）集群化发展是现代煤化工未来之未来。 打造现代产业集群是十九大提出建立现代经济体系的重要内容，党中央、国务院正在研究立足现有经济基础培育世界级产业集群的指导意见或实施方案。石化产业的高质量发展首先要重点培育一批具有全球竞争力的世界一流企业，突出主业，做强核心竞争力，全面提升企业的现代化管理水平和国际化经营能力，成为全行业高质量发展的重要支柱。同时，石化产业高质量发展还将依托现有石化园区培育一批具有全球竞争力的石化产业集群，这是发达国家经济发展的成功实践和经验。全国共有石化园区676家，收入在500亿以上的有47家，按照国务院新修订的《石化产业规划布局方案》的部署和"科学规划，布局合理，产业协同，管理高效，集群发展"的思路，现有沿海七大石化基地和榆林、宁东、鄂尔多斯、新疆准东4个西部现代煤化工产业示范区，立足自身优势，按照东西部优势互补、差异化发展的原则，突出化工新材料、专用化学品、特种化学品等高端产品链，培育配套性强、产业链协同性强、产业集聚度高、能量梯级利用的世界级石化产业集群，并积极争取列入国家试点示范，全力构建石化与现代煤化工产业基地化、园区化和集约化、一体化的高质量发展支撑体系。

今年前 4 个月现代煤化工有喜有忧，总的看产能利用率都高于去年，其中煤制烯烃 95.5%（包括甲醇制烯烃的话是 89.0%）、煤制油 84.7%、煤制气 90.1%、煤制乙二醇 71.2%。但是受全球经济下行压力不断增加、国际油价不确定因素增多以及自身因素的影响，效益都不理想，煤制烯烃盈利好些，而煤制油受税负影响、煤制气受入网难和入网价格低影响都亏损；变化最大的是乙二醇，从去年 11 月份价格一路下跌，至 4 月底华东市场跌至 4500 元/吨左右，较去年同期下跌超过 40%，煤制乙二醇装置多数陷入亏损。从当前的情况看新项目还将不断投产，预计 2019 年煤制油总产能保持不变，煤制气新增投产项目 1 个，煤制烯烃新增投产项目 6 个，煤制乙二醇新增投产项目 8 个。看来现代煤化工大发展的势头不减，东部石化热、西部煤化热的"热度"都处于高温区，现代煤化工产业的近期与远期、当前与未来都值得我们深思！

浅谈国际产能合作的优势与升华*

当今世界是开放的世界,是经济一体化不断深化、相互促进、包容性发展的世界。近年来,在百年未有之大变局面前,单边主义肆虐、保护主义抬头,虽然给金融危机以来全球经济的复苏势头造成一些冲击,但这只是世界经济一体化和建设人类共同体航程中的些许浪花,改变不了全球更加开放、相容发展的大趋势。全球石化产业也是一样,发达国家与发展中国家产业链衔接、原料互供、市场互补、理念互通的大体系、大循环不断深化也日益成熟,石化领域国际产能合作不断拓展,合作共赢已经成为不同地域、不同国家石化行业组织、企业家、科技工作者的共识。

一是中国石化产业在国际产能合作中已经奠定了"走出去"的坚实基础。一方面是中国石化产业已连续9年列世界第二位,很多石化和化工产品的规模和产量都居世界前列,去年我国石油产量1.89亿吨、天然气的产量1610亿立方米,都位列世界第7位;炼油能力超过8亿吨,去年原油加工量超过6亿吨,炼油能力和加工量都居世界第二位;乙烯、聚乙烯的产能产量都位居世界第二位;丙烯、聚丙烯、PX、乙二醇以及纯碱、烧碱、化肥、农药、染料、轮胎等20多种基础化工产品的产能产量都是世界第一位。中国石化产业近年来对世界石化产业的贡献约为40%,很多跨国公司都预测,中国石化产业的贡献会越来越大,2030年中国的贡献将进一步提高到50%。这些都是产业合作的基础,在产能合作方面,中石油、中石化在海湾地区,恒逸石化在文莱,中策和赛轮轮胎在泰国、越南,玲珑轮胎在塞尔维亚等国家和地区都积累了经验。另一方面中国石化产业已具

---

* 这是2019年11月,傅向升同志在杭州召开的第十届国际石化大会国际产能合作分论坛上的致辞。

备较强的工程能力，新中国70年，尤其是改革开放以来的40年，中国石化的工程施工领域形成了以中国化学工程集团领衔，包括天辰、成达、华陆、五环等一批工程设计、工程开发企业以及一批工程施工能力很强的工程公司；在研发领域有原化工部31家直属科研院所以及中科院的化学所、长春应化所、大连化物所、上海有机所等和上海、湖南、湖北、山东、山西等一批省市的研究所，还有清华、天大、华南理工、华东理工、北京化工大学等一批高校；在机械设备领域有原来的北京化机、锦西化机、南京化机等一批石化机械设备研发制造企业，新世纪以来又新成长了一批特种设备和专用设备加工制造企业。在大型合成氨、尿素、纯碱、烧碱、乙烯裂解炉、新型煤气化炉等大型工业化成套设备以及技术与催化剂等领域，都具备交钥匙工程的水平和能力，一批工程公司在走出去过程中已经积累了丰富的经验，并具有很强的工程勘探、设计、施工与开车等配套能力。这些都是中国石化产业与"一带一路"沿线国家国际产能合作已经具备的坚实基础和丰富经验，很多单位因良好的业绩赢得了"一带一路"沿线国家政府、企业和民众的欢迎与赞誉。

二是中国石化产品的巨大市场需求为国际产能合作创造了广阔的舞台。中国是有着14亿人口的发展中大国，人口多市场消费量就大，正处在发展过程中市场需求的潜力就大，中国一个小长假每天刷卡消费就超过1万亿人民币。中国石化产品的市场需求也是巨大的，去年中国原油消费量世界第二，进口原油4.62亿吨，天然气进口量1357亿立方米，原油和天然气进口量双双列世界第一；去年中国市场消费合成树脂连续三年超过1亿吨，其中进口2995万吨，仅聚乙烯就进口1402万吨，PX进口1590万吨，乙二醇进口954万吨。中国石化产品的市场对发达国家来说更是潜力无限，因为从产业结构来看中国石化产业还处在产业链的中低端，从产品结构和市场需求看，"低端产品过剩，高端产品短缺"的结构性矛盾还十分突出，去年我国石化行业的贸易逆差高达2833亿美元，同比大增42.5%；其中有机化学品进口花费1132.7亿美元、逆差140亿美元，今年上半年进口花费535亿美元、逆差40.6亿美元；合成树脂进口花费641亿美元、逆差378亿美元，今年上半年进口花费299亿美元、逆差176亿美元；专用化学品进口花费423.8亿美元、逆差33.9亿美元，今年上半年花费199亿美元、逆差15亿美元。可见，化工新材料、专用化学品、功能化学品、高端膜材料、特种纤维材料等高端产品大量靠进口，中国又是制造业大国，正在重点发展高端制造业，这种产品结构和市场需求的现状，以及跨国公司自身的产品和技术优势，都为众多跨国公司在中国拓展国际产能合作的深度与广度提供了舞台、创造了机遇。

三是全球石化领域应推动国际产能合作向着"全方位"不断升华。20世纪的前20年即将过去，今天全球经济的一体化程度及其深度与广度是过去任何时候都无法比拟的。面向未来的国际产能合作，我们不能仅仅停留在产业合作、产品互供和市场互补的基础层面，我们还应该加强技术与创新合作，在尊重知识、尊重劳动、共同保护好知识产权的前提下，通过技术进步与创新减少资源和能源的消耗，减少污染物和温室气体的排放，共同节约宝贵的资源，共同维护人类共有的蓝天和绿水青山，共同保护我们共有的也是目前唯一的家园。还有一个全球石化产业界需要深度合作的重要议题就是：理念的合作。21世纪即将开启20年代，全球石化产业发展到今天，推动并向着更高质量的发展是我们共同的追求，涉及全球石化领域的责任关怀、可持续发展、化学品监管、塑料污染等等这些发展理念，也是我们全球石化人需要共同关注、共同推进和共同合作的。中国石油和化学工业联合会已经是国际化工协会联合会（ICCA）的正式会员，在推进国际产能合作迈向更高层面的过程中，我们将进一步加强与ICCA、世界塑料理事会、联合国环境规划署、国际化学品制造商协会以及美国化学理事会、欧洲化工协会、日本韩国石化协会等国际组织和各国石化协会的合作，学习和借鉴国际组织和发达国家的经验和做法，为推动世界石化产业的可持续发展做出中国的贡献。

国际产能合作是爱好和平的人们开展合作和推进世界经济一体化的重要内容，也是促进世界经济步入健康可持续发展的重要方式和途径，中国有着开展国际产能合作的广阔空间，也有着深入开展国际产能合作的真诚意愿！让我们共同携手、加强合作，共同应对日益增多的不确定因素，共同迎接当前的严峻挑战，向着人类命运共同体的美好明天迈进！通过国际产能的深度合作，去迎接世界石化产业的下一个景气周期！

再谈化工新材料产业创新与发展*

化工新材料发展现状

化工新材料通常指工程塑料、特种工程塑料、高性能纤维、功能性膜材料,有时把聚氨酯材料、氟硅材料、高端聚烯烃、电子化学品也包括在内。五大工程塑料:聚酰胺、聚甲醛、聚碳酸酯、PBT、聚苯醚;五大特种工程塑料:聚苯硫醚、聚酰亚胺、聚砜、聚醚砜、聚醚醚酮。随着技术的进步和不断创新,尤其是特种工程塑料的种类近几年得到拓展,品种和性能都不断增强。化工新材料因其质量更轻、性能更优异、功能性更强,尤其是技术含量更高,化工新材料及其改性材料或复合材料一直是一个国家化工技术水平的重要体现,又加上具有传统化工材料以及金属材料都不具备的更优异的特性,已经成为世界各国高端制造业不可或缺的重要配套材料。汽车的轻量化、特别是新能源汽车和无人驾驶技术的发展,民用客机的大型化譬如 A380、梦幻 787 以及我们的 C929 等;电子信息、人类宇宙探索和太空行走、国防军工的隐形技术、航母潜艇等深海远洋,都离不开化工新材料为之配套。美欧日等发达国家及其全球化工 50 强的跨国公司都把化工新材料作为发展重点,很多知名跨国公司把化工新材料作为转型的首选,一边加大化工新材料领域的创新力度,一边加快传统化工材料的高性能化,近十几年以来基本上已完成由传统化工向化工新材料领域的

---

* 这是 2019 年 11 月 4 日,傅向升同志在南京召开的第二届石油和化工产业金融创新联盟年会暨化工新材料创新发展与投融资峰会上讲话的主要内容。

转型。最典型的是陶氏杜邦的发展以及近年的合并与再拆分,今年4月1日拆分的新陶氏定位为新材料为主业,年销售额约480亿美元;杜邦自成立以来的217年,在20世纪就实现了由化学品公司向材料科学的转型,6月1日拆分的新杜邦定位于特种化学品,其主导产品也属于我们通称的新材料领域,年销售额约250亿美元。三菱化学重点发展的也是化工新材料,摆在首位的是功能材料,包括高功能薄膜、工程塑料、碳纤维及其复合材料、锂离子电池材料等。三井化学的核心业务也是功能性材料,其茂金属聚合LLDPE和HDPE以及聚氨酯材料等都居世界领先水平,三井化学把未来研发的重点也放在新材料领域。跨国公司都把在中国的发展定位在新材料领域,不仅有三菱、三井、旭化成、阿科玛、朗盛等公司不断有新材料项目在中国建设和投产,最典型的案例就是巴斯夫和埃克森美孚都宣布投资100亿美元,分别在湛江和大亚湾建设新材料基地。

中国作为制造业大国,对化工新材料的市场需求大,而我国化工新材料产量和种类都难以满足我国高端制造业的实际需求,化工新材料一直是我国化工领域的一个短板和弱项。据新材料专委会统计,2018年我国化工新材料产量约2210万吨,自给率约65%;其中工程塑料产量306万吨,消费量548万吨,自给率约55.9%;功能性膜材料产量约50亿平方米,消费量超过60亿平方米,自给率过80%;电子化学品去年消费量约90万吨,国内产品占有率低,光刻胶、高分子封装材料等部分产品的进口依存度高达80%以上,尤其是高端产品几乎全部靠进口。

化工新材料创新与发展面临的挑战

化工新材料可以说自新中国成立以来一直是国民经济重点发展的领域,开始主要是为国防军工领域配套,老化工部时期设有二局,专门负责化工新材料的研发与生产配套;改革开放以后,随着电子信息、汽车制造、航空航天等高端制造业的发展,每个化学工业五年发展规划和年度计划都把化工新材料作为重点，很多工程塑料、特种工程塑料品种以及氟硅材料、聚氨酯材料、芳纶和碳纤维材料、膜材料等的技术突破、批量生产及其后来推广到民用领域都是在这些过程中实现的。尤其是当我们走进很多"三线"企业，我们会体会到化工新材料产业也是我国独立自主、自力更生的一个缩影，化工新材料产业的创新与发展成绩是显著的，尤其是21世纪以来我国化工新材料产业的快速发展，成绩是主要的。但是，站在今天的时点上，对照中央提出高质量发展的根本要求，我国化工新材料产业的创新与发展还面临着一些挑战。

（1）关键技术难以突破一直是化工新材料产业最严峻的挑战。聚碳酸酯、聚甲醛、PBT、有机硅、芳纶、碳纤维以及聚氨酯材料等很多化工新材料品种，都是自"七五"就开始组织国家重点技术攻关，PBT、聚甲醛、有机硅等是自主攻关和消化吸收相结合最早取得技术突破的，近几年尼龙新材料、聚碳酸酯、PMMA、聚氨酯用异氰酸酯、有机氟材料、聚酰亚胺等领域的核心技术相继取得突破，并位居世界先进水平。但是，很多化工新材料产品的高端型号还不能掌握，例如用于高端膜的茂金属催化聚合聚乙烯专用树脂、茂金属催化聚合的乙烯与α-烯烃共聚产品、茂金属均聚聚丙烯树脂、高性能聚烯烃弹性体等产品；有些是技术取得突破而关键设备不掌握，如用于碳纤维生产的氧化炉和碳化炉。最典型的是茂金属聚合技术，茂金属烯烃聚合工艺具有更高的灵活性和可控性，广泛应用于通用塑料、弹性体以及工程塑料等，是当前烯烃聚合过程中发展很快的新工艺。埃克森美孚、陶氏、利安德巴塞尔、北欧化工等跨国公司均处领先地位，我国从上世纪九十年代开始组织国家技术攻关，还专门组建了国家工程技术中心，二十多年过去了，齐鲁、大庆、独山子、沈化现在都有产品供应市场，但是产业化规模、产品型号等都难以满足市场需求，茂金属聚烯烃消费量的自给率不到30%。另一个例子是尼龙66的主要单体己二腈的生产技术，尼龙66既可以做工程塑料也可以做化学纤维，广泛应用于汽车、电子电器、机械仪表仪器、航空航天工业、轮胎帘子线、民用制品等。我国尼龙66的生产严重受己二腈的制约，由于不掌握己二腈的生产技术，国内尼龙66的生产企业只能外购己二腈，致使利润的大头被跨国公司获取。辽阳曾经引进法国技术，但由于消耗高、流程长、经济不过关而停产，后来山东润兴建设了丙烯腈电解法工艺，但是开车时发生了爆炸，至今未复产。目前己二腈生产技术最具代表性的是英威达公司的丁二烯法和奥升德公司的丙烯腈电解二聚法，这两种工艺各有优缺点，都是成熟的；我3月份带队访问了奥升德公司，他们非常重视在中国的发展，但是近期没有技术转让的想法，英威达近期也没有技术许可的可能，早前宣布在上海化工园区建设40万吨/年己二腈装置，所以国内己二腈生产技术还将长期被跨国公司垄断，国内尼龙66产业的发展还将严重受制于人。高兴的是天辰公司通过中试装置已经取得突破，并与齐翔腾达合作正在建设产业化装置，一期规模20万吨/年。还有就是膜材料的制备技术，不论是烧碱工业用离子膜，还是新能源、高端显示屏用膜、医疗用膜，目前也都是由于核心技术不掌握，主要依靠进口满足市场需求，如医疗透析用膜，国内透析膜及组件的70%都是依靠从德国和日本进口。

（2）高端产品短缺一直是化工新材料创新发展的一大短板。石化全行业"低端产品过剩，高端产品缺乏"的结构性矛盾一直比较突出，近三年来虽然全行业淘汰落后产能、加快转型升级都取得了明显成绩，但是这一问题始终没有解决；2018年石化全行业贸易逆差高达2833亿美元，大幅增长了42.5%，其中合成树脂、合成橡胶和合成纤维单体三类合计逆差567亿美元，占比超过20%；进口量和贸易逆差较大的品种有：聚乙烯进口1402.5万吨，同比增长18.9%，其中HDPE进口673万吨，同比增长5.2%，LLDPE进口436.7万吨，同比增长44.3%；聚乙烯的贸易逆差171亿美元，同比增长23.7%。聚丙烯贸易逆差37亿美元，同比增长8%；合成橡胶贸易逆差88.2亿美元，其中乙丙橡胶贸易逆差24亿美元，丁苯橡胶贸易逆差9亿美元，同比增长5.9%。化工新材料领域高端产品短缺的问题更加突出，聚甲醛、PBT、PMMA、碳纤维等工程塑料和高性能纤维、高端膜材料等产品的基础型通用型树脂都呈现过剩状态，而适合于高端应用领域的品种或型号还是依靠进口，如光学级聚碳酸酯、PMMA等品种，茂金属聚烯烃及其弹性体材料，有的是受技术制约不能生产、有的是产品质量的稳定性难以保证。据统计，2018年，PC产能121万吨/年、同比增长38.3%，产量97万吨、同比增长52.5%，进口量141.7万吨，表观消费量212.7万吨、同比增长20.2%。聚甲醛产能55万吨/年，产量29.5万吨、同比增长18.5%，进口量33.9万吨、同比增长13%，表观消费量60.4万吨、同比增长14%。PMMA产能75万吨/年，产量61万吨、持平，进口量22万吨、同比增长15.7%，表观消费量81.7万吨、同比增长4.5%。PA66产能48.5万吨/年，产量33.5万吨、同比增长3%，进口量27.3万吨、同比增长0.7%，消费量52.9万吨、同比增长2.8%。

（3）化工新材料产能过剩态势不可回避。近年来全球石化产业呈现出又一个景气周期，尤其是以北美页岩气革命成功以及沙特经济战略转型为代表，这两大区域的烯烃和聚烯烃产能增量较大，中国也在这一轮发展周期中加快了石化产业布局调整和结构调整的步伐，炼化一体化装置集中建设，烯烃、芳烃等大宗石化产品集中投产，石化产业的规模集中度、整体技术水平以及有机化学品的自给率都将大幅提升。化工新材料领域很多品种随着技术的突破，也出现了集中规划建设的热潮，聚碳酸酯热、尼龙热、碳纤维热以及超高分子量聚乙烯、MMA-PMMA、有机硅等产品的规划建设热度持续升温，百万吨聚碳基地、千亿尼龙城等大手笔不时见诸报端。例如己二腈目前全球也就14套生产装置，总产能约200万吨/年，目前国内每年消耗己二腈约30万吨，现在有的企业一出手就是100万吨/年的规划目标。另一个典型的产品是聚碳酸酯，2018年国内总产能约121万吨/年，国内市场的自给率不足45.6%，据中国合成树脂工业协会的统计，未来几年内已有、在建和拟建的总产能超过700万吨/年，产能年均增速高达30%。照这种势头下去，不知市场如何承受。

化工新材料高质量发展之思考

化工新材料产业是一个技术含量高、专为高端需求配套的产业，是一个国家化学工业技术水平和一个国家整体技术水平的典型代表，一个国家化工新材料发展不上去，其高端制造能力与水平就会受到严重制约，去年我们的中兴国际被制裁立马陷入瘫痪，今年日本对韩国电子化学品出口的限制也使韩国陷入被动，就是明显的例证。我国化工新材料产业的技术水平与发达国家相比有着明显的差距，化工新材料产业的创新与高质量发展不仅是石化强国的关键内容，也是制造强国的关键所在。

（1）传统化工材料的高性能化不容忽视。化工新材料不能狭隘地理解为完全创新的材料，相对于通用塑料，后来完全创新的工程塑料、特种工程塑料、氟硅材料、高性能纤维和膜材料确实是化工新材料的重要构成；但是随着技术的进步，传统化工材料或者说通用合成材料通过改性、实现高性能化也是化工新材料一个重要的领域。例如最早的合成材料聚氯乙烯，通过离子交联改性可以提高耐热性，通过接枝改性可以改善抗冲击性能、实现高韧性，最典型的一个新用途是高铁上的内饰膜，PVC装饰膜耐磨性、耐腐蚀性好，图案丰富、易清洁、施工操作方便，可以直接用于铝型材、玻璃钢制品及复合材料等，所以复兴号等动车组的中顶板、客室墙板等都贴有PVC膜，在高铁和轨道交通上PVC防紫外线膜、密封条等也都有应用。再如聚乙烯、聚丙烯等通用合成树脂材料，一方面是通过新的聚合技术（茂金属聚合）实现高性能化，例如己烯共聚、辛烯共聚的聚烯烃弹性体；另一方面是通过改性技术实现高性能化，如在后聚合过程中引发接枝了长支链的高熔体强度聚丙烯，其流动特性是普通均聚聚丙烯的9倍；高技术含量、高附加值的聚丙烯微孔膜，可应用于电池领域、医疗领域、废水过滤、烟尘分离等。再如汽车保险杠自修复材料，是在现有PU材料中加了微胶囊，一旦碰裂微胶囊就自行修复、保险杠恢复如初。可以说对传统材料的改性实现高性能化和高端化应用有着无穷的魅力。这也是很多跨国公司和大学创新的重点方向和领域，瓦克的医用有机硅新材料、电动汽车显示屏用新材料等都是对有机硅材料改性实现的；曾有报道，加利福尼亚大学发明了一种具有自愈功能的新型聚合物，是一种可拉伸聚合物与离子盐制成的新材料，可用于智能手机屏幕和电池，以后手机的屏幕摔碎就不用换屏了。还有报道称美国科罗拉多大学研究出一种无需制冷剂、无需电力就可以为建筑物降温，冷却效果强、成本低的降温薄膜材料，每平方米约50美分；这种透明薄膜的商品名为TPX，加工成约50微米厚，一栋普通房子的屋顶铺设20平方米这种薄膜，当室外温度37℃时，室内温度可以保持在20℃。我国近几年也形成了中国化工、万华化学、新和成、华峰集团等一批以化工新材料为主导产业的企业，近年来中石化、中石油、中国中化以及新成长起来的金发科技、鑫达、杰事杰等，都在改性材料方面积累了丰富的经验和大量的创新成果，也为满足我国电子信息、机械制造、轨道交通、航空航天等高端制造领域以及新能源等战略新兴产业的现实需求提供了配套与支撑，做出了重要贡献。

（2）以市场为导向是化工新材料创新与发展的基本准则。近年来，我带队相继访问过杜邦威明顿创新总部和上海研发中心、埃克森美孚休斯敦研发中心、亨斯迈休斯敦研发总部、萨比克利雅得和上海研发中心、陶氏休斯敦和上海研发中心、霍尼韦尔华盛顿和休斯敦及上海体验中心，三菱化学、大金、LG、SK等跨国公司创新中心总部，这些跨国公司的创新能力与水平都是世界顶级水平，它们都有一个共性：始终把市场导向作为创新的重点和发展的方向。跟巴斯夫、赢创、帝斯曼、阿科玛、朗盛、英力士、索尔维、BP、壳牌等跨国公司交流过程中发现，它们也是始终紧紧围绕市场需求而创新，还特别注意与下游用户开展协同创新，为客户提供一揽子解决方案。我们应当学习和借鉴跨国公司这些创新发展过程的成功实践和积累的有益经验，不能机械地为了创新而创新。当前应当主要面向汽车轻量化和新能源汽车、电子信息产业、大飞机和轨道交通等战略新兴产业以及正在实施的制造业强国战略，对化工新材料提出的新要求和新需求，作为化工新材料创新与发展的主攻方面和重点配套领域，认真对照《新材料产业化发展指南》和"新材料进口替代工程"提出的材料清单和目录，认真分析哪些材料已经实现了国产化，哪些还依赖进口，依赖进口的原因是什么（无产品还是质量不稳定），我们做哪些创新、改进和提升就能满足需要。同时积极与用户对接、共同开展协同攻关，这样一来化工新材料的创新与产品市场就可以有的放矢，效率也可以大大提升。

（3）创新始终是化工新材料发展的关键。关键技术和核心技术长期难以突破是制约化工新材料领域创新发展的最大瓶颈，关键设备不掌握也是化工新材料领域的短板之一。关键技术和核心技术跨国公司又不会转让，关键设备即使同意卖给我们也有着严格的限制条件。这就是总书记在烟台万华谈到自主创新时特别强调的：重大关键技术是买不来、讨不来的！又加上化工新材料产业与电子信息、高端制造、航空航天和国防军工领域以及战略新兴产业密切相关，发达国家和跨国公司对技术许可更加严格，所以我国化工新材料的发展一定要把创新摆在重中之重的地位。《石油和化学工业"十三五"科技发展指南》把化工新材料列为"五大创新重点"之一，"十三五"以来石化联合会协助组织高分子材料国家重点专项研发项目，化工新材料领域取得了一批创新成果，组建了特种尼龙工程塑料联盟、认定了一批高分子材料领域的技术创新示范企业。新材料领域的创新应密切跟踪国际科技领域的新进展和产业发展的新变化，瞄准产品的高端化差异化，加强以企业为主体的创新体系建设，关键是集中力量攻克一批"卡脖子"技术、补短板技术、颠覆性技术和关键设备，建设一批高质量、高水平的公共创新平台和创新联盟，强化创新人才和创新团队的培育和成长；同时，面向新能源、高端制造国家重点工程和战略新兴产业，突出化工新材料和特种化学品，加大创新力度，实现可持续发展。

石化园区可持续发展再发力

石化园区在石化行业和国民经济高质量发展过程中的地位和作用越来越重要，其重要性、关注度和人们参与园区建设与发展的积极性越来越高。

石化园区可持续发展取得积极进展

近几年，石化园区的可持续发展取得明显进步。

（1）**循环经济建设有序推进**。产业循环是石化园区可持续发展的重要特征，国家对石化园区的循环化改造支持力度很大。在2012～2018年，国家发改委共对57家石化园区的循环化改造进行了重点支持。全行业和广大石化园区对循环经济理念的认识也在不断提高，一些先进园区已经将循环经济理念践行到园区招商和管理的每一个环节。例如，南京江北新材料产业园以石化、C1两大产业链为主，做好五个产业延伸和集群化，实现了资源的集约高效利用；上海化工区严格按照产业规划和产品链，将符合上、中、下游产业关联的企业有机联系起来，园区内产业关联度达到80%以上。很多石化园区在发展循环方面，将上一环的产品、副产品甚至废弃物作为下一环的原材料，充分体现了循环经济"减量化、再利用、资源化"的内涵。石化园区的循环经济建设，最大限度地利用进入系统内的物质、能量，提高了经济运行的质量和效益，提升了园区和企业的竞争力，也大

---

* 这是2019年11月14日，傅向升同志在南京召开的石化园区可持续发展大会上讲话的主要内容。

幅度降低了产品物料运输过程中的安全与环境风险，为推进行业加快转型升级做出了积极贡献。

（2）**可持续发展成效明显**。可持续发展越来越得到石化全行业和广大石化园去的重视，效果也正在逐步显现。2018年石化行业单位能耗持续下降，万元收入耗标煤同比下降10.0%，其中，化学工业降幅6.3%，石油加工业下降16.6%，油气开采业下降11.3%。重点产品单位能耗多数继续下降，电石、纯碱、烧碱、合成氨等重点产品单位综合能耗分别同比下降2.18%、0.6%、0.51%和0.69%。全行业单位工业增加值取水量和用水量持续下降，水资源重复利用率显著提升。

今年最新发布的"中国化工园区30强"平均单位工业增加值能耗为1.61吨标煤/万元，其中前10强的单位工业增加值能耗为1.31吨标煤/万元，万元生产总值COD排放量0.08千克，万元生产总值SO_2排放量0.21千克，均低于全行业平均水平。大亚湾经济技术开发区建立了较为完善的环境管理制度；上海化工区从2015年起投入10多亿元，实施91项环境综合整治任务，到2017年全面完成化工区环境综合整治项目。南京江北新材料产业园以生态文明建设为重点，所有进区项目环评率、能评率、安评率均为100%，企业污染物全部达标排放。很多石化园区正在努力创建国家新型工业化产业示范基地和循环化改造示范基地，越来越多的石化园区立足于创建生态园区，资源能源的循环利用率不断提升，"三废"排放量持续减少，能耗物耗不断降低。

为了深入推进绿色石化园区建设，受国家发改委委托，石化联合会和园区委深入贯彻《关于促进石化产业绿色发展指导意见》的精神和部署，于今年下半年开展了"绿色化工园区"评选活动，今年有36家石化园区申报，经专家评审和发改委审定，这次会上将公布6家绿色化工园区名单和6家创建单位名单。按照发改委和工信部的要求和部署，这项工作将严格按照标准和程序列入规范化工作，每年都将对绿色园区进行评审，并及时予以发布，国家将在产业政策、转型升级、技术改造等方面予以重点倾斜。

（3）**园区安全风险管理日益增强**。受几起重特大事故影响，国家对石化园区安全管理的要求更高也更严，今年8月份，应急管理部发布了《化工园区安全风险排查治理导则（试行）》，要求化工园区选址要把安全放在首位、劳动密集型的非化工企业不得与化工企业混建、化工园区内消防站按照特勤消防站标准进行设置，对"两重点一重大"装置操作人员的专业水平、危化品的运输、园区的封闭监管、事故应急等都提出了要求，并提出"凡存在重大安全隐患、生产工艺技术落后、不具备安全生产条件且难以治理的或整改后仍不能达到要求的企业，应予以关闭、退出园区"。这意味着，国家对石化园区的安全管理的要求在向风险链的前端、向全方位的广度进行拓展。许多先进石化园区构建了完善的安全预警体系，扬州化工园以保障园区安全生产为核心，构建了基于"人、机、物、法、环"五要素的安全预防体系，建立园区重大危险源监控预警体系和全流程的预警处置方案，有效降低园区安全风险。聊城新材料产业园开展全方位、多维度安全监管工作，园区2846路视频监控，对"两重点一重大"进行实时监控，实现园区监控无盲点，并对园区重点监管的12项危险化工工艺、重点监管的18种危险化学品、30处重大危险源实施分级、分类管控。很多石化园区利用"互联网+安全"管理模式对重大危险源进行全面、及时、动态监管，实现网络属地化管理，实现在线联防共管，确保各项安全管理措施落到实处。

（4）智慧化工园区建设规范推进。随着石化行业的快速发展，人们生活水平的大幅提升，信息化技术的不断进步，石化园区的传统管理方式面临诸多困难。不论是从基础设施建设还是从园区管理服务来看，当前严峻的现实环境都在促使石化园区将动态管理、监测预警等智能手段引入到园区的建设管理中来。嘉兴新材料园区、聊城新材料产业园、上海化工区、如东洋口化工园、上虞经开区等一批园区的智慧化建设取得显著成效，已荣获"中国智慧化工园区试点示范单位"荣誉称号；镇江新材料产业园、泰兴经开区、扬州化工园等一批化工园区，结合自身需求，借助大数据分析对园区安全、环境监测、企业绩效评价进行管理，正在以高起点开展智慧化工园区的建设。此外，也涌现出一批将园区专业管理与信息化手段结合的特色服务型企业，如航天恒嘉、思路智园、安元科技、匠人智慧、中控等，为智慧化工园区建设做了大量工作、也作出了积极的贡献。

为促进我国智慧化工园区规范化建设进程，石化联合会和园区委正在组织相关石化园区、技术支撑单位等多方力量，开展《智慧化工园区建设指南》的编制工作，目前初稿已经完成、正在征求意见。加速智慧化工园区建设标准的制定，对全国范围内石化园区的规范建设与管理都将具有重大的引导和指导作用，是智慧化工园区建设规范化的重要里程碑。

（5）**责任关怀工作稳步开展**。近年来，我国石化园区一直把责任关怀作为促进行业绿色发展的重要举措，与推进清洁生产、发展循环经济、强化安全管理等工作紧密结合，平台作用日益突显。截至目前，全国已有57家石化园区签署责任关怀全球宪章，承诺践行责任关怀。常熟、扬州、长寿、南港等6家园区还自发成立了责任关怀工作组织。这些石化园区的管理机构从区内企业、社会公众认知等不同层面，全面推动"责任关怀"的落实。去年我到常熟新材料产业园调研就给我留下了深刻的印象，园区管委会组织汇报过程中专门请阿科玛的戴仁威先生和他的团队汇报了园区内跨国企业自发组建的责任关怀园区委员会以及举办的一系列活动，对构建企业-园区-社会三方和谐发展的局面起到了十分重要的作用。长寿经开区成立了责任关怀协会、天津南港工业区等都结合自身实际开展了各具特色的责任关怀活动。

石化园区可持续发展面临的挑战

"十三五"以来，石化全行业和广大石化园区深入实施可持续发展战略，取得了明显的成绩和进步，在新的时期和高质量发展的新阶段，石化园区可持续发展也面临着艰巨的挑战。

（1）**石化园区安全管理形势依然严峻**。2018年以来，石化行业连续发生了四川宜宾"7•12"、张家口"11•28"、盐城"3•21"、义马"7•19"等重特大事故，给人民群众生命财产造成巨大损失，给行业生产运营造成深远的负面影响。这些事故暴露出我国石化园区发展水平和管理水平参差不齐，有的园区安全管理能力、应急保障能力相对薄弱，有的园区安全监管不到位、安全责任不落实等。这也说明，石化行业安全生产管理基础依然薄弱、安全生产形势依然严峻。从世界石化工业发展的实践以及跨国公司安全管理的经验看，生产上安全风险是可防可控的。我们要学习和借鉴发达国家和跨国公司的实践经验，牢固树立"安全生产是可防可控、安全事故是可防可杜绝"的科学理念，深刻总结血的教训，完善安全管理制度、强化安全责任意识、努力打造本质安全石化园区。

（2）**石化园区环保问题挑战严峻**。近几年来，中央和各省环保督察过程中总会有石化园区被挂牌督办，从挂牌督办的事项看：有些问题属历史欠账太多；有的园区基础设施建设薄弱、管理较为粗放、"三废"治理较为被动；有的园区把关不严、基础设施配套不完善，污染物收集能力、处理能力、清洁能源供应能力都较欠缺。实际上石化园区所面临的环境保护问题不是单纯的末端治理问题，而是需要通过源头把控、结构调整、产业升级、循环经济、技术改造等措施减少园区污染物排放总量，采取综合整改、关停并转等多种措施来治理园区的环境问题。

（3）**责任关怀工作仍然任重道远**。当前我国石化行业正处在高质量发展转型的关键时期，责任关怀工作面临着提高认识、提升水平、责任担当的紧迫使命。目前看只有57家石化园区签署了《责任关怀全球宪章》，仅占676石化园区的不到10%，这说明责任关怀工作在石化园区还有很长的路要走。我们能不能提出一个目标：国务院规划布局的国家级7石化基地、4大现代煤化工示范基地，每年评出的中国化工园区30强、潜力10强，以及绿色石化园区和智慧化工园区，都能签署《责任关怀全球宪章》、践行责任关怀理念！当然，石化园区内的石化企业包括许多中小企业也应提高对责任关怀重要性的认识，积极践行责任关怀理念。各园区管委会要有组织地推动企业更好地践行责任关怀、履行社会责任是一项长期的系统工作，还需要持之以恒地下大力气推进。

（4）**专业化管理水平有待提升**。石化行业产品种类众多，产品的生产过程往往涉及高温高压、产品的特性又是易燃易爆；石化园区是石化企业的聚集区，危化品企业多，生产、储存的危险化学品种类多、数量大、密集度高，能量高度积聚，是行业相对集中、专业性相对较强的产业集聚区，一旦发生安全生产事故，如未能得到及时、有效应急处置，极易引发多米诺骨牌效应，造成极大的人员财产损失和不良的社会影响。所以石化产品与园区的特殊性对石化园区有些岗位的管理人员提出了很高的专业化要求，要求在石化园区管理岗位上的各级管理人员都需要具备必要的专业化知识。目前的实际情况是园区管委会作为地方政府的一级派出机构，有的管理人员石化专业背景不强，且人员岗位变动较为频繁，造成园区无法形成长期的、连贯性的专业化培训和管理。还有的因受编制限制存在多部门合署办公的情况，人手紧、审批把关不科学等现象时有发生，一旦遇有事故专业救援力量匮乏，这也是石化园区当前管理的一个现实挑战。

（5）园区创新能力有待增强。创新能力不足是石化园区比较普遍的问题，有的石化园区创新要素配置不合理，还有的创新资源协同不够，有的成果吸纳转化能力有待提高，以及多数石化园区产业链趋同、产品结构雷同等问题突出，这都是创新能力不足造成的。令人高兴的是很多石化园区已经认识到了这一问题的存在及其严重性，都在思考和探索强化创新的途径，南京、大亚湾在创新平台建设与创新政策方面都已积累了有益的经验和可供借鉴的做法，明天下午到南京新材料产业园好好看看他们的科创中心；泰兴园区的创新中心刚刚落成，上海化工区科创中心的方案也正在论证中。

对标一流，努力创新与探索石化园区可持续发展新路径

我们认为石化园区可持续发展的基本特征：①产业的可持续发展——园区有适度的产业规模和适中的发展速度，产业关联紧密，园区生产技术先进、持续创新能力强。②资源的可持续利用——园区资源转化率高、资

源重复利用率高。③生态环境的可持续平衡——园区经济发展对生态环境的影响被严格控制在地区环境容量范围内，并使生态环境的污染和破坏得到及时有效的治理恢复。④人员自身的可持续发展——园区注重企业职工、社区居民健康保障能力建设。⑤社会的可持续发展——园区和社区实现和谐发展。当前，石化园区的可持续发展应围绕以下五个方面发力：

（1）产业协同是石化园区可持续发展的基础。产业协同不够是我国石化园区与发达国家的明显差距。11月1日，我参加上海化工区的国际专家咨询会，余大海先生等跨国公司的朋友们都谈到中国石化园区在产业链协同方面与德国的路德维希港巴斯夫基地、赫斯特、沃勒库森等园区以及比利时安特卫普化工园区相比有很大的差距。他们还谈到发达国家的园区从规划起步开始就有着关联度高的产业链设计，落户的企业都构成紧密的上下游产业链协同关系，运距缩短、损耗减少、能耗节省，自然成本就降低了，他们建议中国石化园区应该在这方面多下功夫。产业链协同方面，建议沿海七大石化基地主要是以炼化一体化为主导，突出石化产业链，做好上下游企业的产业链协同；沿江及内陆专业化工园区和四大现代煤化工示范基地主要是突出化工新材料和特种化学品、专用化学品，既与大型石化基地做好差异化发展，又突出自身优势做好高端化发展。大亚湾、宁波、长兴岛（含西中岛）、上海、南京等已经具备较强基础的石化基地和园区，还要认真贯彻落实中央培育现代化产业集群的要求和战略部署，加大石化产业集群的培育力度，向着具有全球竞争力的世界石化产业基地迈进。

（2）规范管理是石化园区可持续发展的关键。前几年，工信部发布的《关于促进化工园区规范发展的指导意见》，从科学规划布局、加强项目管理、严格安全管理、强化绿色发展、推进两化深度融合、完善配套设施、加强组织管理七大方面对石化园区的规范化建设与管理提出了明确要求，对促进石化园区的建设与发展和规范管理与管理提升都发挥了很重要的指导作用。根据中央高质量发展的根本要求，也是石化产业和石化园区高质量发展的自身需要，石化园区管理的规范化、标准化就提上了重要的议事日程。园区委牵头组织制定的化工园区第一项国家标准《化工园区公共管廊管理规程》已于2019年4月1日正式生效。为指导各省市更好地开展化工园区认定与评价工作,《化工园区综合评价导则》作为国家标准以及《绿色化工园区评价导则》的行业标准、《智慧化工园区建设指南》国家标准,这三项标准的起草工作已基本完成,目前处于意见征求阶段。下一步,为全面指导化工园区规划建设的《化工园区开发和建设导则》已准备启动,后续还将围绕园区建设中的重点和难点问题加快专项标准的制定,希望各园区不仅是关注、而要积极参与进来,为石化园区的可持续发展和管理规范化做出积极贡献。

（3）绿色园区建设是石化园区可持续发展的重点。绿色发展是石化行业"十三五"发展规划确立的"两大发展理念"之一,近年来石化全行业和广大石化企业、石化园区把绿色发展摆在可持续发展的突出位置,无论是石化企业、园区还是石化全行业的绿色发展水平都取得明显进步。为贯彻《国家发展改革委和工信部关于促进石化产业绿色发展的指导意见》,我们专门研究制定好了《石化产业绿色发展行动计划》和"六大转型行动方案",今年又受发改委委托专门开展绿色化工园区的评审,发改委对绿色化工园区的评审和下步建设工作非常重视,从评审标准、评审程序、评审结果都严格审查、严格把关。工信部对这项工作也高度重视,并明确要求尽快完成《绿色化工园区评价导则》标准的征求意见和完善、尽快颁布实施,从明年开始绿色化工园区的评审工作纳入到"贯标"的计划中,作为重点工作开展和实施。在绿色化工园区的创建中,要注重园区产业发展、基础设施、环境绩效、资源利用和园区管理等方面的全面提升,要发挥绿色化工园区的试点示范作用,引领石化园区重视绿色化改造,提升其绿色化管理水平。

（4）智慧园区建设是石化园区管理提升的关键。智慧化工园区建设自2016年启动以来,在工信部直接指导下已开展了三批,现已有8家被列入"智慧化工园区试点示范",有28家经专家评审列为"智慧化工园创建单位"。下一步智慧化工园区的工作主要是制定标准、规范化深入推进,《智慧化工园区建设指南》作为国家标准正在征求意见过程中,待征求完大家的意见、修改完善后颁布。对于已列为"智慧化工园区试点示范"的园区,不能满足于已取得的阶段性成绩和效果,不论是石化产业高质量发展的要求，还是石化园区自身发展之需要，又加上自动化、信息化、智能化等技术进步的速度，都要求我们在试点示范的过程中，要按照"应用、评估、提升"的不断循环，在应用中发现问题，经过不断地评估、不断地改进，实现不断地提升，嘉兴港区的做法值得借鉴，第一批列入工信部试点示范、边建设、边运行，在应用中总结、评估，在应用中找短板、不断完善，在1.0版本的基础上与服务单位及时制定了2.0版本的实施方案，不断推升园区智慧化水平；园区内的企业对这项工作通过智慧工厂建设予以积极配合，桐昆在园区的企业建成智能工厂运营一年就把智慧化投入的成本全部收回。

对于已列为"智慧化工园区创建"单位的，要对标先进园区、按照实施方案推进，力争尽快具备条件转入"试点示范"序列；对于其他广大园区，结合自身实际、借鉴走在前面园区的做法和经验，可以从园区内智能工厂做起，也可以从业务或管理条线如安全、环保、检测、监督、预警等做起，当然要服务和服从于智慧园区建设总体方案，既不要重复建设，也不要造成资源浪费。当然，我们还要推动及鼓励多方参与智慧化工园区的建设：推动政府信息系统和公共数据互联开放共享，引导研究机构、行业组织、生产企业、服务机构等各方参与智慧化工园区建设，鼓励专门为化工企业、化工园区提供信息化服务的企业业务发展，激发各方参与智慧化工园区建设积极性；同时也要鼓励在其他领域有过成熟信息化技术应用的企业向石化行业延伸。通过智慧化工园区的建设，推动石化园区整体管理上台阶、上水平。

（5）对标世界一流，创新与探索石化园区可持续发展新路径。综观世界石化工业发展的历史，石化工业强国均已形成世界级的石化产业集群，例如美国墨西哥湾、德国路德维希港、新加坡裕廊、日本东京湾、韩国蔚山以及沙特朱拜勒工业城等。从我国的情况看：石化强省都有着规模较大、集中度较高、管理较规范的石化基地或石化园区，都有着产业布局较合理、产业结构相对高端、整体竞争力较强的石化产业，如广东有大亚湾、茂名以及正在建设中的湛江、揭阳和中海壳牌、茂名石化、中石化、中石油以及正准备动工的埃克森美孚等石化基地和竞争力强的石化企业，浙江有宁波、大榭岛、正在建设中的舟山等石化基地和镇海石化、新和成、华峰集团等一批竞争力强的石化企业，上海有上海化工区以及金山石化、巴斯夫、科思创、陶氏、杜邦、萨比克、汉高、英威达等强手如林的石化公司，江苏有南京江北新材料产业园、连云港徐圩新区以及泰兴、扬州、常熟、镇江、常州等一批专业化分工、精细化程度高、产业结构和管理水平都较高的园区和扬子石化、扬巴等竞争力强的企业，等等。国内近年来有不少石化园区都提出对标世界一流、打造世界级石化基地的目标，经过多年的努力，大亚湾、上海、南京、宁波等大型石化园区以及泰兴、嘉兴、常熟、衢州等一批特色专业化工园区都已形成了较为完备的产业发展体系，单位土地产出率高，规模效应和集聚效应明显，奠定了向世界一流石化基地和化工园区迈进的基础和潜力。我们在分析世界大型石化基地和国内已经具备一定基础的石化和化工园区时发现，这些园区的产业链一体化程度高，公用工程与基础设施完善且成本竞争力强，管理专业配套服务能力都强，具有良好的科学与创新环境，践行责任关怀与周边社区保持融洽的关系。为此，我们希望广大石化园区要认真对标世界一流园区，在规划布局、产业结构、产业链协同、资源能源共享、园区与项目管理、人员配备与专业化服务等各方面全方位对标；特别强调的是七大石化基地、四大现代煤化工示范基地以及上海、南京、东营港、沧州临港、湛江、钦州等这些优势突出、基础条件好、产业基础好、管理水平高的石化基地和园区，按照中央打造具有全球竞争力的世界级石化产业集群的战略部署，全力向着基地化、一体化、集群化世界级绿色石化产业集群努力。希望大家以更加开放和开阔的视野，瞄准世界一流，不断创新与探索石化园区可持续发展的新路径，经过15年左右的努力，把宁波建设成为中国版墨西哥湾，把上海、南京分别打造成中国版路德维希港，把大亚湾建成东方的安特卫普，把古雷、湛江、东营港、西中岛以及刚刚公示的裕龙岛建设成为中国版裕廊岛。到那时，我国的杭州湾区、渤海湾区、大亚湾区石化产业的集聚度、集群化程度以及产业协同效果和集聚效果都将显著提升，整体竞争力明显增强，为石化强国奠定坚实的基础、提供强力支撑。

四

关于石化园区"十四五"规划的几点说明

"十四五"规划的主题是:石化园区"十四五"及中长期发展规划。寿生会长对石化全行业的"十四五"规划非常重视,从9月份开始,就亲自带队开始了石化行业"十四五"规划的前期调研,并要求每一位会领导分别带队、同步展开;石化园区在石化行业高质量发展中的地位与作用日益凸显,做好石化园区"十四五"及中长期发展规划是全行业发展规划的重要内容和重要组成部分。

一是"十四五"发展面临的背景和要求与以往有着很大的不同。国际环境发生了很大变化,中国特色社会主义进入了新时代,中国经济正在迈入高质量发展的新阶段,中国石化产业无论是规模总量、布局结构、产业结构以及创新能力、绿色发展水平都有了大的进步,国际交流的深度和广度也有了新拓展,高质量发展的根本要求、石化强国的奋斗目标都对石化产业和石化园区的"十四五"发展提出了新的更高的要求。

二是做好石化园区发展规划,既是石化全行业发展之需要,也是石化园区自身发展之需要。石化园区在石化全行业发展中的分量和贡献越来越重要,据园区委统计,676家石化园区内产值和企业数量都超过石化全行业总量的60%;国务院2016年发布的《关于石化产业调结构促转型增效益的指导意见》和去年新修订的《石化产业规划布局方案》都明确要求:新建石化装置必须布局在规范的石化基地或石化园区内,园区外的危化品企业要搬迁入园。石化园区自身的发展方面,不论是招商引资,还是企业布局、产业升级、产业链协同等都需要一个好的规划做引领,所以说,做好石化园区"十四五"及中长期发展规划既是石化全行业发展之需要,也是石化园区自身发展之需要。

三是做好石化园区发展规划,既是承上启下的一件大事,也是承前启后的一件大事。承上启下就是把中央的战略部署、高质量发展的要求、五大发展理念等,在深刻领会的基础上密切结合园区的实际贯彻到规划中、落实到规划中；承前启后就是从20世纪90年代初开始推动石化园区建设以来，已经走过了近30年的历程，很多园区经过20多年的建设与发展，都取得了许多成就，同时也积累了不少弊端，做好承前启后就是发扬过去的优势，补齐存在的短板，解决出现的问题，引领石化园区向着"规划科学，布局合理，管理规范，产业协同，集群发展"的目标迈进；承前启后另一个重要体现就是做好中长期的发展展望与战略部署，中长期就定位在2035年，规划定稿以后，按照规划确定的发展思路、发展目标、重点任务和发展举措扎实推进，为2035年实现世界级绿色石化基地和石化园区的目标而奋斗，为实现石化强国的奋斗目标奠定坚实基础、提供坚强保障。

四是石化园区发展规划，要做好三个"既要、又要"。第一既要突出重点、又要兼顾一般，规划要突出重点企业、重点项目、实施重点工程，为园区可持续发展培育重点和骨干；但是围绕产业结构高端化和产业链延伸，也要有选择地兼顾好一般。第二既要立足自身实际、又要对标国际一流，自身的实际就是已有的基础、已形成的优势，当然也不能忽视积累的矛盾、存在的问题，尤其是制约可持续发展的瓶颈与短板；在此基础上瞄准国际一流，充分展现优势、加大补短板力度、做强骨干企业、规范园区管理、做强整体竞争力。第三既要规划好明天、又要扎实做好今天，规划好明天固然重要，但做好今天更重要，今天和明天是辩证关系：没有今天就不可能走向明天，做不好今天就有可能走不到明天；石化园区可持续发展做好今天就应认真做好绿色园区和智慧园区建设，认真研究并做好产业结构调整和产业链延伸，不断增强创新能力和加大创新平台建设，并全力做好循环化改造和资源综合利用、不断提升园区管理水平，为实现明天的奋斗目标奠定坚实的基础。为编写一个高质量的发展规划，希望各园区要切实做到"高度重视，成立组织，深入分析，认真研究，专人执笔，完美收官"。

新时代新要求赋予了石化园区建设和石化产业发展的新使命，建设一批可持续发展的石化园区是石化产业高质量发展的重要内容和载体，让我们共同携手，不断开拓创新，把石化园区建设成为一个个石化行业高质量发展的前沿阵地，为实现石化强国目标做出新的贡献！

升级石化园区　培育产业集群*

当今世界正在经历百年未有之大变局。疫情加速了变局脚步,全球石化行业也正在经历疫情的考验,还面临着世界市场下滑,大宗原材料和石化产品价格下降以及单边主义、贸易保护主义抬头和地域政治动荡等多种挑战。新冠肺炎疫情在全球持续扩散,打乱了人们正常工作节奏和社会生活秩序,全球经济遭遇了严重冲击,今年的国际环境、经济形势以及遇到的各种挑战都是新世纪以来甚至是近百年来最严峻的。

在这样一个大变局时代和经济环境日益严峻复杂的情况下,"十四五"即将启幕。在新的5年里,化工园区要坚持绿色化、智慧化、一体化发展,向高水平迈进,积极参与绿色园区、智慧园区创建工作,力争涌现出更多绿色示范、智慧示范园区,在行业转型升级、高质量发展中发挥引领作用。

大力培育现代产业集群

党的十九大提出要加快培育现代产业集群。当前,石化行业已具备了建设现代产业集群的较好基础。据石化联合会园区委的统计,目前我国676家化工园区,产值超过1000亿元的有14家;500亿~1000亿元的有33家;大型化工基地,即500亿元以上产值的占园区总数的7%左右。尤其是国务院发布了《石化产业规划布局方案》之后,沿海的七大石化基地

---

*2020年11月3日,傅向升同志在"2020石化园区发展论坛"召开之际,就"十四五"期间化工园区如何优化升级及如何适应"双循环"新发展格局,分享自己的观点。

具备培育现代产业集群的良好基础。

从发达国家走过的路径和实践的经验来看，培育现代产业集群是发展现代经济很重要的方式和途径。我们做过一个统计，石化行业规模以上企业入园率超过50%。但从总的发展目标和要求来看，只有一半左右的入园率还不够。下一步，按照国务院以及国家发改委、工信部的部署，随着危化品企业搬迁入园工作的推进，入园率在"十四五"期间还将有较大提升。

从产业链的协同效果，石化企业和产业规模的集中度、管理水平，以及入园企业的质量来看，上海化工区、宁波石化区、南京新材料产业园、大亚湾石化区等走在了其他园区前列。正在建设的大连长兴岛（含西中岛）、古雷半岛等几家成长性强的石化基地培育现代石化产业集群的潜力足。从西部宁东现代煤化工示范区、榆林现代煤化工集聚区具备的产业集聚度和发展水平来看，培育现代产业集群的基础也是比较好的。

而创建这种世界级的石化产业集群，管理标准化、规范化、科学化十分重要，化工园区发展要遵循"六个一体化"管理理念。同时，园区管理队伍的专业化也很重要，因为石化行业与其他行业相比具有特殊性，要求园区管理队伍既要具备化工行业的专业知识，还要了解产业链协同和延伸。目前看来，国内还是有一批优秀的园区已非常接近国际先进水平。

不仅如此，智慧化工园区的创建也是培育现代产业集群的重要抓手。2016年，聊城化工新材料产业园和嘉兴港新材料产业园成为首批智慧化工园区试点示范单位。目前，包括试点示范和创建中的一共有50多家园区，而且绝大部分园区都已认识到智慧化工园区创建和建设工作的重要性。智慧化工园区的建设，可以提升园区的管理水平。对园区内重大危险源和风险点都可以实时监控、及时预警，是园区实际运行中切实有效的管理平台。

园区认定推动整改提升

当前，现有的676家化工园区水平参差不齐，如果前几年在全国统一制定一个标准来认定，不符合现实状况，也是有难度的。因此，这几年，有些省市率先开展化工园区的认定工作。去年底，山东的认定工作基本告一段落，由原来的199家园区认定为85家，也认定了一批重点监控点，这些做法值得其他省市借鉴。在山东的带动下，江苏、浙江、湖北、安徽、河南、河北、辽宁等省都在推进园区的认定工作。

认定的过程，也是一个督促和整改提升的过程。各省先行推动认定工作，带动了许多园区发展质量、产业水平以及管理水平的提升。国家的认定导则正在研究和制定过程中，等国家统一认定标准出台之后，园区不会处于被动的局面。

进行认定，便意味着要控制总量。在我国的676家化工园区中，产值在100亿元以下的，还有405家，占60%。无论从规模、产业协同还是产业发展质量以及管理水平上来说，都良莠不齐。不达标的园区，从产值总量、规模分布、协同效果来看，也都存在差距。

可控制总量不能人为画一条线，不能按照主观想象去进行总量控制。应该先制定标准，认定符合标准的园区予以认定保留。然后要看经过认定之后全国有多少规范的园区，再实事求是地根据国民经济和区域经济发展需求来定。因为石化产业是国民经济的支柱产业，园区的数量如果不能承载我们经济和国家发展需求的话，主观地进行总量控制和迁移都不符合科学发展观和可持续发展要求。

制定了认定标准之后，应该组织专家来进行考核和认定，建议把园区分成三类。一是认定过程当中符合标准达到要求的，予以认定。二是具有一定规模、产业基础、管理水平和未来发展潜力的，在国民经济和区域经济发展过程当中，以及在整个石化行业的规划布局当中，有着关键作用的园区，可能在认定过程距离严格的标准有一些差距。针对这类园区，专家应该提出整改意见，给予一定时间，让其进行整改提升。经过整改提升达到规范标准的园区，也应当予以认定。三是现存问题比较突出，与标准差距很大，也不符合规划布局的部署和要求，不予认定、甚至关停取缔。

石化联合会园区委对全国石化园区的认定工作，已经进行较长时间的研究。现在正在配合国家发改委、工信部制定化工园区的一些标准，包括国家标准、团体标准和行业标准。目前，国标《化工园区综合评价导则》《化工园区公共管廊管理规程》，团标《绿色化工园区评价通则》《危化品车辆停车场建设标准》《化工园区应急事故池建设标准》已正式发布，以《化工园区开发建设导则》《智慧化工园区建设指南》为引领，一批化工园区开发建设与智慧化管理标准也已经开启了编制工作。

"十四五"重点："5+5+65"

"十三五"期间，化工园区取得了诸多成绩，进入了快速发展时期。面对即将到来的"十四五"，我国化工园区要瞄准三方面发力，实现"5个50"，以实现建成现代产业集群的目标。

一是要组织实施"五项重点工程"，即产业提升创新工程、绿色化工程、智慧化工程、标准化工程、高质量示范工程。

其中，创新是重点工程之首位。虽然有些园区具备了一定基础，但大部分园区若按照培育现代产业集群要求来看，在产业的发展质量和协同效果集聚度上还存在一定差距。在智慧化工程和绿色化工程方面，我们之前积累了很好的经验。绿色发展和智慧园区是未来全行业的发展重点，在国家发改委督导下，希望具备条件的园区积极申报绿色化工园区创建和智慧化工园区试点示范。在标准化工程方面，由于园区管理水平在不断提升和规范，标准化工作必须要推进。标准化工作做好了，各地就可以按照这些标准去建设和运营园区，整个园区的发展水平和发展质量就会有较大提升。在高质量发展示范工程方面，"十四五"期间，我们准备推出化工园区高质量发展的示范工程，打造一批高质量发展的示范化工园区。

二是要重点培育五大世界级石化产业集群。这五大现代石化产业集群包括渤海湾区、杭州湾区、泛大亚湾区、湄州湾区以及西北地区的能源金三角区域。随着炼化一体化装置的建成投产和产业链延伸、产业集聚度的提升，我们要在沿海的"四大湾区"中培育中国版墨西哥湾、裕廊岛世界级石化基地和现代石化产业集群。同时,在能源金三角区域要培育我国未来的现代煤化工产业集群。

三是要重点培育65家石化基地和专业化工园区,包括35家石化基地和30家专业化工园区。这些园区以沿海沿江已经具备较强竞争力、产业高端、管理规范、排放达标的石化基地和化工园区为基础,并涵盖了内陆一些具备条件的石化基地。这些专业化工园区规模不一定很大,但产业链协同要好,专业化水平、技术水平和管理水平都要高。

"十四五"末,建成50个科创中心,创建50家绿色化工园区,新建50个智慧化工园区,颁布50项园区管理和建设标准,开展50家高质量发展试点示范。

四

"双循环"中实现产业重构

今年以来,石化行业经济运行受到新冠肺炎疫情影响。上半年全行业营业收入下降了11.9%,利润总额下降了58.8%,进出口总额下降了14.8%,这种三组数据同时大幅下降在石化行业历史上是首次出现。从前一阶段40多家跨国公司发布的上半年财报看,业绩同样受到严重影响,这也说明疫情影响是世界范围的。这样一来,世界经济、石化产业必然会加速重构,也给大家带来了一个很大启发,即供应链的安全和稳定非常重要。

对于中国石化产业来说,一方面,我们一直在重构,在利用国际国内两个市场两种资源的同时,推进工业结构、产业结构包括经济结构的调整和优化,推进自身重构的过程当中也在跟世界互动;另一方面,从多年来石化产业存在的大量贸易逆差,尤其是高端专用化学品和化工新材料大量依赖进口来看,石化产业国内市场为主体的大循环发展格局确实没有形成。因此,这些年的产业结构在不断提升,落后产能不断淘汰,创新能力不断提升,国际化经营水平也在不断提高。下一步,行业要认真贯彻和深入理解国家提出的"以国内大循环为主体、国内国际双循环相互促进"的经济发展的新格局。

从石化产业现在的产业结构和产品结构来看,构建双循环新格局有着现实重要性和未来发展的空间。2019年,全行业贸易逆差超过2600亿美元,如此大的贸易逆差,再加上目前国内基础化学品、大宗化学品一直处在过剩状态,但高端化学品特别是化工新材料、专用化学品、功能化学品、高性能膜材料一直依靠大量进口,这说明石化产业双循环格局不畅,高端石化品短缺是最大短板。

下一步,全行业在畅通国内大循环的同时,一方面要继续深化跟国际市场的合作与互动,包括跟跨国公司以及国际化工组织的合作与交流,另一方面要尽快通过创新以及产业链的延伸、产品结构的调整和优化把贸易逆差降下来。

同时,还要注重国际化经营水平提升。虽然现在总强调要打造具有全球竞争力的世界一流公司,但是我们化工公司国际化经营水平和能力跟跨国公司相比,差距还是比较明显的。

总而言之,在未来这种重构和发展过程当中,还是要在创新能力的提升、产业结构产品结构的调整和优化、高端化差异化这些方面多下功夫。

精细化工"十四五"发展之思考与建议*

精细化工是石化产业的重要组成部分,"八五"规划提出重点发展精细化工、"九五"确立精细化学品为结构调整的重点领域,可见长期以来精细化工是石化产业重点发展的领域之一。精细化工是一个大概念,也是石化行业以及国民经济的一个重要领域,多年的实践和近年个别国家卡我们高端制造业脖子的案例来看,精细化工是国民经济,尤其是高端制造业、电子信息和石化产业高质量发展一个越来越重要的领域。因此,"十四五"期间,石化产业高质量发展、深化供给侧结构性改革,还应在产业结构和产品结构调整与优化上狠下功夫,还应在产品的高端化、差异化上狠下功夫,还应继续把精细化工作为石化产业高质量发展的重点领域和重要方向。精细化工如何高质量发展并实现精细化和高端化?

精细化工是一个门类多、种类多的领域,过去把精细化工划分为传统精细化工和新领域精细化工,大家熟悉的、已经发展为独立行业的农药、染料、涂料过去都属于传统精细化工;而处于成长与发展过程中、尚未形成相当规模的都称为新领域精细化工,例如:食品添加剂、饲料添加剂、表面活性剂、胶黏剂、水处理药剂、造纸化学品、油田化学品、电子化学品以及化学试剂、助剂,等等。今天农药、染料、涂料都可以称作传统基础化学品了,而原来的新领域精细化学品经过二三十年的发展,有些也已相对成熟了,所以现在国际上、跨国公司一般不称精细化工,通常称专用化学品或功能化学品。

---

* 这是傅向升同志 2020 年 11 月下旬在"第 20 届国际精细化工原料及中间体峰会"上讲话的部分内容。

精细化工——化学工业整体技术水平的标志

精细化学品虽然产量不大,但种类多、技术含量高,因此人们通常用精细化工率即精细化学品占全部化工产品的比重,来代表一个国家化学工业产品结构的高端化和差异化水平,也当作衡量一个国家化学工业整体技术水平的标志。与欧洲、美国、日本等发达国家和地区相比,我国石化行业的精细化工率一直不高,据精细化工重点实验室的统计,欧洲、美国、日本等发达国家和地区的精细化工率,2018年都高达68%~69%,而我国2018年的精细化工率只有45%左右,所以我国石化行业的产品结构一直处于中低端,我国石化产业的整体技术水平与发达国家相比也有着不小的差距。我国石化行业每年的大量贸易逆差(2018年是2833亿美元、2019年2683亿美元、今年上半年是1030.7亿美元),油气大量进口是一个方面,从我国石化产品"低端过剩、高端缺乏"的现状分析,每年大量进口的有机化学品、专用化学品等,主要都是精细化学品。具体看:染料、饲料添加剂、水处理药剂、油田化学品等这些方面差距相对小一些,农药的主要差距是自主创新品种少、高效制剂差距明显,涂料、造纸化学品、胶黏剂、化学试剂等都是高端产品差距大,严重制约我国高端制造业和电子信息产业。最明显的就是电子化学品,不仅高端产品技术上受制于人,而且产品的质量稳定性也有差距,所以我国每年消费量约1/3的电子化学品依赖进口,而这些依赖进口的种类都是高端产品。

专用化学品——跨国公司战略转型的重点

跨国公司战略转型都集中在新材料和专用化学品(功能化学品)、生命健康,最典型的有索尔维、帝斯曼等公司。索尔维由最初的纯碱公司转型为今天的新材料和功能化学品公司,帝斯曼由最初的煤矿企业转型为今天的营养化学品、医药健康化学品公司。赢创、默克、新陶氏、瓦克、三菱化学、LG 等也都是瞄准专用化学品和功能化学品,作为未来发展和竞争力的核心。赢创的特种化学品,LG 和默克的液晶显示用化学品,陶氏和瓦克的有机硅护理和医用化学品,三菱化学的食品添加剂、胃药、医疗诊断试剂和细胞修复制剂等,都是近十年来创新转型的高端精细化学品。去年以来我在山东调研的过程中,也发现很多化工企业已经开始战略转型,结构调整有的已经取得明显的进步和效果。新和成的营养化学品、地炼起家的利华益的医药产品、知名化肥企业联盟集团的维生素及多元醇、默锐的系列精细化学品、兄弟科技和卫东化工的溴系产品和医药中间体、博苑医药的医药中间体和贵金属配体催化剂及电子气体等,都具备一定的规模和未来的竞争优势。在淄博也看过一家企业原来是做丁辛醇、聚氯乙烯的化工企业,现在重点转型到医疗领域做得很好,就是蓝帆医疗,心脏支架以及这次在新冠疫情中的防护材料都做得很好。

创新——精细化工发展最关键的要素

前面谈到精细化工是一个技术含量高、技术水平要求高的领域,创新水平和创新能力就是精细化工行业发展和竞争力的关键。我国石化产业多年来一直是大国而不是强国的关键瓶颈是创新,石化产品结构一直处于中低端的制约是创新,我国精细化工率与发达国家一直相差约 20 个百分点的短板也是创新,很多石化产品质量稳定性的差距也是因为创新,这就要求我们一定要把创新摆在精细化工发展的首位。

合成气直接制低碳烯烃、甲烷制烯烃、轻质原油直接制化学品、微通道反应技术、自然光分解水制氢以及聚酰亚胺高端纤维和膜材料、碳纤维复合材料、高纯光刻胶等重点技术和关键材料是创新,实际上创新就在我们身边。精细化学品或功能化学品与传统基础化工产品没有截然的分界线,有些基础产品通过创新和技术进步可以实现高端化、精细化，可以为新兴产业配套。硝酸钠、硝酸钾、硝酸锂复配以后可以作为光伏和风电等新能源的储能材料，纯碱用于玻璃行业就是基础化工产品，而索尔维公司把它做成食品级、医用级就实现了高端化；硫酸、盐酸、硝酸等用于磷肥等工业过程就是传统基础化工产品，而做成电子级纯度就是电子信息产业不可或缺的电子化学品；磷酸铵、磷酸钙等用于肥料就是传统磷肥产品，像兴发集团做到食品添加剂就是精细化产品；炭黑用于汽车轮胎、汽车内饰材料就是传统化工产品，而用于牙膏、蛋糕等领域就是食品级精细化工产品。可见创新不是离我们很遥远，而是就在我们身边，就在我们现有的工作岗位上。

当然要实现十九届五中全会"科技自立自强"的战略支撑作用，就要求我们突出创新的核心地位，重视创新中心和创新队伍建设，加大研发投入，强化协同创新，培养技术带头人和创新团队，既要紧紧围绕制约企业的"卡脖子"技术创新，又要重点攻克关键核心技术和关键设备的创新，既要紧紧围绕产品结构调整和新品种开发创新，又要做好产品质量和稳定性提升的创新，充分发挥技术创新在企业核心竞争力中的战略支撑作用。

绿色发展——精细化工领域的重中之重

精细化工产品种类多、生产工艺长、过程复杂，废渣中大多含有较高分子量的化合物，黏稠度高、难降解、难处理；废水中大多含酚、醌等杂环类难处理的有机物，尤其是农药、染料等精细化工行业，有的还颜色浓重，处理的难度也很大。所以，现在有些地方、有些园区把国民经济中的一个很重要的领域精细化工排除在重点发展之外，这也是造成我国石化产业精细化率不高、效益不好、结构性矛盾突出的原因之一。

实际上，精细化工不仅是国民经济、制造强国不可或缺的重要产品，也是石化产业产品结构高端化、差异化的重要方向，看看发达国家、看看跨国公司近二十年走过来的转型路径和未来的转型战略，对精细化学品的重要性就一目了然。当然，技术进步到今天，焚烧技术的成功及其应用，固体废弃物及其高浓度有机废水的处理不再是难题，加氢还原代替铁粉还原、离子液体氧化和双氧水氧化代替强酸氧化等新工艺、新技术的研发成功及其应用，使得过去的污染难题都成为了清洁生产工艺。还有就是山东省化工研究院开发成功的水相合成技术，应用于很多有机化学品生产装置，不仅实现了清洁生产，而且提高了反应过程的转化率和目的产物的收率，已成功应用在吡啶、2,4-D 酸、羟胺等一些过去一直难以解决的产品生产过程。当然，绿色发展当前仍然是石化行业，尤其是精细化工领域的一大短板，面临的要求不断提高、压力不断加大，这就要求我们大力创新绿色技术，推进清洁生产，做好源头预防、过程控制、综合治理，加大绿色清洁工艺和新技术的创新和推广应用，全面提升各企业和全行业绿色发展的水平。

安全发展——精细化工领域的重要底线

个别企业安全事故时有发生，给人们造成了化工生产不安全的误解。实际上发达国家和跨国公司的经验告诉我们：安全风险就是可控的。

安全可控不是一句空话，一是安全事故也是有规律可循的。有一个著名的海因里希事故法则：海因里希针对 50 万件事故统计分析，得出人的不安全行为引起了 88% 的事故；美国杜邦公司的统计结果，96% 的事故是由于人的不安全行为引起的；美国安全理事会的统计结果是 90% 的安全事故是由于人的不安全行为引起的；日本厚生劳动省的统计结果是 94% 的事故与不安全行为有关；我国的研究结果表明 85% 的事故由于人的不安全行为引起。数字虽有差异，但都告诉我们一个基本事实：规范操作就会避免很多事故。一家英国机构针对化学反应类型的事故也作过统计分析，前三位的是：聚合反应类占比约 47%、硝化反应类占比 11%、磺化反应类占比 10%，所以只要从细微处入手、不放过任何的安全隐患，并且做到人人重视，进一步提升专业化管理水平，并针对自己企业的物料特性、生产过程、反应类型强化专业化管理、做好应急预案，安全真的可以做到可防可控。

  二是今天技术的进步也为我们提供了可防可控的科学保障。我到上虞园区调研时，在龙盛研究院看到了两台设备正在做反应热测量试验和内热测量试验。反应量热仪是专业测试各种化合物反应热的仪器，主要用于化学工艺安全性与危险性评估，通过这些实验结果就可以有效地防止和控制因突然断电、误操作等特殊情况造成冷却系统突然中断、反应放热急剧增加而爆炸，从而降低因反应热安全性导致的各类重大安全事故。内热测量试验主要针对物料大量堆积自生热而导致火灾或爆炸事故的发生，通过试验可以掌握堆积物料自聚生热的环境条件、时间和生热量，就可以有效防控堆积物料事故的发生。青岛安全工程研究院也为很多工厂、针对不同产品和生产工艺过程，做了很多保障安全生产的方案和操作规程，已经成功应用于环己酮、双氧水、煤制乙二醇等生产装置，不仅从工艺上保障了本质安全，而且还提高了反应效率、提高了产量，为企业带来直接经济效益。我们正在重点推进的智慧园区建设，就是针对园区内重大危险源和风险点做到实时监控、及时预警，及时发现和排除生产过程的安全隐患。张家口盛华控制室值班的人员，如果当时发现气柜异常变化就及时采取措施的话，或者说如果盛华已经建成为智能工厂的话，前年的"11·28"特大事故就不会发生，再就是如果响水园区已经建成为智慧化工园区的话，危废堆积场所装有视频装置或温度异常监测仪器，去年的"3·21"特大事故也不会发生。

  巴斯夫路德维希港基地在莱茵河边已有155年、杜邦威明顿生产区在威明顿河边已有218年，一直都是当地居民引以为傲的企业。国内大亚湾石化区就坐落在广东惠州，惠州市每年的空气优良天数在广东省乃至全国都名列前茅，10月中旬园区年会期间，大亚湾的同志讲2019年惠州空气质量优良率94.2%、今年前9个月优良率98.8%。国内外事实都证明：石化企业只要做到科学管理、本质安全，就不是污染源，也不会成为不安全因素，我们应当对石化园区和石化产业有一个客观公正的认识。

面临百年未有之大变局，"以国内大循环为主体、国内国际双循环相互促进新发展格局"的战略部署，为石化产业提供了新的发展机遇。十九届五中全会"加快发展现代产业体系，推动经济体系优化升级"的新要求，更为精细化工领域提供了难得的新机遇。我们应紧紧抓住"双循环"战略转变和建设制造强国的新机遇，加大创新力度，加快补短板，通过"补链、强链"不断增强石化产业和精细化工的配套能力，不断提升其核心竞争力，培育石化产业和精细化工领域高质量发展的新优势。

浅谈氢能承担能源转型之重载*

氢气是大家都比较熟悉的一种化学物质，氢能自去年开始在中国迅速升温，有的地方提出要建设氢谷，有的提出要建设氢都、氢城、氢产业园，等等。据国家能源局掌握的情况，已有12个省区市、35个地市开展了氢能规划；据工信部掌握的情况，全国已建加氢站60多座、氢燃料电池汽车已有7000多辆。面对能源安全、环境保护等压力，发展氢能已成为全球能源转型的共识，我国承诺2030年碳达峰、2060年碳中和以后，为应对碳减排的新要求，发展氢能的热情更加高涨。

第一，氢能正成为发达国家未来能源转型之重要方向。氢能作为零碳能源，在解决能源危机、气候变暖和环境污染等方面可以发挥重要作用，有学者提出"氢能是21世纪的终极能源"。美国、德国、日本等发达国家都有过非常大的氢能发展规划，最近美国能源部国家可再生能源实验室发布，到2050年，美国对氢的需求可能会从今天的每年1000万吨增加到每年2200万吨至4100万吨，预测如果算上燃料电池汽车等相关产品的收入，届时总市场潜力将达到11万亿美元。欧洲氢能概念正在迅速兴起，欧盟委员会认为氢在欧洲能源结构中所占的比例将从2019年的不到2%增长到2050年的13%~14%，德国和法国官方都在建设氢能基地积极开展试验。法国政府近日公布了国家氢能源计划，将在未来10年内投资72亿欧元推动氢能源生产与应用，包括大规模建设安装水电解装置、促进交通工具使用氢燃料电池等。并逐步构筑以法国技术为核心并覆盖全球的氢能产业链，法国政府将召集国内所有氢能源上下游企业参与组建"法国国家

---

* 这是2020年12月4日，傅向升同志在杭州召开的"2020外资委会员大会"期间举办的"氢能产业链专题论坛"上的致辞。

氢能委员会",法国有一批很有实力的企业集团正在主攻氢能源,法液空主攻氢气生产,法国燃气集团主攻天然气网络注入氢气,法国电力集团和道达尔集团主攻氢气储运技术,阿尔斯通公司研制了全球唯一投入商业运营的氢动力火车,空客还计划2035年推出氢能客机,巴黎的氢能源出租车今年底将超过600辆。英国刚刚公布了绿色工业革命"十点计划",其中氢能到2030年实现5吉瓦的低碳氢能产能,供给产业、交通、电力和住宅,在十年内建设首个完全由氢能供能的城镇。日本发布了"氢能基本战略"、丰田的氢燃料电池汽车销售已过万辆,韩国发布了"氢经济发展线路图",澳大利亚能源部最新出台的"技术投资路线图"中,氢气被列为优先项目,包括由丰富的风能和太阳能等可再生能源生产的"绿氢",由天然气生产的"蓝氢"等,这些国家都从国家层面制定了氢能产业发展战略规划及路线图。

第二,氢能发展离不开化工材料之关键。我国目前是最大的氢气生产国,据统计年产量约2500万吨,约占世界总产量的40%,目前主要用于工业用氢,其获得方式约95%依靠化石资源生产,这是目前工艺最成熟、经济上也过关的工艺。氢若作为能源使用,其发展和应用的产业链包括制氢、运氢、储氢、加氢和氢燃料电池汽车多个环节,化工领域的人们都熟悉,运氢、储氢、加氢站等所需材料都与化工材料及其复合材料密切相关(如碳纤维复合材料氢气瓶),氢燃料电池汽车要正常行驶,氢燃料电池的质子膜、催化剂等关键材料更是化工材料。作为氢能产业链的关键和基础环节是制氢,无论是现在大规模工业应用的化石燃料(煤、天然气或石油)制氢、电解水制氢、生物质气化制氢,还是特殊场景应用的甲醇制氢、氨分解制氢,都是通过化学法、并使用催化剂来获得氢气,这些氢气的提纯以及工业副产氢气(氯碱、焦炉气、合成氨驰放气)的回收与提纯都是依靠化学方法实现,所以氢能的发展首先有赖于化工技术和化工材料的重要支撑与保障。

第三,创新是氢能承载未来能源转型之瓶颈。氢能之所以成为人们能源转型所关注的焦点,就是因为氢能是清洁能源,使用以后只生成水,没有任何污染、对环境和大气不产生任何危害物质,即所称零碳能源,才有人预言"氢能将成为人类21世纪的终极能源"。能不能成为终极能源呢？恐怕还有很长的创新之路要走。就第一个环节制氢来说，目前技术成熟、经济可行的、大规模工业化生产工艺都是以化石资源为原料，无论是以煤为原料还是以天然气为原料，都会排放大量的温室气体二氧化碳，据测算煤制氢的二氧化碳排放量是1∶11，天然气制氢的二氧化碳排放量是1∶5.5，石油制氢的二氧化碳排放量是1∶7，因此有人定义化石资源制氢、尤其是煤制氢获得的是"灰氢"，天然气制氢获得的属于"蓝氢"。目前制氢的另一个成熟工艺是电解水制氢，如果从我国以煤电为主（占60%～70%）的能源结构来看，获得电能的过程已经排放大量二氧化碳，用这样的电电解水所获得的氢作为能源，全产业链看也不属于清洁能源、不是"绿氢"；只有光伏、风电等可再生能源电解水所获得的氢才属于"绿氢"，才称得上是清洁能源。实际上目前的电解水制氢还有一个成本问题，电解水制氢的耗电量是每公斤氢需56度电，按0.3元/度电价计1公斤氢仅用电成本就是16.8元，我11月9日在宁东基地的宝丰能源调研，他们正在建设用光伏电电解水制氢，一期是8000万米^3/年，他们计算的成本是1.54元/米^3、即16.94元/公斤。所以，当前很多地方鼓励氢燃料汽车试点的政策，不仅对购置车辆有不菲的补贴，而且加氢每公斤也补贴14～20元不等。目前现有的工业副产氢气，如氯碱装置、焦炉气以及丙烷脱氢等副产氢回收提纯以后，作为实验和试点示范氢能比较现实。实际上氢作为清洁能源、甚至是终极能源的可行来源，应该是太阳光分解水获得氢技术的成熟和产业化，这是世界关注的重大创新项目，我国也在实验室研发，关键是催化剂；三菱化学已经研发了18年，去年能效转化率已达4.8%，三菱化学首席技术官预测能效转化率达10%，经济上即可过关；欧洲化学工业理事会预测，太阳光分解水将在2040年以后开展示范。除了制氢技术方面的创新，运氢、储氢、加氢及氢燃料电池等各个环节的关键材料，也有很多需要创新的内容（新型材料及其质量、成本等），所以创新是氢成为清洁能源、能否大规模应用的瓶颈，相信随着技术的进步，这些问题都将逐一得到解决。

第四，氢能发展须走国际合作之路径。氢能得到人们的重视、并作为清洁能源重点发展，是为了推动能源转型，能源转型的主要目的是应对气候变暖，关键是碳减排。据测算目前全球每年二氧化碳的排放量约 331 亿吨，要实现本世纪末气温升高控制在 1.5℃ 以内，氢能成为关注与发展的焦点，与应对气候变化、碳减排以及碳达峰、碳中和，都需要人类的共识和我们的共同行动。欧洲的合作走在了前头，欧盟已有 14 个成员国制定了氢能发展规划，同时积极谋求相互合作，由 250 家公司和研究组织成立了欧洲氢能源联盟，并呼吁到 2030 年之前，要投资 550 亿欧元（650 亿美元）建设 300 万吨的氢气产能。最近有报道，德国与澳大利亚已签署协议，就氢合作的潜力展开联合可行性研究，其中包括两国之间氢供应链的未来发展，主要是希望利用澳大利亚的风能和太阳能发电厂产出氢能出口到德国，以帮助德国尽快淘汰煤炭的使用。德国联邦教研部表示，到 2030 年德国的氢气需求约 300 万吨，其中 15% 预计将来自国内，其余将需要进口，按照全球的标准，澳大利亚是具有极好条件、能低成本高效益生产"绿氢"的国家，将作为德国的长期合作伙伴发挥重要作用。日本也在寻求与澳大利亚在氢能方面的合作，在澳大利亚建褐煤制氢装置，氢输往日本，二氧化碳注入海底。

在目前很多地方、很多单位、甚至很多投资基金都在把氢能作为投资重点、甚至是热点的时候，今天举办的"氢能产业链专题论坛"，希望通过各位嘉宾、专家、企业家和创新工作者，从不同的侧面和角度分享的经验、体会和思考，带给大家一些新观点和深入、冷静的新思考，其目的还是希望氢能这个新的领域能够积极稳妥地发展、氢能产业健康可持续发展，希望不少城市一规划就是几百亿、上千亿产值的这些规划都能够顺利实施、顺利落地，特别是希望通过创新真正有效地推动我国的能源转型和能源革命，为我国的能源安全和碳中和目标的实现做出应有的贡献！

禁塑禁什么？限塑到何时？*

2020年1月19日，国家发改委和生态环境部发布《关于进一步加强塑料污染治理的意见》；7月10日，国家发改委等9部门联合发出《关于扎实推进塑料污染治理工作的通知》；9月11日，国家发改委等10部委联合召开全国塑料污染治理工作电视电话会议。今年以来，农业部、商务部、国家市场监管总局、国家邮政局等部门相继发出有关薄膜、商务领域、快递包装、邮政等方面相关要求，各省市就塑料污染管控与治理都积极行动起来。总体上都明确要求：有序禁止、限制部分塑料制品的生产、销售和使用，积极推动替代产品，规范塑料废弃物回收利用，建立健全塑料制品生产、流通、使用、回收处置等环节的管理制度，有力、有序、有效治理塑料污染。一时间，禁塑、限塑成为人们热搜热议的关键词，甚至有人简单地从字面"直译"理解为"以后要禁止使用塑料了！"到底禁塑令要禁什么？限塑令限的又是什么？

禁（限）塑新政剑指何方

自20世纪初发明酚醛树脂、开启合成材料的新纪元以来，已有百年历史。100多年来，工业化和现代化迅速发展，近40年来信息化快速普及，人类的平均寿命大大延长，生活水平和质量大大提升，这都离不开合成材

---

* 这是傅向升同志2020年12月16日在江苏宿迁召开的"2020可降解材料产业发展与投融资峰会暨中国化工报社产业金融智库年会"上所做的主旨报告。

料的重要贡献。

很简单的例子：如果没有合成材料及其显示材料，手机、iPad 及笔记本电脑、超薄电视都不会是今天的样子；如果没有合成材料及其高端复合材料，太空行走、探月都不可能实现，空客 A380、波音梦幻 787 都不可能成功载客。

今天，合成橡胶为汽车的迅速普及并在很多密封领域都发挥了重要作用，合成纤维为解决 70 亿人的穿衣以及高端复合材料所需作出了重要贡献，合成树脂为汽车轻量化、客机大型化、电子信息以及人类探索太空都起到了重要保障作用。可见，无论是人类衣食住行的日常生活，还是高端制造业、战略新兴产业以及航空航天、国防军工，都不可能离开合成材料及其复合材料。

自 20 世纪 50 年代合成材料大规模工业化生产和应用以来，仅塑料（合成树脂及其改性材料）全球共生产了约 83 亿吨。据世界银行统计：目前全球塑料年产量超过 4 亿吨，每年产生的塑料垃圾超过 2.4 亿吨，由于使用和处理不当，塑料的污染难题日益突出。今年初国家发改委和生态环境部发布《关于进一步加强塑料污染治理的意见》以来，各部门、各省份、各相关单位以及全社会都积极行动起来，有的忙释义、有的忙准备、有的忙监管。首先让我们来看看关于塑料污染治理《意见》的要求是什么？"禁"要禁什么？"限"又到何时？

(1) 总体要求　指导思想中明确：牢固树立新发展理念，有序禁止、限制部分塑料制品的生产、销售和使用，积极推动替代产品，规范塑料废弃物回收利用，建立健全塑料制品生产、流通、使用、回收处置等环节的管理制度，有力有序有效治理塑料污染，努力建设美丽中国。基本原则中明确：以可循环、易回收、可降解为导向，研发推广性能达标、绿色环保、经济适用的塑料制品及替代产品，培育有利于规范回收和循环利用、减少塑料污染的新业态新模式。

(2) 主要目标　到 2020 年，率先在部分地区、部分领域禁止、限制部分塑料制品的生产、销售和使用。到 2022 年，一次性塑料制品消费明显减少，替代产品得到推广，塑料废弃物资源化能源化利用比例大幅提升；在塑料污染问题突出领域和电商、快递、外卖等新兴领域，形成一批可复制、可推广的塑料减量和绿色物流模式。到 2025 年，塑料制品生产、流通、消费和回收处置等环节的管理制度基本建立，塑料污染得到有效控制。

（3）禁止生产、销售的塑料制品　厚度小于 0.025 毫米的超薄塑料购物袋、厚度小于 0.01 毫米的 PE 农用地膜。禁止以医疗废物为原料制造塑料制品。全面禁止废塑料进口。到 2020 年底，禁止生产和销售一次性发泡塑料、一次性塑料棉签；禁止生产含塑料微珠的日化产品。到 2022 年底，禁止销售含塑料微珠的日化产品。

（4）禁止、限制使用的塑料制品　一是不可降解塑料袋。到 2020 年底，直辖市、省会城市、计划单列市城市建成区的商场、超市、药店、书店等场所以及餐饮打包外卖服务和各类展会活动，禁止使用不可降解塑料袋，集贸市场规范和限制使用不可降解塑料袋；到 2022 年底，扩大至全部地级以上城市建成区和沿海县城建成区。到 2025 年底，上述区域的集贸市场禁止使用不可降解塑料袋。二是一次性塑料餐具。到 2020 年底，全国范围内餐饮业禁止使用不可降解一次性塑料吸管；地级以上城市建成区、景点的餐饮堂食服务，禁止使用不可降解一次性塑料餐具。到 2022 年底，县城建成区、景点餐饮堂食服务，禁止使用不可降解一次性餐具。到 2025 年，地级以上城市餐饮外卖领域不可降解塑料餐具消费强度下降 30%。三是宾馆、酒店一次性塑料制品。到 2022 年底，全国范围星级宾馆、酒店等场所不再主动提供一次性塑料用品，到 2025 年底扩大至所有宾馆、酒店、民宿。四是快递塑料包装。到 2022 年底，京沪江浙闽粤等省市的邮政快递网点，先行禁止使用不可降解的塑料包装袋、一次性塑料编织袋等，降低不可降解的塑料胶袋使用量。到 2025 年底，全国范围邮政快递网点禁止使用不可降解塑料包装袋、塑料胶袋、一次性塑料编织袋等。

治理塑料污染成为人类共识

合成材料已经成为国民经济发展和制造强国的重要配套材料，不仅人们的日常生活离不开，高端制造业、战略新兴产业以及航空航天、国防军工更离不开。随着我国石化产业的快速发展和产业结构的不断优化，近年来我国一直是塑料生产与消费大国。

然而，合成材料在生产、使用、回收处理等环节的不当，给环境造成了污染等问题，这已引起世界及其社会各界的广泛关注与高度重视。发达国家和发达经济体相继出台政策，一方面推动废塑料的回收再利用，一方面限制一次性不可降解塑料的消费。各主要国家都在采取解决措施，研究和制定解决方案。相信不久的将来，随着人们观念的转变、意识的提高、技术的进步，塑料污染问题一定会得到妥善解决。

国际社会正在协力解决塑料垃圾污染问题。为应对日益严重的塑料垃圾问题，巴斯夫、陶氏、埃克森美孚、SABIC、壳牌等20家跨国公司，于2019年初发起成立了终结塑料垃圾联盟（AEPW），以"通过跨价值链协作推动塑料管理领域系统性变革"为原则，联盟成员共同分享工程、材料科学、物流、数字技术、产品设计、消费者行为等领域的先进知识和经验，拟在欧洲和北美的发达国家，开发先进的回收再利用技术，以取代现有的填埋和焚烧等垃圾处理方式，并专注于改进产品设计和推动再生产品的使用，充分发挥回收塑料再利用的价值，改变消费者的行为，打造塑料工业循环经济新模式。目前，AEPW成员企业已增加到50家，最初的目标是5年募集资金15亿美元，第二年就已落实10亿美元，从塑料生产商、加工商、包装商，到制品生产，再到回收处理，全产业链都积极行动起来了。

近年来，中国石油和化学工业联合会高度重视与国际组织在塑料污染控制及其治理方面的合作与交流，与联合国环境规划署、世界塑料理事会、欧美日等国家和地区的化工理事会，共同举办会议与专题论坛，每年定期或不定期地有多次交流与互动，分别在余姚、上海等地共同召开世界塑料理事会会议，探讨如何治理人类面临塑料污染的难题；与AEPW也开展良好合作，多次研讨推动中国企业加入联盟、共治塑料污染等问题。

中国不是产生塑料垃圾最多的国家。2015年11月我到迪拜参加世界塑料理事会会议，有一个环节是研究塑料海洋污染问题，在那次会议上有几个国家的代表发言中都谈到一个问题——"中国是产生塑料垃圾最多的国家，对海洋造成的污染也是最严重的国家"，并且还有数据，当时我很吃惊！后来多次在一些国际会议和对外交流中，我会询问："这组数据是怎么得出的？是哪里来的？"大多数人的回答是在相关期刊上看到的。

两年前，我再次参加了在上海召开的世界塑料理事会的相关会议，有人再次提到这一观点。在讨论和交流环节，我再次询问："这组数据是怎么来的？"有理事会成员告诉我："这是根据一个国家海岸线的长度和人口密度推算出来的。"

直到最近，我看到《环球时报》一篇综合报道，标题是"全球塑料垃圾美国造得最多"，主要内容是摘登了最近一期美国《科学进展》杂志公布的研究报告。这份报告由美国海洋教育协会、佐治亚大学、美国国家地理协会等机构的学者共同撰写，明确指出"美国才是世界上最大的塑料垃圾制造者"，"美国向发展中国家出口塑料垃圾的做法，掩盖了美国对塑料污染危机的主要贡献"。

2015年发布的《全球塑料废弃物问题全面评估研究》曾宣称，生产塑料垃圾最多的5个国家是中国、印尼、菲律宾、越南和泰国，美国列第20位。这次最新报告指出：2015年的研究忽视了废弃物被出口到另一个国家进行回收是否存在管理不善的问题。

这次《科学进展》最新发布的报告，是依据世界银行报道的217个国家和地区的垃圾产生及其特征数据，明确指出：2016年，美国是所有国家中产生塑料垃圾数量最多（达4200万吨）、人均年塑料垃圾产生量最多（130千克）的国家；欧盟28国年人均塑料垃圾产生量第二位，为54.56千克，仅为美国的一半；第三位是印度；第四位是中国，塑料垃圾产生量2160万吨，总量为美国的一半，但人均量只有美国的12%，为15.67千克。

治理塑料污染已成为共识和统一行动。截至今年11月，全国已有30个省区市出台了禁（限）塑令。海南自12月1日起全面执行《禁止生产销售使用一次性不可降解塑料制品名录（第一批）》，将一次性不可降解塑料袋、餐具细分为10个小类纳入禁塑范围：即含有PE、PP、PS、PVC、EVA、PET等非生物降解高分子材料的一次性膜、袋类和餐具类。其中，袋类包括购物袋、日用塑料袋、纸塑复合袋等商品包装和用于盛装垃圾的塑料袋，餐具类包括包含盖在内的餐盒、碗、饮料杯以及碟、盘等。

石化联合会作为行业组织，成立了塑料循环课题组，与中国合成树脂协会、中国循环经济协会、塑料循环利用分会、化工新材料专委会、降解塑料专委会等专业组织密切合作，高度重视从合成材料生产、销售、包装、回收再利用等各环节的科学化管理与污染控制。

此外，石化联合会与中国轻工业联合会、中国塑料加工工业协会、中国包装联合会于8月联合发出了《关于共同做好塑料可持续发展的联合倡议书》，呼吁全社会共同推动塑料在原料生产、加工、销售、使用等全产业链环节的污染防治工作，走出一条可循环、易回收、可降解的全生命周期绿色发展的新道路。

目前，中石化、中石油、烟台万华、浙江华峰等很多原材料生产企业和塑料制品企业，都积极行动起来，从生产、销售、使用环节做好污染防治工作。

全社会也在积极推进垃圾分类，为废弃塑料的回收再利用创造条件。据住建部最新统计，我国生活垃圾分类工作取得重要进展，46个重点城市生活垃圾分类覆盖7700多万家庭，居民小区覆盖率达到86.6%。

创新是解决塑料污染的关键

解决塑料垃圾污染是全球全人类面临的共同难题，已成为一项全球性的挑战。中国作为塑料生产和使用大国，在应对和解决塑料污染问题上，正在积极行动。

据中国物资再生协会再生塑料分会统计，我国每年产生的塑料垃圾90%以上得到了妥善处置，去年废塑料回收量占30%（有统计欧盟废塑料回收率约33%，日本为28%，美国只有10%）、焚烧量占31%、填埋量约32%，约7%的废塑料被遗弃。废弃塑料主要是农用地膜和一次性购物袋、快递包装材料。在农膜方面，中国农村统计年鉴显示：农用地膜使用量约

140万吨，排名前三的是新疆约22万吨、山东和甘肃都高于10万吨。也有统计说大量超薄地膜的回收率不足2/3。聚酯瓶的回收和循环利用在中国做得最好，据相关单位统计，94%以上的聚酯瓶都能被回收再利用。

解决塑料污染问题的关键在创新。有人说分类是关键，也有人说回收和循环利用是关键、创新是关键，都有道理。我认为：分类是回收再利用的前提和关键，而创新是从根本上最终解决塑料污染问题的关键。所以，目前国内外很多企业、研究机构、科技工作者都在解决塑料污染的方案、方法以及技术和设备的创新上狠下功夫。方案和方法上都在努力减少填埋量和焚烧量，在循环再利用上下功夫，究竟是物理循环、还是化学循环？国内外都在开展认真研究、论证和深入的试验。

物理循环是目前比较成熟和可行的，有的将回收的废塑料进行分类清洗以后，PP为主的则改性加工成汽车保险杠、车灯、外饰裙板、脚踏板以及内饰材料等，PE为主的则做成木塑桌椅、塑料袋或其他工艺品，ABS为主的可以做成汽车保险杠、车灯以及键盘、打印机壳等，PS为主的则可重复用于电视机、打印机背板、外壳等。

废弃塑料回收再利用一个很头疼的问题是分类。去年5月我参加中国工程院成都工程论坛有个收获：瞿金平院士创新解决了废塑料回收利用分类难的问题。他研发出一种高分子材料绿色高效再制造的新方法和成套设备，解决了废弃塑料数量大、品种杂、回收难、处理繁琐的难题，利用研发的成套设备，实现了废弃塑料免分拣、合金化、高品质绿色再利用。另一个收获是石河子大学陈学庚院士的创新可以解决地膜白色污染问题。他开发的塑料残膜污染治理新技术，将农机、农艺、农膜有机结合，打造出秸秆粉碎还田与残膜回收联合作业机械，使地表残膜回收率超过90%、耕层残膜回收率达到60%，为消除残膜污染解决了技术和设备难题。

化学回收再利用是目前国内外创新的重点。很多单位都在研究废塑料裂解制柴油或汽油，有的将纯化PP转化成标准基础油、可燃气体、碳粉等再生能源产品。亨斯迈是将聚酯瓶洗净后分解为单体，循环用于生产聚酯多元醇，其中一个产品（泰络优）成分的60%是回收的PET塑料，在亚洲的工厂今年5月已投产。其聚酯多元醇产能为2.2万吨/年，相当于循环使用4.4亿个500毫升的PET瓶料,可年产7万吨聚氨酯产品。

有报道称美国研究人员采用低温催化法将很多废塑料转化成单体,再用于工业化学品和消费品的基本原料,主要是用于生产溶剂、油漆、润滑油、清洁剂等。南京师范大学一个课题组研发了多酸诱导高效降解废弃聚酯的新技术,所获单体可以用于生产新的碳酸酯类新材料,具有效率高、低成本、低能耗等特点。科思创、可口可乐等公司也在做废弃塑料的循环利用,去年我们在上海举办的"黑客松"大赛和去年、今年上海化工区创新决赛现场用的资料袋、嘉宾证(带)、T恤衫都是用回收的PET瓶料做的,很精美也很漂亮。

可降解材料之再认识

为解决塑料污染问题,尤其是禁止或限制一次性不可降解材料使用的禁(限)塑令发布以后,可降解材料的产业化进程迅速升温。何谓可降解材料呢?是指在一定时间和一定温度、湿度条件下,能够被微生物或其分泌物在酶或化学分解作用下降解成二氧化碳和水等无机小分子的高分子材料。可降解材料按其原料来源又分为石化基可降解材料和生物基可降解材料,石化基可降解材料是利用石化资源合成得到的石化基生物降解材料,如聚丁二酸丁二醇酯(PBS)、改性聚乙烯醇(PVA)、改性芳香族聚酯(PBAT)、聚乙醇酸(PGA)等。生物基可降解材料是利用谷物、秸秆、木材废弃物等为原料经发酵或化学法合成的可降解的材料,如聚乳酸(PLA)、聚羟基烷酸酯(PHA)等。

谈到生物基可降解材料,可能有人会问"生物基材料是否均可降解?"答案是否。最简单的案例是粮食淀粉或秸秆废弃物发酵获得乙醇,乙醇脱水得乙烯,乙烯聚合即得聚乙烯,该聚乙烯从原料来源属生物基聚合物,但不可降解。

生物基和可降解材料是近年来全球重视和研发的重点。美国、德国、日本、英国、荷兰、巴西等发达国家和生物质资源丰富的地区，都高度重视并加快生物基材料的研发、产业化和应用。杜邦公司研发的生物法1,3-丙二醇，在田纳西州已建成生产装置，其产品进而生产PTT聚酯短纤维，已在服装、住宅地板、运动用品等方面应用，预计未来产量将进一步扩产。杜邦公司正在研发的另一个生物基材料是与ADM公司合作的呋喃二羧酸甲酯，是以果糖为原料，不仅比石化工艺易得，而且作为PET的替代品其阻隔性能更优。帝斯曼和法国一家公司共同开发生物基丁二酸，2014年以来一直在运行，还有帝斯曼、阿科玛、赢创等公司的生物基长碳链尼龙等。我带队访问三菱化学时，看到了他们开发成功的生物基聚碳酸酯工程塑料，用异山梨醇代替双酚A，其透明性、光学性能、高耐磨性及抗冲击性能都优于双酚A型聚碳酸酯，已做成汽车全景天窗，未来不仅用于汽车、能源，还将用于光学、电子仪器、装饰装修等。三菱化学的可降解食品包装膜，有6层结构，且保鲜时间长，可以像高档纸用于奶制品包装，也可以像玻璃瓶用于葡萄酒盛装。

我国最早产业化的生物法高分子材料是聚丙烯酰胺，经国家科技攻关、由沈寅初院士领衔研发的成果，在胜利油田、北京等地首先实现产业化，比原来的化学法有着更多的优点和竞争优势，在三次采油和水处理行业获得广泛应用，后来新上的丙烯酰胺及聚丙烯酰胺主要就是生物法。中科院长春应化所、过程所、化学所、上海有机所、成都有机所以及南京工业大学、北京化工大学、南开大学等单位，都在生物化工和生物基材料方面取得了很多成果。近几年我国及全球生物技术进步很快，生物可降解材料也取得明显进展。我调研过的海正生化的聚乳酸、凯赛科技的尼龙56都已实现产业化，安徽丰原、山东金玉米等公司都在规划建设聚乳酸生产装置。

生物基材料尤其是生物可降解材料不会完全取代现有的合成材料。生物基材料一直是全球创新与研发的重点，也是高度关注的焦点，尤其是石油枯竭论和化石资源大量使用给环境造成污染和影响日益严重，以可再生资源制造化学品和生物基材料一直就是化学化工界以及学术界关注的焦点。近几年气候变化、塑料污染尤其是海洋污染被全球关注并成为焦点以来，生物可降解材料的关注度提升、创新和产业化在加速。我国颁布禁（限）塑令以后，可降解材料迅速升温，一时间 PLA、PBAT、PPC、PHA、PGA 等产品全面布局，扩建和拟建产能迅速扩大，可降解材料座谈会、研讨会、论证会、投资洽谈会等此起彼伏，这种现象不能不引起我们的深思。可降解材料在禁塑和限塑过程中、在应对传统不可降解塑料污染问题上，将会发挥重要作用是不可否认的，将替代部分传统不可降解材料也是肯定的，但究竟哪些品种能取代？哪些应用领域可以取代？市场需求量有多少？这些问题还需要科学论证、谨慎思考和冷静判断。

一是可降解材料本身的性能问题。其使用性能、加工性能等，与传统合成材料相比有着很大不同，甚至是差距。

二是技术方面还有很多需要创新。一方面是生产技术。如很多单位都在规划建设聚乳酸生产装置，可能够掌握关键单体丙交酯核心技术的单位却不多。另一方面是新的降解材料的加工技术、改性技术也需要更多研发和创新。因为目前大多可降解材料的耐温性能、加工性能以及韧性、刚性等都与传统合成材料，尤其是工程塑料、特种纤维等有明显差距。

三是成本问题也是制约市场需求的一个因素。目前大多可降解材料的制造成本都高于传统不可降解材料，生物基及可降解材料大面积和大量取代传统合成材料，就经济性来看短期内也不现实。

四是原料制约也是一个不容忽视的问题。生物基材料、生物可降解材料大多以生物质可再生资源为原料，就目前的技术成熟度来看，可以以木薯、甘蔗等为原料，但我国当前的生产企业主要还是以粮食经淀粉为原料。聚乳酸最典型，就目前测算的市场需求量二三百万吨看，原料问题不大，但是如果真的实施拟上规模3000多万吨的话，需要粮食就要上亿吨。五中全会公报显示我国"粮食年产量连续五年稳定在一万三千亿斤以上"即6.5亿吨，如果仅聚乳酸就消耗掉1/6.5的话，会不会带来与人争粮的问题？更何况我国目前每年都有上亿吨的粮食靠进口（当然这主要是大豆），这是一个不容忽视的现实问题，也是我们必须面对的问题。因为乙醇燃料的推广已经让我们尴尬了一次，原来要在全国乙醇燃料全覆盖，可是燃料乙醇的量每年差上千万吨没有着落，难以实现全覆盖，甚至今年中石化明确表示由于乙醇供应严重短缺，将减少E10汽油在东部的销量；又加上今年养猪数量激增、动物饲料需求量猛增，玉米价格不断上涨，致使乙醇价格每吨比汽油高出上千元。如果我们生物基材料和可降解材料再出现迅速大量扩产的话，将会呈现什么样的景象？

塑料及合成材料自发明以来，为现代文明以及工业革命和科技革命都发挥了重要作用、作出了重要贡献，因生产和使用不当也给生态环境带来了影响，但是经济的发展、社会与文明的进步、第四次工业革命的深化都离不开塑料及合成材料。禁塑或限塑令的发布与实施及其行动，我们一定要准确的认识：是禁止或限制使用或替代对生态环境造成危害的材料种类。

今天分享的内容，主要目的是希望首先对禁塑或限塑有一个准确的理解，并在应对禁塑和限塑的过程中，共同采取行动和措施管控、终止及消除塑料的污染。这些内容及其思考，也希望可降解材料这个日益被关注和重视的新领域能够健康可持续发展，同时又为终止和消除塑料污染作出积极贡献，更为石化产业和国民经济的高质量发展作出新的、更大的贡献。

区域篇

海湾石化业的快速发展将带来什么？*

11月中旬，我们一行13人赴沙特和阿联酋访问，主要是考察交流中国石化工业工程开发领域走出去的情况。通过短短8天的考察与交流，收获颇丰，并且带给了我们很多深思。现将这次出访的一些思考和感悟与大家交流，希望能给大家带来某些启发。

出访国家及主要公司简况

1. 沙特

这次出访的第一站是沙特（沙特阿拉伯王国）。沙特位于阿拉伯半岛，东毗波斯湾，西邻红海。沙特石油储量和产量均居世界首位，是名副其实的石油王国；国土面积225万平方公里，人口3152万，人均GDP约2.5万美元，是世界上最富裕的国家之一。沙特也是世界上最大的淡化海水生产国，其海水淡化量占世界总量的21%左右。

沙特实行自由经济政策，法律体系完备，金融体系发达，政府鼓励私有经济的发展。沙特经济发展以工业为重点，石油和石化工业是国民经济的命脉，是主要的经济来源。

2. 阿联酋

出访的第二个国家是阿联酋（阿拉伯联合酋长国）。阿联酋位于阿拉

---

* 这是2015年11月，傅向升同志带队访问沙特和阿联酋并出席世界塑料理事会会议后的出国报告，当时被多家媒体刊出。

伯半岛东部，毗邻波斯湾。阿联酋是一个以盛产石油著称的西亚沙漠国家，国土面积8.36万平方公里，人口约840万，人均GDP约6.7万美元，属世界上最富裕国家之一，石油是其主要经济来源。

3. 萨比克

萨比克（沙特基础化工公司，SABIC）是这次出访的邀请单位。萨比克成立于1976年，是中东地区最大、盈利最多的非石油公司，也是世界第五大石化产品制造商；其总部位于沙特首都利雅得，沙特政府拥有萨比克70%的股份。萨比克开始主要是利用天然气生产化工产品，1993年化工产品产量约600万吨，2014年产量高达6980万吨，年收入501亿美元、净利润62亿美元，已列新发布的全球化工公司50强第五位，2015年《福布斯》世界500强第209位。萨比克的产品涵盖化工、农用、聚合物以及高性能特殊化学品，在全球产品产量中排第一位的有乙二醇、MTBE、聚碳酸酯、聚苯醚、聚醚酰亚胺；甲醇排第二名；排第三名的有PE、PP、PBT、工程塑料及其合金。目前萨比克把可持续发展和创新作为重要战略，主要发展汽车用新材料、医疗新材料、包装新材料、清洁能源、农用化学品等7个方面，设有化学品部、聚合物部、创新塑料部、化肥品部和钢铁部5个事业部，在沙特本土有2个生产园区、17个子公司，主要分布在朱拜尔工业城和延布工业城。新世纪以来，萨比克加快了国际化布局，2002年收购了荷兰DSM集团的石化业务，成立了欧洲公司；2007年又收购了美国通用电气公司通用塑料业务。萨比克在全球50个国家分布有64个世界一流工厂、4万员工、19个研发中心，每年开发150多个新产品，现拥有10500项全球专利。

萨比克于20世纪80年代进入中国，在大中华区有18个办事处，近几年十分重视在中国的发展，先后在上海、广州和重庆建成3个工程塑料共混生产基地；2009年与中石化合资在天津投资27亿美元建设中沙（天津）石化公司，可年产320万吨化工产品，2010年5月全面投产，2011年再次投资建设26万吨聚碳酸酯生产装置；2012年萨比克决定在上海投资1亿美元新建上海研发中心，建筑面积达6万平方米，并于2013年投用，是萨比克在全球最大的研发机构。

几点思考

1. 沙特王室投资推动发展的思路似曾相识

在考察交流中看到,沙特到处是施工工地,首都利雅得更是一片繁忙景象:商务区高楼林立,住宅新区集中连片,塔吊正在紧张施工;铁路和高铁纵横,正在加紧建设;朱拜尔工业城二期园区内大型炼油和石化装置在抓紧施工,不久即将投入生产。原来不仅仅在中国的各大城市到处可见施工工地,塔吊林立、机声隆隆,在沙特也有如此繁忙而熟悉的景象。

交流过程中了解到,沙特政府正在通过加大、集中投资推动发展。因为沙特国内当前青年人的失业率高达 40%,人均 GDP 虽然很高,但局部地区仍存在着贫困问题。为了解决就业及局部地区的贫困问题,提高整个国民的生活水平,王室推动经济发展的决心和力度都很大,发展经济的战略也在调整:一是政府投资拉动;二是由过去出口原料为主变为出口产品为主。石化行业就是一个典型的例子,过去是以出口原油为主,现在正加大石化装置建设,与陶氏等跨国公司建设炼化一体化装置,正在向出口产品为主转变;沙特北部山区有大量硫铁矿、磷矿石等,正在同时开建 3 套 180 万吨 / 年的硫酸装置,即将形成总产能 540 万吨 / 年的硫酸生产区,还有磷肥生产装置也在建设中。

2. 沙特市场竞争公平、管理规范

中石化炼化工程公司在沙特开展工程总承包和工程施工已有 10 年的经验。据该公司介绍,沙特法律体系完备,市场竞争公平、规范,不存在私下交易;执行合同很规范,工程招投标完全看资质、凭业绩,一旦中标就要严格执行合同。不像在国内有的项目要靠关系,甚至出现恶意竞价。沙特有一个讲诚信的体制,公司一旦项目中标,在严格执行合同、进度质量上都验收无误的话,凭诚信下一次竞标就会有明显的优势,如果上一次合同执行过程中确实有亏损,下一次中标合同中项目管理单位会予以考虑的。中石化炼化工程公司最初的五六个项目就是这种情况,因为不完全了解沙特的施工要求（是有严格标准、人员配比的），最后都没有获得什么利润。但项目管理单位认可了该公司的业绩和能力以后，从其他诚信差一些的中标公司中切出2个项目，经费上也带有照顾性的，才使该公司有了可观的利润。到目前该公司已在沙特承建了43亿美元的合同，已完工的合同额25亿美元。

3. 实施"一带一路"倡议，中国企业如何走出去？

中央提出的"一带一路"倡议是中华民族实现伟大复兴、再现辉煌的大布局，海湾地区是"一路"之上的一个重要节点，610年前郑和开始的"下西洋"就曾把中华文明带到了中东。今天的"一带一路"、当今的国际和国内开放程度、今天海湾地区的发展形势与发展速度以及中国制造业的竞争优势，特别是全球都在加快结构调整和转型升级的大背景下，中国企业如何走出去是一个值得我们深思的问题！

在国内产能以及施工能力严重过剩的情况下，很多企业不仅在国内大搞同质化竞争，在国际市场也在恶性竞争，彼此间的经济损失、信誉损失以及尊严损失都造成了严重的伤害，给国家造成的损失也是巨大的！这种状况如果继续持续下去，不仅是企业损失的问题，也不仅是造成"中国产品、中国服务"就是"低质低价"的问题，更是中国在国际舞台的整体形象将难以树立的大课题。

这次出访团专程考察了鑫达迪拜公司。鑫达是一家专门从事高端复合材料研发和生产的制造型企业，在走出去方面有很多经验值得借鉴。公司的国内总部在哈尔滨，2009年在纽约纳斯达克上市，专门从事高端复合材料研发和生产，其改性产品有PE、PP、PPO、ABS、PS、PA、PI、PEEK等11大类，主要为汽车配套，占国内市场汽车用塑料总量的10%，被广泛应用于奥迪、宝马、沃尔沃、大众、别克、雪佛兰、福特、雪铁龙、丰田、红旗等高端车上。现在正在配合国家重大工程，开发高铁、飞机、船舶以及医疗用材、食品包装、3D打印用材、生物降解等高端复合材料。鑫达公司成立以来就十分重视创新，走的是一条"技术平天下"的道路，现在是一批年富力强的高分子材料专家带领着一批博士、硕士创新团队，瞄准高端复合材料市场不断创新创业。目前，鑫达不仅解决了一直困扰我国高端高分子材料应用方面的一些关键问题，为中国制造提供了高性能的复合材料产品，而且还与中科院的院所、国内外高校以及国际研究机构都进行合作，其在上海、北京等地的研发中心也将很快落成。公司在国内已形成哈尔滨39万吨/年产能，正在四川建设30万吨/年新基地。为满足国际市场需求和适应国际市场的竞争，2014年4月鑫达迪拜生产基地正式运营。

鑫达之所以选择迪拜是经过慎重考虑和多方论证的：一是迪拜物流方便、成本低，迪拜的产品运到韩国和中国，吨成本仅增加300元人民币（国内河南的企业用煤从内蒙古运到工厂吨成本增加280元）；二是原料成本低，同一个牌号的原料（欧洲产或白俄罗斯产）在迪拜订货比国内价格低12%，沙特产原料价格则更低；三是人工成本低，聘用东南亚的操作工月薪在4000元人民币左右；四是产地证很重要，从迪拜出口欧美等发达国家和地区市场不存在反倾销的问题；五是资金结算方便，大银行聚集，加工销售产品税赋低，只有当地销售时才有5%的关税，出口到其他地区没有任何税赋。

4. 结合"中国制造2025"，中国制造业如何升级？

根据已在沙特有了10年业绩的中石化炼化工程公司和已在阿联酋有3年半工程经验的中石油管道工程公司的体会，工程公司走出去非常重要，是中国制造业和中国材料产品走出去的前提和领头羊。我国现在很多走出去的工程公司，与发达国家相比其工程施工能力还有很大差距，大多都是承揽一些小项目工程，EPC工程比较少，PMC就更少（PMC主要还是欧美的工程公司承揽）。以EPC为例，在20世纪80年代多是欧美公司承揽，90年代多是日本公司，新世纪以来则是韩国公司居多。

要实现中国制造业走出去，首先就是中国在海外的工程公司间要合作，不能恶性竞争，更不能相互挖墙脚。另一个重要点就是中国的装备制造、材料供应也要与工程公司合作，以工程设计为龙头，通过工程公司的工程开发、工程承包带动中国制造走出去，形成上下游一条龙的供应链，既保证中国速度，又保证中国质量，彼此间密切配合、共同提升，逐步树立起中国品牌。第三个重要的内容就是中国标准的国际化，我们的国标如果不与国际标准接轨的话，很难适应走出去的新要求；沙特、阿联酋等海湾国家大多是嫁接的美欧标准，如果我们的国标不与国际标准接轨，不能做到与国际设备、管件互换，不能做到与国际管理体系对接，就很难得到国际市场的认可，就很难走向国际市场。所以中国制造业的标准升级、中国制造标准的国际化也是中国制造走出去的关键因素。

5. 海湾地区的发展对中国石化行业是挑战还是机遇？

首先看看挑战：第一个必须面对的挑战就是石化产品对国内市场的冲击。中东是最大的石油产区，也是天然气的最大输出地域之一。从沙特的发展思路来看，石油发展炼化一体化，伴生气经过分离以后，甲烷主要用于发电和生产碳一化学品，乙烷、丙烷等烷烃主要生产烯烃，萨比克用于化工产品生产的天然气价格是0.75美元/百万热值单位，相当于1.12元人民币/立方米，与国内化工生产用天然气相比价格极低；沙特和阿联酋的工业用电价格基本在0.30元人民币/千瓦时（河南企业的用电价高于0.60元/千瓦时）；又加上海湾地区的规模化生产，其石化产品如甲醇、乙二醇、聚烯烃等的价格优势明显，无疑将对国内市场带来冲击。第二个需要面对也是需要尽早思考应对的挑战是原油的供应问题，根据沙特政府经济发展的战略调整，以延伸产业链、出口终端产品为主的思路，据预测沙特在2022年以后将不再向国际市场出口原油，如果真能如此的话，我国现在原油的对外依存度已超过60%，而且从中东地区进口量最大，根据新的规划，"十三五"期间随着七大石化基地的建设和原有石化基地的改造扩能，原油需求量还将进一步增加，到时原料的来源将会成为更加突出的矛盾。第三个挑战是创新，海湾地区各国已经改变了过去那种仅仅依靠资源、出口原油和天然气等初级产品的思路，现在都十分重视创新，如萨比克不仅加大投入开发新技术、新产品，研发投入占比达5%，利雅得的研发中心主要从事塑料改性的研究和创新，只有200名科学家和工程师，年研发投入高达1.1亿美元；同时萨比克还加快国际并购的步伐，一边通过研发中心的建设加快自身创新、加快内部转型升级和提质增效，一边加快国际化步伐、加快重组和并购，瞄准国际市场和国际水平，不断提升全球的竞争力。

当然，机遇也是存在的。第一，海湾地区加快石化产业的发展给工程公司带来了机遇。沙特、阿联酋等国油气勘探开采、新井区的建设都为从事上游业务的工程公司提供了大量机会，中石油管道工程阿布扎比分公司已经在机遇中开拓创新并已积累了经验，已在中东地区承揽12个项目，创收7000万美元，今年的项目收入比去年增长一倍。沙特政府规划未来5～10年，将投资1000亿美元建设炼化装置，加上上游和化工项目总投资高达3000亿美元，这些都将为我国的工程公司、中国制造等带来机遇。第二，沙特石化工业的基础与国内相比还是有差距的，走进朱拜尔工业城就会看到，石化装置比较陈旧，很多烟筒冒出的烟也不是那么清洁，甚至还会看到很多放空火炬在熊熊燃烧，而这种景象在国内的石化园区已经不多见了。这说明我国的整体生产技术水平和设备制造等比较先进，在海湾地区是有市场需求的。第三，海湾国家也出现了资金紧张，过去高油价时代，依靠原油出口换取外汇比较容易、比较快，可是近来的国际市场油价一直低位运行，又加上海湾国家国内的发展铺的摊子很大，外汇储备下降很快，继续原来的高速发展和高投入已经力不从心了，过去的那种"不差钱"的感觉在逐渐消退。所以，现在海湾国家比如沙特也搞起了招商引资，欢迎外国企业去合资建厂，这也为我国石化企业走出去提供了机遇。例如中石化与沙特阿美合资，投资90亿美元，在延布建设的2000万吨/年炼化装置今年4月已经投产。借鉴这些成功经验，以我国丰厚的外汇储备作后盾，不仅为企业走出去提供了机遇，也为企业走出去创造了条件。

几点感触

这次出访过程中的几个细节，让我对沙特在管理方面的精细化很有感触,我们不能再以中东国家还处在比较初级的阶段、我们国家比中东国家要先进很多这样的自我感觉来判断、决策了,那样会产生误判、会贻误机遇的。

1. 城市管理

中东地区大都是沙漠,但城市规划有序、建设得很美。交流中得知,城市都是请世界顶级设计师做规划,规划做好了再开始建设,而且每个区块、每座大楼怎么布局都是规划先行。从城市的灯光设计可见一斑:我国很多城市的灯光设计是灯红酒绿、五彩缤纷,结果到处都是霓虹灯;而这些沙漠上的城市,所有的街道灯光都是黄色的,而道路之外的建筑一律是银白色的,空中俯瞰的时候就呈现出串串珍珠,既美观又舒适。

2. 园区规划

整个朱拜尔工业城总占地1016平方公里,一期约600平方公里已全部建满。规划之初已将生产区、生活区、商务区一次规划就绪,分期分区建设。30年后的今天,开始启动商务区和大型商务酒店的建设,他们讲"这样就不会造成闲置和浪费";想想我们的很多"鬼城",就看到差距了。朱拜尔工业城的生活区和商务区都在上风口,不会因为厂区泄漏(当然还没有发生过这种情况)造成城市恐慌;再想想我们各城各市的搬迁入园也就知道了差距所在,多年以来的大搬迁甚至是搬了又搬,造成的浪费不计其数。"细节决定成败"不能只是一句口号。

园区的道路、管道、电缆等规划也是一样:管道、电缆等全都预留接口,并且管道接口全都朝外,一旦新增需要很方便就可以连接;我们的城市道路像拉拉链一样埋了扒、扒了埋的景象,在规划先行的城市是不会出现的。这样既节省成本,又方便了居民生活。

3. 厂区安保

中东地区也许有反恐、防恐的需要,在沙特进入每个园区都要接受武装人员严格检查,有时还要探测车上是否有爆炸物,每个厂区的安保措施也很严格。有这样一个细节设计:进厂时不是我们国内通常的弹簧门或栏杆,而是半圆形的钢制升降墩;安检完毕放行的时候,车辆都要向左打弯,因为直行方向都会有 2～3 个三角形的铁架子，车辆都自然减速慢行了。

4. 管理细节

我们早起赶飞机的时候在酒店门前发现一个细节：白天两边的行李坡道都是敞开的，但夜里只开一边，究竟是哪边开着呢？细节就在于，哪边的灯亮着哪边的行李坡道就是开放的。

以上在出访过程中的一些思考和感触，如果能为"十三五"的经济决策或石化业的健康发展带来某些启示的话，那就不虚此行了。

大到强创新为要　可持续责任为先*

应国际化工联合会（ICCA）的邀请，我们于4月10～19日到华盛顿参加其指导委员会的年会。会议结束以后，我们又参观访问了美国燃料和石化制造商理事会（AFPM）、霍尼韦尔、COOPER轮胎、宝洁公司、UOP公司，以及加拿大的兖矿煤业加拿大钾肥公司、加拿大钾肥出口公司（CANPOTEX）及其出口港等知名公司。这次访问让我深深地感到：我国石化工业要实现由大到强的宏伟目标，创新是关键要素；要实现可持续发展，责任关怀是必由之路。

出访国简况

（1）**美国**。美国国土面积963万平方公里，人口3.2亿，1776年宣布独立，只有240年的历史，是一个高度发达的资本主义超级大国，2015年GDP为17.97万亿美元，占世界总量（约80万亿美元）的22%，是中国（10.8万亿美元）的1.60倍。在世界500强榜单中美国企业有128家，销售收入8.69万亿美元，占500强总销售收入（31.2万亿美元）的28%；利润6623亿美元，占500强利润总额（1.67万亿美元）的40%。美国是世界第一的石化强国，炼油能力和年加工量都是世界第一，页岩气开采技术世界领先，由于页岩油/页岩气技术的突破，原油产量与沙特相当，重回世

---

* 这是2016年4月，傅向升同志带队参加ICCA指导委员会年会后，顺访美国、加拿大的出国报告的上篇。

界第一；众所周知的杜邦、陶氏、亨斯迈、伊斯曼化学等11家化工公司位列全球50强，占据22%的席位，销售收入2137亿美元也占全球50强总额（9613亿美元）的22%。

（2）加拿大。加拿大国土面积为998万平方公里，仅次于俄罗斯，居世界第二位，人口3560多万，华人约150万，英语和法语同为官方语言。加拿大是西方七大工业国家之一，2015年GDP约1.57万亿美元，继续列世界第10位，人均4.4万美元。制造业、高科技产业、服务业发达，资源工业、初级制造业和农业是国民经济的主要支柱。加拿大地域辽阔，森林和矿产资源丰富，矿产有60余种，其中钾世界第一（44亿吨）、铀世界第二（43.9万吨）、钨世界第二（26万吨），镉、镍、铅等储量也都列世界前列；原油储量仅次于委内瑞拉和沙特居世界第三，加拿大已经探明的石油储量约为2000亿桶（其中97%以油砂形式存在），约占全球已探明石油总储量的12%；其中油砂原油储量占全球探明油砂储量的81%；已探明的天然气储量为2万亿立方米。中国在加拿大投资主要集中在石油天然气和钾矿钾肥领域，中海油前几年成功并购了加拿大尼克森石油公司，中石油以及一些民营企业都在加拿大投资油气产业，投资石油资源的公司大都集中在阿尔伯塔省卡尔加里市；中川国际矿业公司和兖矿煤业以及一些民营企业都在加拿大投资钾矿进而生产钾肥，投资钾矿钾肥的公司大都集中在萨斯喀切温省萨斯卡通市，进展最快的要数中川国际和兖矿煤业，都已完成可行性研究，其中兖矿煤业280万吨钾肥（采用水采技术）的环评报告将于近日获批。中国是一个农业大国，目前农业使用的钾肥约50%依赖进口，去年我国进口钾肥共942万吨，其中逾200万吨来自加拿大。

收获与思考

我重点与读者交流在访问过程中了解到的美国公司是如何创新发展、

如何实施责任关怀行动以及企业品牌战略等,也许在"十三五"由石化大国向强国的跨越过程中能有所借鉴。

（1）**关于创新发展**。出访与交流过程中,所到企业的创新带给我的冲击力最强。去年十八届五中全会把创新置于"五大发展理念（创新、协调、绿色、开放、共享）"之首,国家实施"科教兴国"战略也有20多年的历史,去年发布的《中国制造2025》再次提出从"十三五"开始分三步走,努力实现由制造业大国转向制造业强国;刚刚发布的《石油和化学工业"十三五"发展指南》也将"创新驱动"确立为石化行业"十三五"期间重点实施的两大战略之一,足见创新的重要性及社会各界的重视程度。

近年来我国的创新成绩显著,尤其是航天、高铁等领域的成绩令人刮目。可在工业经济领域与发达国家相比,还有很大的差距,还有很多值得深入思考和健全完善之处,尤其是以企业为主体的创新体系差距更大,每年鉴定或获奖的成果很多,申报的专利数量已连续多年排名世界第一,可科研机构和科研人员重数量轻质量的状况没有从根本上改变。最近刚刚发布的"2015全球创新100强"中,日本有40家、美国有35家,却没有一家中国企业的身影（上年度发布时中国仅有1家是华为）。

这次出访美国企业对创新有了更新的认识,UOP公司是国内石化行业熟悉的技术公司,自1914年创建至今,在炼油、石油化工、气体加工和化工技术领域久负盛名,以其一流的技术、一流的工程设计和一流的技术服务在国际石化行业享有很高的信誉。有十几项技术世界领先,如连续再生式重整技术已在世界上建成150多套、加氢裂化技术已在世界上建成132套。UOP公司与中国石化行业的技术交流与合作已经有20多年的历史,其催化剂在石化行业大量应用,其中最为人熟知的就是丙烷脱氢制丙烯装置的建设,UOP设计的装置独占鳌头,我国现有的11套装置中9套是UOP的技术;另一个典型案例是变压吸附技术（PSA）,十几年前曾进入中国,但是当时西南化工研究院也开发成功了该项技术,并且西南院在竞标过程中由于吸附剂、关键阀门等技术水平相当、而报价更低,使得UOP接连几次竞标未果以后主动退出了中国市场,而最近UOP再次进入了中国市场,其吸附剂的吸附效率和操作压力更高,关键阀门的开启频率更高,使得吸附塔数量减半、投资大大减少，而连连在中国市场胜出。

　　这次访问过程中，UOP 的工程师告诉代表团：UOP 将继续以石化领域作为创新的重点，因为该公司预测到 2050 年石油储量的 2/3 还将在地下，这一预测对我原来的"石油枯竭论"的概念产生不小的冲击！UOP 的催化剂中试评价装置更让国内同行难以企及，在代表团参观的一间大型厂房里面整整齐齐地排列了多排催化剂评价装置，每两套为一组，陪同的工程师告诉代表团一行这样的评价装置在这个研发中心共有 100 套，除去该评价车间中的 60 套，另一个车间还有 40 套。我在国内也调研或参观过很多大型研究院、高等院校的催化剂研发或工程中心，也看到过很多催化剂的评价装置，但每个单位一般是小试评价居多，这种规模的中试评价装置难与 UOP 比肩。如此一来，其催化剂的评价效率和研发周期是不言而喻的，差距一目了然。

　　我们这次还专程访问了 COOPER 轮胎，COOPER 是北美第二大轮胎公司，是较早进入中国市场并与中国轮胎企业合资合作的外国企业，最近又控股了格瑞达公司，以高端轮胎和美国市场为首选目标。这次访问主要考察了 COOPER 轮胎的研发中心和磨具加工厂，研发中心内除了轮胎的普通分析测试仪器外，轮胎的多套台驾试验装备是一流的，可以设置不同的路况、不同的气候条件等进行轮胎性能与寿命测试；在磨具加工厂，设计工程师把研发中心发过来的胎侧或胎面的新花纹或设计方案进行再设计后加工成磨具，送试验车间加工出新的轮胎，经严格的轮胎性能测试以后，性能优异的投放市场。

　　另一个创新的案例就是此次访问的宝洁公司，它在全球有 28 个研发中心，其中 6 个位于总部辛辛那提市。从宝洁的博物馆了解到，两个女婿一个做蜡烛、一个做肥皂，一个姓的第一个字母是 P、另一个是 G，在岳父的建议下于 1837 年合并，即诞生了 P&G（宝洁），在 179 年的历程中一直是靠着创新，成为了今天世界第一的洗涤用品公司。

　　（2）关于责任关怀。"责任关怀"概念的提出已有 30 多年，这次在华盛顿参加国际化工协会联合会（ICCA）会议，其中一个很重要的议题就是责任关怀，当前 ICCA 正通过 59 个国家的石化协会共同努力在全球推进责任关怀行动,责任关怀的理念正在全球石化界日益成为共识。这次出访使我深刻地认识到,在发达国家和跨国企业责任关怀已经不仅仅是理念,已经成为企业可持续发展和运营管理的自觉行动。

这次访问霍尼韦尔、宝洁、固铂轮胎、UOP以及加拿大的Canpotex(加拿大钾肥出口公司及其所属的出口港区)时,与每一家交流履行社会责任的情况是必不可少的内容。最典型的要数宝洁公司,宝洁公司不仅保证自己生产、提供给市场和消费者的产品是绿色安全的,在供应链的把握上也严格要求供应商提供的原料生产过程必须符合绿色可持续的要求;例如洗涤用品用的棕榈油、包装材料用木材等,要求供应商的生产及砍伐方式都不能是破坏性的。由此引起我对"责任关怀在中国"的深思,2002年中国石化协会首次在中国石化行业倡导责任关怀行动,2005年起连续举办了几届责任关怀促进大会,2011年中国石化联合会成立了"责任关怀工作委员会",去年又组织430多家石化企业和园区签订了"责任关怀全球宪章承诺书"。随着绿色可持续发展战略的推进,责任关怀委员会的发起单位已由最初的56家发展到目前的97家,并有527家石化企业和园区签订了责任关怀承诺书,今年6月还将与ICCA共同在北京举办责任关怀高峰论坛(这次在华盛顿期间共同商定了会议的日程安排)。

"十三五"期间,石化联合会将携手ICCA和国际化学品制造商协会,将深入推进责任关怀作为一项重大战略决策,科学制定未来五年责任关怀的目标、任务和举措,认真梳理责任关怀中的差距和问题,通过责任关怀典型企业和园区的示范带动,大力开展绿色设计、绿色生产、绿色制造和绿色供应链,推动石化产品的全生命周期管理,引导广大企业大力开展节能降耗、减少排放、防止污染、循环经济、清洁生产、职业健康、社区沟通等,将绿色可持续发展的理念在企业落地,走出一条资源消耗少、技术含量高、质量效益好的新型石化工业的路子,真正实现发展方式向绿色低碳安全转变。

于竞争中合作　在沟通中共赢*

这次出访美国和加拿大，时间虽短，但收获很多。上期重点交流了对创新和责任关怀的一些收获和思考，这期想跟朋友们重点交流几点感悟和启示。加拿大是一个自然资源十分丰富的国家，真的可以用"地大物博"来形容，加拿大每年都有大量矿产品、石油、森林资源以及农产品（大麦、小麦、豆类等）出口，基本上没有深加工工业。访问加拿大期间，对企业间的竞争与合作以及建设项目的前期沟通，都让我陷入了深思之中。

（1）关于竞争与合作。有关竞争与合作的话题，很多人都习惯性地认为市场经济竞争是主旋律，实际上答案是肯定的也是否定的！肯定的就是资本主义市场经济发展的初期，企业间的竞争是主体、甚至破产就跳楼的现象也时有发生；另一个肯定的就是我国在产能过剩的今天，企业间的竞争真是到了白热化的程度，不论是国内市场还是国际市场，相互压价、恶性竞争的现象比比皆是，结果就是企业无利润、甚至是严重亏损，还给国家造成重大损失！再看看波音和麦道的合并，当空客产品投放市场的时刻，美国原来的两大飞机制造商宣布合并，这是着眼于国际市场的竞争而为之。加拿大共有3家氯化钾钾肥生产企业，其中加拿大钾肥公司（Potash Corp of Saskatchewan）是最大的、也是世界第一大生产商。除北美地区以外，加拿大钾肥全部由Canpotex（加拿大钾肥出口公司）销售，这家公司是加拿大3家钾肥生产企业共同出资组建的股份公司（并出资并购了一家温哥华的港口作为出口港，年吞吐量达1000万吨），负责北美地区以外钾肥市场的出口价格谈判与出口事宜，很好地解决了企业间在国际市场

---

* 这是2016年4月，傅向升同志出访美国、加拿大出国报告的下篇。

的竞价问题，对于国际市场上的竞争是以合作为主。如果我们的企业间也能像加拿大钾肥企业间的这种竞争与合作的话，无序竞争就可以很好地解决，更不会出现恶性竞争的情况，不仅可以较好地保证企业的利益，还可以更好地维护中国企业的海外形象，降低企业和国家的损失。

（2）关于建设项目的前期沟通。加拿大钾盐资源世界第一，约占世界的 1/2，是世界第一大氯化钾生产国，年产量 1100 万吨（第二是俄罗斯 740 万吨、第三是白俄罗斯 650 万吨，我国是第四 420 万吨），绝大部分用于出口。由于我国是农业大国，钾肥又是农业丰产丰收必不可少的肥料品种，但我国钾资源贫乏，主要集中在青海盐湖和新疆罗布泊。尽管我国已成为世界第四大钾肥生产国，但每年仍有 50% 的钾肥需要依赖进口（去年我国的钾肥进口量为 942 万吨，其中从加拿大进口超过 200 万吨）。近几年很多企业加快走出去的步伐，国家也提出要建立海外钾肥生产基地。兖矿煤业 2011 年走进加拿大、2012 年正式注册公司，在加拿大已拥有 19 个区块，超过 5364 平方公里，氯化钾资源品位高、储量大，经过三年多的努力，280 万吨的建设项目环评报告将于近日获批；这支团队远在异国他乡，心系兖矿集团的发展、心系祖国的钾肥事业，萨省经济部的官员告诉我们"他们春节都不回家，就是因为立下了'不出钾肥不回家的决心'"。无论是国内钾肥之需要、国际产能合作还是企业走出去，国家都应当支持这样的项目、支持这样的团队。在交流过程中了解到，加拿大对新建项目的环境评价非常严格，绿色可持续、对生态环境无害不容有半点含糊，整个项目的环评周期不低于三年，任何环节、遇到问题只看法律程序和环评结果（找熟人是没有用的）。兖矿的加拿大项目自 2013 年 1 月启动环评，2015 年 2 月提交环评技术建议书，2015 年 7 月提交项目环评报告。在项目环评启动的同时成立了"项目现场办公室"，环评启动已有 3 年零 3 个月，环评报告还没批（当时说近日可批），已经召开了三轮项目公开会，每次都有当地政府、社区居民、原住民等参加，主要就是介绍项目的情况；还要不定期地召开项目联席会，每次都是方圆 20 英里以内、每个村、每个镇都派 2 名代表参加，不定期地听取和了解项目的情况；项目所在地政府还成立了联合工作组，每月召开一次会，与项目单位沟通项目情况；项目现场办公室的工作人员必须时时在岗，随时接待当地村民，他们经常来喝喝咖啡喝喝茶，了解和询问项目的情况。听到这里我陷入深思：如果我们的建设项目前期都能像这样做到充分沟通、人们对项目产品能够正确认识的话，多地的PX事件不知是否还会发生？因此，我认为，科学论证、严格环评、媒体宣传、充分沟通不应只写在纸面上，而是要认认真真地做到了才能OK！

（3）关于品牌战略。品牌的起源要追溯到古代为方便识别而给马匹打的烙印，真正具有商品属性是从公元1200年的意大利开始的。伴随着商品经济的发展一路走来，越来越重要，今天品牌已成为人们对一个企业及其产品、售后服务、文化价值的一种评价和认知，是一种信任。品牌不仅是产品质量与信誉的保证，也是消费者对企业或产品核心价值观的认同。"世界品牌500强"的评选主要是根据品牌影响力的三项关键指标，即市场占有率、品牌忠诚度和全球领导力，对全球8000个知名品牌进行评分，最终推出世界最具影响力的500个品牌。2015年"世界品牌500强"榜单中有27个国家入选；从品牌数量的国家分布看，美国共228席、占45.6%，英国以44席居第二，法国以42席居第三，中国内地有CCTV、联想、海尔、中国移动等31个品牌入选，相对于13亿人口大国和世界第二大经济体，中国品牌的竞争力显然也属于"第三世界"。位列榜单第一的是谷歌，苹果位居第二，亚马逊继续保持季军的位置。

正因为品牌的重要性和特殊性，各国及其企业都十分重视品牌建设，都把品牌纳入企业战略的重要位置。品牌战略分单一品牌（统一品牌）或多品牌，大多企业采取统一品牌，如人们熟悉的苹果、三星、阿迪达斯、耐克、沃尔玛、宝马、波音、星巴克以及中国移动、中国联通等。但也有一些企业采用多品牌战略，如通用汽车就生产凯迪拉克、别克、雪佛兰、宝骏、霍顿、欧宝、沃克斯豪尔以及五菱等；最典型的要数这次去访问的宝洁公司，仅洗发水在中国销售的就有"飘柔""海飞丝""潘婷""伊卡璐""润妍""沙宣"等；香水也是品牌众多，最主要的有古驰（Gucci）、安娜苏（AnnaSui）、波士（HugoBoss）、杜嘉班纳（Dolce&Gabbana）、艾斯卡达（Escada）、登喜路（Dunhill）、来格仕（LACOSTE）、万宝龙

（MONTBLANC）等；另外还有护肤品、洗衣剂（液）等。同一品牌和多品牌不分伯仲，不同的企业根据自身产品制定相应的品牌战略，大多数企业都偏向于统一品牌，以便于资金、技术的集中，减少营销成本；而实施多品牌战略的公司虽然认识到运营成本高、风险大，但是也体会到其灵活性，便于市场细分，避免单一品牌一荣俱荣、一损俱损的情况发生。例如，国内企业中粮集团的多品牌战略做得比较成功。

（4）关于智能工厂。自20世纪90年代时任美国总统克林顿提出"信息高速公路"以来，信息化技术突飞猛进，信息化、智能化已深入社会、经济的各个领域，也深深地融入并深刻地影响着人们的工作与生活。此次出访对智能化又有了更加深刻的体会，代表团一行在华盛顿与霍尼韦尔进行了交流，并参观了其全球体验中心。霍尼韦尔是一家全球领先的高科技先进制造企业，年销售收入386亿美元，业务涉及航空航天、自动化控制系统、特性材料和工程技术（UOP就是其下属公司）、新能源以及安防领域。目前，该公司的亚太总部在上海，并在上海和武汉都设有涡轮增压技术中心和生产厂，我国的大型飞机C919所使用的机轮、轮胎和刹车系统就是由霍尼韦尔提供的；在安徽、浙江衢州、江苏张家港等地都有合资企业或生产基地，在中国的员工总数1.2万，其中科学家和工程师有3000多人，去年的销售收入达23亿美元，中国是自2013年以来公司在美国以外的最大市场。霍尼韦尔华盛顿全球体验中心将智能化充分展现，每一个展区前都有一个移动屏幕，只要移动到展示的内容前面停下，屏幕即刻自动播放和讲解所展示的内容；在体验其家居安防系统时，该门禁安防系统会自动对熟悉的人进行问答，而对陌生声音会自动开启视频识别系统，识别通过以后再自动开门。另一个智能化的案例是UOP公司，其体验中心展出了该公司的最新技术和国际领先的催化新材料、油品分离新技术、催化剂评价装置等，并将其都做成了展品放在展柜上，如果参观者想了解更详细的内容，只要把展品放在一个屏幕前，屏幕上即可播出其具体内容，与霍尼韦尔的智能化有着异曲同工之处。我国也有很多企业拥有自己的陈列室或展览馆，而当来访者希望了解该公司的发展历程时都需要通过讲解员来解说，两相比较差别即现。在加拿大Canpotex（钾肥出口公司）出口港考察时看到，该港口货物主要由三大部分组成——煤炭、粮食、钾肥，其中钾肥码头属于该公司，共三个钾肥仓库，每个库容10万吨，可以同时装卸三艘货轮，全部自动化装卸。关键是运输钾肥的专列是该公司专门设计的，专列进入码头、进入卸货通道，车厢缓缓驶过，车厢底部的卸料口打开，钾肥卸出，或直接装船、或进入仓库，产品自出厂全过程自动化，是一个系统工程。想一想国内很多企业的产品出口（例如化肥），产品在生产厂的包装线上包装成袋，到码头后因为是散装货船，又要把包装袋拆开装船，不仅多了操作工序，而且还造成包装材料的浪费。对此，我在考虑，智能化不仅是个体实现自动化，更要考虑系统性，"中国制造2025"提出的建设智慧工厂和智慧园区的方案，不知道10年后这些差距是否会因该方案的实施而消除？

在中日石化产经大会上的致辞*

金秋十月,中日两国石化行业的新老朋友相聚美丽的东京,回顾过去、共叙友情,展望未来、共谋发展。

(1)**中国石化产业呈现快速向好的态势**。金融危机以来,世界经济和全球石化工业遭遇到许多挑战,今年开始世界经济回稳复苏的态势趋于稳定,德国、欧盟、日本、美国等发达经济体复苏较好,欧洲化学工业呈现了7年来的最好时期。中国石化产业去年取得了超出预期的运行结果,今年上半年全行业实现了"三个快速,两个平稳",即:主营收入、利润、进出口总额"三个快速增长",生产和市场消费"两个平稳增长"。发展道路曲折而艰难。1~7月,全行业规模以上企业29025家,实现主营收入8.42万亿元,同比增长16.5%;利润总额4951.9亿元,同比增长45.8%;进出口总额3274.5亿美元,同比增长22.9%。在产业政策引导和市场压力调节下,传统石油和化工产品投资下降,专用化学品、化工新材料等高附加值产品投资保持增长,结构不断优化。

(2)**中国石化产品市场需求的潜力很大**。中国石化产业的产值和主要产品产量都位于世界前列,但产业结构和产品结构不合理的矛盾十分突出,大宗基础化学品产能严重过剩,化工新材料和高端专用化学品严重短缺,呈现出"低端拥挤,高端不足"的状况。尤其是"中国制造2025"的实施,以及民用客机、轨道交通等快速发展,化工新材料、特种化学品等配套需求市场更大。2016年,中国石化行业进出口贸易总额4778亿美元,贸易逆差1360.8亿美元,其中有机化学品进口总量5854万吨,进口

---

* 这是2017年10月,傅向升同志在中日石化产经大会上的致辞摘编。

总额450.4亿美元，合成树脂3182.5万吨，422亿美元；乙二醇去年进口757万吨，自给率43%；PX进口1236万吨，自给率44%。今年1～7月，中国石化行业进口总额2200亿美元，同比增长30.1%，化工产品进口总额970亿美元，增长14.4%；其中有机化学品进口额313.5亿美元，增长23.9%；合成树脂进口量增长5.4%，进口额增长13.8%；合成纤维单体进口量增长12.7%，进口额增长45.4%；合成橡胶进口量增长73.1%，进口额增长104.9%。

（3）**中日石化产业合作的互补性很强**。中国石化行业正在加大实施创新驱动和绿色发展两大战略，中日两国是一衣带水的邻邦，行业互补性强，中国是石化大国，而日本是石化强国，在2017全球化工50强榜单中日本有8家企业，销售额970亿美元，占50强总销售额的比例超过13%。特别是日本化工新材料、电子化学品等专用化学品和节能环保技术的优势更加突出，加上日本化工企业创新和转型升级、做强做优的成功经验以及管理和人才优势等，都对中国石化产业和企业的未来发展有着很强的借鉴作用。据不完全统计，去年从日本进口化工产品占进口总量前三位的就有20多种，占比50%以上的有5种，占比超过20%的有14种之多。今年上半年中国石化行业进出口总额2818亿美元。与日本化工产品的贸易额156.2亿美元，列第4位，其中从日本进口105.6亿美元。

"志合者，不以山海为远"。中国是日本最大的贸易伙伴，日本是中国第五大贸易伙伴，中日经贸关系已构筑起并形成了"互惠互补、互利共赢"的坚实基础和良好局面。随着全球石化产业新一轮技术革命和结构调整的深入推进，必将为中日两国石化行业开展合作创造良好的条件，中日两国应当抓住机遇，不断强化合作的力度，深化合作的广度，在双方共同努力下不断进步。让我们共同珍惜两国石化行业搭建的这个高层次的交流合作平台，进一步加强交流合作，为促进中日两国石化产业健康持续发展，为增进两国人民福祉作出新的更大的贡献！

收获与思考　创新与做强*

10月10～17日，我们出访日本和韩国，有发改委、工信部领导以及中石油、中石化、专业协会、石化园区的管理人员和辽宁、安徽、山东的企业家共计24人。在日本主要是参加"第三次中日石化产业大会"和"第四次中日石化产业政策对话会"，并顺访日挥、三菱、大金三家公司；在韩国主要是访问LG化学、SK Innovation 和韩国石化协会。

中日石化产业大会及政策对话会主要情况与收获

中日石化产业大会分为两个单元：第一个单元全体会议，主要研讨共同关注的宏观议题；第二个单元专题会议，主要研讨共同关注的专题内容。全体会议期间，中日双方共同交流和研讨了中日石化产业现状及发展方向、石化新材料创新与合作机遇、石化行业可持续发展与循环经济、应对气候变化的低碳行动，以及中日之间化学品贸易问题等；专题会议期间，双方就中日石化界共同关注的环境问题、VOCs治理政策及排放与治理、化学物质管理特别是危化品管理及新化学物质登记以及全球共同关注的海洋塑料垃圾污染问题等，广泛而深入地交换了意见。中日石化产业大会的主要收获如下。

---

* 这是2017年10月，傅向升同志带队出席中日石化产业大会及政策对话会后顺访日本、韩国的出国报告。

1. 对日本化学工业有了比较深入的了解

日本化学工业总产出43万亿日元，研发投入2.6万亿日元，约占6%；从业人数86万人，全球贸易额2900亿美元，居世界第三位；2016年设备投资1.8万亿日元。2016年进出口额中，化工出口8.8万亿，占日本总出口额70万亿日元的13%；化工进口额8.1万亿元，占日本总进口额66万亿日元的12%。在出口产品中，塑料及塑料产品占29%，有机化工产品20%，橡胶及橡胶产品12%，即这三大类产品占61%；进口产品中医疗用品占32%，有机化工产品19%，塑料及塑料产品19%，即这三大类产品占70%。2016年日本化工产品向中国出口居第一位，占总额的26.4%，韩国占14%，美国为11.4%，这三个国家占51.8%；日本进口化工产品中欧盟占33%，中国13.8%，美国17.5%，这三个国家64.3%。据经产省对18家化工企业的统计，从销售结构看，基础和通用石化产品占40%，功能化学品占34%，其他26%；从利润结构看，基础及通用石化产品占23%，功能化学品占45%，其他31%，可见功能化学品是日本化工企业的利润支柱。2016年日本化工产业经常利润2302亿日元，是历史第二，1990年以来历史最高在2006年，是2725亿日元；2016年的销售利润率为8%，过去10年的平均利润率是2.3%。

日本石化产业面临的主要挑战：一是北美页岩气乙烷裂解制乙烯对日本乙烯产业的影响，2014年以来已关停3套装置，产能约107万吨/年；二是日本功能性材料具有很强的竞争力，但市场占比在减少，如锂离子电池材料多年来市场占有率一直是世界第一位，但已由2008年的占50%下降为2014年的40%；三是为增强日本功能性材料的竞争力，不仅要加大研发投入，还要重视重组与集约，以避免过度竞争。

2. 双方达成多项共识

一是中日石化产业的互补性很强。中日两国一个是石化大国，一个是石化强国。在2017全球化工50强榜单中，日本有8家企业，销售额970亿美元，占50强总销售额的比例超过13%。特别是化工新材料、电子化学品等专用化学品和节能环保技术的优势更加突出，加上日本化工企业创新和转型升级、做强做优的成功经验以及管理和人才优势等，都对中国石化产业和企业的未来发展有着很强的借鉴作用。我出国前做了一个统计，去年从日本进口化工产品占进口总量前三位的就有20多种（居第一位的有碳纤维、乙丙共聚物等8个产品），占比50%以上的有5种，占比超过20%的有14种之多；其中占比最高的是间苯二酚70.5%，进口量最大的是PX241.9万吨，增长幅度最大的是苯，增长132%，去年PC从日本进口10万吨，增长22%。今年上半年中国石化行业进出口总额2818亿美元，与日本化工产品的贸易额156.2亿美元，列第4位，其中从日本进口105.6亿美元。经产省的数据：2016年日本化工产品向中国出口2.1万亿日元，其中塑料及塑料制品占35%、有机化学品占28%，这两大类即63%；2016年日本从中国进口化工产品1.4万亿日元，塑料及塑料制品占37%、有机化学品占24%、无机化学品占13%，这三大类即74%。

二是中日石化界的交流与对话十分必要。通过交流和对话探讨共同关注的问题，寻求合作的机遇，在相互借鉴和优势互补中促进双方石化产业的健康可持续发展。今后应该继续每年举办一次，把这个产业大会办成中日两国石化界交流沟通的一个高层论坛。

三是中日石化产业携手共进，为全球石化产业的可持续发展可以做更大贡献。因为中国石化产业总量13.29万亿人民币，日本43万亿日元，即中国2万亿美元、日本约4000亿美元，两国相加应大于全球石化产业的1/3，的确是一支重要力量。

3. 中日石化产业政策对话会的主要情况及收获

由工信部和日本经产省共同牵头，我们全团成员参加了"第四次中日石化产业政策对话会"，双方共同交流研讨了两国石化产业政策的现状及动向、研发政策、石化园区管理的经验等。双方都认为这样的交流与对话具有重要意义，深受两国石化产业界的欢迎，应当继续开展这样的对话，工信部与经产省初步就明年5月份在中国举办第五次对话会达成一致。

访问日本企业的主要情况和收获

参加中日石化大会和政策对话会前后,我们专程访问了日挥、三菱、大金三家日本公司。

1. 日挥主要情况及收获

日挥成立于1928年,是日本最大、世界领先的综合性能源石化工程公司,拥有高水平工程技术与卓越的项目管理能力,在全球80多个国家和地区实施了2万多个项目。近十年来,日挥承建了全球超过1/3的LNG产能,在陆上LNG和海上浮式LNG工程承包中业绩突出。近几年日挥又积极参与发电、节能环保和可再生能源领域的项目,还开展了油气资源开发、可再生资源利用、环境保护、碳排放权交易等方面的投资。

(1)日挥与中国。日挥自中日邦交正常化的第二年,即1973年进入中国,这次接待我们的竹内先生就是从那年开始带领日挥团队在中国开展业务,大庆30万吨/年乙烯、万华第一套引进的万吨级MDI都是日挥承担的工程设计,至今共在中国实施了80个项目,包括后来的茂名乙烯、中日间首个CDM项目——巨化HFC23等。日挥与中石油、中石化、中海油、中国节能、巨化集团都建立了良好的伙伴关系,自2013年开始,又与中国进出口银行、日本国际协力银行等金融机构共同为促进中国的环保事业和绿色发展提供资本性资金支持。

(2)在日挥的最大收获。日挥作为工程公司十分重视创新,有自己的研发中心,面向油气煤,专门从事化学、生物质、环境、生命科学、清洁能源等方面的研发,尤其是在催化剂方面,其炼油催化剂、VOCs处理催化剂、净化剂以及脱硫脱硝等方面优势突出,高纯硫化氢和硫氢化钠的脱除率达99%以上,在中国和韩国已应用。日挥与三菱公司合作研发的二甲醚技术在德国已应用;与三菱化学合作的甲醇制丙烯技术(DTP),其丙烯产出率大于70%;并且正在开发面向未来的技术,如纤维素乙醇、乙醇制丁二烯、乙烷制苯以及低温低压氨分解制氢等。日挥还在进行HSE风险管理、工艺设备问题诊断和改善、防治 VOCs 污染的研究等。这是与国内工程公司最大的区别。

2. 三菱化学的主要情况及收获

三菱化学的成立要追溯到 1950 年，1994 年三菱化成与三菱油化合并为此称谓，2005 年三菱制药并入，2014 年 11 月并购大阳日酸，今年 4 月又将三菱树脂和三菱丽阳并入，现由三菱化学、三菱制药、生命科学、大阳日酸 4 家子公司组成。去年销售收入 234 亿美元，世界 500 强企业，2017 全球化工 50 强中列第 9 位，现为日本第一位的化工公司。产品聚焦于功能材料、基础材料（素材）、健康保健三大领域，功能材料包括高性能薄膜、工程塑料、碳纤维及其复合材料、锂离子电池材料等；基础材料（素材）主要包括基础石化产品、聚烯烃、MMA-PMMA、工业气体等；健康保健包括医药、医药中间体、诊断试剂、疫苗等。当前的研发重点集中在环境、能源、健康医疗、电子、IT、生活。该公司主打品牌是"KAITEKI"，即"超越时间，跨越世代，人与社会和地球间舒适的状态"。

在三菱公司的主要收获：未来创新！三菱化学首席技术专家濑户山先生为我们主讲了"21 世纪世界需要什么？科学／化学的目标应该是什么？"，首先从"世界将如何改变？日本将如何改变？"讲起，以日本和三菱为例去探究"我们应该去创造什么？应该怎样去创造？"。对 2040 年世界和主要经济体的经济增长、人口动态、全球能源消耗及新能源占比、各种能源的成本都作了预测，对 2100 年的地球和人类生存环境以及碳减排目标作了预测，最后得出一句话：21 世纪不能再考虑以煤为原料！参观三菱化学"舒适广场"时看到三菱化学的创新产品和高端化学品琳琅满目，仅高端膜产品就有水处理用膜、光伏发电及其蓄电池的隔膜、高浓脱水膜（可用于酒精、溶剂等）、食品包装膜（6 层结构，保鲜时间长，外观既可以像高档纸用于奶制品、也可以像玻璃瓶用于葡萄酒，且是完全降解的）；特别是了解到：生物法聚碳酸酯工程塑料已经产业化，其产品比现有双酚 A 法的聚碳酸酯透明性和光学性能都更好。氧 18（^{18}O）特种水（主要应用于核医学成像、生物医药、环境监测等方面的示踪剂，其制备方法一种是以天然水为原料经精馏、电解及贵金属催化反应制得；另一种以 H_2 和 $^{18}O_2$ 为原料制备，就是先制得 H_2 和 $^{18}O_2$，然后再混合在无催化剂的条件下经等离子反应制得）、细胞修复材料（MUSE）、生物可降解塑料等，都给我们留下深刻的印象。

然后重点介绍了他们正在开展的"人工光合成项目"，这个项目是三菱化学承担的日本国家项目，起止 2012—2021 年，共 10 年，濑户山先生说"列为国家项目前已经研发了 10 年，预计 2021 年后实现产业化还需要 10 年"。这个项目是通过阳光分解水产生氢气和氧气，经分子筛分离，再以氢气和氧气为原料与二氧化碳和甲烷反应合成化学品。这个项目的关键是涂覆法制备的光催化剂，为了提高催化剂的效率涂覆在像牙刷一样凹凸不平的板上，去年底的转化效率已达到 3%，如果达到 10% 就可具经济性。他们设想：以这样获得的氢气与电厂/钢厂/焦化厂等的二氧化碳、氧气与甲烷反应以后制得合成气（CO/H_2），经合成气制烯烃（GTO）技术制得乙烯/丙烯/丁烯，进而生产高附加值化学品。

3. 大金公司主要情况及收获

大金工业株式会社，可以说是大阪金属工业株式会社的简称。创业于 1924 年（大阪金属工业所），1935 年开始生产氟利昂制冷剂，第二年开发日本第一台冷冻机，即开始了空调事业，多年位于世界空调第二位，于 2011 年初并购了 1 家美国公司成为世界空调第一。去年销售收入 20439 亿日元，在 150 个国家有 13 个基地、245 家工厂；在日本本土的收入只有 25%，海外占 75%。现有三大业务板块，空调占 89.8%，氟化工 7.7%，其他（油压机械、电子系统等）2.5%，可见主业非常突出。海外员工 6.7 万人，其中中国员工超过 2 万人、占比最高（29%），日本员工只占 19%。最近刚刚宣布研发出全球唯一的无给水加湿新技术。

访问大金的最大收获：创新无处不在。走进大金创新中心，第一深刻印象就是大堂的前厅，头顶上繁星点缀、云层高挂，刚步入陈列馆，首先映入眼帘的是挂在墙上拆解的空调部件，可仔细观察，通过灯光投射，却是一个奔跑的人；楼层的设计也别具风格，第三层是"知识森林"，专为客户设置，专门听取客户的创新需求，第四和第五层是创新人员和设计人员的工作层，大开间、全透明，第六层是未来创意空间，室内轻松舒适的氛围萦绕着你，放眼窗外是满眼皆绿，可以让人无限遐想。第二深刻印象是人与自然和谐相处，创新中心的整个空气循环全靠自然风，室外专门种植了一片四季皆绿的树林，通风系统把树林的清新空气源源不断地送入楼内；另一个是整个创新中心的设计"零能耗"，靠楼外和楼顶的太阳能发电系统供电，现已满足70%的用电；再一个是与周围居民的和谐相处，墙外紧邻厂区就是居民区，每天观察风向以确保万一发生事故居民的安全，还会定期培训、举办开放日、与居民沟通、举办活动（樱花节、纳凉节等）。第三深刻印象是协同创新，大金的协同创新与其他企业、高校或研究院所协同创新不同，在大金创新中心内，把原来分散在多处的空调、化工以及电机、风扇、配件和设计等各研发中心集中到一起，组织起大金内部的协同创新，这与我们强调的专业化、精细化有着本质的不同。

访问韩国的主要情况和收获

在韩国我们访问了LG化学、SK Innovation和韩国石化协会。

1.LG化学的主要情况及收获

LG化学成立于1947年，现已成为韩国最大的综合性新材料及能源企业，去年销售收入181亿美元，列2017全球化工50强第12位。业务主要集中在石油化工、电池、电子信息材料、生命科学、农业五大领域。我们主要访问了LG技术研究院，该研究院位于"韩国硅谷"大田市，该院下设中央研究所及基础素材、电池、信息电子、材料、生命科学共6个研究所，研发人员5300多人。

主要收获：LG化学的首席技术官柳振宁带领几位所长接待了我们。交流获知：LG化学的ABS、SAP（2008年开始研究，2015年开发出纳米

SAP）、合成橡胶、信息电子材料（尤其是光学用膜、3D 电视材料、LCD 专用偏光板是韩国最早商业化的，偏光板领域世界排名第一）以及碳纳米管、生物可降解材料等都具有很强的竞争力；优势最突出的是 LG 化学显示器材料的 OLED 和电池的正负极材料，这两个领域都是当前世界领先水平。技术人员向我们展示了用 LG 化学的电池造的全电动赛车的底盘和当年取得冠军的视频，据介绍自 1999 年开始研发锂电池，2000 年开始电动汽车用锂电池研究，去年开始生产第二代汽车用锂电池，明年将开始生产第三代锂电池，第三代锂电池的一次充电里程将达到 500 公里，现代、沃尔沃、通用、福特、奥迪等车型都用 LG 化学的电池，现全球约有 60 万辆电动汽车用的是 LG 化学的电池。当然，我们也了解到，LG 化学 2014 年并购了美国的 $NanoH_2O$，正在扩展海水淡化业务；已开发成功 PLA，但是没有建生产装置，给我们的解释是经济上还不过关。

2.SK Innovation 主要情况及收获

SK Innovation 前身大韩石油公社成立于 1962 年，70 年代是带动韩国经济发展的主力军，1982 年国有股份退出转为全民营，1997 年更名为 SK 株式会社，2007 年更名为 SK 能源，2011 年更名为现名，重在创新；业务涉及石油开发、炼油、化学、润滑油以及新能源，去年销售收入 66 亿美元，2017 年全球化工 50 强列第 46 位。

主要收获：交流中获悉，SK 与中石化合作了武汉乙烯，现正在与北京电工和北汽开展电动汽车用电池的合作。SK 与 SABIC 合作有高性能聚乙烯 23 万吨 / 年产能，SK 的高等级沥青、润滑油及其基础油具有很强的竞争力。SK 当前特别重视电动汽车用锂离子电池的研发，是韩国第一家、世界第三家开发成功锂离子电池核心部件——分离膜的企业，2005 年底第一条生产线投产，现有 9 条线生产 IT 设备专用分离膜和电动汽车电池专用耐热分离膜；SK 是首家高能量密度三元系材料锂离子电池制造企业，与现代汽车、北汽、戴姆勒等知名汽车商签订合同，不断扩大其电池业务。

3.与韩国石化协会交流的情况及共识

韩国石化协会的林承允常务副会长带领几位部长跟我们见面和交流，

双方分别简要介绍了两国经济及石化产业的情况,并就中韩两国石化行业未来的合作进行了探讨。双方都认为:一是都对这两年中韩两国石化行业交流的中断表示惋惜;二是应尽快恢复中韩石化产业的交流与沟通,最好从明年开始恢复,这次见面后由两国石化协会就具体事宜进一步磋商;三是中韩两国石化产业互补性强、合作前景好,出国前我也根据海关数据做了统计,去年中国从韩国进口石化产品排前三位的有 31 种,列第一位的就有 17 种;石油沥青、PX、丙烯、丙烯腈、聚丙烯以及 POM、PC、PMMA 等都列第一位,去年从韩国进口量最大的是 PX,进口了 584.5 万吨,占比最高的是石油沥青占 75.8%,增长最快的是 MMA 和二辛酯,都增长约 1.4 倍。今年上半年,中韩石化产品贸易总额 221 亿美元,列各国第二位,其中从韩国进口 165.2 亿美元,列各国第一位,中国向韩国出口 55.8 亿美元,列各国第二位。可见其互补性强、合作的潜力大。最后,中韩双方都认为:如果中日韩石化产业界携手的话,通过共同交流与沟通,不仅三国间可以相互借鉴、合作,而且为全球石化产业的可持续发展将发挥更为重要的作用!

主要体会和启示

我们这次出访,除了以上业务方面的主要情况和收获,还有很多体会和启示。

1. 主要体会

(1) 中日韩三国石化产业当前的发展阶段和发展重点都不同。 从发展阶段看,我认为日本石化产业应该与美国、德国等少数几个国家一样,属于第一梯队的石化强国;韩国应该与法国、意大利等国家一样,石化产业的整体水平属于第二梯队;而我国石化产业就整体技术水平看,与日本、韩国都有一定的差距。从当前的发展重点看,我们虽然也强调结构调整和转型升级,但效果都不尽如人意;我们现在仍把大量的财力、精力用于大力扩建大型石化装置和煤化工,无论是增产 PX、乙二醇、乙烯、丙烯,还是"逢煤必化"大力发展煤制油、煤制化学品,我们当前考虑的仍然是大宗基础化学品的增量与发展。而日本经产省及化工和石化协会、韩国石化协会的政策关注点,特别这次访问的几家化工公司,都把化工新材料(汽车轻量化新材料、高端膜及材料、生物降解材料等)、功能化学品(日本化工产业利润的支柱)、新能源及其新材料(电动汽车电池及其新材料、光伏发电用隔膜、绝缘膜等)以及健康保健产品(营养保健品、医药及其中间体、生化制品、诊断试剂等)作为重点研究方向。这是这次访问过程中体会最深的日韩石化产业的相同之处,也是与当前中国石化产业的不同之处;这种相同与不同之处,也就决定了各国产业的竞争力及其所处的发展阶段和整体技术水平。

(2)日韩企业更注重未来。这一点体会是最深刻的,我这个报告也充分体现了这点,因为通篇都是"创新、创新、创新"。这一点在三菱公司展现得最充分:三菱化学的首席技术官濑户山先生给我们讲的题目就是"21世纪世界需要什么?",通篇的预测都是基于 2040 年、2100 年,并告诉我们:从 2015 年开始,三菱化学专注于创造新业务的重点集中于"健康保健解决方案、新一代农业、高性能新材料、有机光半导体和有机太阳能电池等"。他们认为:瞄准 10 年、20 年后进行颠覆性创新,必须有长远的眼光和坚定的决心。他们正在开展的太阳光分解水制氢和氧,到今年已进行了 15 年,待 2021 年国家项目结束,产业化可能还需要 10 年,他们正坚定地推进,并且每年都取得新进展。这次访问的韩国 LG 和 SK 也是一样,都是瞄准了未来竞争力强的新材料和功能化学品,LG 化学的 OLED 全球领先,是唯一从材料做起到成品的全产业链企业;我觉得很有意思的是:LG 和 SK 都在主攻电动汽车用锂离子电池,都是从原料到集成的全产业链,都说自己是全球最好的(LG 添加了碳纳米管,SK 则用了高能量密度三元系材料)。相较于我们的很多企业,还处在去产能中阵痛、还处在转型升级中徘徊,甚至有的还在为恶性竞争苦恼的时候,差距是明显的。

(3)日本政府尤其重视年轻科学家的培养。在与经产省的产业政策对话会上了解到,日本首相下设综合科技及革新会议,之下经文部科学省、经产省及其他省厅主管,文部科学省以支持大学为主,经产省以支持企业为主,这两个省的研发经费又主要分为4大块,其中以培育年轻研究员为主的研发经费约31亿美元,为解决能源和环境问题的研发经费约13亿美元,医疗领域研发费用约12.6亿美元,其他的国家战略项目约10.1亿美元。由此可见,日本政府每年用于培养年轻科学家的研发经费最多,对年轻科学家的培育予以高度重视。

2．几点启示

这次出访,除了业务的收获和工作体会外,一些细节也带给我很多启示和感悟。

(1) **稳定与创新**。创新的重要性大家谈得很多,但如何创新和在什么样的氛围下创新?这次出访也带给我一些思考。无论是在大金研发中心,还是在LG化学技术研究院,我们听到和感受到最多的是:一定要给科技人员一个轻松、益于遐想的工作环境和工作氛围。LG化学这些年的进步之快,OLED材料、电动汽车用锂离子电池都属国际先进水平。这次走进LG化学技术研究院,地处"韩国硅谷"大田市(SK Innovation近在咫尺),整个工作环境就像一个公园,背山面水(楼前是一个很大的可以垂钓的人工湖),也许是秋天的缘故院内五颜六色纷呈。用餐时有关工作经历的一段聊天,也让我感慨良久:

"您在LG工作多少年了?"

"37年,从1981年参加工作起。"

"您任院长多少年了?"

"13年。"

"您的前任多少年?"

"11年,前任的前任14年,我们这个研究院成立38年来,我是第三任院长。"

"像您这样,在LG工作这么久的人多么?"

"不少!您右边的权所长(权宁云,中央研究所所长)也是30多年,正因为我们的这种稳定性,保证了LG化学的创新稳定性和高品质。"

然后，他们跟我讲了一段话：年轻人选择到 LG 之前，会问我们这些老同志在 LG 工作的怎么样？我们工作的好坏对年轻人有着重要影响，我们不仅会告诉他们工作得怎么样，还会每天都以很饱满的工作热情和很幸福的样子展现在岗位上，对年轻人起到榜样的作用！听到这段话首先让我想到的是"这就是 LG 化学的文化！也许就是 LG 化学的精神与传承！"。同时这段话带给我的是深思：我也是如此吗？我周围的同事们也是如此吗？我们国内很多研究院所的领导团队和创新团队，又有几家能够做到如此的稳定与传承呢？

（2）交流与坦诚。我们这些年国际交流和互访很多，无论是国际组织间还是企业间都很多，我的一个感觉是与欧美交流，尤其是与德国企业间的交流都是很坦诚的，可以说不再像以前"谈一半、留一半"。这次出访日本和韩国，总体感觉是比较坦诚的，交流是广泛、深入、务实的。但相比之下，日本比韩国更坦诚，无论是日本化工协会、石化协会还是访问的各企业都做了充分的准备，无论是接待团队的业务能力还是规格都很高，产业大会、政策对话会还是各企业都准备了比较详细的资料；可韩国就不一样了，倒是都准备了 PPT，但都没有纸质资料，会后也明确不给资料。也许这就是：越发达越开放，越发达越不怕别人超越！

（3）细节与质量。"细节决定成败"无时无处不体现。这次出访的圆满，最重要的是行前大量的和认真、细致的准备，石化大会的每一个议题都是经过中日双方多次协商后拟定，双方都围绕拟定的议题做了认真的准备，双方的报告都分别准备了中日文本，日方也高度重视这次会议，化工协会的石飞修会长、石化协会的淡轮敏会长以及 3 位副会长和 50 多位企业家参会，会议的报告人和报告的质量都得到了双方的高度认可。拟定访问的企业，国际部都提前告诉对方我们想重点了解和交流的内容，我们到了才感受到，被访问企业无论是接待团队还是交流的内容都了做非常认真的准备，尤其是各企业的中方联络人这次都专程到日本接洽，更保证了这次访问的成功，也让我们访问团感动。

美墨短暂行　感触启示多*

3月17～25日，我们以企业家为主的代表团一行15人，到美国休斯敦参加"2018世界石化大会及中国论坛"，并顺访美国和墨西哥有关政府部门和跨国公司，访问取得圆满成功。现将这次访问的简要情况和颇多感触与大家分享。

2018国际石化大会及中国论坛的情况及启示

1. 简要情况

2018国际石化大会3月21～22日召开，21日上午的全体大会约有1600人参加，分两个时段。上半时段主讲全球经济展望、全球原油展望、全球化学工业展望；下半时段主要是各跨国公司高管分别就公司发展、全球市场、塑料污染等情况作演讲。

23日上午，2018国际石化大会举办中国论坛专场，约400人参加，首先是"中国石化产业正迈向高质量发展新阶段"的主旨演讲，然后分别是中石化、科莱恩、IHS Markit、中石油就中国石化发展、跨国公司在中国、中美贸易、中国煤化工和石化产业复兴等议题展开演讲。中国论坛活动取得圆满成功，使跨国公司对中国石化产业的现状与未来及其发展机遇等都有了比较全面和深入的了解，并就跨国公司关心的环保政策趋紧对石化产

---

* 这是2018年3月，傅向升同志带队在休斯敦参加2018世界石化大会及中国论坛并顺访美国、墨西哥的出国报告。

业的影响、原油指标放开带来的竞争与影响等情况作了解答。

2. 2018 国际石化大会及中国论坛的重要启示

大会及论坛共两天半时间，包含了海量的报告和信息。有的是从全球经济形势、全球石化产业的宏观视角，更多的是从跨国公司、咨询机构的角度，谈宏观、谈微观、谈现状、谈未来、谈潜力、谈机遇。参加今年的会议，我主要有三点启示。

一是普遍对 2018 年经济持乐观态度。IHS 首席经济家预测今年全球经济增长将达 3.4%，美国将达 2.7%、高于去年的 2.3%，新型经济体 5%、高于去年的 4%，中国将达 6.7%、高于中国政府 6.5% 的预期。有的也提到 2018 年存在英国脱欧等不确定性因素，尤其是谈到美国现政府的贸易保护主义政策，认为这些会对 2018 年的全球经济带来不确定性和不利影响，但总体上都认为 2018 年全球经济将普遍向好。发言嘉宾还谈到，随着包装业、汽车轻量化等制造业的发展，尤其是中国、印度等新兴经济体的快速增长，全球石化产业也进入较快的增长阶段。当然，也有的报告人预测今明两年增速较快，2021 年前后可能会转入下行通道。

二是普遍看好中国因素的带动作用。IHS 的经济学家、咨询专家以及跨国公司的高管人员，普遍看好中国经济和中国石化产业的发展对全球经济和世界石化产业的带动作用，科莱恩北美地区 CEO Deepark 先生认为中国的规模和市场需求巨大，未来全球化学品增长的 45% 来自中国，中美占未来化工市场 2/3 的增长；IHS 全球商务高级副总裁 Maik 先生认为基础化学品的新增产能主要在以中国为首的亚太区，2018—2022 年基础化学品全球产能将再增 1.18 亿吨，其中 60% 来自中国为首的亚太，20% 来自北美，10% 来自于中东，其他地区的增长仅有 10%；即中国大幅增长，美国微增长，沙特、印度、伊朗和韩国都将较大幅度增长，而欧洲是基本持平。

三是普遍对贸易保护主义持批评态度。2018 国际石化大会召开期间，恰逢 3 月 22 日特朗普签署对中国输美产品征收关税的总统备忘录。因为消息早就满天飞，起初许多人还在猜测特朗普签字的可能性。当消息落实后，"中美开打贸易战""征收关税备忘录执行以后对石化产业影响几何？"

等都成为参会人员关注的焦点。不论是全体大会的报告人,还是中国论坛上的演讲人,都对美国当局的贸易保护主义政策一致持批评态度,有的表示美国当前的贸易保护主义是世界经济增长的最大障碍,美国贸易政策对2017年来刚刚出现的普遍向好全球经济将造成不利影响。参会人员几乎都表示出最大的担忧、甚至恐慌。

这次出访的主要感触和启示

除了参加2018国际石化大会及中国论坛活动外,这次出访同时访问了8家跨国公司和政府部门,另与4家公司进行了小范围的对口交流。每一家接待单位都十分重视这次访问,经过认真准备,交流很具体、深入、充分;中方代表团的每一位成员都认为时间紧、日程满、收获大。这些感触和启示,有些是事关全行业的,有些是在国内长期思考未有答案的,也有些是当前石化产业的热点。

(1)**中国市场对全球石化公司有着很强的吸引力**。跨国公司都高度重视在中国的发展,科莱恩在专用化学品、生物质能源、可持续发展等方面在中国取得了显著的业绩和增长。KBR是20世纪70年代进入中国最早的公司之一,当时共有8套大合成氨装置和80年代的兰化第一套大乙烯都是KBR的技术,去年KBR在中国取得了有史以来的最快增长和最好效益。霍尼韦尔与中国已经在汽车涡轮增压、C919起落架、金茂大厦等建筑节能以及工业智能控制等方面有着良好的合作,国内很多炼油装置和近几年新建的丙烷脱氢装置大都采用霍尼韦尔UOP的催化剂和技术,下一步霍尼韦尔将在特种材料、智能工厂建设等方面加强与中国的合作。西湖化工正在研究和论证将太仓工厂PVC糊树脂的产能扩大一倍。埃克森美孚的高性能聚烯烃,尤其是茂金属聚乙烯的主要目标市场在中国。

当然,中国随着高端制造、汽车工业、电子电器以及轨道交通、大飞机等重要领域和重点工程的推进，对石化产品、尤其是化工新材料和专用化学品的巨量需求，更是跨国公司高度关注的。2017年，中国石化产品进出口贸易总额5834亿美元，其中进口额3904亿美元；中美石化产品贸易总额476.5亿美元，从美国进口额225亿美元；中欧石化贸易总额545.6亿美元，从欧洲进口额277.8亿美元；中日石化贸易总额324.1亿美元，从日本进口额218.4亿美元；中韩石化贸易总额463.8亿美元，从韩国进口额345.3亿美元。据统计有些产品进口量大、增速快，原油进口4.2亿吨，有机化学品进口6223万吨，都创历史新纪录，合成树脂进口3196万吨，消费总量超过1.1亿吨。其中聚乙烯进口1179万吨，乙二醇进口875万吨，PX进口1443.8万吨，还有专用化学品、化工新材料中的工程塑料、膜材料、特种纤维材料等大量靠进口。当跨国公司看到这组数据的时候，都表现出对中国石化产品市场的浓厚兴趣，也表现出与中国石化领域合作的良好愿望。

（2）中国石化企业海外投资建厂正在积累经验。当我们已连续8年位列世界第二石化大国的时候，走出去到海外投资建厂已经被企业提上了议事日程，也是中国实现石化强国的必然选择。中国石化企业在海外并购、海外建厂、合资合作、工程承包等方面已取得不菲的业绩，也积累了大量的经验。与墨西哥经济部和国家石油公司的交流中了解到，墨西哥"能源革命"正在推进和深化，在第一阶段国际性招标中，中海油中标2个浅海区块；五环工程公司已中标墨西哥"5080"以天然气为原料的大化肥项目，目前正在开展前期工作。与美国路易斯安那州投资局的交流中，感受到对吸引中国投资的高度重视，跟我们交流的州经济部国际商务执行主任柯林思先生刚刚从中国回去，他每年都会几次到中国回访已投资的企业、宣讲并吸引新的投资，对中国很熟悉。他"认真"地告诉我们：他可以闭着眼睛从烟台走到菏泽。同时也了解到万华化学在路易斯安那拟投资建设的MDI项目厂址已经选定，条件基本谈妥，正在进行工艺包审查。

3月18日，我们专程考察了玉皇化工（美国）公司在密西西比河畔的施工工地，正在建设180万吨甲醇项目，共征地1200英亩，一期工程用地300英亩，概算投资18亿美元，主要是利用墨西哥湾丰富的天然气资源和成本优势、能源优势及其毗邻密西西比河的港口优势，现在的方案是 70% 当地销售、30% 面向中国或世界市场；该项目打桩基本完成，计划于 2020 年 3 月建成投产。

在深入交流中得知，该项目的前期花费了大量时间，公司是 2013 年初在休斯敦注册，经过了 2 年时间选址，环评又用了 1 年多时间，中方人员表示：该项目如果在国内建设早就建成投产了，而在美国打桩尚未完成。该项目的选址也走了一些弯路，开始时由于不熟悉当地的情况，按照推荐人的意见选定了一块地并交付订金；但当聘请了项目负责人后，项目负责人经过考察坚持"损失订金也要另选"，最后选定了毗邻密西西比河、天然气管道近、已有液体储运码头的现址。与玉皇的交流带给我们的最大启示是：项目负责人非常关键！玉皇自 2013 年初在休斯敦注册公司，已经过去了 5 年，自从选定了现在的（美国）公司总裁兼首席执行官姚先生，不仅项目的进度大大加快，而且选定了更具优势的现址。姚先生是美国留学的博士，长期在国际知名跨国公司壳牌任职，拥有 25 年石化行业的实践和管理经验，尤其是具有大型石化项目建设和管理的经验，不仅熟知美国的法律法规和石化项目建设要求，而且还可以直接与议员对话。

（3）**中国上马乙烷裂解制乙烯项目须慎重论证**。烯烃原料轻质化是当今石化产业的发展方向，由于其工艺简单、成本优势明显，尤其是随着美国页岩气革命和页岩油气的大量生产，近几年丙烷脱氢制丙烯和乙烷裂解制乙烯的产能迅速增长。原来全球 95% 的乙烯靠石脑油裂解，目前这一比例已经下降到 42.5%，而乙烷裂解制乙烯已成为第二大来源，占比约 36.2%，预计 2021 年乙烷裂解占比将提升到 40% 以上，而石脑油法将进一步下降到约 37%；丙烷脱氢制丙烯的发展势头也很好。中国丙烷脱氢制丙烯装置已投产 12 套，总产能约 657 万吨；中国乙烷裂解制乙烯去年快速升温，现在国内正在建设的是新浦化学在泰兴精细化工园的 120 万吨装置，另有 7 套拟建设的装置，乙烯规模 100～200 万吨/年不等，这 7 套装置建成以后乙烯总产能 1150 万吨/年，需要原料乙烷 1500 万吨/年。目前看所用乙烷原料除新浦化学已经落实外，其余企业都是依靠美国供应，有的企业宣称已经与美国的一家公司签署了供货协议。

我们这次访问了解到：一是美国自身正在加快发展乙烷裂解制乙烯产业，从去年开始美国将新增 7 个乙烷裂解制乙烯项目，新增产能约 800 万吨，自身对乙烷的需求量很大。二是美国目前的乙烷出口主要面向欧洲，前一阶段又与印度信诚签订了供应协议。我们在墨西哥经济部访问时又了解到，墨西哥也正在筹划建设一套 150 万吨/年乙烷裂解制乙烯的装置，所需乙烷也是靠美国进口；2020 年前墨西哥湾剩余出口到亚洲的乙烷总量不足 200 万吨。我们与路易斯安那州经济发展部交流时，就美国乙烷出口量专门进行了咨询，其国际商务执行主任柯林思先生明确告诉我们"出口量很少，因为自己还不够用"。三是访问过程中了解到乙烷出口需要专用管道、码头和专用运输船，柯林思先生还告诉我们：由于美国目前没有大量乙烷供出口，这些设施在墨西哥湾地区尚无建设计划；同样使用乙烷的地区也需要建设专用接收码头和设施。鉴于以上情况，希望拟建设乙烷裂解装置的企业能够在科学论证的基础上慎重决策。

（4）自主原始创新是迈向石化强国的关键要素。中国石化产业大宗基础化学品严重过剩的状况，要求我们必须尽快实现由石化大国向强国跨越。中国石化产业的总体水平与美国、德国、日本这些第一梯队的国家相比还有较大的差距，尤其是在创新能力和化工新材料、专用化学品领域差距更大，所以，我们将"创新驱动"列为中国石化产业"十三五"的"两大发展战略"之一。这次访问过程中，我们再次感受到自主创新和原始创新的重要性，再次感受到先进技术是买不来的。埃克森美孚与陶氏化学的茂金属聚烯烃技术是全球最先进的，我国自 20 世纪 90 年代开始就组建国家聚烯烃工程中心，主攻茂金属聚烯烃技术，二十多年过去了始终没有形成自己的连续稳定的规模化生产装置。埃克森美孚在新加坡建有工业化生产装置，产品主要销往中国，因为近几年中国高性能聚烯烃尤其是茂金属聚乙烯和聚丙烯及其弹性体主要靠大量进口满足市场需求。

我们这次专门与埃克森美孚的创新团队探讨技术许可事宜，答案是目前没有对外技术许可的打算。另外，前年我们从媒体上获悉，埃克森美孚已开发成功世界最先进的原油直接制烯烃的技术，并在新加坡建设了全球唯一的一套百万吨级的生产装置，交流过程中我们专门谈到：媒体报道是否属实？运行情况如何？是否可以技术转让？他们讲"确实在新加坡有这样一套装置，目前正在优化过程中，现在还没有对外技术许可的安排"。这就像20世纪90年代开始，我们一直在寻求引进当时世界上最先进的技术，一项是杜邦的氯化法钛白粉技术，另一项是重要的工程塑料光气法聚碳酸酯技术，我们历经近三十年的多轮谈判，甚至经历了多次反复，却始终未获技术转让。当然，我们与KBR的交流过程中，KBR作为技术型公司，现拥有的蒸汽裂解和催化裂解最新的优化技术和催化剂、悬浮床加氢技术、苯酚丙酮及双酚A和聚碳酸酯技术、最新的固体酸烷基化技术等，都在中国进行积极的推广和转让。尤其是MTBE转产异辛烯技术，针对中国MTBE全球产量第一、面临乙醇汽油推广带来的市场影响，正在积极寻求新的出路，转产异辛烯可以利用原有生产装置和设备改造实现。总之，我们不能把技术进步寄托于技术引进，应当加大"创新驱动战略"的实施力度，高度重视自主原始创新，一方面加快创新平台的建设，一方面加大核心技术和关键共性技术的攻关，为实现石化强国的目标提供不竭动力。

（5）**石化企业不是污染源**。我们是3月17日到达新奥尔良、23日离开休斯敦的，无论是在美国还是在墨西哥，整个行程都是在墨西哥湾区域活动。一周的时间内，我们所到之处每天都是蓝天白云、阳光明媚。我们了解到墨西哥湾地区是油气开采和大型石化装置最集中的区域，炼油能力超过4亿吨/年，集中了美国约50%的炼油产能、80%以上的乙烯产能，墨西哥的油气井和炼化装置也都集中在墨西哥湾区域。据了解，无论是美国路易斯安那州以及新奥尔良、休斯敦，还是墨西哥等各级政府，都没有因为2018国际石化大会的召开而采取限产和停产措施，但这些对墨西哥湾地区的蓝天白云似乎没有任何影响。

中国石化产业发展过程中，确实发生过一些安全事故、泄漏和污染事件，甚至存在个别不法企业主偷排现象；但有些人误把空气污染的原因扣在石化产业的头上，只要雾霾来临就首先要石化企业停产、限产，甚至"一刀切"地不论企业大小、不论其排放是否达标，都要一律停产、限产的做法值得深思。

石化产业是国民经济的重要配套产业和支柱产业，没有化肥和农药工业就没有农业的丰产丰收和丰富的菜篮子,没有化学纤维和染料颜料及涂料就没有人们五彩缤纷的生活;当然,离开了化工新材料和专用化学品,高铁将难以成为中国的名片,C919将难以翱翔蓝天,神舟将难以探月,航母更是难以驰骋远洋。从另一个角度看,正是化学的进步和化工技术的不断创新,才使废弃资源的综合利用、循环利用和变废为宝成为可能,才使治理和消除污染以及全社会的绿色发展成为可能。广大石化企业一定要加快转变发展方式,更需要全社会和各级政府的正确认识和科学监管。

新美归来新收获　共同分享新启发[*]

我们由企业家、教授、园区管委会领导等20人组成的访问团，于3月15日至24日访问了新加坡和美国，并与IHS共同举办了"世界石化大会的中国论坛"。在短短8天的时间里，不仅与新加坡裕廊岛石化园区进行了交流，还专程访问考察了埃克森美孚新加坡公司、美国杜邦、塞拉尼斯、陶氏、亨斯迈、西南研究院等11家跨国公司和研发机构，进行了深入的交流。这次出访日程很满，基本都是晚上转场、白天考察交流，整个行程下来，大家从不言疲惫，似乎都意犹未尽，都说很受启发、很有收获。我在回程的航班上仔细梳理、回顾了这次访问的全过程，每一个场景都历历在目，在此将我的收获、体会与启发跟大家分享。

主要收获

此次出访时间短，但都感到收获多，归纳起来主要有以下几方面。

（1）**新加坡裕廊岛对我国石化园区科学发展的启发**。石化园区在石化产业集聚、产业链协同、资源节约和绿色发展等方面的作用越来越突出。这次专程到新加坡裕廊岛访问，就是因为裕廊岛是世界最先进的石化园区之一，裕廊岛石化基地从上世纪九十年代开始规划和建设，占地约30平方公里（新加坡的总面积720平方公里），原油加工能力140万桶/天，

---

[*] 这是2019年3月，傅向升同志带队在圣安东尼奥参加2019世界石化大会及中国论坛并顺访新加坡、美国的出国报告。

乙烯产能 400 万吨 / 年，基地内有埃克森美孚、三井、壳牌、巴斯夫以及中石油（并购新加坡炼厂）等 150 多家炼油和化工厂，年产值 471 亿新币（折合 2300 亿人民币），未来的发展重点在循环经济。站在高处俯视，整个园区尽收眼底，园区是填了临海 7 个岛形成的，紧邻海边、高塔林立、井然有序，全团成员无不赞叹裕廊岛园区的布局与壮观。此时我的脑海浮现出我国现有 601 家石化园区的画面，从产出规模上，我国石化园区还没有超过 2000 亿的，超 1000 亿的也只有 13 家，占 601 家的 2%，这是差距之一；从单位面积产出看，裕廊岛单位面积产出是 76 亿元 / 平方公里，而中国石化园区 30 强平均只有 47.5 亿元 / 平方公里，差距更大，这是其二；裕廊岛的规划布局秩序井然、企业间上下游产业链协同，这是国内石化园区最明显的差距，因为国内大多数园区规划先行不够，不仅布局不尽合理，更明显的是企业间难以形成上下游的原料互供和产品链的协同延伸；管理上，裕廊岛的 25 公里管廊、污水集中处理以及天然气、热、电等公用工程全部由胜科集团负责建设、管理和运营，尤其是污水处理，各工厂的污水无需预处理、大多直接输送到胜科集中处理、达标排海。国内石化园区管廊等公用工程集中服务最好的是上海化工区，很多园区也都在向这一模式努力，但是在污水集中处理这件事上，几乎所有园区都要求各工厂必须首先预处理，难以理解的是有些监管部门规定进集中处理装置的水质标准就是外排标准，给企业运营和成本都带来不必要的压力。借鉴裕廊岛的经验，我们的石化园区要实现科学和可持续发展，就必须做好"科学规划，布局合理，产业协同，管理规范，集群发展"。

（2）埃克森美孚裕廊岛炼厂对我们炼化一体化的启发。这次专程访问埃克森美孚新加坡公司，不仅仅是埃克森美孚是中国石化联合会的老朋友，更是因为我们一直关注着埃克森美孚在裕廊岛的全球唯一的原油直接制化学品工业化装置的运行情况。这次访问了解到埃克森美孚自 1893 年就在新加坡开展业务，新加坡是埃克森美孚最早的海外基地之一，现在裕廊岛是埃克森美孚全球最大的一体化工厂，其炼油能力 59.2 万桶 / 天，占埃克森美孚全球炼油能力的 1/4，该工厂主要产品乙烯 190 万吨 / 年、1-丁烯 10

万吨/年、丁烯45万吨/年、汽油95万吨/年,同时有聚乙烯190万吨/年、聚丙烯93万吨/年、弹性体30万吨/年、PX 180万吨/年、苯130万吨/年、邻二甲苯40.6万吨/年、卤化丁基橡胶14万吨/年,埃克森美孚在裕廊岛的工厂实现了热电联产。我们重点交流了原油直接制化学品装置的运行情况,并且陪同我们近距离考察了这套正在运行的全球唯一的工业化装置,这套装置自2014年以来已经运行了5年;其工艺特点是省去传统的炼油过程,将原油直接供给裂解炉,分别在裂解炉的对流段和辐射段间加一个闪蒸罐,将原油预加热通过闪蒸分离出轻组分,从轻组分中提取的油气返回到炉内的辐射段盘管进行裂解;闪蒸罐底部收集的重质液体组分被送到旁边的炼油装置;因原料不同其化学品产出率50%~70%不等。在交流过程中,我就在想:近两年中国的炼化一体化装置相继投产,2017年投产了中石油云南石化1300万吨/年、中海壳牌惠州二期1000万吨/年,2018年12月15日恒力一期2000万吨/年在大连长兴岛正式投料,浙江石化一期2000万吨/年也将于近期投产;还有已经开工的连云港盛虹、中石化古雷、中石油揭阳以及正在开展前期工作的旭阳科技、盘锦石化等炼化一体化项目,在中国市场成品油产能已经过剩、化工新材料和专用化学品严重不足的情况下(柴油消费量已连续两年下降、化工新材料和专用化学品的进口量逐年增加),原油加工能力已超过8亿吨/年,装置的产能利用率只有72%左右,若这些新建和拟建的装置都建成投产,国内国际市场的成品油过剩状况将更加严峻,所以国内新建炼化一体化装置急需这一新的技术和工艺。高兴的是,这次到访,尤其是在圣安东尼奥"世界石化大会中国论坛"上,埃克森美孚全球副总裁刘女士演讲时谈到,埃克森美孚拟在中国大亚湾建设的新材料基地,就是以这一全球最先进的技术为龙头。

(3)**杜邦公司对我们打造百年企业的启发**。这次专程访问杜邦,是因为2017年9月宣布的陶氏杜邦合并案告一段落,2018年陶氏杜邦的销售额高达860亿美元,超过连续14年位居全球化工50强榜首的巴斯夫;而再过一周即4月1日分拆的新陶氏即将成立,新杜邦和科迪华将于2个月后的6月1日正式拆分出来。新陶氏将以新材料为主业,年销售额约480亿美元;新杜邦将以特种化学品为主业,年销售额约250亿美元;科迪华以生命科学为主业，年销售额在130亿美元上下。杜邦公司成立于1802年，在217年的历史过程中，第一个100年主攻火药，第二个100年专注于材料科学，迈入新世纪以来的第三个100年定位为生物科技为主，这次与陶氏合并再拆分后的新杜邦将是一家专注于特种化学品的公司。杜邦公司成立200多年来，始终处于国际领先地位，其核心要素是创新，这次交流完以后我们参观了位于威明顿市的杜邦中央实验室，该实验室成立于1903年，一直是杜邦的全球研发总部，今天由43座建筑物组成，杜邦自己把该中央实验室称作"杜邦公司的心脏"！杜邦在全球有10个研发中心，共有创新人员3.2万人。深入交流获悉：杜邦的创新是开放式的，在该中央实验室有400多个与第三方合作研发的项目，同时介绍说上海研发中心与100多家企业进行合作研发；杜邦的创新主要是靠创新文化、创新制度和激励机制，不是靠几个"牛人"单打独斗，而是靠充分的创新空间、彼此的互动和协同；当然他们也再三强调数字化技术的进步和应用，使得今天的创新更高效、更有针对性。新世纪以来，国内很多企业都提出"打造百年企业"，恐怕应当很好地研究和学习借鉴杜邦的经验，应当把创新摆在百年基业的首位；尤其是十九大以来，中央提出"培育具有全球竞争力的国际一流企业"，像中石油、中石化等一批特大型骨干企业应当选取具有全球竞争力的跨国公司，强化与世界一流企业的对标，突出主业并坚定不移地做强做优主业，在创新上狠下功夫，在制定发展战略、构建指标体系等方面努力向世界一流企业特别是竞争对手学习，全面提升现代化管理水平和国际化经营与管理能力，向着具有全球竞争力的国际一流企业迈进。像万华化学、新和成等一批主业突出、创新能力强、市场竞争能力强的企业，应当结合自己的主业和产品链，选取像杜邦、赢创、三菱、亨斯迈、帝斯曼等这样的专业化跨国公司为目标，进行全面对标，不追求规模，更加专注于主业、更加专注于创新，力争成长为具有全球竞争力的国际一流单项冠军企业。

（4）陶氏化学对我们乙烷制乙烯工艺的启发。这次专程访问陶氏休斯敦中心，不仅因为陶氏上海研发中心给我留下的深刻印象，更是因为再过一周（4月1日）陶氏即蜕变为"新陶氏"。陶氏在全球的两大主要基地是墨西哥湾和沙特的朱拜耳工业城,在朱拜耳有 25 套生产装置;陶氏在毗邻墨西哥湾的得州建厂已有 80 年历史,得州基地有 40 个产品,其年产量占陶氏全球产量的 25%,这里有全球最大的乙烷裂解制乙烯装置,并且正在扩建中。深入交流之后陪同我们参观考察了陶氏得州基地,路上我们还看到了巴斯夫等多家跨国公司,在 Braskem 公司刚刚投产不久的一套丙烷脱氢制丙烯装置旁边就是陶氏全球最大最先进的乙烷裂解制乙烯装置,产能 150 万吨/年,刚刚投产一年多时间。乙烷裂解制乙烯工艺是当前全球新增乙烯产能的主要路线,由于其流程短、成本低、过程清洁等优势明显,目前乙烷裂解制乙烯全球总产能 6000 万吨/年,占乙烯总产能的 36%,未来 10 年将提升到 40% 以上,从地域来看:中东乙烷为原料占比最高达 67%,北美 52%,亚太和西欧都在 30% 左右。我国自 2017 年下半年以来也有很多企业拟建设新的乙烯装置,都准备采用这一工艺,已发布拟建的乙烷裂解项目有 13 个,乙烯合计产能 1895 万吨/年,年需乙烷量超过 2000 万吨。但是乙烷与丙烷不同,原料供应有着特殊要求,乙烷资源、输送管道、出口设施、运输船只、接收码头等都需专门建设;丙烷的来源既有美国也有海湾地区,2017 年我国进口的 1337 万吨液化丙烷中有 337 万吨来自美国;而乙烷能够有出口余量的地区,近期看只有北美、也就是只有美国,又加上自去年 3 月下旬开始中美贸易摩擦不断升级,很多规划拟建的乙烷裂解制乙烯装置就遇到了很现实的瓶颈和制约。国家发改委为了避免乙烷裂解项目的无序上马,也是鉴于目前美国乙烷自用以后能够供出口的量确实有限,若这么多项目集中投产,要么是原料供应矛盾凸显,要么是原料价格快速上涨,装置的生产运营和效益将陷入困境,该工艺的原有优势将不存,所以出台了新建乙烯项目核准的新规定。希望国内拟上马乙烷裂解制乙烯装置的企业,必须认真思考、认真论证、慎重开工,以免陷入不必要的困境和造成不必要的损失。

(5)到访亨斯迈对我国燃料乙醇政策的启发。亨斯迈的创建人是老亨斯曼先生,今天的亨斯迈在新 CEO 皮特先生领导下,定位为全球差异化精细化学品制造商和营销商,全球约有 1 万名员工,现有 4 个事业部:聚氨酯事业部,主要是 MDI、多元醇、环氧丙烷/甲基叔丁基醚、热塑性聚氨酯等；功能化学品事业部，主要是胺类、表面活性剂、顺酐等；先进材料事业部，主要是复合材料、黏合剂、树脂等；纺织印染事业部，主要是染料及其相关化学品等。我们在亨斯迈休斯敦研发中心了解到，亨斯迈有1200多名科学家、工程师和技术人员，在全球60多个国家授予专利3400多项，目前有效专利有2300多项。这次访问过程中，我们还重点交流了燃料乙醇的事，燃料乙醇作为一种可再生能源添加到汽油中，不仅可以减少化石能源石油的使用量，而且还可以帮助减少二氧化碳的排放。美国和巴西是燃料乙醇应用最广泛和消耗量最大的两个国家，美国是由于大量转基因玉米需要消费市场，而巴西是因为大量甘蔗，生产酒精的成本较低，我记得上世纪八十年代的巴西总统乘坐的汽车就是以纯乙醇为燃料的，后来德国、墨西哥城等地区也曾使用过乙醇汽油。美国是发展燃料乙醇的积极倡导国，美国政府于上世纪七十年代开始大力发展燃料乙醇，并建立了完善的燃料乙醇生产运营和市场管理体系。我国在2001年为了解决"陈化粮"问题而启动了燃料乙醇项目，当然也是针对我国原油进口量不断增加的状况、调节我国的能源结构，"十五"期间核准了地处东北地区及河南、安徽的4家以消化陈化粮为主的燃料乙醇生产厂，当时的燃料乙醇产能102万吨／年，乙醇汽油的推广和使用仅限于东北三省、河南、安徽、山东等11个省市；2017年9月，国家15个部委联合印发了《关于扩大生物燃料乙醇生产和推广使用车用乙醇汽油的实施方案》，该方案要求到2020年在全国范围内推广使用车用乙醇汽油，基本实现全覆盖。这就提出了几个现实而关键的问题，一是燃料乙醇的供应量问题，当前汽油年消费量超过1.2亿吨，按E10（燃料乙醇添加量10%）计，约需要1200万吨，而目前我国燃料乙醇的年生产量仅有250万吨，与需求量相差约1000万吨；若以粮食为原料，中国作为人口大国粮食安全是头等大事，车不能与人争粮；若走非粮路线，而目前的生物法尚无成熟的工业化技术，如何解决供应成为现实而不可回避的问题。二是现有的MTBE装置何去何从？目前我国MTBE是世界第一生产大国，产能有1900万吨／年，约200套生产装置，占世界总产量的49%，而且大多数生产装置是近几年建成投产的，这些装置的总投资超过1000亿元；全面推广使用燃料乙醇，因汽油标准对氧含量的要求,就不能再继续为提升辛烷值而添加 MTBE,这给 MTBE 生产企业带来了直接而严重的打击。三是燃料乙醇的运输车辆、调油和储油设施等,都需要新的投资。这次访问过程中了解到一个新的情况,美国以 1996 年加利福尼亚州添加 MTBE 的汽油储罐泄漏污染井水为由,2000 年首先在玉米种植大州爱荷华禁止使用 MTBE,2001 年加州开始在汽油中用乙醇代替 MTBE,2005 年美国国会通过可再生燃料标准即汽油中添加 10% 的乙醇(E10),目前在美国有 27 个州禁用 MTBE,大多数州不再用 MTBE 而使用乙醇的直接原因不是因为污染、而是为了避免诉讼。作为监管部门的美国环保署 20 多年来一直倡导使用 MTBE,直到 2017 年美国的炼油商、汽车生产商、消费者和环保组织一直在呼吁结束可再生燃料标准,可是由于美国大量的转基因玉米需要出路,超过 40% 的玉米都用于制造燃料乙醇,利益的驱动使得燃料乙醇和 MTBE 的争论还在持续着。德国推广 E10 的失败、欧盟放弃 E10 而改用 E7、印度的不成功、越南改为 E5 以及墨西哥城运行一段时间后却禁止在城市中使用乙醇汽油等,这些案例都是因为乙醇汽油的使用导致臭氧大量超标。这些教训值得我们深思。

共同关注的几个问题新解

(1)企业的核心竞争力不是铺摊子上规模。很长一段时期以来,很多企业总是在纠结"先做大、还是先做强?"。实际上"大与强"确实有着辩证关系,这也像"数量与质量"的辩证关系一样,在一定的时期、不同的发展阶段是可以相互转换的。有很多企业把先做大摆在了重要位置,把上规模铺摊子摆在了突出位置,有的在做大的过程中适时把握调整和转型,逐步实现着做强的目标;而更多的企业如当年的中钢、中铁物资等,从经营规模看都进入了世界 500 强榜单,可是当正在喜悦和荣耀之时却轰然倒塌了,有不少类似的企业和案例值得我们深思。我们这次访问的科慕、塞拉尼斯、奥升德等公司，虽然规模不大、营业收入不大，可是企业的核心竞争力都是国际数一数二的水平，不仅令我们印象深刻，而且对我们启发很大。科慕是3年前从杜邦分立出来的，分立时的主导产品就是钛白粉和氟化学品，今天又拓展了特种化学品，在中国常熟的工厂主要生产氟化学品，主业很突出、也很精致，去年销售收入66亿美元；塞拉尼斯的主导产品就是醋酸及其衍生物和工程塑料聚甲醛，去年销售收入72亿美元，净利润12亿美元；亨斯迈虽然设有4个业务板块，但是聚氨酯事业部是最主要的，是销售收入和利润的主要来源，去年亨斯迈的销售收入是94亿美元，净利润8亿美元。如此看来这三家公司的规模都不大，又加上平时我们熟悉的科思创、赢创、帝斯曼、科莱恩等一批跨国公司，跟我们这次访问的三家公司极其相似，规模不大、但主业十分突出，销售收入总额不大、但利润率很高，谁又能说这些公司不是国际一流公司呢？所以，我们应当转变过去过多依赖投资拉动、过度追求规模、过多依赖资源消耗的发展思路和模式，真正做到突出主业、强化创新驱动、实现科学管理，把企业的效益放在突出位置、把企业的核心竞争力放在突出位置、把国际竞争力摆在突出位置，我们在实现石化强国跨越的征途上，就一定会有更多的"百年企业"屹立于世界石化之林。

（2）**创新的差距似乎有拉大的危险**。创新是我们这个访问团共同关注的话题，团里无论是企业家、园区管理者还是大学教授，不仅对自己企业的情况熟悉，而且对石化行业的情况也比较熟悉，不仅对世界石化产业的发展趋势热切关注，更对跨国公司的创新高度关注。石化联合会组织编写的《"十三五"石化产业发展规划》将创新驱动确立为"两大发展战略"之一，并提出实现石化大国向强国的跨越是我们中长期的奋斗目标。不论是在埃克森美孚裕廊岛炼化一体化的装置跟前，还是在陶氏休斯敦基地世界规模最大、技术最先进的乙烷裂解制乙烯的装置旁边，不论是在杜邦中央实验室的大型测试仪器旁，还是在亨斯迈研发中心的实验室里，我们都深深感到：没有创新，一个企业难言竞争力；没有创新，一个企业不可能奠定百年基业；没有创新，一个企业更是难言未来；每一个跨国公司都是在创新中成长、在创新中走向世界、在创新中走向未来。当我们来到地处圣安东尼奥的西南研究院的时候，不仅对该院所处的环境赞叹不已，更被该院的创新能力和创新成就折服。该院是一家私立、非营利、完全中立的研究机构，成立于1947年，占地4.86平方公里，开始时只有20几个人，现有2600人，其中博士264人、硕士502人、本科693人；全球有15个机构，其中美国13个，共有1300多项专利；主要的研发领域有应用物理、化学与化工、国防军工、空间科学、燃油润滑油、智能系统（主要是无人驾驶）、机械工程、动力总成研究。研发业务的特点是主要从事应用型研发，因为大学更侧重于基础研究，而企业则更专注于产品开发，所以西南研究院起到大学和企业之间的桥梁作用。实验装置有小试、中试若干套，其中固定床反应器有4～10毫升、20～100毫升、1.5升、3.5升、4升、7升、20升等不同规模，循环流化床反应器有300毫升、20升、200升不等，所有的反应器和研发设备全部由自己的机械工程部门加工制造。2017年的研发收入5.29亿美元，2007—2017年的经费增长速度有所下滑，是因为有几个政府项目关闭了。所从事的研发项目50%来源于政府委托、50%为企业委托。所有项目都是以合同委托的形式承担，承接的每一个项目都是在单独封闭的空间内完成，绝对为客户保密，就是政府或企业委托的产品测试结果也绝不擅自公布，因此该研究院在政府、企业界有着良好的信誉，在社会公众面前有着无可非议的公信力。在交流中得知，该研究院受企业或政府委托正在开展着多项颠覆性的技术创新，譬如煤炭经循环流化床反应器直接制化学品、二氧化碳与炭反应制一氧化碳、碳氢化合物经薄膜反应器制聚合物、二氧化碳合成燃料、天然气制油示范工程等，这些创新项目若实现产业化将对现有的生产工艺带来颠覆性的影响。在交流和现场考察的过程中，我的脑海里浮现出在三菱公司看到的自然光分解水制氢和氧的实验装置、想到了LG公司全球最先进的OLED配套化学品及新材料和制备技术、也呈现出三菱公司的基因修复技术和靶向治疗技术以及三菱公司展示的为氢燃料汽车制备的碳纤维复合材料储氢瓶。当国内很多人为学术论文数量全球第一、专利申报数量世界第一，为某一领域取得的某些创新成果沾沾自喜的时候，我们不妨静下心来、摈弃浮躁、冷静地对对标、真诚地找找差距，而奋力追赶。在返程的旅途中，我一直在想：改革开放以来中国的创新成就和进步是巨大的，但不能因此而昏昏然，还应当保持冷静，认真地思考："我们与世界先进水平的差距是缩小了呢，还是拉大了呢？是否会越拉越大呢？"思考之余似乎平添了些许忧虑！

（3）政策监管"回头路"不会走，而"一刀切"会改观。近几年，中国政府相继颁布实施了一批环保新政策和新标准，很多在华跨国公司都感同身受，在世界石化大会期间很多参会的跨国公司都十分关注中国环保监管从严的政策取向。为适应这些新的政策要求，石化企业的运营成本有所增加，特别是有些部门在监督执纪过程中不论企业是否达标简单地"一刀切"，有的地区在贯彻政策和标准时层层加码，这些都对石化企业的生产经营造成了影响，据统计，2018年底石化行业规模以上企业的数量比上年底减少了1494家。中央经济工作会特别强调"要坚守阵地、巩固成果，不能放宽放松，更不能走回头路"；今年的两会上习近平总书记在内蒙古自治区代表团强调：加强生态文明建设，根本出路在探索生态优先、绿色发展为导向的高质量发展新路子，不能因为经济发展遇到了一点困难就想走"回头路"，必须摈弃先污染后治理的老路，改变过多依赖增加物质消耗、过多依赖规模粗放扩张的发展模式，把发展的基点放到创新上来。可见环保新政只能越来越严格、越来越规范。值得高兴的是总书记特别强调：坚决治理"散乱污"企业，把生态文明建设纳入制度化、法制化轨道。李克强总理的政府工作报告中讲，改革创新环境治理方式，对企业既依法依规监管又重视合理诉求，加强帮扶指导，对需要达标整改的给予合理过渡期，避免处置措施粗暴、一关了之。由此可见，环保监管不会放松、更不会走"回头路"，可是规范化、制度化和越来越注重实际将是肯定的。企业也应当辩证地看环保监管从严的影响，正是依法关停了一批工艺技术落后、消耗高、污染重、排放不达标的企业，才赢得了管理规范、生产效率高、产品品质好、诚信经营的企业，形成了应有的公平竞争的市场环境，所以去年石化产业的主营收入利润率创7年来新高，达到了6.77%。所以说，环保监管从严既是挑战也是机遇。

（4）中国石化产业的国际影响力和中美优势互补成为全球关注的焦点。世界石化大会期间，尤其是从"中国论坛"的盛况看，中国因素、中国石化产业的国际影响力日益受关注，整个中国论坛会场座无虚席。中国石化产业已连续9年列世界第二，国际货币基金组织预测，2019年中国继续是全球经济的领头羊，将为全球增长贡献27.2%的份额；中国石化产业对世界石化产业增长的贡献目前是38%，有跨国公司预测2030年贡献率将达到50%。又加上中国现在是汽车保有量和产销第一大国，中国民用客机C919的订购量已超800架以及中国加工制造业的需求，中国石化产业的发展空间和市场潜力都是巨大的。尤其是高端材料、功能材料、特种化学品等市场潜力更大。去年以来，巴斯夫、埃克森美孚、沙特阿美等一批跨国公司持续加大在中国的投资力度，这些都证明了中国石化产品市场的无限商机和发展潜力。

另一个关注焦点是中美贸易战何时熄火。自去年3月下旬以来，中美贸易摩擦进入了升级版，从7月6日互加关税开始已历时大半年时间，对石化产业有影响，虽然直接影响不大、显现不明显，但是间接影响和中远期影响不容忽视。自中美两国元首阿根廷达成共识以来，中美双方都在积极斡旋，都在向着不再升级，以至取消加征关税的方向努力，无论从国内还是从出访期间得到的信息看，阶段性成果还是乐观的。我们希望达成共识，因为中美两国在能源和石化领域有着很大的互补性和合作空间，页岩气革命以后美国已成为最大的石油和天然气生产国，据美国能源署预测：未来10年美国原油产量会持续增长，一直到2050年产量仍将高于2018年的日均1090万桶；3月11日休斯顿"剑桥能源周"上国际能源署预测，未来5年美国新增石油产量将占全球新增量的70%，新增天然气产量将占全球新增量的75%。中国是最大的原油和天然气进口国，又加上近几年丙烷脱氢制丙烯快速发展、乙烷裂解制乙烯装置的拟建规模，以及煤炭在一次能源消耗中的占比不断降低，中美两国在能源和石化领域的合作空间巨大。前两年中国从美国进口原油、天然气、液化丙烷的数量快速增加，但是由于贸易摩擦升级、关税升高，致使2018年中国从美国进口的原油、天然气、液化丙烷等产品的数量均出现大幅减少。所以全球都在高度关注中美两国何时达成共识，这不仅有利于中美两国的经济增长和消费者，也有利于世界经济的稳步增长。

以上收获与体会与您分享，希望带给您某些启发，在学习中创新，在借鉴中进步，一起为打造世界一流企业努力，共同为实现石化强国的目标奋斗！

玲珑新跨越　轮胎里程碑*

3月29至4月1日，我们参加了在塞尔维亚举办的"玲珑轮胎欧洲工厂启动仪式暨全球合作伙伴会议"，可以说是来去匆匆，时间短暂，可是第一次来到塞尔维亚、第一次来到贝尔格莱德，无论是参加玲珑轮胎在塞尔维亚大厦成功举办的"全球合作伙伴会议""玲珑轮胎欧洲工厂兹雷尼亚宁项目的启动仪式"，还是漫步在贝尔格莱德的街头，都有很多感悟，甚至有些五味杂陈的酸楚感，在此与朋友们分享。

一

玲珑轮胎未来发展的新跨越

玲珑轮胎创建于1975年，当时是以翻新、修补旧轮胎起步的，职工不到100人，新世纪以来秉承"重科技抓管理，创名牌增效益"的方针，以"高起点、高质量、高科技"为原则，实现了快速发展。在"玲珑轮胎全球合作伙伴会议"上，现任董事长王锋讲到：今天的玲珑轮胎在全球有6个研发机构、6个生产基地，在180多个国家和地区有3万多家营销点、4000多家品牌店、1.3万员工，其中海外4000名；由2000年二次创业时的年产325套轮胎规模，发展到今天的5500万条/年，为60多个汽车厂配套轮胎；尤其在创新上玲珑轮胎还承担了专业创新联盟以及3D打印PU轮胎、石墨烯轮胎等项目，其中新研发并在这次会议上

---

* 这是2019年4月，傅向升同志参加"玲珑轮胎欧洲工厂启动仪式暨全球合作伙伴会议"的出国报告。

展出的镶钉胎达到国际领先水平，2010年和2015年两次获得国家科技进步一等奖，2018年12月获中国工业大奖（曾被人称作"中国工业领域的奥斯卡"）。现在的玲珑在全球轮胎75强排行榜中列第17位、中国轮胎企业排行榜中列第2位。王锋董事长不无自豪地向与会人员介绍"2018年，中国轮胎企业中玲珑轮胎实现的利润率第一、产量和销售收入第二"。

玲珑轮胎正在实施"5+3"战略布局，即重点建设国内"招远、德州、柳州、荆门+1"5个和海外"泰国、欧洲（塞尔维亚）、北美（美国）"3大生产基地；正在推进人才国际化、研发国际化、制造国际化、营销国际化、品牌国际化和合作国际化"六大国际化"发展战略，打造具有全球竞争力的世界一流轮胎企业。这次在塞尔维亚兹雷尼亚宁市启动的欧洲工厂，拟投资9.9亿美元，一期建设年产160万套轿车子午胎和2万套卡车胎，拟于2025年建成1362万套/年规模的"全领域智能化、全方位自动化、全流程绿色化"的全球一流标杆工厂；该工厂的建成将大幅提升对欧洲汽车厂的供货时效和服务质量，并将进一步拓展欧美及周边市场，以高品质轮胎产品为主攻目标，加快推进玲珑轮胎的产品结构调整。正在规划中的海外第三个生产基地北美工厂，拟上规模1600万套/年，将在欧洲工厂建设的同时做好规划选址，争取早日奠基开工。因此，这次塞尔维亚兹雷尼亚宁项目的启动以及玲珑轮胎全球合作伙伴会议的成功举办，开启了玲珑轮胎未来发展新的征程，也是玲珑轮胎新的里程碑。

中国轮胎企业走出去新的里程碑

2006年以来，中国一直是世界轮胎生产第一大国，轮胎产量约占世界总产量的1/4；但是我们离轮胎强国还有不小的差距，从销售收入看：

2018全球轮胎75强榜单的销售收入约1700亿美元，其中前10强的销售额约1043亿美元，即前10强占世界轮胎总销售额的61.4%；王锋董事长也谈到：前10强的产量占63.64%，前10强的利润占65.72%；而我们在前10强中只有1家，其销售收入约227亿人民币，与世界第一的普利司通244亿美元、世界第二的米其林236亿美元差距不小；在2018年全球轮胎75强榜单上共有33家中国企业，上榜企业数量最多，但其销售额的总和也不敌普利司通或米其林一家。中国连续14年作为轮胎第一生产大国，也一直是出口第一大国，其产量已多年超过9亿条，出口量连续多年超过50%；出口国遍及美洲、欧洲、非洲、亚洲等几大洲的主要国家。但是，中国轮胎的出口面临的形势越来越严苛，自1996年巴西对中国自行车胎征收反倾销税开始，已有近20个国家对从中国进口的轮胎进行反倾销调查。玲珑轮胎是第一家走出去到欧洲建厂的轮胎企业，在这次"玲珑轮胎全球合作伙伴会议"上，王锋董事长分析了中国轮胎工业发展尤其是轮胎出口面临的形势：贸易保护主义给中国轮胎出口带来了严峻挑战，欧盟对从中国进口的全钢轮胎征收反倾销税，印度对中国轮胎上调关税，巴西、俄罗斯、哈萨克斯坦都对中国轮胎征收反倾销税；而美国不仅对中国半钢、全钢"双反"，而且在这次美方单方面挑起的贸易战中把飞机上使用的充气轮胎也列入了第一批加征关税清单，从去年7月6日开始再加征25%的关税。"双反"给中国轮胎出口造成严重的影响和冲击，自2014年以来中国轮胎出口量几乎零增长，出口创汇额出现了大幅下降，轮胎企业走出去展开全球布局既是迫不得已也是未来发展的必由之路。率先走出去并已积累了经验的有玲珑轮胎、中策轮胎、赛轮金宇、森麒麟等，它们在天然胶产地越南或泰国建厂，都已取得很好的成绩；中国化工橡胶公司并购意大利倍耐力、青岛双星并购锦湖轮胎也都取得了成功，三角轮胎和玲珑轮胎的第三个海外基地（都将在美国投资建厂）也都在积极推进中，相信这次玲珑轮胎欧洲工厂的奠基将开启中国轮胎企业走出去新的里程碑。

中国企业品牌建设新的里程碑

品牌是社会和公众认知企业的重要标识，是企业的核心竞争力之一。世界品牌实验室提出品牌的影响力主要体现在品牌开拓市场、占有市场并获得利润的能力；并同时指出"市场占有率、品牌忠诚度、全球领导力"是品牌影响力的三项关键指标。按照品牌影响力及其三项关键指标，每年对2万个知名品牌进行打分，推出最具影响力的"世界品牌500强"；2018年度（第十五届）排行榜中，中国有茅台、五粮液、国家电网、华为、工商银行、中国人寿等38个品牌入选，而美国有223个、法国43个、英国42个、日本39个上榜，可见中国品牌建设的差距是何其之大！轮胎作为终端消费品，其品牌的重要性更为突出，中国轮胎的制造技术、产品品质等都属世界先进水平，但知名品牌建设与国际先进水平却有着很大的差距。很多开车的朋友都有体会：只要一提到轮胎，人们首先想到的是米其林、普利司通、固特异等，2018年世界轮胎知名品牌前10强中中国只有1个。这次在塞尔维亚举办的"玲珑轮胎全球合作伙伴会议"上，王锋董事长不无骄傲地说去年玲珑轮胎的品牌价值378亿元，紧接着他又忧虑地叹道：品牌建设是中国轮胎企业最大的短板，国外品牌单胎价格比国产胎高3倍。所以玲珑轮胎未来的重点，不仅重视低滚动阻力、低气味、低噪声、高耐磨"三低一高"产品的创新，而且更加突出品牌定位、品牌营销、品牌竞争，特别强化品牌的知名度、美誉度、忠诚度建设。玲珑轮胎在已成立中国首支女子赛车队、赞助尤文图斯足球俱乐部的基础上，这次在贝尔格莱德又举行了赞助中塞国际象棋赛、塞尔维亚足球超级联赛等签约仪式；兹雷尼亚宁项目奠基仪式以后，塞尔维亚飞行大队还特意挂上玲珑轮胎的旗帜进行了飞行表演，很多国内外客户都簇拥在玲珑轮胎的旗帜旁合影留念，王锋董事长还披挂上阵、亲自体验了一把战斗机飞行，这些都通过电视节目进行了播放。所以这次塞尔维亚的会议和活动也成为玲珑轮胎知名品牌建设的重要一环，也将成为中国轮胎品牌建设新的里程碑。

四

中塞深厚友谊新的里程碑

塞尔维亚可能很多人不太熟悉，可是南斯拉夫却是很多中国人印象深刻的名字，因为南斯拉夫是第二次世界大战以后社会主义阵营重要的成员，更是与新中国建交最早的欧洲大国之一，南斯拉夫作为一个国家已不复存在，今天的塞尔维亚是南斯拉夫国际义务的承担者，也是中国全面战略伙伴关系国。塞尔维亚人民对中国人民有着传统而深厚的友谊，这次到访塞尔维亚体会尤其深刻，我们出访过无数个国家，可是这一次从航班落地的那刻起，走的是VIP通道，到别的国家入关时不仅问来问去、随时接受检查，还总担心会遇到什么意想不到的情况，而到了贝尔格莱德就在贵宾室品着茶，接机人员帮我们办理入关手续、提取行李，一切办妥后从机场到酒店一路警车开道，而且在塞尔维亚的全部公务活动都是警车全程陪同。玲珑轮胎在兹雷尼亚宁的项目投资9.9亿美元，将新增1200个就业岗位，年销售收入超过6亿美元，是塞尔维亚外国投资建厂中最大的，第一天的"玲珑轮胎全球合作伙伴会议"结束后的政府晚宴，塞尔维亚的美女总理安娜·布尔纳比奇出席并致辞，第二天在兹雷尼亚宁举办的"玲珑轮胎欧洲项目启动仪式"上，塞尔维亚总统亚历山大·武契奇率众多部长出席并致辞；王锋董事长谈到为什么选择塞尔维亚时，多次提到武契奇总统对这个项目的高度重视和他本人与总统先生的个人友谊，2017年武契奇总统邀请王锋董事长出席了他就任总统的庆典活动，之后武契奇总统亲自主持相关谈判、多次召集专门会议研究落实相关政策，促成了该项目的落地。参加这次活动也了解到塞尔维亚政府欢迎中国企业来投资的重要原因是，之前有一家钢铁厂被河北钢厂并购、有一家铜矿被中国的企业并购，都运行状况良好，不仅稳定了就业、还稳定了国家的税收。在项目开工仪式结束之后，通过中国驻塞尔维亚大使陈波女士，我还专门与塞尔维亚财政部部长马利先生、经济部长戈兰先生进行了交流，我向他们介绍了中国石化产业的情况，他们谈到塞尔维亚有一家石化厂潘切沃-Petrohemija股份公司，离贝尔格莱德15公里，1977年建成投产，股东构成是塞尔维亚共和国及其机构（公司）76%、塞尔维亚石油公司诺维萨德21%、卢克石油塞尔维亚3%；设计能力是110万吨/年石化产品，主要产品有LDPE、HDPE、乳液丁苯橡胶、汽油等；非常希望中国的石化企业能并购，他们特意跟我说：中国石化联合会能否帮助他们促成这一项目？武契奇总统下月到中国参加"一带一路"峰会时将会见习近平总书记重点谈此事。从玲珑轮胎项目、从这次玲珑轮胎全球合作伙伴会议都印证了塞尔维亚与中国传统而深厚的友谊，都再次证明中国改革开放以来的成就以及对全球经济增长的贡献深得世界的认可与肯定！也再次感到自己作为中国人而骄傲！

共同的痛与酸楚的记忆

漫步在贝尔格莱德街头，总有一种五味杂陈的酸楚感，因为我们不由自主地就会想起南斯拉夫，南斯拉夫的全称是南斯拉夫社会主义联邦共和国，国土面积25.58万平方公里，上世纪八十年代初的人口2285万，当时也是东欧国家中比较富有的一员。可是，今天的南斯拉夫已不复存在，于1992年解体，现在分裂为塞尔维亚、克罗地亚、斯洛文尼亚、波黑、北马其顿、黑山6个小国，科索沃问题还悬而未决；南斯拉夫的多年内战和最终解体，又加上1992年以来以美国为首的联合国的制裁，使得前南联邦地区变成了欧洲最贫穷的地区之一。今天的塞尔维亚面积约8.85万平方公里，人口700多万，2017年国内生产总值392亿欧元，人均GDP 5581欧元，陪同的人跟我们聊"贝尔格莱德人的工资收入，折合人民币约4000～5000元/月，贝尔格莱德作为首都的收入高于其他地区"。深刻的体会之一：一个坚强有力的核心很重要！南斯拉夫社会主义联邦共和国是以铁托为最高领袖和领导核心建立的，铁托是南斯拉夫抗击纳粹、打败纳粹、实现民族独立的英雄;第二次世界大战以后在铁托的领导下,南斯拉夫推行社会主义市场经济,维护各民族的团结和国家的统一,不仅把南斯拉夫建设成为东欧共产主义国家中比较富裕的国家,而且铁托还是世界不结盟运动的杰出领导人之一。可是铁托在1980年逝世以后,国家的凝聚力随之削弱,民族矛盾开始激化,民族对抗、冲突升级、国家陷入动乱、甚至发生内战,尤其是东欧剧变、苏联坍塌以后,正好迎合了以美国为首的北约肢解南斯拉夫联邦的目的,斯洛文尼亚、克罗地亚、马其顿、波黑相继宣布独立,随后黑山、科索沃也宣布独立。一个国家由于失去了核心、国家凝聚力下降,又加上西方大国的干涉,一个好端端的国家就四分五裂了,教训极其深刻!酸楚记忆是因为大家记忆犹新的科索沃战争给这个国家造成的创伤,1999年初以克林顿政府牵头的北约借口科索沃独立问题对南联盟实施了连续3个月的空袭,我们在贝尔格莱德市中心看到了被北约轰炸过的国防部大楼,一直千疮百孔地矗立在原地,也许一直在无助地哭诉着,也许是一直在向世人发出坚强的呐喊!伴随着酸楚感,也让我们再次深深地领悟到:民族的不团结、国家不强大,就会遭列强的欺负。我们专程去了遭美国轰炸的中国驻南联盟大使馆,美国赔偿以后新的使馆已异地新建,在原址上正在新建的是已经封顶的中塞文化交流中心;原址旁是塞尔维亚共和国贝尔格莱德市敬立的纪念碑,上书"谨此感谢中华人民共和国在塞尔维亚共和国人民最困难的时候给予的支持和友谊并谨此缅怀罹难的烈士"。纪念碑旁边摆放着很多敬献的鲜花,我们一行四人在纪念碑前默哀,以此缅怀三位烈士。伴随着酸楚感,回酒店的路上我们都谈到,在自己的工作岗位上应勤勤恳恳,为祖国的富强和民族的复兴、为实现石化强国的奋斗目标做出自己应有的贡献!

这次出访主要是参加玲珑轮胎"全球合作伙伴会议"和"欧洲工厂兹雷尼亚宁项目启动仪式",时间短暂,感悟颇多,在此与您分享,希望共勉共鉴,共同努力做好本职工作!

在"中美经贸关系现状与前景"
国际研讨会上的发言*

全球与中国经济刚刚走过了上半年,今年上半年世界经济面临的风险和不确定性明显上升,单边主义和保护主义带来的严重危害令人担忧。在这样的时刻,香港中美交流基金会和中国国际经济交流中心在香港共同举办"全球贸易与投资多边化与自由化"国际研讨会,很高兴应董建华主席的邀请前来参加,我想就石化领域中美两国的经贸关系做个发言。

中美两国在石油天然气领域有着很强的互补空间。中国是全球最大能源消费国,也是石油和天气进口量全球第一的国家,去年我国原油表观消费6.48亿吨,同比增长7%,其中进口4.62亿吨,同比增长10.1%;天然气表观消费2833.5亿立方米,同比增长17.3%,其中进口1257亿立方米,同比增长31.9%,石油和天然气进口量都是世界第一。而美国是石油和天然气出口增长最快的国家,页岩气革命以来美国已成为最大的石油和天然气生产国,据美国能源署预测:未来10年美国原油产量会持续增长。国际能源署预测,未来5年美国新增石油产量将占全球新增量的70%,新增天然气产量将占全球新增量的75%。据美国的统计,2017年中国是美国第二大原油出口地,占比20%;是美国第二大液化石油气出口地,占比12%;是美国第三大液化天然气出口地,占比15%。可见,中美两国在石油天然气领域有着很强的互补空间,加大油气领域的合作是减少贸易逆差的最佳选择。

中美两国在化工新材料和高端化学品领域有着很多合作机会。中国化

---

* 这是2019年7月10日,傅向升同志在香港参加中美经贸关系现状与前景国际研讨会的发言。

工行业虽然产能产量和产值都列世界第一,但与美国相比、就产业结构来看,中国石化产业仍属于产业链的中低端,仍以基础化学品为主,高端产品仍以进口为主;中国又是制造业大国,对石化产品有着巨大的市场需求,去年中国消费合成树脂1.09亿吨,其中进口2995.5万吨,消费合成纤维单体5950万吨,其中进口1118万吨,消费合成橡胶1116万吨,其中进口591万吨,尤其是高端工程塑料、高端聚烯烃、高端膜材料、特种纤维材料、专用化学品等产品的对外依存度更高。而美国的合成材料、高端聚烯烃、高端膜材料以及特种化学品等在中国市场有着很强的竞争优势,尤其是可以与中国基础化学品配套能力强的优势形成上下游互补的产业链,再与中国汽车轻量化及新能源汽车、风力及太阳能发电、轨道交通等巨大市场需求相结合,中美两国在化工领域的合作机会和前景无限。

中美两国石化界都期盼尽快达成平等互利的协议。历史的教训告诉我们:贸易战没有赢家,两年多来的事实也告诉世界:美国到处升级贸易摩擦、挥舞关税大棒,其结果是损人不利己。不仅严重影响了全球经济复苏,美国自身的经济也受到冲击,世界银行、IMF等国际组织4月份再次下调全球及各主要经济体全年经济的增长预期,其主要原因就是贸易战的全面升级;美国彭博社的经济学家认为美国二季度的经济增速或将收窄至1.8%左右,高盛的预期更加悲观,下调至1.4%,都明显低于年初美国政府3%的目标。石化领域也是一样,受美国单边主义政策的影响,2018年中国从美国进口石油和天然气已经受到严重影响,增速急剧下滑:原油进口增速由上年的1476%急剧下滑为60.5%,天然气进口增速由上年的670%大幅下滑到41.8%。所以,中美石化界都坚决反对中美贸易摩擦的升级。美国化学理事会主席卡尔·杜里先生,在石化业国际产能合作大会上呼吁美国政府部门通过谈判解决贸易问题,并特别强调美国在天然气、石化产业方面有着非常强的竞争优势,美国出口份额的14%来自石化业,但是贸易保护主义会影响到业内各企业的生产和业务,会削弱产业的竞争力。我们分析认为中美石化产品的贸易额不大,仅占石化领域进出口总额的7.35%,中国从美国进口量大的产品是石油、液化天然气、液化丙烷,这些产品我们都能从其他国家或地区找到替代或新的供应商,可见占比不高、影响可控。我们不愿意打贸易战，中美两国和则两利、斗则俱伤，合作是唯一正确的选择，因为中美作为世界上两大经济体和贸易大国，两国经济已高度融合，共同构成完整的产业链，已形成紧密合作、互利共赢的局面，我们都希望按照中美两国元首这次大阪会晤达成的共识，言必信、行必果，秉持相互尊重、平等互利的原则，通过对话和磋商尽快达成双方都能接受的协议。这既符合中美两国的利益，也顺应世界各国的期待，也是中美两国石化界的共同期盼。

"山东化工转型升级进行时"之"十三五"由大转强之选择*

山东省推进化工转型升级行动,我很为山东省石化产业无论是产业升级、安全提升,还是环境改善、去产能等方面取得的成绩感到高兴。山东作为石化大省与我国石化大行业面临的挑战和"十三五"的转型取向有其共性和相似性,在此,想谈谈自己对石化大省由大转强之路有何选择的思考,仅供同行参考。

一

山东第一石化大省的三个"标志"

一是总量占比高。去年,全省石化行业主营收入 2.93 万亿元、实现利润 1466 亿元,分别占全国 13.14 万亿元的 22.3% 和利润总额 6485 亿元的 22.6%。其中,山东的化工行业主营收入 2.85 万亿元、实现利润 1562 亿元,分别占全国 8.84 万亿元的 32.2% 和 4603 亿元的 33.9%。山东石化进出口总额 712.2 亿美元,其中出口 250.1 亿美元,分别占全国 5263 亿美元的 13.5% 和 13.7%。二是比第二大省明显高。近年来江苏一直是第二石化大省,去年山东石化产业主营收入比江苏石化产业的 2.02 万亿元多 9000 多亿元,比江苏的利润总额 1221 亿元多 245 亿元。三是很多产品的产量全国第一。山东的地炼、烧碱(747 万吨/年)、纯碱(446

---

* 这是 2016 年,傅向升同志参加山东省石化产业产学研高峰论坛所做报告的主要内容。

万吨/年)、农药(100万吨/年)、轮胎产量都是第一。地炼加工能力1.99亿吨/年,占全国炼油能力的1/4,到今年上半年已获原油指标的共14家企业,山东10家,已批总指标5699万吨,山东4032万吨,占总指标的70.7%;子午胎产量山东超过2.6亿条/年,占全国(5.34亿条/年)的48.7%,仅广饶一个县就有规模以上轮胎企业49家,去年子午胎产量1.33亿条,占全国的24.9%。作为石化大省,站在这样一个起点和这样的发展平台上,是不是也面临着一个由石化大省向强省的跨越呢?答案应该是肯定的!

由大省向强省跨越的过程中需把准三个重点

一是把准《关于石化产业调结构促转型增效益的指导意见》。8月3日国务院印发的《关于石化产业调结构促转型增效益的指导意见》,提出了石化行业推进供给侧结构性改革的总体要求,明确了七大重点任务和三大保障措施;把握好石化联合会研究起草的《关于石化产业调结构促转型增效益的实施方案》,这是为贯彻落实国务院的《指导意见》,坚持问题导向,把去产能摆在第一位,分别对4大领域、12个行业明确了未来三年去产能和结构调整的任务要求,并提出了产能严重过剩行业的淘汰类、限制类和鼓励类项目清单。

二是把准《石油和化学工业"十三五"发展指南》。4月12日在石化产业发展大会上,正式发布了《石油和化学工业"十三五"发展指南》,《指南》在全面总结"十二五"成就的基础上,深入分析了石化行业"十三五"面临的发展环境,从10个方面提出了未来五年石化行业的发展思路、发展目标和战略措施。尤其是把"由石化大国向石化强国的跨越"作为全行业"十三五"发展的总目标,坚持把调结构和稳增长作为"十三五"行业发展的两大主要任务,坚持把提升传统产业和培育战略新兴产业作为"十三五"行业发展的两大主攻方向,坚持把创新驱动和绿色发展作为"十三五"行业实施的两大发展战略,坚持把深化改革和促进开放作为"十三五"行业发展的两大重要支撑。

三是把准《石油和化学工业"十三五"科技发展规划纲要》和《石油和化工行业创新平台建设实施方案》,这两份文件6月底已正式发布,将集中力量在能源新技术和新能源技术、化工新材料、精细与专用化学品、现代煤化工和节能环保五大领域加大创新力度;把握好《石化行业绿色发展行动计划》,该行动计划正在根据征求的意见修改完善,提出了全行业减排和各行业绿色发展的具体要求和内容,并确立了挥发性有机污染物的去除目标和电石法聚氯乙烯汞污染治理路线图。

一个总目标。石化强国的4个标志:掌握一批占领国际制高点的关键核心技术(这是关键);形成一批具有国际竞争力的企业集团(这是重要基础。全球化工50强同样受大宗商品价格低迷、国际贸易疲软以及原油价格低位震荡等因素的影响,2015年的销售收入同比下降了10.8%,而销售利润率却同比提高了15.1%,达到13.5%。以中石油和埃克森美孚为例,2015年利润率是3.8%和8.5%;资产收益率是2.6%和9.3%;人均利润是1万美元和38.9万美元);建成一批有较强国际化经营能力的企业(这是重要标志);拥有一批国际一流的创新人才和企业家队伍(这是重要保障)。

一条主线,结构调整。如果不注重调结构转方式,只为短期经济增长实行刺激政策,必然会继续透支未来增长。调结构转方式成为石化行业"十三五"的必然选择,因为大宗基础化工产品产能过剩严重,传统化工领域已成为产能过剩的重灾区;低端产品产能过剩、高端产品严重缺乏的结构性过剩问题十分突出。看看重点产品产能利用率:原油加工65.5%(比上年下降1.6%;全球平均79.6%,美国89%,欧洲78.2%,亚太78.9%);尿素企业平均开工率71.1%;烧碱产能利用率78%;聚氯乙烯产能利用率69%;甲醇产能利用率63%;除草剂草甘膦产能利用率42%(比上年又下降16.9%)。所以,调结构转方式一定要把去产能放在第一位。

两大战略。一个总目标的实现和一条主线的推进主要靠创新驱动。此外，石化行业是资源性行业，是以化石资源作为原料的，石化行业 2015 年能源消耗总量 5.5 亿吨标煤，居工业部门第二；排放污水 40.4 亿吨、废气 6 万亿立方米、工业固体废弃物 3.2 亿吨，均居工业部门前列；生态环境的状况日益严峻，7 月份召开的石化绿色发展大会上，环保部的同志讲"2015 年空气质量达二级标准的城市仅占 21.6%"！而人民群众对清新空气、干净饮水、食品安全、优美环境的要求越来越强烈，生态环境恶化及其对人民健康的影响已经成为我们的心头之患，成为突出的民生问题。所以，创新驱动和绿色发展就成为"十三五"两大发展战略之选。

山东建设石化强省须突出三大战略

一是突出创新和结构调整。山东已经是石化大省，客观地看不是石化强省，不与发达国家或跨国公司比，只跟第二大省江苏比，从去年的经济指标看：山东主营收入同比下降 0.4%、行业利润下降 15.3%，而江苏都是正增长，分别比上年增长 3.61% 和 13.72%。从国际竞争平台看，全球化工 50 强 2015 年的销售收入下降了 10.8%，而销售利润率却提高了 15.1%。所以说山东石化行业同样面临着由大到强的跨越。从产业结构来看，2015 年炼油行业、橡胶制品、基础化学原料分别占 23.4%、14.5%、13.9%，合计 51.8%；而专用化学品、农药和涂料颜料 3 个精细化工行业分别占 24.4%、2.0% 和 1.4%，合计 27.8%。江苏专用化学品、农药和涂料颜料三个行业合计占 34%。由此看来，创新和结构调整的任务很艰巨，也必须加大力度。如果创新搞不上去，发展动力就不可能实现转换，我们在全球竞争中就会处于下风，因此我们必须把创新驱动作为引领行业发展的第一动力。必须下大力气突破一批关键核心技术，研发一批高附加值产品、实施一批重大创新工程、组建一批公共创新平台。结构调整就要认真贯彻好国务院的《关于石化产品调结构促转型增效益的指导意见》，要把去产能放在第一位，坚决禁止产能过剩行业新增产能，确需新建的项目必须按照等量或减量置换原则，同时要加快落后产能的淘汰力度。

二是产业布局和科学规划。石化产业是国民经济的支柱产业，更是经济实力和竞争力的代表，国际上的经济强国（美国、德国、日本）和国内的经济强省市（江苏、山东、上海等）都证明，石化强则经济强、竞争力强，所以支持石化产业做大做强是智慧的选择。我了解到山东省政府正在对现有化工园区进行全面清理整顿，目前全省有各类化工园区199个（拟规划保留化工园区155个，整顿撤销44个），最多的一个县有10个化工园区，有6个地级市的化工园区超过15个。目前全省入园的化工企业2978家，仅占32.2%。我在武汉召开的园区发展论坛上讲过，现在的园区"无序扩张的多、科学规划的少，产业类同的多、差异化发展的少，敞开式管理的多、封闭式管理的少"，山东的石化园区就是这样一个缩影。省政府为清理整顿现有化工园区，一般不新设立化工园区。并组织有关部门、专家进行审查论证，对不需要重新调整规划的（在拟规划保留的园区中，仍涉及有126个村庄和52个学校，因存在安全环保防护距离不符合要求等，需要搬迁），年底前完成确认并公布；对需要重新调整规划的，将于明年底完成相关规划论证工作并确认公布。对于重点敏感区域内化工企业2018年底前要"进区入园"，危险化学品企业必须进入专门的化工园区，新建的化工企业必须"进区入园"，已启动搬迁的危化品生产企业175家，搬迁总投资1149亿元，已开工68家，年内计划新开工51家。通过积极争取，去年山东有42个项目（总投资576.34亿元）获得国家搬迁扶持专项基金（去年下半年工信部共筛选了三批238个危化品企业搬迁改造专项建设基金项目，总投资2750亿元），目前已有11个项目37.29亿元资金落实到位。这些思路和措施值得肯定，但一定要突出石化行业和石化产品的特点，科学规划、科学论证、科学布局。政府层面要认真落实好《关于促进化工园区规范发展的指导意见》，尤其是在规划、布局和导向性方面，学习和借鉴江苏已经积累的经验和教训，江苏在"十二五"整顿规范石化园区的基础上，提出了全省石化行业"十三五"按照"两带两极"布局，以园区化和高端化为重点的发展思路；企业层面要认真贯彻好有关石化企业搬迁入园的相关政策，尤其是在搬迁入园的过程中，不是简单地搬迁与重建，一定要与产业升级、产品换代以及智能工厂和智慧园区的建设结合起来，搬出新起点、迁出新竞争力。

三是突出协同创新。习近平总书记在G20峰会上讲"创新是从根本上打开增长之锁的钥匙"。发达国家和跨国公司越来越重视创新，近年来技术、知识、人才、资本等创新资源在全球的流动深刻影响着全球创新版图，不断为世界经济注入活力。我们国家更是十分重视创新，"十三五"国民经济和社会发展规划将创新列为"五大发展理念"之首位，5月底召开的全国创新大会是继1978年"科学的春天"之后，在新的历史起点上吹响了建设世界科技强国的号角，《国家创新驱动发展战略纲要》提出：到2020年使我国进入创新国家行列，到2030年使我国进入创新国家前列，到新中国成立100年使我国成为世界科技强国。

（1）**跨国公司的协同创新值得借鉴**。我们在建设世界科技强国的过程中，发达国家和跨国公司在创新方面有哪些值得我们借鉴呢？为了了解跨国公司如何利用全球创新资源、面向全球开放式创新和协同创新的合作模式和经验，从年初开始我们特别组织了一批跨国公司亚太区创新领域的高层管理人员，对"跨国公司在中国如何开展协同创新"的课题进行了深入的调研和讨论。这个课题由寿生会长任组长，18家跨国公司参与，最终完成了11个协同创新案例的编写，共分3个部分、近三万字，于9月14日在上海"国际石化大会"期间进行了发布。第一部分是巴斯夫、SABIC、赢创、索尔维、科思创、BP、液化空气有关"融合院校研发力量开放式创新"的探索和成效；第二部分是陶氏、普莱克斯、亨斯迈关于"携手下游客户协同创新"的案例；第三部分是英威达"联合价值链创新助力中国企业走出去"的做法和经验。这11个协同创新的案例各有特色，跨国公司开展协同创新的全球视野和独到之处，在海外开展本地化研发的策略方法，以及协同创新、合作共赢的模式和经验，值得石化企业借鉴和思考。

（2）**强化上下游的协同创新**。陶氏化学通过客户创新中心平台，与海尔、万科、华为等下游客户，组织跨部门、多领域的协同创新，既有现有产品的应用研发，也重视新一代下游产品的前期研发，甚至与下游客户一起就企业需求、新设计、想法等定期举办交流会，不断拓展陶氏在化学和材料领域与中国的强强联合。亨斯迈、英威达等也是如此，与国内炼化企业、汽车制造、工程公司等建立了广泛的创新合作网络。

（3）**面向未来开启协同创新**。通过创新推动企业从规模最大化到效益最佳化的战略转变，从大宗基础化学品到高性能、高附加值、差异化的功能性化学品和新材料的业务结构转变。参与调研的企业认为，面对新一轮科技革命和产业革命的蓄势待发，未来环境与气候、资源与原料、基础设施与交通、食品与健康、人口增长与生活品质提升等是行业发展要适应的主要因素，汽车、建筑、消费品、电子电气、能源、环境、基础设施、农业是未来主要的应用市场，因而新能源、生命科学、化工材料、功能性化学品等高增长、高科技、高附加值的领域是跨国公司创新投入的主要方向。

长三角石化产业一体化发展之思考*

以长三角区域石化园区为主体,首次举办"长三角石化产业一体化论坛",特别邀请了规划咨询专家和部分企业家,共同探讨加快长三角区域石化产业一体化发展、推动石化行业高质量发展的思路与举措,这是贯彻党中央长三角一体化战略部署的具体行动,也是首次将长三角区域石化产业一体化协同发展纳入到国际石化产业的大舞台、大背景下来探讨。在此谈几点不成熟的思考,期盼从不同的视角带给您些许启发。

长三角区域是我国全面建成小康社会的领航者

长三角区域是我国经济发展最活跃、开放程度最高、创新能力最强的区域之一,在我国现代化建设大局和全方位开放格局中具有举足轻重的战略地位。推动长三角一体化发展,增强长三角区域创新能力和竞争能力,提高经济集聚度、区域一体化、政策协同性,对引领全国高质量发展、建设现代化经济体系意义重大。去年11月5日,习近平总书记在首届中国国际进口博览会上宣布:支持长江三角洲区域一体化发展并上升为国家战略,着力落实新发展理念,构建现代化经济体系,推进更高起点的深化改革和更高层次的对外开放,完善中国改革开放和区域经济发展的空间布局。今年5月份,中共中央、国务院制定并印发《长江三角洲区域一体化发展

---

* 这是2019年9月,傅向升同志在第十届国际石化大会长三角石化产业一体化论坛的致辞摘编。

规划纲要》,这是指导长三角区域当前和今后一段时期一体化发展的纲领性文件。党中央作出这样的战略部署,主要是考虑长三角一体化协同发展已取得明显成效,经济社会发展已经走在全国前列,具备了更高起点上推动更高质量一体化发展的良好条件。

我做了一个简单测算,2018年沪苏浙皖4省市人口总数接近2.24亿,约占全国总人口数量的16.6%;GDP总量高于21万亿元,占全国总量的23.4%;去年人均GDP 9.4万元,约1.5万美元,远高于全国人均9800美元的水平。所以,在当今世界面临百年未有之大变局的时代背景面前,又处在世界新一轮科技革命和产业变革与我国经济优化升级的交融期,我国经济发展正在转向高质量发展的新阶段,党中央、国务院作出将长三角区域一体化发展上升为国家战略的重大决策,这是为引领全国高质量发展、完善我国改革开放和区域经济发展新格局、打造我国经济发展强劲活跃增长极的重大战略举措,长三角区域已经也必将成为我国全面建成小康社会的领航者。

长三角区域是我国石化产业转型升级的示范区

我国石化产业经过新中国70年的发展,尤其是改革开放以来的40年,生产规模不断扩大,产品配套能力不断强化,技术创新水平不断提升,企业的管理与核心竞争力不断增强,总体上成就与进步是巨大的。但是,从全行业看"低端石化产品过剩,高端石化产品短缺"的结构性矛盾仍很突出;单看长三角区域的石化产业,近年来按照国务院《关于石化产业调结构促转型增效益的指导意见》,无论是去产能还是补短板,无论是调结构还是促升级,以及加快推进供给侧结构性改革、大力实施创新驱动和绿色发展两大战略、加大培育战略新兴产业等方面都取得了明显的成效和进步,也都走在了全国石化行业的前列;近年来4省市石化产业的主营收入一直保持在超过3.3万亿元，约占全国石化产业总量的1/4，尤其是上海、江苏、浙江石化产业的产业结构、竞争水平以及管理水平和跨国公司入驻数量都居于全国领先水平。

另外，长三角区域是我国石化园区集中度最高的地区，截至2018年底，全国共有石化园区676家，沪苏浙皖4省市达102家，占全国总数15%以上。在2019年石化园区30强榜单上4省市占13席，占比大于40%；在2019年石化园区潜力10强中4省市占4席（连云港、舟山、浙江独山港、安徽淮北），占比40%；石化收入超过500亿元的石化园区共有47家，4省市占14家，占比近30%。上海化工区多年来一直列化工园区20强首位，江苏、浙江2省规划石化产业布局、规范园区管理、整顿和认定园区都率先为其他省市提供了参照标准和有益的借鉴。由此可见，长三角区域已经和正在成为我国石化产业转型升级的示范区。

长三角区域是我国石化产业一体化发展的先导区

长三角区域发展石化产业不仅有着良好的产业基础和强劲的市场需求，更有着突出的区位优势。长三角区域一直居于我国经济发展的龙头地位，具有很强的带动性，其石化产业的区域一体化发展也应当努力成为先导区。

一是长三角石化产业的区域一体化发展应产业链协同先行。石化产业不仅是国民经济的重要支柱产业和配套产业，也是一个关联度高、带动力强的产业，首先是石化产业链自身的协同，4省市首先应谋划石化产业发展规划的统筹，既要考虑规划石化产业的统筹布局也要考虑原料与资源共享，既要考虑产品链上下游的互供也要考虑产品结构的差异化；其次是石化产业与国民经济其他产业的协同发展，长三角地区是电子信息、汽车制造、大型民用客机等高端制造业聚集度最高的区域，这都是化工新材料、专用化学品和高端复合材料的主要配套领域,长三角石化产业与国民经济其他产业,尤其是高端制造业协同发展的效果充分显现的话,必将为长三角石化产业一体化发展提供强力支撑。所以,长三角石化产业的区域一体化发展,其产业链协同发展好是基础、也容易起步。

二是长三角石化产业的区域一体化发展创新协同很关键。长三角石化产业不仅聚集了一批大型石化企业、跨国公司和化工高校,更聚集了中科院高研院、有机所以及上海化工区、张江区的众多跨国公司研发机构。长三角石化产业区域一体化发展其创新协同非常重要,4省市应着力破解跨行政区域协同创新的制度性和政策性障碍,充分发挥各自优势、共同打造协同创新平台,做好创新与产业对接、共建石化创新联盟,瞄准世界科技前沿和产业制高点,通过加大创新协同和实施创新驱动发展战略,强化科技创新前瞻布局和资源与成果共享,充分发挥创新资源集聚优势,集中力量突破重大关键技术和卡脖子核心技术,协同推进原始创新、技术创新和产业创新,促进创新链与产业链的深度融合,打造我国石化产业创新发展和高质量发展的新高地。

三是长三角石化产业的区域一体化发展绿色协同很重要。长三角区域不仅是人文相通、亲情相连的一片富庶之地,更有着山水相连、河湖相通、林田共生的生态循环系统。严格执行国家划定的生态保护红线、落实永久基本农田保护线和城镇开发边界及文化保护控制线,保护水资源和河湖生态系统,实现绿色协同发展,直接关系到长三角石化产业区域一体化发展的质量和水平。由于石化产业属于资源型和能源型产业的特殊性,废水、废气、固废的排放量均居工业领域前列,是否可以探索并建立长三角区域"三废"公共监测与信息共享平台,实现"三废"的监测、预警以及信息与治理技术的共享?是否可以探索并建立固体废弃物统一的收集、处理或循环再利用公共中心?尤其是针对一些单个企业、单个地域量虽小但处理难度大的废催化剂、固体废弃物更是必要。是否可以探索建立事故应急救援公共服务平台?不仅节省大型救援设备的资金投入,提高大型救援设备的使用效率,而且实现长三角区域事故应急救援的联防联治。还有一个协同发展的重要内容就是:探索建立长三角区域石化产业责任关怀联盟。这一点在常熟氟材料园区、常州滨江新区、扬州和泰兴等化工园区已经积累了成熟的经验，他们的做法都给我留下了深刻的印象，带给我很好的启发。

长三角石化产业已经形成以上海化工区、宁波、大榭、舟山为核心，北望连云港、西连南京以东长江沿岸各特色化工园，外延淮北、合肥等区域的化工园区，基础条件好，区位优势明显，新的时代又面临着新的机遇，让我们共同携手，贯彻好党中央、国务院长三角区域一体化发展的大战略，做好长三角石化产业区域一体化发展这篇大文章，中国版墨西哥湾的航船已经在长江三角洲起航，长三角必将成为世界石化产业重要的一极！石化联合会期待着长三角石化产业美好的明天并全力为大家做好服务！

石化产业现状、挑战与发展展望*

我国石化行业的现状与挑战

石化产业是国民经济的支柱产业，不仅与人们的日常生活密切相关，而且为汽车工业、航空工业、电子信息、新能源等高端制造业和战略新兴产业提供重要配套材料。中国石化产业正在迈入高质量发展的新阶段，今年4月份石化产业大会期间寿生会长提出这一基本判断，得到与会专家和领导认可，都认为2019年是中国石化产业转型发展跨入崭新阶段的重要转折，是行业高质量发展的转折年。去年全行业实现主营收入12.4万亿元，同比增长13.6%，利润总额8394亿元，同比增长32.1%，去年全年运行和增长都较好。但是今年初我们在研究石化行业经济运行工作的目标、思路和措施时，已经预感到今年的经济环境与往年相比将更加复杂，不确定性因素将更多。因此，我们在深入学习和深刻领会中央经济工作会议精神的基础上，明确了今年石化全行业运行的总体思路，并提出须以"稳字当头"和"八字方针"为统领，经过全行业的共同努力，总体看虽然下行压力加大、市场震荡加剧，但前9个月全行业实现营业收入9.04万亿元，同比增长1.1%；利润总额5287.5亿元，同比下降19.1%；进出口总额5361.1亿美元，同比下降1.9%，与去年同期的数据相比变化很大，可见今年遇到的挑战很严峻。

---

* 这是2019年11月28日，傅向升同志在盘锦召开的辽宁石化协会园区工作年会上的讲话摘编。

我国石化行业发展展望

自 2010 年以来我国一直是世界第二石化大国、世界第一化工大国，有 20 多种主要石化产品的产能产量都是世界第一位，中国石化产业的规模占世界总量的比例达到 40%，对世界石化产业的贡献达到 40%，很多跨国公司在中国的销售额都已经超过了在本国的销售额，巴斯夫、陶氏等很多跨国公司也都预测，中国石化产业的贡献会越来越大，2030 年中国的贡献将进一步提高到 50%。

一是石化产业正迎来新的发展时期。近两年全球经济正在步入复苏阶段，全球石化产业因页岩气革命成功带来的原料成本优势迎来了一个新的景气周期，我国石化产业也紧紧抓住这次新的发展机遇，呈现出快速发展态势。今年 5 月 17 日大连恒力 2000 万吨/年炼化一体化装置全面投产，浙江石化一期 2000 万吨/年炼化一体化装置 5 月 20 日也已投料；江苏连云港盛虹 1600 万吨/年、广东揭阳中石油基地都于年前开工，宁波中石化镇海二期、福建古雷炼化一体化装置以及南京、上海、茂名和湛江基地都在施工过程中，埃克森美孚大亚湾新项目、巴斯夫湛江新材料项目及其扬巴二期等新项目都在紧锣密鼓的筹备过程中。未来 3~5 年中国的烯烃、芳烃以及乙二醇、聚烯烃等大宗石化产品、聚合物材料、有机化学品都呈现出集中投产、快速增长态势，很多目前大量进口的石化产品的自我供给能力将大幅提升，有的甚至会出现供过于求，乃至产能过剩的状况。例如聚乙烯和聚丙烯，今年将新增乙烯产能 500 万吨/年，2025 年将达到 5000 万吨/年；聚乙烯今年将有 9 套装置投产，新增产能 400 万吨/年，2025 年将达到 3300 万吨/年。今年丙烯新增产能 400 万~500 万吨/年，2025 年总产能将达到 5600 万吨/年；聚丙烯今年将有 14 套装置投产，新增产能 450 万吨/年，明年的产能将超过 3100 万吨/年。

二是石化强国已奠定较好的企业基础。世界一流的企业、世界一流的创新能力、世界一流的管理水平和世界一流的国际化经营能力，这是世界一流的重要构成和基础。根本在于培育一批具有全球竞争力的国际一流企业，纵观石化强国第一梯队的国家：美国有埃克森美孚、陶氏、杜邦等一批全球竞争力的跨国公司，德国有巴斯夫、拜耳、朗盛、赢创等一批强手如林、核心竞争力强的企业，日本有三菱化学、三井化学、旭化成、旭硝子等主业突出、创新能力强的化工公司。我国近几年既有中石化、中石油、中国中化、中海油等一批世界500强石化企业，还有像烟台万华、浙江新和成、华峰集团、江苏确成硅业等一批创新能力强的企业，行业引领作用和主导产品的全球竞争力愈益增强；近两年恒力、荣盛、盛虹等一批市场竞争力强劲的企业，正带着全新的机制和多年市场打拼积累的丰富经验，阔步挺进石化领域，并将为中国石化产业的规模效应、产业链延伸以及整体竞争力提升作出重要的贡献。打造具有全球竞争力的国际一流企业的基础已经具备，所以在现有企业群体的基础上，按照党中央和国务院培育具有全球竞争力的国际一流企业的部署，力争经过15年左右的努力，形成5家左右具有全球竞争力的世界一流公司，10家创新能力强、具有全球竞争力的单项冠军企业，构成石化强国的重要支撑。

三是现代石化产业集群已初露端倪。到2018年底，全国共有石化园区676家，石化园区在产业集聚、产业链协同、资源节约和绿色发展等方面发挥着越来越重要的作用。我国石化园区的分布与发达国家相似，主要分布在沿江和沿海两条线上，"沿海线"涉及8个省市、主要以"七大石化基地"为主线，"沿江线"涉及11个省市、主要以230多家石化园区为主线。我国与发达国家不同的就是独有的现代煤化工产业，主要集中在西北区域，即宁夏、陕西、内蒙古、新疆，这都是煤炭资源丰富的地区。在现有石化园区中，产值超过500亿元的有47家、约占7%，而100亿元以下的有405家、约占60%；在现有石化园区中已形成一批如上海化工区、惠州大亚湾、宁波、南京、大榭岛、沧州渤海、泰兴、长寿以及宁东、榆林等管理水平高、产业链协同好、规划布局科学、具有较强竞争力的园区。目前我们正在加大智慧园区试点示范和绿色园区建设力度，深入推进新兴工业化产业示范基地和循环化改造示范基地试点，未来石化园区的发展思路是：现有沿海宁波、长兴岛（西中岛）、大亚湾等七大石化基地应以墨西哥湾、鹿特丹港、裕廊岛等国际先进水平的石化基地为目标，突出石化产业链，重点培育配套性强、产业集聚度高的世界级石化产业集群；沿江和沿海的上海、南京、常熟、临港、湛江等化工园区应当以路德维希港、安特卫普为目标，突出化工新材料和专用化学品，重点打造国际先进水平的专业化园区和高端产业集群；陕西榆林、宁夏宁东、内蒙古鄂尔多斯、新疆准东4个西部现代煤化工产业示范区，也要努力打造产品高端、竞争力强的特色石化产业集群。总之，通过石化产业的集群化发展，实现石化与化工的产业链协同，实现东部与西部的优势互补，大型石化基地还应积极争取世界级化工园区与世界级化工产业集群的试点示范，力争通过15年左右的努力，形成10个超千亿的世界一流水平的石化产业基地，10个具有全球竞争力的专业化工园区，培育20个绿色石化园区、20个智慧化工园区。

辽宁省石化产业发展之思考

看看世界：综观世界石化工业发展的历史，石化工业强国均已形成世界级的石化产业集群，例如美国墨西哥湾、德国路德维希港、新加坡裕廊岛、日本东京湾、韩国蔚山以及沙特的延布、朱拜勒工业城等。

再看看国内：石化强省都有着规模较大、集中度较高、管理较规范的石化基地或石化园区，都有着产业布局较合理、产业结构相对高端、整体竞争力较强的石化产业，如广东有大亚湾、茂名以及正在建设中的湛江、揭阳和中海壳牌、茂名石化、中石化、中石油以及正准备动工的埃克森美孚等石化基地和竞争力强的石化企业，浙江有宁波、大榭岛、正在建设中的舟山等石化基地和镇海炼化、新和成、华峰集团等一批竞争力强的石化企业，上海有上海化工区以及金山石化、巴斯夫、科思创、陶氏、杜邦、萨比克、汉高、英威达等强手如林的石化公司，江苏有南京江北新材料产业园、连云港徐圩新区以及泰兴、扬州、常熟、镇江、常州等一批专业化分工、精细化程度高、产业结构和管理水平都较高的园区及扬子石化、扬巴等竞争力强的企业。

再来看看咱们辽宁：原来辽宁省的石化产业一直列国内各省区市前列，可是这几年与广东、浙江、江苏等省相比，遇到了不少困难，产业结构也是以基础化工为主，创新单位和力量较强，可似乎存在着"墙内开花墙外香"的现象。

辽宁省石化产业企业基础雄厚，拥有锦西化工、锦西化机，辽河油田、盘锦石化，大连化工、大连染料，沈阳化工、沈阳橡胶工业、轮胎工业以及抚顺石化、辽阳石化等一批实力雄厚的石化企业。

辽宁省石化产业创新资源集聚度高、能力强，拥有化工部沈阳化工研究院、感光化工研究院、大连化工研究设计院（制碱研究所）、光明化工研究设计院（光明所）、锦西化工研究设计院、辽宁省化工研究院、辽宁省化工设计院，中科院大连化物所、大连理工大学等一批科研院所和高等院校。尤其是沈阳化工研究院还是新中国化工研究院第一家，北京化工研究院、天津院、上海院、涂料所以及为国防军工配套的晨光院、黎明院等都可以说是先后从沈阳院分离出来的。

辽宁省石化产业发展迎来新的机遇。自 2012 年以来，全球石化产业启动了新一轮景气周期，特别是伴随着页岩气革命的成功，美国石化产业炼油装置迎来了一个黄金期，开工率高于全球平均水平；海湾地因为丰富的油气资源和成本优势，尤其是沙特实施经济转型战略，大宗石化产品进入快速建设和投产期，我国也紧紧抓住这一轮新的景气周期，加快了石化产业布局结构和产业结构的调整，长兴岛、舟山、大亚湾、湛江、连云港等大型石化基地呈现出集中建设、集中投产的景象。辽宁在这新一轮竞争中也抓住了难得的机遇，长兴岛（西中岛）列入国务院《石化产业规划布局方案》，恒力一期2000万吨／年炼化一体化装置于去年12月15日投料、今年5月17日顺利投产，该装置创造了建设工期最短、单项和整体技术水平最先进等多项纪录，恒力二期2000万吨／年正在论证过程中；沙特阿美与华锦合资合作落地盘锦，正在开展1500万吨／年炼化一体化装置的前期工作；利安德巴塞尔与宝来轻烃裂解以及高端聚烯烃领域的合资合作项目也落地盘锦。这种场景是辽宁省多年见不到的壮观了，也是其他省市羡慕和难以见到的。但是，希望辽宁省在这难得的机遇面前，能够深入分析、认真研究，一定要做到高起点、高端化、差异化。

从基地化园区化的角度看：长兴岛（含西中岛）应当瞄准国际一流、对标国际一流，是否考虑以新加坡裕廊岛为对标目标（约2300亿元产出、76亿元/平方公里）？辽东湾也是这样，这两大基地以炼化一体化及其石化产业链为主导，以打造世界级石化产业集群为目标；辽阳、抚顺、锦西等老的石化基地以改造升级为主要措施，以化工新材料和专用化学品为重点，以做强专业竞争力为目标，做好产业链的延伸与协同，培育专业化和整体竞争力强的专业化园区。

从产业结构和产品结构来看：是不是需要分析和研究：如何应对人们常说的"炼油产能过剩"问题？去年炼油总能力8.13亿吨/年，加工量6.04亿吨，开工率只有74%、与世界平均水平相差约10个点。如何应对国内成品油市场过剩问题？去年我国成品油总产量约3.6亿吨，国内表观消费量约3.2亿吨，出口超过4000万吨，据国家统计局数据：国内成品油市场柴油已是连续3年下降，汽油消费增速在5%左右、航空煤油的增速高于10%；今年前9个月汽油消费同比增长1.5%，煤油增长2.8%，柴油下降7.4%。如何应对国内市场化工新材料、专用化学品、有机化学品大量进口问题？去年进口合成树脂2995万吨，仅聚乙烯就进口1402万吨，聚丙烯328万吨，PX 1590万吨，乙二醇954万吨，当然聚碳酸酯、聚甲醛、高端纤维材料、高端膜材料等技术含量高、性能高端、价格高端的先进材料和特种化学品的对外依存度更高。这就要求我们一定要高度重视创新，要求我们的炼化一体化装置一定要做好"少油多化"的产品链设计，即少产成品油、多产化学品，就是在成品油中也要尽量降低柴汽比，今年前9个月的消费柴汽比约1.15；这就要求我们多产化学品，也要重视产品结构的调整。伴随着近几年新的石化装置的集中建设和投产，大宗基础化学品如PX、乙二醇等很快会呈现出供过于求的状况，所以我们在产品结构上要向着化工新材料和专用化学品、特种化学品等方面发力。从恒力一期看就是这么做的，采用全加氢工艺、多产当前市场缺口大的芳烃、烯烃和有机化学品，希望恒力二期在一期的基础上，下游产业链还需进一步向化工新材料和专用化学品延伸；也相信沙特阿美、利安德巴塞尔在盘锦落地的项目都充分考虑到了产品结构与市场需求，因为利安德巴塞尔的高端聚烯烃技术是与埃克森美孚、陶氏、北欧化工并肩世界一流的。

在这百年未有之大变局的时代大背景下，石化产业迎来了最好的发展时期，习近平总书记近年来接连视察湖北兴发、青海钾肥、大庆油田、烟台万华、宁东煤制油和辽阳石化等，对石化产业创新发展取得的成绩给予充分肯定，也对石化产业未来高质量发展提出了明确要求。李克强总理去年在国务院常务会议上特别强调：石化产业是国民经济的重要支柱产业，要加强统筹规划、科学论证、合理布局，推动石化产业加快转型升级、增强国内保障能力。这都充分证明了党中央、国务院对石化产业的高度重视和殷切期望。希望辽宁省抓住这次新的机遇，重振辽宁省石化产业的雄风，通过做强做优辽宁省石化产业助力渤海湾区成长为世界石化产业的重要一极，为我国由石化大国向石化强国的跨越做出重要贡献！